本书为国家社科基金项目"基于新媒体的民意表达与公共政策的互动机制研究"（16BXW083）的研究成果，还得到了华中科技大学文科学术著作出版基金资助

国家社科基金丛书
GUOJIA SHEKE JIJIN CONGSHU

在线的民间智库：

网络民意与公共政策的互动

Online Nongovernmental Think Tank：
the Interaction Research between Netizen Opinions and Public Policy

何志武　著

人民出版社

目 录

导　　论

　　每个人的日常生活与公共政策须臾不可分离，衣食住行生老病死无一不涉。因为与日常生活休戚相关，每个人都有深切的日常体验，所以每一项公共政策从动议、设计到制定、执行，每一个环节都会引来公众的热烈讨论。共同的主题，多元的声音，汇成民意的交响，也闪烁着民智的光芒。

　　民意是确保公共政策权威性的基石，民智是增强公共政策科学性的补充。自党的十五大以来，历次党的重要会议都强调了公民参与公共政策过程的重要性。党的十五大报告指出，"逐步形成深入了解民情、充分反映民意、广泛集中民智的决策机制，推进决策科学化、民主化，提高决策水平和工作效率"。党的十六大报告指出，"健全民主制度，丰富民主形式，扩大公民有序的政治参与，保证人民依法实行民主选举、民主决策、民主管理和民主监督"。党的十七大报告指出，"推进决策科学化、民主化，完善决策信息和智力支持系统，增强决策透明度和公众参与度，制定与群众利益密切相关的法律法规和公共政策原则上要公开听取意见。加强公民意识教育，树立社会主义民主法治、自由平等、公平正义理念"。党的十八大报告指出，"坚持科学决策、民主决策、依法决策，健全决策机制和程序，发挥思想库作用，建立健全决策问责和纠错制度。凡是涉及群众切身利益的决策都要充分听取群众意见，凡是损害群众利益的做法都要坚决防止和纠正"。党的十九大报告指出，"扩大人民有序政治参与，保证人民依法实行民主选举、民主协商、民主决策、民主管理、民主监督"。

公众参与政策过程的方式和程度因媒介环境变化而呈现出根本的变化。2020年4月发布的第45次《中国互联网络发展状况统计报告》显示，截至2020年3月，我国网民规模达9.04亿，占人口总数的六成以上，互联网普及率达64.5%。从QQ、BBS、论坛、博客、政府网站到微博、微信，互联网日益成为不可忽视的民意（舆论）形成与扩散平台。2016年4月19日，习近平总书记在网络安全和信息化工作座谈会上的讲话中指出："很多网民称自己为'草根'，那网络就是现在的一个'草野'。网民来自老百姓，老百姓上了网，民意也就上了网。群众在哪儿，我们的领导干部就要到哪儿去，不然怎么联系群众呢？各级党政机关和领导干部要学会通过网络走群众路线，经常上网看看，潜潜水、聊聊天、发发声，了解群众所思所愿，收集好想法好建议，积极回应网民关切、解疑释惑。善于运用网络了解民意、开展工作，是新形势下领导干部做好工作的基本功。"为贯彻落实习近平总书记关于"十四五"规划编制工作要开门问策、集思广益，把加强顶层设计和坚持问计于民统一起来，齐心协力把"十四五"规划编制好的重要指示精神，2020年8月16日至29日，"十四五"规划编制工作开展网上意见征求活动，分别在人民日报、新华社、中央广播电视总台所属官网、新闻客户端以及"学习强国"学习平台开设"十四五"规划建言专栏，听取全社会意见建议，累计收到网民建言超过101.8万条。习近平总书记作出指示，要总结这次活动的经验和做法，在今后工作中更好地发挥互联网在倾听人民呼声、汇聚人民智慧方面的作用，更好集思广益、凝心聚力。基于新媒体的民意表达（以下简称网络民意）对政府的公共政策过程产生了越来越大的影响，许多公共政策从问题的形成、方案的设计、效果的评估，都活跃着网民身影，体现着网络民意，凝聚着网民智慧。然而，征集网络民意尚未成为政府决策的法定程序，值得深入研究。

新媒体全面改变了社会，尤其是改变了社会的主体——人，绝大多数人由此而有了新的身份——网民。技术赋权激发了公众的表达愿望，也培养了公众的意见表达能力。与传统媒体时代相比，新媒体时代为每个人提供了自主表达和自主传播的渠道和平台，人人都可以成为意见表达的主体，不必受制于人。因为是自主表达，无须他人代言，可以最真实、最完整地表达自己的利益诉求、对公共政策的意见和建议。网络表达从来都不是自言自语，每个人的意见表达不仅会被关注，也会引来其他人的评价和讨论，形成互动甚至激辩。随着意见表达实践的增加，互动与交流的频繁，表达能力也会逐步得到提高。尤其是当这些意见表达得到官方密切关注，并影响到政策议程、政策内容时，网民的意见表达就会更加活跃，参与者的覆盖面会更广泛，表达质量也会进一步提高。随着网络民意表达的主体分布更为广泛，决策者对民意的判断会更加全面和准确，基于民意的政策制定也会更加科学和公平。

对于网络民意，一直存在着各种争议。有人说，网络民意不等于现实民意，其对公共政策的价值应谨慎判断。其理由是网民结构与人口结构不完全一致。根据第 45 次《中国互联网络发展状况发展状况统计报告》，截至 2020 年 3 月，我国网民规模达到 9.04 亿，较上年增长 4.9 个百分点。从年龄结构看，我国网民以 10—39 岁群体为主，占到了网民总数的 61.6%；从学历结构看，具备中等教育水平的群体规模最大，初中、高中/中专/技术学历的网民占比分别为 41.1%、22.2%；从职业结构看，学生群体仍旧是我国网民的主力军。基于网民结构的统计，有研究者提出网络民意在理性、代表性、主流性、客观性和共识性方面与真实民意之间存在偏差。然而，近年来网民的年龄结构、学历结构、职业结构呈现出向现实人口结构还原的趋势，再加上网民具有庞大的基数，这是其他民意表达方式难以比拟的。耐人寻味的是，我们一方面认为传统的民意表达渠道有限，传统媒体提供的平台和记者、官方的"打捞"都存在天然的局限，底层最大多数的民意属于"沉睡的民意"；另一方面却又认为民意主体自主表达的网络民意不能体现和代表现实民意。如果这样，什么样的方式才能获得真实的民意？考察网络民意的价值，不只是看网络民意表达主体的结构是否与现实人口结构完全一致，而应看网络意见表达者是否覆盖了所有阶层和群体，只要某个群体有一定数量的意见代表，民意表达就会得到公开呈现。同时，考察网络民意的价值，也不只是看某种意见"站队"人数多少，而是不同的声音是否得到了充分表达。对于复杂的利益主体而言，多元声音的表达本身就是价值，其呈现价值大于规模价值。如果把民意表达的价值限定于统计学意义上的票选比例，那无异于全民投票。

网络民意的表达已成为不可忽视也无法阻挡的趋势。网络民意越来越充分地显现出其与公共政策的公共性、合法性、权威性、民主性高度吻合的价值向度，在一定程度上担负起了"民间智库"的功能。问题在于，网络民意参与政策决策过程并不稳定，不同类型的公共政策决策过程网络民意的参与状况也不相同，它们在哪些环节、如何发挥作用理应建构规范的机制，这是必须着力研究的。

本研究基于对网络民意与公共政策互动的价值分析，考察了网络民意与公共政策互动的途径与要素，通过对价值（公平）主导型、理性（科学）主导型、多元平衡型三种政策类型的决策过程考察分析了不同类型政策与网络民意的全程互动机制，并探讨了网络民意的收集、分析和回应策略。

（1）价值篇：网络民意与公共政策互动的价值研究

这部分主要围绕以下问题展开：网络缘何成为民意直通的渠道和平台？网络民意的主体呈现怎样的结构性特征？网络民意可否视为现实民意？网民的多元利益诉求与政策的公共利益诉求有无可协调基础？网络民意主体的多元性能否满足公共政策对"民智"的专业性要求？网络民意是否具有公共性、科学性、权威性等公共政策的价值向度？网民的意见表达与智库专家和政府官员的意见表达的共性、差异和优势何在？可否作为智库专家和官员意见的补充？网络民意可否成为公共政策的"民间智库"等？这些问题的探讨旨在回答网络民意确实具有与公共决策实施互动的价值问题。

这一部分分为三章，分别是网络民意与现实民意、网络民意兴起的背景、网络民意的价值向度。

（2）路径篇：网络民意与公共政策互动的途径与要素研究

这部分主要围绕以下问题展开：民意表达的新媒体平台有哪些？与传统民意表达路径（报纸读者来信、群众信访等）相比，BBS、QQ、博客、论坛、微博、微信等新媒体平台的民意形成过程及演进态势如何？网络民意与公共决策互动的核心要素有哪些？这些要素怎样发挥作用？如何互相影响等？通过个案考察如下要素：讨论政治、政策的网站或论坛、政策议题的形成、参与讨论的网民、网民讨论的帖子、对网民意见捕捉分析和报送的机构、查看网络讨论和接收报送信息的官员，经过网络讨论的事件等。这些问题的探讨旨在回答网络舆论如何成为公共政策制定或修订的触发机制。

这一部分分为三章，分别考察了民意表达的传统路径、民意与公共政策互动的新媒体路径、民意与公共政策互动的核心要素。

（3）机制篇：网络民意与公共政策互动的过程和机制研究

这部分是本课题的重点，采取横向和纵向两线交织的方法，通过个案追踪，以"类型—过程"为框架，考察不同类型的公共政策对于网络民意的态度及网络民意与公共政策的互动机制。横向上，根据公众接受度和技术知识要求两个维度将公共政策分为价值（公平）主导型、理性（科学）主导型、多元平衡型三种类型，分别考察网络民意的作用空间、方式和程度；纵向上，对每一种类型的公共政策都分别从公共政策过程的五阶段（政策议程设置、政策设计、政策制定、政策执行、政策评估），分析网络民意的全程互动机制。

这部分分四章展开，分别对价值主导型、理性主导型、多元平衡型政策类型下网络民意与政策各环节的互动机制进行详细考察和研究，旨在厘清这样一些问题：征集民意与公共政策的类型有无关系？不同类型的公共政策、公共政策的不同环节，网络民意是否都应参与？参与方式、参与程度和互动深度有无不同？政府应怎样通过增强公共政策的回应性建立网络民意与公共政策的互动机制等？

（4）策略篇：网络时代决策者应对民意迸发的策略研究

收集、分析并回应网络民意是评估政府决策能力的重要指标。这部分通过成功与失败的案例分析政府在应对网络民意时的思路、方法、时机、过程和效果，总结得与失，提炼出科学的应对原则与处置模式。重点在于探讨网络民意的收集、分析和回应策略。

这部分分三章展开，分别探讨了网络民意的收集方式、分析方法及回应机制。

第一篇

价值篇

1

第一章 网络民意与现实民意

在民主社会，民意是公共政策的基础和依据。尊重民意、倾听民意、吸纳民意是现代社会公共政策制定的必要前提。

民意能否影响公共政策的制定与民意表达的渠道是否丰富和充分密切相关。传统媒介时代，民意表达的渠道有限，除了政府和记者主动调研之外，民意主体通过给报社、电台、电视台写信、打电话等方式表达诉求本已不多，经过媒体把关人筛选后能够公开呈现的内容则进一步减少。进入互联网时代，技术不光改变了社会的经济形态、媒介形态，也改变了社会的政治生态、思想状态，甚至整个社会结构都由此发生了巨大的变化，网络逐渐成为一个新的"公共场域"。以 2007 年我国网络民意元年、2008 年我国的互联网拐点为标志，网络民意进入快速成长期。[①] 民意的网络表达不仅改变着网民的生活，成为民意表达的新途径，也逐渐成为影响公共政策、司法行政、突发事件等公共事务乃至影响整个国家和社会发展的重要因素，引起包括各级政府机构的社会各界的广泛关注。

然而，网络民意的内涵是什么？网络民意能不能等同于现实民意？它们之间是怎样一种关系？网络民意具有哪些特征？这些内容是分析网络民

---

① 姜胜洪：《透视我国网络民意表达的主流态势》，《红旗文稿》2011 年第 3 期。

意价值的前提。

第一节 网络民意内涵辨析

"是什么"历来是任何研究的基础，对于研究对象的概念厘清尤为重要。"基于新媒体的民意表达"是我们对于新媒体条件下民意表达的完整表述，但为了叙述的简洁和便捷，我们统一使用网络民意这一概念。

1. 网络民意的界定

在现代社会，民意表达是民主理论和公共政策研究的重要问题。随着媒介技术的发展，网络成为新时代民意表达的新窗口和渠道，网络民意在公共政策和社会生活中的重要性日益凸显。

1762 年，法国思想家卢梭在《社会契约论》一书中提出了"Public Opinion"的概念，"公众（Public）"和"意见（Opinion）"第一次组合在一起作为一个词组使用，在中国学术界，Public Opinion 常被译作"民意""舆论"或者"公众意见"[①]。卢梭将"民意"分为"公意"和"众意"，两者往往差别甚大，体现了"民意"在狭义和广义上的区别："公意只着眼于公共利益，而众意则着眼于私人的利益，众意只是个别意志的总和。但是，除掉这些个别意志间正负相抵消的部分而外，则剩下的总和仍是公意。"[②]卢梭认为，一部分着眼于公共利益的民意可以通过立法的方式上升为公意，公意永远高于众意，但必须得到众意的接受。虽然，卢梭对于民意的定义并未得到广泛认可，却为之后的学者进一步理解与分析民意奠定了基础。我们平时所提到的"民意"的概念也更接近卢梭所提出的"公意"。

---

① 郜书锴：《"公共舆论"还是"公众意见"》，《国际新闻界》2009 年第 10 期。
② ［法］卢梭：《社会契约论》，何兆武译，商务印书馆 2005 年版，第 89 页。

卢梭提出"民意"的概念之后，西方国家开始了广泛的使用和研究，比较著名的对"民意"的定义包括以下内容。

1799 年，德国哲学家加尔夫给民意下的定义是："一个国家的大多数公民，每人反省或实际了解某件事所得到的判断后，许多人的共识。"[①] 这个定义强调民意的主体"大多数公民"在形成共识之前已经经过了充分的反省和实际的了解，将民意带上了理性的色彩，但是对于民意的客体，即公众针对的"某件事"，却没有作出具体解释，因此这个定义还存在一定的模糊性。

随后的伯纳德·亨尼西（Bernard C. Hennessy）在《民意》一书中，将"民意"所针对的"某些事"的范围作出了相对具体的规定，他将民意定义为："是一群特定的人，针对一定重要性的事务，所表达出来的各种不同的看法的总和。"[②] 亨尼西认为民意的表达方式多种多样，书面的、口头的，甚至只是一个表情、动作、声音都足以表达人们的情绪和态度。

杜伯（Leonard Doob）在《民意与宣传》一书中将"民意"定义为："当人们处于同一社会团体时，针对某件事所表现的态度"[③]，将民意分为"内在的民意"和"潜隐的民意"。内在的民意指的是人们对于某一个问题没有表达出的态度，潜隐的民意则是指在人们对于一个问题的态度尚未成型之时，或者该问题尚不足以影响态度之时所持有的态度。[④] 一般来说，民意只有经过公开表达，才能实现其主体的诉求，发挥民意表达的效用，杜伯的观点更倾向于将民意视作人们内心的一种态度，而不强调民意的公开性。

美国学者詹姆斯·M. 伯恩斯等人在《美国式民主》中提出："民意不是

---

① 王来华：《对舆情、民意和舆论三概念异同的初步辨析》，《新视野》2004 年第 5 期。
② 魏长青：《冲突视阈下的网络民意研究》，博士学位论文，中共中央党校，2011 年。
③ Leonard W. Doob, *Public Opinion and Propaganda*, New York: Holt Rinehart & Winston, 1948, p.35.
④ 张云筝：《民意观与民意的实现》，对外经济贸易大学出版社 2015 年版，第 6 页。

一个坚实的整体，而是一些观点、态度的松散而复杂的结合，它具有稳定性、流动性、强烈性、潜在性、制约性、一致性或者两极分化的性质。"他主要强调民意内容的零散性和复杂性，同时也认为民意"受到人们对于意见，对于人们自身的突出性感觉如何的密切影响"[①]，詹姆斯的观点依然强调民意的主观性。

在我国，"民意"的起源最早可追溯到战国时期。《庄子·说剑》记载有"上法圆天以顺三光，下法方地以顺四时，中和民意以安四乡"，指出在天地之间的人类社会中，为了维护统治就应当顺应民意；《汉书·杜周传》中也有"宜修孝文时政，示以俭约宽和，顺天心，说民意，年岁宜应"，推崇顺应天意，取悦民心以求得年景顺遂。可见，在封建社会"天意"依旧是君权天赋社会语境下的第一考虑，虽然"民意"无法超越"天意"，但"民意"也已成为历代统治者所重视的问题。

我国学者对民意的界定，偏向"公意"和"私意"内涵的都有，但总体说来，更倾向于视之为"公意"，是社会的主导意见、民众意愿表达的总趋势。刘建明提出："民意是人民意识、精神、愿望和意志的总和，是社会的主导意见。"[②]喻国明认为："民意，又称民心、公意，是社会上大多数成员对于其相关的公共对象或现象所持有的大体相近的意见、情感和行为倾向的总称"[③]，从实证角度更强调范围上的大多数以及观点的相似性。

以上学者对"民意"的定义将民意的主体限定为社会大众，即民意是"多数人的意见"，而个人或少数人的意见则被排除民意之外。然而，民意是一个非常复杂的概念，"多数人的意见"显然不能解释现实社会的意见多样性。伴随着社会转型时期的社会问题和社会矛盾增多，意见的多样性是不可回避

[①] ［美］詹姆斯·M.伯恩斯等：《美国式民主》，谭君久等译，中国社会科学出版社 1993 年版，第 340 页。

[②] 刘建明：《穿越舆论隧道——社会力学的若干定律》，中共中央党校出版社 2000 年版，第 170 页。

[③] 喻国明：《解构民意——一个舆论学者的实证研究》，华夏出版社 2001 年版，第 9 页。

的社会现实，个体诉求表达的合理性和持续性也日益增强，因此，将民意界定为"多数人的意见"只能算是一种狭义的民意。

若将个体或特殊群体的不同意见考虑在内，则出现了广义的民意。吴顺长、张凤将民意定义为："在一定历史条件下，与国家意识相对应的，人民在政治、经济、物质、文化生活等诸方面的社会心理和社会意识形态的综合趋势。"[①] 这个定义在强调民意的个体性的同时也不排除民意中的共同意愿，即公意。与之相似的定义还有，"民意准确地来说应称公共意见。它是公众对于自己、周遭生活环境、社区事务与更大范围内的公共空间中相关事物的知识、态度、行为预想的公开化与交流后形成的公众意见状况"[②]，这个定义体现了民意的多层次和全方位，以及公开化表达的特征，既尊重公众个人的不同意见，也强调扩大社会共识。

不管是社会大多数民众的共同意愿还是少数个体和特殊群体的意志都被纳入"民意"的范畴，因而被视为广义的民意。

本研究所使用的"网络民意"也更倾向广义的民意，既包括多数网民的意见，也包括少数网民的意见。

互联网从诞生之时即成为信息传递工具，在其后的发展中其功能日趋丰富和多样化。网络的多向传播和互动性颠覆了传统媒体线性传播模式，成为信息社会公民进行民意表达的便捷渠道。网络民意的诞生是在互联网时代民意表达发展呈现出的一种新形式，对我国政治生态和社会发展的影响力越来越大，也引起了我国学界的持续关注和研究。

一部分学者强调网络民意的网络载体属性。周菁认为，网络民意是指依托于互联网技术基础，以网络为平台，通过互联网上论坛和社区、博客等手段自由发表评论和意见，聚合某种愿望和诉求，从而形成的一种新兴民

---

① 吴顺长等：《民意学》，天津人民出版社 1991 年版，第 601 页。
② 单之卉：《民意何来，民意何去——点击民意研究关键话题》，《数据》2006 年第 9 期。

意，是基于互联网技术支撑下的一种新的民意表达方式。[①]

有的学者更关注网络民意依借网络平台表达的内容，认为民意是现实生活中民众对某一事物或现象的看法、建议在网络上的综合反映。有学者认为"网络民意就是指公众在互联网这一公共媒介就公共话题而形成的主流态度、观点和意见"[②]，将网络民意的本质视为现实民意的网络映射，指出"网络民意以互联网与网络传播技术为技术载体，以网民为主要表达主体，以公共事务或政府行为为主要关注对象，其本质是现实民意在互联网空间的映射"[③]。

我们认为，网络民意是公众依托互联网技术，通过各种网络平台，针对社会热点事件或公共问题自由发表意见和建议，表达诉求和愿望，是现实生活中公众态度和意见在网络上的综合反映。

2. 网络民意的边界

网络民意是个复杂的概念，它与网络舆论、网络舆情等概念常被混用。为了进一步明确网络民意的内涵，需要对这些概念进行辨析。

网络舆论、网络舆情和网络民意是舆论、舆情和民意与新的传播工具——互联网相结合的产物，从概念上来说继承了舆论、舆情和民意概念的本质，可以视作舆论、舆情和民意通过互联网技术和渠道在网络空间上的新的表达形式。

一直以来"舆论"都是一个被广泛使用，却一直没有形成统一定义的词汇。西方学者对"舆论"从不同角度进行了认识和定义。美国社会学家布鲁默（Blumer）认为"舆论"是一种理想状态下的理性讨论，这种讨论是"理性的、包括以语言为载体的信息扩散和意见，表达是民主的核心，也是

---

① 周菁编著：《与民意面对面：网络问政新方向》，研究出版社 2011 年版，第 29 页。
② 魏长青：《冲突视阈下的网络民意研究》，博士学位论文，中共中央党校，2011 年。
③ 朱丽峰：《论网络民意兴起的现实价值》，《改革与开放》2010 年第 6 期。

舆论形成的核心"[①]。法国社会心理学家勒庞（Gustave Le Bon）则发现了群体舆论的非理性本质，也将抽象化的舆论概念界定为"群体的意见"的确切内涵[②]。美国《社会科学词典》从舆论主体角度将舆论定义为："在公众中流行的关于公共事务的意见"。美国《政治分析词典》从舆论客体角度将舆论定义为："人们对社会问题的信念和态度"[③]。英国的《大不列颠百科全书》总结出了学者和公共意见操纵者都同意的舆论含义应当包含的四个要素：（1）必须有一个问题；（2）必须有多数人对这个问题发表意见；（3）在这些意见中至少有某种一致性；（4）这种大体一致的意见会直接或间接地产生影响。[④]这个总结基本概括了国内外比较受认可的"舆论"概念的特点。

我国学者对"舆论"概念也有不同的界定。1988年，刘建明的《基础舆论学》是国内第一本系统研究舆论问题的理论专著，指出："舆论，是现实社会整体知觉和集体意识，具有权威性的多数人共同意见。"[⑤]陈力丹认为，"舆论是公众关于现实社会以及社会中各种现象、问题所表达的信念、态度、意见和情绪表现的总和，具有相对的一致性、强烈程度和持续性，对社会发展及有关事态的进程产生影响。其中混杂着理智和非理智的成分"[⑥]。不难发现，国内学者对"舆论"的概念界定时，都将舆论主体和客体、舆论所包含意见的一致性以及舆论的持久性和影响力视作其不可或缺的要素，具有这样一些特点：舆论是一种公共意见，而且这种意见具有一定的一致性，而非个人或者私人意见的结合；舆论的对象是与公众相关的各项公共事务和社会问题；舆论具有一种对事件发展的影响力。

---

① 刘朝霞：《转型期网络舆论生态：动因、机制与模型》，中国社会科学出版社2016年版，第38页。

② 王雄：《新闻舆论研究》，新华出版社2002年版，第48—49页。

③ 邵培仁等：《媒介舆论学——通向和谐社会的舆论传播研究》，中国传媒大学出版社2009年版，第3页。

④ 程世寿：《公共舆论学》，华中科技大学出版社2003年版，第10页。

⑤ 刘建明：《基础舆论学》，中国人民大学出版社1998年版，第11页。

⑥ 陈力丹：《舆论学——舆论导向研究》，中国广播电视出版社1999年版，第11页。

联合国教科文组织 1980 年发表的专题报告《多种声音一个世界》指出："舆论是一种常常难以进行确切的科学分析的集体现象，它是同人的社会性紧紧联系在一起的。但是舆论既不是暂时无变化的，也不是从地理角度上构成一个整体的。"① 因此，舆论还应当具有一定的持久性，时刻处于动态变化的过程之中。

民意与舆论在概念的界定上相互交叠的部分较多，以至于常常让人难以区分。按照喻国明等人的研究成果，区分民意与舆论可以从二者的外延、规模及存在形态入手，"一是外延不同。社会舆论大于民意，社会舆论包括代表民意的舆论和不代表社会民意的舆论"；"二是规模不同。社会舆论的规模可大可小，而民意一般是指较大范围内的民心倾向"；"三是存在形态不同。社会舆论一般是能被直接感知的，而民意有时却未必能被人直接感知到"② 。

"舆情"在我国往往与"形象危机""信任危机"和"负面新闻"联系在一起。例如，2018 年年初，东北雪乡旅游景区被曝出"宰客"丑闻，黑龙江大海林重点国有林管理局在会议上提出"要将舆情防控工作摆在第一位对待"，此番总结引起网友大量争议，当地管理部门对舆情发酵的控制先于实际问题的解决。其实，"舆情"是一个具有一定中国特色的概念，英美语系中"舆情"与"舆论""公共意见""民意""民情"等词汇没有严格区分，都可以表达为 Public Opinion。在中国，"舆情"一词的最早使用可追溯到唐朝，《旧唐书》中有"采于群议，询彼舆情"，《全唐诗》中记载唐代诗人李中的《献乔侍郎》一诗中有"格论思明士，舆情渴直臣"。可见，在当时的语境下，"舆情"包括了百姓的思想行为动态和情感情绪两个层面的含义。现代《辞源》中则将"舆情"解释为"民众的意愿"，与"民意"和"舆论"含义相近。

---

① 谭伟：《网络舆论概念及特征》，《湖南社会科学》2003 年第 5 期。
② 喻国明、李彪：《社交网络时代的舆情管理》，江苏人民出版社 2015 年版，第 6 页。

　　王来华对舆情的定义是："在一定社会空间内，围绕中介性社会事项的发生、发展和变化，作为主体的民众对作为客体的国家管理者产生和持有的社会政治态度。"[①] 这是较早对舆情概念所作的定义。一些学者认为这个定义限制了"舆情"定义的外延，尤其是随着互联网的发展，舆情关注的焦点不仅仅限于对国家管理者的行动，因此"舆情"的定义也应当向广义拓展。张元龙认为，"舆情是社会民众在一定的历史阶段和社会空间内，对关乎自己切身利益的公共事务（事项）或自己关心的特定事件所持有的群体性情绪、意愿、态度、意见和要求的总和及其表现"[②]。总的来说，舆情是一种"具有评价性、倾向性的思想意识，具有明确的对象性特征"，且常直接或间接指向国家管理者，即党和政府。[③]

　　对于"网络舆情"的定义，国内学者多是在"舆情"内涵的基础上，结合其载体互联网的特点进行界定。王来华认为"网络舆情主要是指网络使用者或者俗称网民的政治态度"[④]；刘毅则指出："网络舆情就是民众通过互联网对政府管理以及现实社会中各种现象、问题所表达的政治信念、态度、意见和情绪的总和"[⑤]；周蔚华和徐发波认为，"网络舆情是指以互联网为载体所表达的公众情绪，就其本质是社会情绪在互联网这个可见载体上的公共表达"[⑥]。

　　舆论与舆情的区别主要在于，两者在所包含意见的一致性和相似性程度上的差异。尽管二者都表现为公众意见和政治态度，但是舆论强调"共同意见"，舆情则强调"不同意见的集合"。有的学者认为"网络舆情"与"网络舆论"之间存在着一种可转化的关系，这种转化"是'多种意见的总和'向'有影响力意见'的转化"，其中两个重要影响因素是"传统媒体（或其

---

① 王来华：《舆情研究概论：理论、方法和现实热点》，天津社会科学院出版社 2003 年版，第 32 页。

② 张元龙：《关于"舆情"及相关概念的界定与辨析》，《浙江学刊》2009 年第 3 期。

③ 叶国平：《舆情内涵发展演变探析》，《理论与现代化》2013 年第 4 期。

④ 王来华：《论网络舆情与舆论的转化及其影响》，《天津社会科学》2008 年第 4 期。

⑤ 刘毅：《网络舆情研究概论》，天津人民出版社 2007 年版，第 53 页。

⑥ 周蔚华、徐发波：《网络舆情概论》，中国人民大学出版社 2016 年版，第 9 页。

网络版）的介入和网络媒体的报道"，媒体的报道将公共事务聚焦放大，才引起主体网民的意见转化。[①]

"网络舆情"和"网络民意"的共同点在于，其主体都是以网络为工具和平台表达自己的意见和情绪，且呈现出一种可以通过技术手段和理性分析而被感知和评估的"意见气候"。二者在呈现形式上具有很大的相似性，但却在实践层面的测量方式上存在差异。网络舆情主要以网上的热点事件、突发事件、群体性事件为研究对象，相关调查是通过数据挖掘技术，抓取新闻网站和各类网络空间的信息数据，针对具体案例判断舆情走势，评估网民的主要意见及其所反映的情绪指向和程度，为处置舆情事件提供数据参考。例如，人民网舆情监测室自 2007 年开始，每年都会发布上一年度的《中国互联网舆情分析报告》，内容主要针对上一年的网络热点事件在各个网络社区的搜索指数、流行语等网络现象，来描述整个舆论场的变化和生态现状，通过对网民心态和行为特征的把握与总结，以及对政府把控舆情风险和治理互联网各项举措的效果分析，来作出下一年的舆情风险预判。网络民意调查则更倾向于以重要社会议题、热门公共话题、政府公共政策为调查主题，捕捉大多数网民的意见，从中提炼出民意，并且网络民意调查的结果往往是公开的，其结论往往包括许多具有重要价值的信息，成为制定公共政策的参考因素和为网民和媒体所关注的新闻内容。

总的说来，舆情外延最广，是多种意见、观点的集合；舆论次之，是具有一定相似性且公开表达观点的集合；民意外延最窄。

第二节　网络民意表达现状

以 2007 年为起点，我国的网络民意从逐渐成型到蓬勃发展，已经有了

[①]　余秀才：《网络舆论：起因、流变与引导》，中国社会科学出版社 2012 年版，第 44 页。

十余年的成长时间。十余年间，随着网民数量的增长，民意表达主体渐渐还原现实人口，开放的言论环境和个体权利意识的觉醒使得民意表达议题愈发丰富多样。随着技术发展，网络民意表达的主要阵地不断拓展，内容质量也不断提高，网络民意已经成为政府进行公共决策不可忽略的参考因素。

1. 网络民意表达的主体结构

我国民意表达的主体主要有政党组织、社会团体、宗教团体、利益团体、个体公民和大众传媒等。同样地，网络民意表达的主体是现实生活中具有表达诉求和权利的公民，是公民现实角色在网络上的延伸。现实公民以网民身份，通过各种网络平台和工具表达自身意见和诉求，尽管来自不同地域、不同阶层、不同性别、年龄、职业，但在网络上都以符号化、数字化、虚拟化的网络身份进行活动。因此，网络民意主体具有既现实又虚拟的身份特征，网民现实生活中的利益诉求和意见，是其在网上表达意愿的动力和内容，虚拟化的数字身份和公共空间，是网络民意得以自由表达和迅速成长的载体。

根据第 45 次《中国互联网络发展状况发展统计报告》，截至 2020 年 3 月，我国网民规模达到 9.04 亿，占到总人口的六成以上，全年共计新增网民 7508 万人，网民规模增长趋于稳定。网民性别方面，网民性别结构趋向均衡，男女比例为 51.9：48.1，与我国现实人口性别比（51：49）基本一致；年龄结构上，我国网民仍以 10—39 岁群体为主，互联网继续向中高龄群体渗透趋势明显，40—49 岁中年网民群体占比近三年分别为 13.2%、15.6%、17.6，50 岁及以上的网民比例近三年分别为 10.5%、12.5%、16.9%；学历结构上，我国网民一直以中等学历群体为主，随着基础教育中互联网使用技能教育的普及，网民向低学历人群扩散的趋势加强；职业结构上，学生群体仍旧是我国网民的主力军。[①]

---

① 中国网信网：第 45 次《中国互联网络发展状况统计报告》，见 http://www.cac.gov.cn/2020-04/27/c_1589535470378587.htm。

尽管网民结构与我国现实人口结构还存在一定的差异，但是近年来网民的年龄结构、学历结构、职业结构呈现出向现实人口结构还原的趋势，再加上网民具有庞大的基数，这是其他民意表达方式难以望其项背的[①]。网络时代公众获取信息成本降低，普通民众真正享有了媒介接近权、知情权和话语权，参与民意表达的主体意识在加强，对于公共事务的参与热情也大大提高，网络不是为政府、大众传媒和社会精英阶层所垄断和独享，而是平民化色彩日渐浓厚的媒介。因此，虽然网络民意表达的主体即网民不能同现实公民画等号，但网民能够覆盖各阶层、各地域、各行业、各年龄段的社会公民，是最具代表性的民意主体，网络显然已经成为彰显民意的主流媒体和渠道。

2. 网络民意表达的内容焦点

在短短的十余年间网络民意表达得以迅速发展，与我国社会处于转型期的背景密不可分。改革开放以来，伴随着经济的发展和人民生活水平的提高，结构性社会矛盾日益凸显——贫富差距加大、腐败问题严重、社会公平削弱、群体事件频发……与此同时，现实民意表达渠道不通畅让人们将网络空间当作释放压力和宣泄不满的解压阀。随着公民权利意识的觉醒，人们渐渐意识到可以将网络变成参与公共决策和公共事务管理、表达意愿及诉求的空间和渠道，现实生活中与公众利益相关的公共事务和社会事件，变成了网络民意源源不绝的议题。总体说来，网络民意表达的内容焦点集中在以下几个方面。

对社会事件的关注。网络的跨时空性和信息传播的海量性与即时性，让网民能够随时了解世界每一个角落的动态，许多重大的社会事件在第一时

---

① 祝华新、单学刚、胡江春：《2016年中国互联网舆情分析报告》，见 http://yuqing.people.com.cn/GB/401915/408999/index.html。

间便得到网友关注并迅速发酵。网络具有强大的聚合功能，短时间内就能生成同一议题下的网络民意，尤其是在重大事件上，网民都会及时表达明确的态度。这些意见的背后都是对政府某一项公共政策的支持或反对。比如，网民对于拆迁冲突事件的关注，实际是对拆迁权益厘定和保护的呼吁。无论是对暴力强拆和"钉子户"阻挠国家重大工程建设等行为的批评，还是对被强拆对象的同情，目标都在于希望对拆迁行为进行规范化的顶层设计，即制定科学合理的拆迁政策，既保护权益人的合法权益不受侵害，又避免企图迅速暴富者借机敲诈，既维护被拆迁户的利益公平，又保障国家的建设工程正常推进。

对公共权力的监督。在民主社会，全程接受监督是公共权力运行的题中之义。公共权力接受监督的方式有很多，舆论监督是重要的监督方式之一，网民监督属于舆论监督，是网络时代参与主体最广泛的监督形式。它往往源于对某一事件的关注，而真正的关注对象是权力的规范运行及运行效率。公共权力旨在处理公共事务、维护公共秩序和增进公共利益，其运行需要接受民众万千双眼睛的监督，网络民意体现着对政府行使公共权力是否合理、是否服务了社会公众、是否增进了公共利益的关注。网络民意的聚合和放大，以及网民之间形成的"利益共同体"，使得我国公民享有的监督权被具体化，逐渐成为能够影响现实民主政治机制的舆论力量，并能对公共权力进行有效制约和监督。一些公共权力运用过程及时纠偏就是政府部门顺应网络民意的结果，进而有效地保障了权力运行的公开化、程序化、规范化。

对公共事务的讨论与建言。英国学者希瑟·萨维尼在《公共舆论、政治传播与互联网》中提出："网络不仅是一种传播方式，也是一种彻底改革民主进程的工具，网络的互动性鼓励更多的公民参与到政府治理和决策过程中去。"① 在社会问题演变成政策问题、政策问题进入政府决策议程、政府的

---

① ［英］希瑟·萨维尼：《公共舆论、政治传播与互联网》，《国外理论动态》2004 年第 9 期。

政策动议征求意见、政策实施的社会评估和反馈等环节，网民从来都未曾缺席，时时关注和进行讨论，其意见和建议直接或间接地影响着政策议程、政策内容，影响着决策的科学化、民主化。近年来，网络民意成为全国两会热点。全国两会召开及前后一段时间，各大新闻网站都会开展网络民意征询和调查，"有话问总理""两会建言""两会调查""网民提案"等栏目比比皆是，将公众普遍关心的议题整理汇总后，常常形成全国两会讨论的热点议题。几乎每一项公共政策都能引发网民的关注、讨论和建言，网络民意充当着政府决策的"民间智库"。与官方智库由政府官员和专家学者组成不同，由网民构建的"民间智库"其来源更广泛、更具现实代表性，尤其是利益相关者的意见表达，可能更具有针对性和可行性。

3. 网络民意表达的主要平台

互联网集传统大众媒体优势于一体，又具有独特的信息表现方式和交流传播模式，为民意进入传统媒体的话语空间和政府决策者视野提供了多种途径和手段。网络民意既可以是团体组织的集体表达，也可以是网民的个体表达，但都依赖于新媒体技术平台。网络民意的依存载体主要有以下几种类型。

（1）网上信访平台

根据国务院 2005 年公布的《中华人民共和国信访条例》，"信访是指公民、法人或者其他组织采用书信、电子邮件、传真、电话、走访等形式，向各级人民政府、县级以上人民政府工作部门反映情况，提出建议、意见或者投诉请求，依法由有关行政机关处理的活动"。

网上信访拓展了公众信访渠道和平台。随着网络技术的普及发展，网上信访承担着巨大的网络民意表达任务。2009 年 1 月，国家信访局的门户网站设立了"国家投诉受理办公室"，受理各类网上投诉。网民在实名制注册之后，可以向 33 个中央机关和部门咨询求助、投诉举报、建言献策等。上访网民可就与自身利益密切相关的内容在网上信访平台表达诉求，相关部门的处理和回应按照"属地管理、分级负责，谁主管、谁负责"的原则进行。所有信访工作者根据上访网民的身份信息和上访内容进行审查处理、推动相关部门落实责任，综合分析群众反映的普遍性、政策性问题，并提出意见形成报告。[①]

和传统的电话、走访、书信等多次辗转的上访方式相比，网上信访的所有环节都可在网上平台实现。对网民来说，网上信访不受时空限制，是一种更加便捷、经济的表达利益诉求和意见建议的渠道和方式。

（2）网络论坛

网络论坛前身是 BBS（Bulletin Board System），即电子布告栏系统。自 1991 年我国开设第一个 BBS 站"水木清华"，到 1996 年独立的 BBS 站点和各类网站开设论坛的数量越来越多，成为 20 世纪末至 21 世纪初网民表达意见最便捷的平台。据《中国互联网舆情分析报告》统计，到 2009 年，我国 BBS 论坛的数量就已经突破 130 万个，成为全球拥有 BBS 论坛数量最多的国家。

网络论坛可按其性质分为政治性网络论坛、商业性网络论坛、专业性网络论坛。根据话题不同，网民可以在不同的论坛找到知音，而且一旦遇到突发事件，网民便会在这里自觉充当新闻记者、事件评论员、道德审判官、法律专家等多重角色。[②]一批网民往往活跃在各大论坛上，依靠自身掌握的知识和信息频繁发表意见，观点鲜明，言辞犀利，拥有众多支持者，渐渐成

---

① 张平：《民意表达的自由及其控制：网上信访与实名制的政治学逻辑》，《理论月刊》2014 年第 4 期。

② 李永刚：《我们的防火墙：网络时代的表达与监督》，广西师范大学出版社 2009 年版，第 51 页。

为"意见领袖"。

微博等新媒体平台兴起后，网络论坛上"意见领袖"有大规模流失的迹象，论坛帖文的质量也有所下降，但是地方性的网络论坛依然具有一定的活力，在整合同城社交资源和推动专业化和小众化圈子里成员互动的表现上，比微博略胜一筹。

（3）新闻跟帖

新闻跟帖也是网络民意表达的重要平台。自 2000 年 4 月搜狐网率先推出"我来说两句"新闻跟帖功能，开创网民评论新闻报道并参与讨论的先河之后，各大新闻门户网站都纷纷设立了自己的新闻跟帖版块。作为依附于新闻载体的民意表达窗口，新闻跟帖形式简单，是网民阅读完新闻之后的真实情感自然流露，其他网民也可以在该评论下再次跟帖追评反驳或赞同意见，或者单纯通过点击"点赞"和"踩一下"按钮表示态度，形成小范围的交流互动。如此一来，网络民意的形成直接针对新闻内容，且持相同意见的网民更容易集合，持不同看法的网民之间也能围绕新闻主题进行意见交锋，便于获取相对集中和原生态的网络民意。

近年来，各大媒体纷纷推出了自己的新闻客户端，除了传统的新闻门户网站之外，网民也越来越倾向于随时随地在新闻媒体的移动客户端中发表评论留言。一条热点新闻发布之后，短短数小时内就能有几万甚至几十万的网友评论。评论的操作简便，只言片语便可明确表达自己的观点，网民可以轻松地在同一话题之下频繁地进行观点互动，鲜明的观点和理性的分析常常会引来众多追捧者点赞、转发，甚至被媒体关注采用。

（4）博客

作为网络时代 Web 2.0 技术时代的代表，博客让网络进入了人人写作的时代，一进入中国就在传播领域显示出引领舆论的强大力量。在我国，博客不仅催生了一种新的报道方式、一种信息来源，而且渐渐发展成为网民自由表达观点的平台，开通博客就意味着建立了自己的"私人领地"。

从 CNNIC 发布的《2008—2009 中国博客市场及博客行为研究报告》可以一窥博客受到万千网民追捧的状况：截至 2009 年 6 月底，博客用户规模达到了 1.81 亿人，博客空间超过 3 亿人，同时，"在博客数量持续攀高，用户聚集带来的规模效应，博客频道在各类型网站中成为标准配置和 SNS 氛围提升博客活跃程度的三重作用下，博客作者表达的积极性大幅提高，活跃博客数量呈现爆发式增长"。博客作者的积极性显著提升尤其体现在对公共事件的参与上，"博客作者在表达观点时，选择发表针对'社会现象'的言论的博客作者达到了 54.5%，与 2007 年相比增长了 44.5 个百分点"。值得注意的是，博客用户在注册时愈显理智且目的性明确，大多数博客作者针对公共事件积极表达情感和发表言论热情高涨的同时，在网络世界依旧秉持与现实世界中相同的道德价值观，这使得博客呈现出愈发强烈的社会化网络特征[①]。

博客和网站论坛相比，虽然都是网民自发在网上发布信息、评论、意见，但是两者却存在很大不同：博客的主要技术支持是 RSS 技术（Really Simple Syndication，简易信息聚合技术），即网民通过订阅从特定的博客获取信息，博客由博主本人设定好一个议题，关注或订阅该博客账号的网友在该篇博文下围绕博主提出的观点或事实进行讨论；论坛则往往按照话题领域和性质的不同区分出多个版块，网民前往自己感兴趣的专题版块发表意见、进行交流。故此，网络论坛上聚集的是匿名的、松散的网民言论，看上去更像是一个"意见的公共广场"，而消息相对灵通、见解更加专业深刻的博客言论更趋理性，也更接近现实的公共领域。

---

① 中国互联网络信息中心（CNNIC）：《2008—2009 中国博客市场及博客行为研究报告》，见 http://ishare.iask.sina.com.cn/f/13122683.html。

（5）微博

2010 年，中国互联网发展最快的应用就是微博，许多热点事件都是经过微博网友的爆料而走进公众视野。随着用户量的不断增加，微博取代了论坛、博客成为网民爆料和发表评论的首选平台，因而 2010 年又被称为"微博元年"，微博也渐渐成了一个新的网络民意表达平台。

微博是博客的一种变体，是一种社会化网络与微型博客的结合，是一个基于用户关系的信息分享、传播和获取的平台。微博用户可以通过建立个人社区，用文字和图片、视频、外部链接等形式即时分享信息。经过多年发展，微博已经从最初的信息分享和用户联络的社交平台转变成网民参与公共事务讨论的平台和工具。有研究者指出，微博的出现改变了我国的政治格局，令万千网民以前所未有的数量和力量改变了中国政务议程设置，以全新的主体姿态进入公共决策体系，从而改变了我国既有的政治生态面貌。①

随着各级政府机构政务微博的开通，微博俨然已经成为网络民意表达的新窗口，微博问政也成为网上一道独特风景。根据第 43 次《中国互联网络发展状况统计报告》，截至 2018 年 12 月，经新浪平台认证的政府机构微博 138253 个，微博网民对政府、公安、司法等部门的政务微博关注度最高。

（6）网络民调

公共政策的制定和出台需要经过民意的检验才能确保其"合民意性"的特征，与民主政治相生相伴的民意调查被公认为是测验民意的最直接最客观的工具之一。网络民意调查，是指"一定的行为主体基于互联网的技术平台，利用网络问卷或网络互动交流组等多媒体载体，在互联网空间内迅

---

①　杨异：《网络环境下的公民权利意识》，知识产权出版社 2016 年版，第 27 页。

速、准确地收集网民对公共事务的意见和态度，并加以整理，以此为政府或者相关单位决策或研究提供依据和参照的过程与行为"①。我国网络民调主要有三大主体——政府、媒体和学术性或独立民调机构，大多针对当前的热点问题和公共政策进行民意调查。网络民调可以在短时间内征集到成千上万的受访者，通过网络和专业系统自动完成数据传输、甄别、统计，很快就能得出民调结论，不仅便于网民参与，也节约了调查机构的人员投入、成本花费和调查时间。

民意测验的一般方法是开展社会调查和统计分析，一般由政府的下属机构或者依附政府机关的民调组织进行，调查过程和程序的独立性难以保证，因而由此得到的民调结果也难以令人信服②。网络民调采用网民自愿填写、匿名调查的方法，调查者和受访者之间无须面对面的接触，而是通过网页或者电子邮件填写问卷，因而减小了网民作答的心理压力，调查结果更接近网民内心的真实想法。区别于传统民意调查，网络民调的题目设置更加多样化，也更具互动性，投票、留言功能可匹配不同类型的问题设置，网友也可以根据问卷设计的不足之处提出修改意见自设选题。此外，网络民调结果一般都是开放的、可供分享的，网络民调的结果一定程度上反映了民意走向，成为有价值的信息，而管理者也需要借助网络民调的结果作为政策实施的民意基础，或将其作为参考对计划施行的政策进行调整，因而网络民调的结果向来为传统媒体和政府部门所关注和重视。

（7）在线聊天

在线聊天功能曾一度是互联网产品的主打功能和竞争热点，它彻底颠覆了传统的点对点传播模式，点对面、多点对多点的自由互动都在虚拟的聊

---

① 刘力锐：《论网络民意调查的政治作用》，《东北大学学报》（社会科学版）2009 年第 5 期。
② 罗依平：《地方政府公共政策制定中的民意表达问题研究》，《政治学研究》2012 年第 3 期。

天空间内得以实现。各利益团体、社会组织、社群建立的聊天群中，往往聚集了一批志同道合或有共同利益的网民，当他们展开对某个公共话题或者社会事件的讨论时，互相之间可以实时共享信息和发表评论，并且通过各种多媒体符号来表达观点传递信息。一个网民往往可以加入多个不同的聊天群，聊天群之间也可以靠共同成员而连接起来。在线聊天对于民意的发酵和传播来说，是一种直接而迅捷的方式。

近年来，微信取代微博成为当下经济发达地区民众的首要信息渠道和社交平台，大大分流了微博用户。微信依赖用户熟人社交之间强社会关系和社交媒体话题多元化的魅力，在亲友、同学、同事和同好者之间迅速流行。起先微信传播内容大多是个人日常生活和心灵感悟，但随着微信公众号的大量开通和微信群功能的推出，尤其是关于涉及敏感议题、政治类不实传言和偏激议论等内容极易在相对私密的微信大量转发和迅速传播，近年来互联网治理也加大了对微信用户的管理力度。2017 年 10 月，国家互联网信息办公室印发的《互联网群组信息服务管理规定》正式施行，规定明确表示，互联网群组建立者、管理者应当履行群组管理责任，群里有违法违规信息，谁建群谁负责。从网络实名制，到群主担责的规定，规范网络空间秩序，让网络民意得以健康成长。

4. 网络民意表达的社会效应

新媒体改变了民意表达的方式，也唤醒了民意表达的意识和热情，民意表达呈现出越来越活跃的态势，对公共政策的影响越来越明显。

（1）民意表达受到官方和民众的高度重视

官方对民意的重视最明显的体现是在党的历次重大会议的决议之中都强调公民参与公共政策过程的重要性。党的十五大提出"逐步形成深入了解民情、充分反映民意、广泛集中民智的决策机制"；党的十六大提出"要完善深入了解民情、充分反映民意、广泛集中民智、切实珍惜民力的决策机制，推进决策科学化民主化"，同时要求各级决策机关，"建立社情民意反映制度，建立与群众利益密切相关的重大事项社会公示制度和社会听证制度"；党的十七大提出，为了扩大人民民主，应当"健全民主制度，丰富民主形式，拓宽民主渠道"，"推进决策科学化、民主化，完善决策信息和智力支持系统，增强决策透明度和公众参与度，制定与群众利益密切相关的法律法规和公共政策原则上要公开听取意见"，以切实保证人民当家作主；党的十八大强调要重视决策过程中的群众意见和智慧，提出要"坚持科学决策、民主决策、依法决策，健全决策机制和程序，发挥思想库作用，建立健全决策问责和纠错制度。凡是涉及群众切身利益的决策都要充分听取群众意见"；党的十九大强调要"扩大人民有序政治参与，保证人民依法实行民主选举、民主协商、民主决策、民主管理、民主监督"。

听取民意、汇集民智也已成为各级政府制定公共政策的具体实践。涉及公共利益的重大公共政策在制定之前公开征集网民意见已成常态，从"新拆迁条例"（即《国有土地上房屋征收与补偿条例》）出台到个人所得税"起征点"上调，从全面开放二胎政策到延迟退休方案，越来越多的公共政策将征集民意作为必备环节。

程序是作为民主的一个不可或缺的组成部分而存在的。约翰·罗尔斯将程序正义理论看作其社会正义论的核心部分，把程序正义作为一个独立的范畴加以类型分析。其关于程序正义的理论给人的启示在于，"在对一种至少会使一部分人的权益受到有利或者不利影响的活动或决定作出评价时，不能仅仅关注其结果的正当性，而且要看这种结果形成过程或者结果据以形成的程序本身是否符合一些客观的正当性、合理性标准"[①]。政府对于民意的重视即是对于公众参与的程序正义的恪守。从决策科学化角度来看，网民来源

---

① 参见肖建国等：《程序公正研究》，《新华文摘》1999年第10期。

的广泛性保障了网络民意主体的多元化、情绪的理性化和内容的专业性。来源广泛的网民，遍及不同领域、阶层，是一个复杂多元的群体，既有普通网民，也有具专业学识的专家。代表理性的专家参与提升了网络民意的科学性自不待言，而普通网民的意见表达也不能用个人化、情绪性来指称。研究表明，普通网民的意见表达经历了情绪化到理性化的转换阶段，无论从总体考察还是从具体事件考察，都是如此。意见表达和交流越充分，意见表达的理性程度就越高，其中的专业性和科学性也越高，因而也就越能充当公共政策的"民间智库"。

民众对于网络民意表达的重视，一方面是表达权得以实现，另一方面是民意表达受到重视。表达权的实现既要有制度保障，更要有渠道支撑。丰富畅通的渠道是表达权从制度到实践的重要保障。与官方主动打捞民意和传统媒体铺设渠道的有限性相比，互联网为公众表达民意、参与政治生活提供了方便快捷的平台。传统主流媒体，如人民网、新华网、央视国际网等网站亦纷纷开辟了诸多评论版块和论坛作为供网民自由发表建议和意见的空间，比如，人民网的"本报今日评论""人民时评""人民网上看民意""观点集萃"等评论栏目，号召网民向政府提出问题和发表意见，并将主流意见梳理之后直接汇报高层。网络民意的充分表达越来越广泛而深入地影响着公共政策过程，表明网络民意对公共政策制定发挥着越来越大的作用，反过来又进一步激发了网民通过网络讨论和交流的热情，促进了民意表达的迅速成长，进一步唤醒了网民对于公共事务的主动参与意识。

（2）民意表达的议程有所改变

在利用传统媒体表达民意时，常常陷入"形式决定内容"的困境，议题选择面较窄。"一般侧重于重大的政治经济生活、影响深远的公共政策。网络空间的无限性与延伸性增强了网络议题的选择性，不仅包括重大社会事务、国家事务，而且还可以包含琐碎的民生话题、个体公民的具体遭遇等等。"① 网络民意拓宽了议题选择的范围，反腐倡廉、医疗改革、食品药品安全、教育公平、环保问题、司法公正、就业问题、"三农"问题、安全生产、城乡统筹、社会稳定等重大议题，都会在网上掀起一轮又一轮的讨论热潮，而琐碎的日常民生话题、个人的生活遭遇等也会成为网络民意表达的重要议题。其背后都可能涉及某项公共政策的重要命题。

网络民意表达的自主性在一定程度上改变了传统的民意表达议程。以往，自上而下的征集民意是由政府或媒体设置议程，政府决策前的征集民意，通过报纸、广播、电视等传统媒体发布，引发公众讨论和提交意见。进入新媒体时代，尽管许多议题仍由政府设置，但决策前通过网络征集民意，网民主动讨论公共问题促使政府将其列为政策问题成为可能。"一方面公民可以从自己的角度出发，对公共事务和社会问题发表自己的观点和看法；另一方面也可以根据自己的喜好选择公共议题参与讨论。在网络语境之下，信息能够以几何数的速度快速传递，伴随着网络的快速链接、复制、传播等功能，使相关部门可以快速了解和收集到相关问题的资料和信息，甚至有可能上升为政策议题。"②

传统民意表达的议题多由媒体或政府发起，通过媒体报道和政府部门提案设置议题，但是网络天生具有一种聚焦能力，议题的产生来自网民在网上的点击率和发表的言论，经过各种争论交锋之后，聚集成"主流网络民意"，引起媒体和相关部门的注意。从一定意义上说，网络民意极大地影响有时甚至决定事件发展的走向。

如 2016 年引起社会广泛关注的"魏则西事件"，就是起于网络问答社区"知乎"。西安电子科技大学 2012 级学生魏则西身患滑膜肉瘤晚期，通过"百度搜索"找到一家医院。在接受 4 次治疗、花费 20 余万元后，仍没有明

① 朱丽峰：《论网络民意兴起的现实价值》，《改革与开放》2010 年第 6 期。
② 周晓丽、布勒格：《论社会治理中的网络民意表达》，《行政论坛》2014 年第 4 期。

显效果，于 2016 年 4 月 12 日去世。期间，魏则西将自己求医的经历记录在"知乎"上，引起关注。魏则西去世后，其求医过程所涉的莆田系民营医院、百度推广以及医疗监管制度等话题成为网民关注焦点。不久，国家网信办在全国范围内开展了搜索服务专项治理，出台了《互联网信息搜索服务管理规定》，国家工商总局也出台了《互联网广告管理暂行办法》，严格规范互联网广告市场秩序。

（3）社会利益的沟通模式发生重构

传统体制下的民意表达和信息沟通的方式是垂直性的，按照金字塔的话语体系实现由上到下和由下到上的转换：政治精英位于金字塔顶端的绝对优势地位，经济精英依靠经济实力、知识精英凭借专业知识维护话语霸权，大量的社会普通民众和弱势群体位于金字塔底端，公共政策往往为了整合各方话语力量、平衡各阶层利益而难以真正照顾到金字塔底层群众的诉求。这种话语体系的缺陷在于信息传递的高成本，以及随着信息传递环节增加的"信息失真"，自下而上的利益诉求表达困难，当民众的需求无法得到满足时，还会出现越过层级、脱离结构体系的利益表达方式，如上访和群体性事件。

公民参与政治生活的两个前提，一是对公众事务的了解和主动参与的意愿；二是参与风险较小，参与成本较低。网络民意的便捷性、匿名性和低廉性，降低了参与公共事务讨论的技术门槛和风险，使信息的获取和发布变得更加简单和自由，激发了公众参与社会管理的积极性。网络打破了原有社会话语体制时空限制和阶级壁垒，金字塔趋向扁平化结构，有助于信息自上而下和自下而上的双向传递更为直接，使得公共信息的配置更加均匀分布，也能够让决策主体更好更全面地掌握社会不同利益诉求。

在一个人人都有麦克风的时代，互联网催生了一个新的社会阶层——新意见阶层。新意见阶层是网络民意日趋壮大和成熟的中坚力量，他们热衷于对公共事务的讨论，极富正义感和批判精神，常常成为意见领袖和民意代表，向政府提出意见和建议。如果政府能与代表网络民意的新意见阶层进行良好的互动，将对中国众多复杂社会问题的解决大有裨益。

新意见阶层不同于传统意义上依靠经济收入、受教育水平等标准划分的社会阶层，据目前国内研究的情况来看，新意见阶层常被界定为"关注新闻时事、在网上直抒胸臆的网民"[①]，其主要特征在于其参与公共事务的高度积极性，相对于不发表意见的网民，更乐于且善于表达自己的观点。

比如，媒体人邓飞多次利用互联网，先后发起微博打拐、免费午餐、中国乡村儿童大病医保、儿童防侵、中国水安全计划等多个公益项目，这些公益活动不光在网上获得响应，也让公益背后所代表的网络民意走进了政府和体制的视域。以2011年的"微博打拐"行动为例，邓飞在新浪微博提出"微博打拐"后，中国警察网官方微博联合建立"打拐志愿团"的群众组织，无数网友受到触动和感染，整个社会都将保护孩子视为紧要大事，直接推动公安部出台"一长三包"政策，确立公安部门立案寻找孩子和打击犯罪等整套流程。这次行动是网络民意牵手体制力量，共同推动重大社会问题得以解决的典型案例。

第三节　网络民意表达特征

网络民意表达突破了时空限制，模糊了网民的现实身份，网民只需一个网络通信环境和网络设备即可接入互联网，在各种网络平台表达自己的观点、建议和诉求。在这样一个低门槛、及时性、强互动的表达途径之下生长的网络民意，也产生了区别于通过传统媒体进行民意表达的新特征。

---

① 周瑞金：《"新意见阶层"在网上崛起》，《炎黄春秋》2009年第3期。

1. 表达群体的广泛性

网络作为现阶段中国思想文化信息的集散地和社会舆论的放大器，本身就是社会各阶层情绪发泄和意见表达的窗口，不同行业、不同教育背景、不同地域的人们活跃在网络空间的各个角落发出自己的声音。网络空间的低门槛和弱把关，让每个人都可以充分利用它来表达自己的诉求，因而利用网络表达诉求者具有高度的群体广泛性。网络民意表达群体的广泛性，是网络具有包容性的重要体现，也是网络民意具有代表性的价值所在。

网络是一个充满节点的空间，处于节点上的每一个体都可以成为民意表达主体，通过各种网络渠道和平台传播信息、表达诉求和提出自己的意见。作为网络民意表达主体，网民各自拥有不同的现实身份，利益诉求、知识背景和言论表达也呈现出个性化的特点。不同背景的网民所关注的话题不尽相同，即使面对同一主题，也有不同的视角和观点。例如，2017 年 7 月郑州某娱乐场所门前设置了比普通车位宽的"女性停车位"，引起网民热烈讨论，有人认为这样的举措方便了女性司机，十分人性化，但也有人认为以性别为分类标准设置特殊车位的做法存在性别歧视，强化了女性司机开车技术不如男性的刻板印象，还出现了一些诸如女性司机可以自由选择停车位的呼声，以及将"女性停车位"的叫法改为"新手停车位""便民停车位"或"加宽停车位"，弱化性别暗示的建议。不同的网民有着不同的利益诉求和价值判断，因而网络民意表达也往往呈现"百家争鸣"的局面。

由于表达群体的广泛性，网络民意呈现出众口不一的特征，但也具有很强的向心力和凝聚力。网民在各抒己见的同时，又相互吸纳他人的意见。来自不同地域、不同身份、不同职业的网民基于共同的兴趣、共同关注的议题而"聚"到了一起，在某一议题下，持相同或相近观点的网民集结在一起，壮大己方队伍，与持不同意见的群体进行辩论。尤其是 Web 2.0 时代，社群聚合的倾向愈发明显。网民在知乎、豆瓣、微博等网站上注册时，可以使用兴趣标签选择功能，或者服务器根据浏览情况和用户信息向网民自动推荐和筛选关注对象，网民之间能够轻易建立起与其志同道合或者价值观相近的同伴的联系。

美国学者马克·格兰诺维特（Mark Granovetter）于 1973 年在《弱关系的力量》一文中最先提出了强联结（Strongng Tie）和弱联结（Weak Tie）的概念。他认为，弱联结是在群体之间发生，跨越了不同的信息源，能够充当信息桥梁的作用，将其他群体的信息带到本来不属于那个群体的个人。相对于强联结，通过弱联结获得的信息具有冗余度小、新颖度高的特点。[1]Web 2.0 时代的网络技术建立的就是这样一种弱联结关系，网民就同一议题进行的不同意见表达实现了几乎是零冗余的传播和分享，这是网络民意得以迅速聚合持相同意见的网民形成意见群体的原因之一。

2. 表达机会的平等性

互联网是一个没有中心的结构，网络上的任何一个节点都可以变为中心，信息传递和交流相当自由，任何人都可以按照自己的想法和逻辑说话，政府的管理和控制相对宽松。英国学者提姆约旦认为，网络克服了身份的不平等，为民主提供了可能。[2]每个社会成员总在追求表达上的机会平等和无差别，并将其视作公民的基本权利，网络以其非凡的生命力推动了网民的公民意识觉醒，重新定义了原有的以权力大小为标准的信息分配模式。政治学家约翰·罗尔斯在《正义论》一书中指出："由于每个人都可能在社会中处于最不利的地位，所以人们在行动的时候所遵循的普遍的伦理原则，都是从社会中潜在的最小受惠者的角度出发加以考量。"[3]无论在现实中处于何种社

---

① 张燕：《Web 2.0 时代的网络民意表达》，《新闻界》2009 年第 4 期。
② Jodan T., *Cyberpower: The Culture and Politics of Cyberspace and the Internet*, London: Routledge, 1999, pp.82 – 83.
③ ［美］约翰·罗尔斯：《正义论》，何怀宏等译，中国社会科学出版社 1988 年版，第 158 页。

会地位，网民都可以通过网络这个平台表达自我诉求和主张。

　　信息的获取是公民形成自身态度参与公共事务的前提，因此民意表达需要一个能满足公众知情需求和表达自由的平台。传统媒体拥有较为广泛的受众面，可以在一定范围内满足受众的信息需求，但是，受众获取信息和表达意见的媒介接近权却存在失衡。公众对于传统媒体的使用更倾向于将其当作获取信息的渠道，民意的表达不仅因为要经过媒体把关人的重重过滤而可能造成表达不充分或失真，还因为媒体的新闻采集、加工制作发布的重重环节造成时间滞后。传统媒体无法给予民意足够且及时的关注和报道，民意表达陷入被动，而且内容也受到限制，传播者手握的表达权利远胜于一般民众。

　　在传统的民意表达中，普通民众与社会精英阶层之间存在身份、地位、信息的不对等，并由此导致了表达机会和权利的不对等，网络民意的兴起在一定程度上让这种局面发生了变化。网络可以对网民的现实身份进行遮蔽和再造，当网络空间中网民的身份被数字化、电子化、虚拟化，消解了现实社会中权力、金钱和社会地位对于意见表达的限制，实现了话语权从精英到民众的共有化。每个人都享有平等的知情权和话语权，任何人、任何组织都可将其意见、建议发布于互联网，普通网民获得了充分的表达权利和自由，听取和发表意见、参与各种讨论的机会是均等的，且可以轻易实现。网络民意能够更加真实地反映普通公民的利益诉求，为每一个网民个体尤其是弱势群体提供一个更加便捷、低成本、低风险的表达渠道，而又不必被精英阶层的言论所绑架，从而可以自由地表达自己对公共事务的看法和建议。网络不仅为普通民众开启了便捷的民意表达通道，也更加注重每一个网络参与者获取信息、发表言论权利的平等性，打破政府、大众媒体和精英阶层的垄断局面，实现了意见表达机会的平等性。

3. 表达议题的公共性

　　网络开辟了广泛而畅通的民意表达通道，无论什么内容都可能成为网民意见表达的议题。但是，作为意见表达的公共平台，能引发网民讨论和发表意见的议题往往是公共议题。即使是个性化的意见表达，也必然是对议题所承载的公共问题的关注，而非私人化的情绪表达。网络自带一种聚合的属性，将万千网友汇聚于同一平台。现实生活中素不相识的网民，因为对同一议题的共同关注汇聚在一起，进行思想情感、意见看法的自由交流，随着讨论的延伸，会聚集越来越多的网民参与其中，意见交流的场域也随之拓展。

网民参与网络议题的讨论往往缘于两个方面的因素：利益相关性和正义感。利益相关性指的是讨论的议题与自身利益有着直接或间接的关系，这种关系有些是当下面临的，有些是未来可能会遇到的。比如一位身体健康的年轻网友对于大病救助体系议题的关注，虽然他目前基本与这个议题没有直接的关系，但谁也不敢保证未来不遭遇大病的侵袭。正义感指的是讨论的议题与自身并无直接关系，但出于公民的社会责任感对此议题表现出关注。如知识分子对于农民保障体系建设问题的关注。无论出于何种考虑，这些能引起网民关注的议题往往都与公共利益密切相关，它们的背后都直接关系着公共政策的制定和调整。随着公民意识的增强，网民对自身利益的关注转化为对公共利益的关注，正是网络议题的公共性增强吸引越来越多的网络民意参与其中。

以 2017 年人民网"强国论坛"推出的全国两会特别策划"我有问题问总理"为例，共有 1000686 名网友在住有所居、老有所养、教育改革、病有所医、精准扶贫、食品安全、"一带一路"、外交军事、生态环保及其他问题等十个版块下留言参与提问。从大数据信息来看，教育问题、住房问题和养老问题是网民最关心、最期待解决的问题。提问排行榜上关于呼吁解决养老金不公平问题和重视罕见病救助的留言点赞量均超过了 12000 次；"80后""90后"网友占比最多；北京、上海地区的网友在各省市提问网友人数中占比最多；工人、学生分别占提问网友人数的近三成和两成，农民紧随其后。①

4. 表达文本的零碎性

在网络中，不同地区、民族、职业、年龄的网民聚集一处或针对同一议题发表意见，或提出不同主题的讨论话题，每位网民的看法和关注点都不一样，因而造成民意的分散性和多元化。低门槛降低了网民表达的文字篇幅和逻辑规范的要求，匿名性减轻了网民表达的道德和法律规则的束缚，因而在网络讨论中无用的信息和言论所占比例较大。再加上网络本身是一个多节点的结构，网络民意表达个体分布在网络的各个节点之上，网民根据自己的喜好进行自由传播，信息的传播方向具有很强的不确定性。

因此，在缺少信息过滤机制的情况下，网民在表达意见之前，需要先面对并排除海量的信息的干扰，明确讨论的议题内涵，理清已有意见及其依据。网民意见表达的常态是"枝繁叶茂"且"异见纷呈"。"枝繁叶茂"指的是在一个主题之下延伸出很多小议题，甚至出现游离主题的情形，需要后来的参与者在发表意见之前必须弄清讨论的主题究竟是什么。"异见纷呈"指的是网上讨论不会出现"一致认为"的众口一词现象，必然会呈现多样化的观点。每个延伸出的小议题都会吸引众多网民参与讨论，每一种观点都会出现支持者，大多数意见表达都是三言两语。因此，网络民意表达无论是议题形成还是观点指向、内容呈现，都具有零碎性特点。

现代社会生活的快节奏养成了人们以碎片化时间获取碎片化信息的习惯，网络平台的产品设计迎合了这一趋势，加剧了网民意见表达零碎化倾向。这种倾向方便了网民参与网络公共议题讨论时的意见表达，一句话、一个短语甚至一个成语、一个词、一个表情符号都表达了网民的态度或观点，但其缺陷也是显而易见的。如意见的不完整、缺乏理性分析、情绪化表达

---

① 见 http://BBS1.people.com.cn/board/1/84.html。

等，给民意的过滤、整理和分析带来一定难度。然而，即使如此，这些零碎的观点或态度也代表了网民的意见，对于公共政策而言同样是有价值的，需要予以重视。

当然，也有人认为情绪化表达是网络民意表达的突出特征。这种说法虽有一定的道理，但并不准确。一方面，网民意见表达的情绪化现象的确存在，网络平台的即时性、低门槛、匿名性、弱把关等特性增加了网民意见表达的非理性色彩；另一方面，网民构成的复杂性决定了其中不乏理性网民的身影，他们的意见表达具有浓厚的理性色彩，随着网民文化素质的全面提升，网民意见的理性表达整体呈上升趋势，而且随着交流的深入推进，网络的自净功能也提升了网民意见表达的理性。正是这种理性表达增强了网络民意对于公共政策的价值，受到越来越广泛的重视。即使是网民意见的情绪化表达，其中也不乏真知灼见，至少表明了网民对于某一公共议题的态度，对于公共政策的制定同样具有参考价值。

第四节　网络民意与现实民意的一致性

网络民意与现实民意之间是怎样的关系？如果网络民意与现实民意在一定意义上具有一致性，那么网络民意的表达对于公共政策过程的民主化、程序化和科学化而言，就具有非常重要的价值。

1. 网络民意对现实民意的延续

毋庸置疑，网络已经成为一条重要的民意表达渠道，网络民意表达也正逐渐走向成熟，传递着万千网民的现实诉求和心声。虽然以互联网媒介为载体的信息在传播内容、表达形式和传播方式上有其独特性，但网民身份是其现实社会身份的转场，无论是否匿名，其面临的问题、思维方式都有其连贯性，因而总体说来，网络民意是现实民意在网络空间的表达，是现实民意表达向网络平台的延伸。网络民意的主体行走在现实生活和网络空间两个相互交融的场域，这两个场域对于民意主体而言，并不存在冲突，而是和谐共生，互相促进。网络空间的自由表达并不能改变民意主体的现实身份，他们对现实问题的思考借由网络平台实现自由表达和充分讨论，与其在现实社会中与他人讨论和交流是一样的，只不过参与讨论的人数更多，讨论更充分，观点更多元。

诚然，网络的匿名性减弱了网民表达意见时的心理压力，使得其表达观点时少有顾虑，因而网络民意表达更接近网民的真实想法，但这种真实想法源于对现实生活面临的社会问题的关注，只是现实社会的意见表达渠道有限，使得他们转向网络实现充分而自由地表达。网络上讨论的议题都是现实社会生活中的公共问题，即使有些是个人化的问题，其背后也折射出公众关注的社会问题。现实民意本身就是公众对于社会现实问题的意见，这种意见从传统的渠道表达转向网络平台表达，其实质是没有差别的。可以说，网络民意是现实民意向网络平台的"转场"和延续。

2003年，"孙志刚案"①经媒体曝光之后，在社会上引起了巨大反响，人们质疑暂住证和收容遣送制度的合理性与合法性，要求警方尽快公布调查结果，严惩凶手。孙志刚案发生后，媒体报道此案本已阻力重重，公众对此案所涉多方的各种情绪、意见又缺乏充分的表达渠道，于是人们转身网络，公民转换为网民身份，纷纷将现实情绪与呼声发布在网上，如潮水般的网络民意形成一场声势浩大的舆论声讨，最终推动国务院颁布了新的《城市生活无着的流浪乞讨人员救助管理办法》，实行二十余年的收容遣送制度就此废除。

---

① 2003年3月17日，在广州工作的27岁湖北青年孙志刚在去往网吧的途中，因缺少暂住证，被当地派出所警察送往广州市收容遣送中转站，次日被转送至广州收容人员救治站，在此遭到该救治站工作人员及其他收容人员的多次粗暴殴打，3月20日孙志刚不治身亡。该事件被媒体曝光后，在社会上引起了极大反响，引发了万千网友的关注和愤怒。

2003 年，距离我国正式接入国际互联网已近十年，网民逐渐认识到可以将网络作为自己的传声筒，他们对现实生活中社会问题的意见和建议都可以通过网络实现自由而充分地表达。因此，网络作为新的民意表达渠道的地位日益稳固，将现实民意在网络上进行表达，用网络民意推动现实问题的解决，逐渐成为互联网时代人们表达意见和建议的常见选择。

2. 网络民意与现实民意都有表达有限性

有人认为，网络民意延续着现实民意，但并不能同现实民意画等号。一方面，尽管网络民意相较于传统的民意表达方式覆盖的民众群体更接近中国人口结构、更具现实代表性，但这不意味着网民与现实公民的身份是重合的。一般来说，经济发达和网络普及率高的地区网民、高知群体、青年群体的网络使用率相对较高，同时网络上也存在着相当大数量的一批常年沉默的非活跃网民，经常对热点事件或议题发表意见的只是部分活跃网民，因而网络民意充其量只是部分网民的意见。另一方面，网络民意在形成和传播的过程中很容易发生价值变异。一般来说，官员腐败、突发事件、社会不公现象等议题最容易引发网民的关注，愤怒的情绪、激烈的抗议背后是部分网民仇官仇富的心理，随着这种网络民意的发酵，越来越多的网民被其情绪感染，影响了自己原先的价值判断和思考方式。

如果说，网络民意只是部分活跃网民表达的民意，那么现实民意是否也存在同样的问题？传统的民意收集方式基本可以用"打捞民意"来概括。由于传统媒体提供民意表达的空间有限，能够借助传统媒体对公共事务主动表达意见和建议者少之又少，人大代表、政协委员、政府官员、专家学者、新闻记者深入基层调研、采访等就成了收集民意的主要渠道。对于民意主体而言，这些收集渠道和方式并不是自由、真实的意见表达渠道和方式。一方面，民意收集主体与民意主体并非真正处于平等的地位，身份、地位的差异使得民意主体不愿主动、充分地表达自己的真实意愿，而是习惯于把自己包裹起来，把接受调查当作一项被动完成的差事，许多"沉睡的民意"无法真正被唤醒；另一方面，依靠一部分人深入基层了解民意，调查者人数的有限性使得调查对象、调查范围极其有限，其结果必然无法全面地收集到真实的民意。[1]与网络民意表达主体的主动性及实际规模相比，现实民意的表达更为有限。

如果把网络民意和现实民意表达的主动性、充分性置于同样的标准下进行考量，网络民意可能更接近真实的民意。我们评判网络民意是否代表现实民意，不能以网络民意表达主体的有限性与现实民意主体（而不是民意表达主体）的无限性相对应来衡量。如果现实民意中大量"沉睡的民意"在网络平台被唤醒和激活，其主体代表的广泛性、民意内容的丰富性优势就显而易见了。

当然，网络民意表达易互相影响的问题是需要注意的。网民的意见表达不是独立的，公开性和互动性是网络平台的优势，如果利用得好，互动性可以促进沟通和交流走向深入，进而加深意见主体对社会问题的认识，提升意见和建议的理性价值；如果利用得不好，互动性就可能导致某种情绪的易感染性，进而削弱意见表达的理性价值。可以肯定的是，网民的数量一直呈几何级数增长，而且几乎涵盖了所有地区、阶层、群体，因而民意表达的主体无所不及。随着网民文化素质和网络素养的提高，意见的独立和理性表达越来越成为主流，情绪化表达会减弱，因而民意表达的真实性和建言献策的理性价值会得到更大的提高。

3. 民意表达的价值在于"激活"和呈现

网络创造了虚拟空间与现实世界的种种联系，也弥补了现实民意表达途径的种种不足，让公众能够迅速、深入地参与到公共事务议题的充分讨论

---

[1]　何志武：《网络民意与公共政策的"民间智库"》，《现代传播》2012 年第 11 期。

和表达中来，也便利了决策者对社情民意的感知和对民间智慧的发掘，因此网络已经与传统民意表达渠道一同成为民众与决策者之间的沟通载体。

　　尽管我国网民结构和现实人口结构之间还存在一定差距，网民上网的技能和表达意愿的能力也存在差距，"数字鸿沟"依然存在，但并不能由此来否定或弱化网络民意对于公共政策过程的价值。对于决策的民主化和科学化而言，网络民意表达的价值不在于意见主体的数量和规模，不在于意见主体是否涵盖了现实社会的所有公民，而在于呈现了某种意见和建议。这些意见表达了某种诉求，让决策者知晓对于某一社会问题存在着这种诉求，从而在制定公共政策的过程中平衡各方利益诉求时少一些遗漏；这些建议或许就包含了民间智慧，让决策者在解决某一政策问题方案中多一种选择，从而使制定公共政策的方案更完善一些。所以，网络民意表达的"呈现"价值大于"规模"价值。

　　如果把民意表达的价值限定于统计学意义上的票选比例，那无异于全民投票。这种数量统计的价值至多体现在政策方案的选择环节，而民意表达的价值体现在公共政策过程的所有环节。网络民意表达的价值就在于它让那些"沉睡的民意"被激活，让它们自主地、畅通地、充分地表达出来，不仅让社会问题因为民意呼声强烈而成为公共问题和政策问题，而且让决策者设计政策方案时因民意诉求信息丰富而更科学和公平。政策方案实施后的效果则因为公众体验切实具体，对政策评估的网络民意表达就有效地补充了专家评估的结果，进一步通过民意反馈推动公共政策的修订和完善。

第二章 网络民意兴起的背景

　　网络民意虽然是基于互联网平台而兴起的一种民意表达形式，但是其所展现的内容大部分都是针对社会现实的。它所反映的是当下中国政治、经济、文化、社会现状，同时也作为一种新媒体文化，融入当下中国的社会转型中。所以，网络民意根植于中国的现实社会土壤，但又具有了互联网所展现的多元化、广泛性等诸多特点。研究网络民意，需要从宏观角度考察其兴起的外部环境，从政治、经济、文化、社会等方面说明其兴起的基础与发展动力。在这一过程中，本章需要回答这样一些问题：哪些因素推动了近年来网络民意的发展？这些因素如何促成了网络民意的高涨？

第一节 网络民意兴起的政治背景

　　网络民意兴起是一种政治文化现象，既是一种政治现象，也是一种文化现象。网络民意的兴起有其深刻的时代背景与政治意涵。从政治层面来看，网络民意的兴起与发展和中国政治活动的两大主体——政府与民众都有密切的关系。时代的发展使得在当下中国这两者的社会角色发生了变化，从而影响到了网络民意的呈现。具体而言：第一，随着社会的不断发展，民众的政治参与热情不断提高，借助着互联网的力量，网络民意逐渐从"涓涓细流"而汇聚成"湖泊江海"；第二，中国传统的政治参与模式遭遇到了一些时代瓶颈，当其难以承载民意表达的职能时，促成了民意表达的渠道转向；第三，在从计划经济向社会主义市场经济转型的过程中，作为执政党的中国共产党和政府也在不断调整着自己的角色。随着其执政理念的不断更新，推动公民有序地进行政治参与、建设服务型政府等观念逐渐成为主流意识，从而在政策渠道上有利于基层民意的表达。这些因素共同推动了网络民意的兴起。

1. 政治民主化成为趋势

民主（democracy）一词源自希腊语，其词根 demos 是"人民"的意思。所谓"民主"指的是"人民的权力"，即"多数人的统治"。民主作为一种古老的政治思想，从古希腊时代就开始影响西方的政治生活，其思想变迁也经历了漫长而复杂的过程。关于民主的定义纷繁复杂，数不胜数，但民主思想发展到现代，更加强调公众的参与和实践。而民主化则是"以民主为目标的政治变革过程"。其内容主要体现在公民自由权利、权力的合法性、国家治理方式、权力分配等一系列问题。[①]一部中国近代现代史，事实上就是中国不断推进民主化的历史。从 1840 年开始，中华民族就一直在为民主不懈奋斗。从康有为、梁启超发起的百日维新到孙中山领导的辛亥革命，再到直接打出"德先生"和"赛先生"口号的五四新文化运动，中国先进知识分子对于民主的追求从未停止。虽然探索的过程屡遭挫折，但是民主作为一种现代政治理念，已经逐渐深入到中国普通民众心中。1949 年以后，中国共产党领导人民实现了国家独立与民族解放，也开启了探索与发展社会主义民主的新征程。

中国共产党领导人民探索民主化主要可以分成三个阶段：新民主主义

---

① 丛日云：《当代世界民主化浪潮》，天津人民出版社 1999 年版，第 37 页。

革命时期的争取民主斗争；中华人民共和国建立后到改革开放前的民主化初步探索；改革开放以后的政治民主建设。第一个时期是反对国民党独裁统治的政治斗争，后两个时期则是中国共产党领导的社会主义民主化建设与探索。从 1949 年到改革开放前，中国建立了一整套比较完善的社会主义民主制度，包括人民代表大会制度、政治协商制度、基层民主自治制度等，这些为当代中国的民主化改革发展奠定了基础。1978 年后，随着改革开放的新进程，中国的民主化进程迎来了新的机遇，也面临着新的挑战。

按照西方经典的政治学理论，民主化的启动是有一定的社会历史条件的。亨廷顿就指出，"经济发展、工业化、都市化、资产阶级和中产阶级的出现、工人阶级的发展及其早期的组织、经济不平衡的逐步缩小，所有这些似乎都在十九世纪北欧国家的民主化运动中发挥了某种作用"[1]。阿尔蒙德也认为，国家政治的发展、进步与现代化，与两个政治变量关系密切。一个是政府能力（power），一个是人民参与（participation）。他认为，每个国家都有自己特定的有利于民主化的条件，也应该综合各种条件选择开始民主化的时间。[2] 民主化并非一种单纯的突然出现的政治行为，而是很多条件综合影响后的产物。

依据这样的分析，1978 年后中国的民主化进程就是可以理解为一种必然趋势。首先，个体实现了自由与独立。改革开放将人们从计划经济的桎梏中解放出来，极大地解放了人民的思想。思想解放使人的独立、自由大大提升，人们开始不断地关注个人权利，开始具有了严格意义上的现代公民意识。他们开始关心公共事务、参与公益事业、承担社会责任。其次，表达环境的改善。民主事实上是一个商议过程，它需要一个现代制度框架来保障这

---

① ［美］塞缪尔·亨廷顿：《第三波：20 世纪后期民主化浪潮》，刘军宁译，上海三联书店 1998 年版，第 47 页。

② ［美］阿尔蒙德：《发展中的政治经济》，见塞缪尔·亨廷顿等著：《现代化：理论与历史经验的再探讨》，罗荣渠主编，上海译文出版社 1993 年版，第 361—365 页。

个商议过程中各方的权益。改革开放后政治氛围相对宽松，各项法律制度也不断完善，为民意的自由表达提供了一个相对公正、公平、公开的制度环境。各级政府不仅主动通过调研"打捞"民意、鼓励民众通过制度化的途径和方式有序参与和表达意见，而且通过制度规定政府决策必须听取民意和吸纳民智，并通过公开征集民意的方式鼓励民众表达意见，进而让公共政策充分体现民意和民智。再次，参与渠道多元化。除了传统的制度化的言论表达形式，人们还可以通过互联网等新的渠道来表达意见。中国逐渐出现了制度化和非制度化的意见表达并存的局面。最后，参与能力的提高。30多年的经济高速增长为中国积累了大量物质财富，民众的生活水平不断改善，受教育水平不断提高，伴随着公民权利意识的增强，其公共参与能力也不断提升。许多公共政策过程所征集的民间声音与官方组织的专家意见高度一致，表明普通民众的参与能力大大增强。这是民主化不断推进的重要基石。

所以，当下中国的民主化是一股新的潮流。这不仅是社会进步的体现，而且也意味着中国现代化步伐进入了新阶段。对于正处于社会转型期的中国而言，民主化不但无法回避，而且必然成为现阶段中国面临的最重要、最关键的问题之一。如何利用民主来推动社会的发展、化解社会风险和各种社会矛盾、释放社会压力、保持社会稳定，成为执政党所不得不面对的新课题。

2. 传统政治参与渠道受限

新中国建立以来，中国共产党从制度设计上安排了公民政治参与的多种方式与路径，为公民提供了较为多元的政治参与选择。这些渠道，使得社会基层的声音可以被上层所了解。相比于传统专制时代，中国的民主政治建设迈上了一个新高度。但是，不可否认的是，随着经济社会的不断发展，一些新情况、新现象不断出现，传统的政治参与模式已经出现了诸多新问题。很多问题通过制度内参与无法解决，意见表达只能借助制度外参与、无序参与实现外溢与发泄，进而受到上层的关注并促使问题得以解决。

尽管传统的公民政治参与有多种路径，公民参与的体制建设也在不断完善，公民政治参与权利也在逐步得到保障，但与人民群众的利益诉求相比还有一定差距。这些旨在保障公民政治参与权利的制度，由于种种因素的干扰，在执行中出现了很多偏差。因此，在传统政治参与渠道受限的情况下，民意需要寻找新的表达渠道，网络参与民意表达便应运而生。

3. 执政党政策理念创新

自 2000 年中国共产党明确提出要实现"公民有序政治参与"以来，党的历次代表大会都特别强调要扩大公民有序政治参与。党的十六大报告指出，要健全民主制度，丰富民主形式，扩大公民有序的政治参与，保证人民依法实行民主选举、民主决策、民主管理与民主监督。党的十七大报告指出，坚持国家一切权力属于人民，从各个层次、各个领域扩大公民有序政治参与，最广泛地动员和组织人民依法管理国家事务和社会事务、管理经济文化事业。党的十八大也进一步重申了这一问题的重要性，强调要加快推进社会主义民主政治制度化、规范化、程序化，从各层次各领域扩大公民有序政治参与，实现国家各项工作法治化。党的十九大报告明确地提出，有事好商量，众人的事情由众人商量，是人民民主的真谛。要推动协商民主广泛、多层、制度化发展，保证人民在日常政治生活中有广泛持续深入参与的权利。每一次党的代表大会谈及发展社会主义民主政治都将保障人民政治参与权利的制度化、具体化推进一步。

扩大公民有序的政治参与，反映出我们党的治国理政理念的创新。从 2003 年中共十六届三中全会以来，中国共产党的执政理念实现了重要转型。2003 年中共十六届三中全会上，"社会建设和管理"被列入"五个统筹"之中，作为落实科学发展观的必要内容和必然要求。后来的历次重要会议都将加强社会管理体制创新的理念向前推进。2013 年十八届三中全会继续推进理论创新，把"推进国家治理体系和治理能力现代化"与"完善和发展中国特色社会主义制度"并列为全面深化改革的总目标，标志着"治理"取代"管理"，成为新时期深化改革的执政理念和治国方略。2017年党的十九大提出"打造共建共治共享的社会治理格局"，加强社会治理制度建设，推动社会治理重心向基层下移，发挥社会组织作用，实现政府治理和社会调节、居民自治良性互动。"打造共建共治共享的社会治理格局"进一步明确了治理手段，即改变过去以政府领导、行政法律强制为主的刚性治理手段，调整为充分利用社会各种力量进行社会综合治理，从而形成刚柔并济的治理手段。

和传统的"社会管理"相比，"社会治理"在行为主体、方式、手段、目标和评价标准等方面都有所创新。这种创新体现在：第一，从传统管理到现代治理，中国共产党不再采用单一的行政手段来管理社会，而是推动政府和社会各组织的共同治理。第二，从方式方法看，社会治理更强调各行为主体在厘清各自界限后共同参与、彼此合作、协商谈判，共同来实现社会的稳定和谐。第三，从目标和评价标准而言，社会治理更符合以人为本的理念，不再刻意划分管理者和被管理者，而是将所有人当作平等的主体，共同管理公共事务。其目标是实现公共利益的最大化，从而实现社会的善治。[①]从以上理念转变来看，公民作为国家的主人，自然应当参与到社会治理方式的创新中，公民的政治参与也有助于化解社会矛盾，创新管理方式，实现社会和谐。

第二节　网络民意兴起的经济背景

一切社会行为都有其深刻的经济动因。作为一种新兴的政治现象，网络民意的兴起也必然建立在一定的经济基础之上，受到现阶段生产力发展水平的制约。从2000年我国互联网逐渐普及算起，我国公民的网络民意表达

---

① 刘学申：《社会治理：中国共产党执政理念的创新》，《湖北省社会主义学院学报》2016年第2期。

只有十几年的历史，但其出现却有着深刻的国内外时代背景。从国际上来看，互联网技术作为当下最热门的技术，已经实现了全球的互联互通，知识经济和网络经济发展迅速。从国内来看，我国目前正处于经济和社会转型期。一方面，改革开放40多年来的经济高速增长和物质财富的极大丰富解决了人民的温饱问题，正在全面进入小康社会，人们开始思考社会发展和人的发展的深层问题；另一方面，伴随着经济高速发展出现了一系列"转型中的烦恼"：如区域经济发展不平衡、环境污染等问题仍很突出。在这样的背景下，伴随着社会发展而来的公民政治参与热情的不断高涨，加之传统表达方式的部分失灵，导致了当下中国网络民意的高涨。

1. 知识经济与网络经济的发展

知识经济（the knowledge economy），简单说即以知识为基础的经济，主要是依赖新知识和新技术的发展来实现经济的发展。第二次世界大战后，西方科学技术迅猛发展，知识对于经济增长的贡献率不断提高，特别是以计算机技术为基础的高新科技产业极大地推动了人类生产力的发展，从而促进了二战后西方经济的繁荣。和传统的工业经济相比，知识经济有以下几大特点：第一，知识经济更依赖于知识的增长与技术创新。传统工业经济增长主要靠资本、资源、劳动力等因素，而知识经济主要依靠知识来推动经济发展。以美国的硅谷为例，它聚集了苹果、英特尔等一大批高新科技产业，依靠技术创新推动经济发展，公司的市值也屡创新高。第二，知识经济虚拟化程度更高。知识本身就是看不见摸不着的，是现实存在但并没有实在物。一个好的构思、一个创新的想法，都可以作为一种资本投入到经济活动中，所以知识经济不注重资本、资源、劳动力等实体资源，而是围绕着知识创新这个核心展开。这也就意味着这种经济方式更加虚拟化，依靠几台电脑、编写几个程序就可能实现经济增长。第三，知识经济更加全球化。知识经济活动已经超越了国别限制而延伸到世界各个角落，它适应了经济全球化的时代要求，推动了全球一体化的进一步深入。所以在知识经济时代，知识技术的更新瞬息万变，各国间的交流和合作也空前紧密，大家都可能从这种经济模式中受益，同时也容易受到其他人的影响。这与传统工业时代的区域经济特征相比已发生很大变化。

网络经济是知识经济在 20 世纪 90 年代以来发展最为迅猛的一种经济形态，主要是指基于互联网所产生的各种经济活动的总和。它表现在经济主体的各种经济活动越来越依赖于信息网络，而且传统的各种经济行为也日益网络化。网络成为企业实现价值增值的主要环节和场所。

网络经济的发展给人类社会带来的变化是根本性的。首先，网络经济推动了产业结构的调整。一些严重依赖资源消耗、环境污染和劳动力的传统产业逐渐被网络经济所取代，依靠互联网技术的网络经济开始渗透到社会的各个行业中。当下时兴的"互联网＋"正是信息产业与传统行业的一次新的融合。通过这样的融合，信息产业与传统产业相互影响，弥补了传统产业在获取资讯、产品推介、信息发布等诸多方面的缺陷，为传统产业的发展升级提供了巨大的智力支持。其次，网络经济推动了新经济的诞生。借助互联网技术的高新科技企业不断出现，网络经济的商业模式已经涉及信息搜索、电子商务、社会交往等社会的诸多方面。依托庞大的市场以及本土创新，中国互联网企业以其快速增长的市值和规模，成为中国新经济模式崛起的标志。最后，网络经济改变了人们的生活面貌。人们的经济生活交往日益紧密，大大克服了时空的阻隔，电子商务、网上购物日益成为一种新的消费方式，交友、购物、会谈、娱乐等几乎所有生活的内容都可以通过网络来实现。互联网经济为人们提供了所有可能的生活需要和利益诉求，人们对于网络的依赖也不断增强，网络经济已经深深嵌入人们的日常生活中。

2. 网络民意与中国经济发展

网络民意的兴起除了与网络经济的发展有关，更重要的是与中国当下的经济发展状况密不可分。40多年的改革开放使得中国成为世界第二大经济体，国家综合实力不断提升，国家话语权不断提升，人民的生活水平得到很大提高，科教文卫事业不断发展，人民的幸福感也不断提升。在世界各主要经济体发展速度普遍放缓的情况下，中国经济保持了将近30年的高速增长，年均GDP增长超过了8%。这些都说明了改革开放以来的伟大成绩，但是也不得不面对很多日积月累的现实问题。

第一，社会主义市场经济体制还不够完善，政府职能转变任重道远。从党的十四大提出要求开始，建立完善的社会主义市场经济体系就是党和政府一直追求的目标。社会主义市场经济要求发挥市场在资源配置中的决定性作用，政府实现从"全能政府"向"服务型政府"的转变。但是当前某些地方政府对于微观经济的干预比较严重，严重损害了市场经济公平的基本要求，政府的公信力受到质疑。围绕着征地拆迁、医疗纠纷、司法公正等热点问题，从而催生了网络民意的爆发。

第二，诸多经济发展不平衡不协调加剧，经济发展潜在风险加大。从当前情况来看，这种不平衡体现在：一是区域发展不平衡。凭借着对外开放的利好政策，东部沿海地区率先实现了跨越式发展，西部地区先升后降，中部和东北地区不断下降，其中东北老工业基地的发展更是举步维艰。虽然国家出台了西部大开发、中部崛起、振兴东北老工业基地等措施，但是东强西弱、沿海发达内陆落后的基本格局短期内难以改变。二是城乡发展差距明显。当前中国的优质资源大部分集中在发达的城市，在基础设施、医疗、教育、就业、社会保障等方面城市条件远远超过农村。随着大量人口涌入城市，城市的看病难、就学难、出行难、就业难、空气污染等诸多问题进一步加剧，同时造成了农村的留守儿童、留守老人等社会问题。三是行业间收入差距明显。经济发展成果的享用并不平衡，行业之间差距较大，社会财富的分配不合理，从而激发了一系列网络民意的表达。

第三，各产业间的经济结构还不够合理，经济转型压力大。与30多年前的情况相比，中国经济中制造业比重已经大幅度上升，也解决了相当大的人口就业。但总体而言，中国的制造业还不够强大，掌握的核心技术还有待提高，推动制造业向中高端转型已经成为一个重要问题。伴随着产业升级必然带来社会转型的阵痛，并由此带来了员工失业、社会保险等一系列问题。这些问题又必然带来一些人的利益损失，从而影响到网络民意的生成。

第三节　网络民意兴起的技术背景

互联网在中国的普及时间虽然晚于美国，但是对中国社会的改变却是深远的。它在信息传播、空间拓展等方面都带来了革命性的变化。而对于社会治理而言，网络使得传统意义上的"边缘人"（普通民众）逐渐走向了公共政策决策的中央，他们参与到各项公共事务中，监督权力的运行、对各项公共政策的制定产生影响，推动了中国社会治理走向"善治"。当然，这一系列的改变都源自于技术的创新，而互联网技术的发展是这一系列革命的基础。

1. 互联网及其主要功能

互联网又称因特网，最早的雏形是美国军用的阿帕网，起初用于军事，与二战后美苏冷战局面有直接关系。互联网发展至今，大致可以分为三个阶段：原始网络阶段、以对原始网络的代替和拓展为特征的成熟阶段、商业全球互联网阶段。[①] 阿帕网时代主要是以互联网协议（TCP/IP）为标准的局域网的建设，其接入的计算机数量少，也只能进行比较原始的信息传输。这一阶段在 1983 年逐渐定型。1986 年，美国推动了阿帕网进一步拓展到更多领域，创建了自己的网络（NSFnet）。而对于今天的互联网有决定性意义的是1990 年万维网（World Wide Web）的诞生。它首先将 800 个计算机网络与

---

① 王法硕：《公民网络参与公共政策过程研究》，上海交通大学出版社 2013 年版，第 64 页。

160000 台计算机连接起来，从而形成了当今互联网的雏形。20 世纪 90 年代以后，互联网逐渐走向商业化，全球进入了互联互通的新阶段。

我们当今所处的已经是 Web2.0 时代，并正在向 Web3.0 时代进发。互联网在当今社会主要发挥了以下几个功能：一是信息获取。由于网络的便捷性与时效性，使其成为人们获取最新最快信息的主要渠道。1840 年，鸦片战争英军攻占广州的消息一个多月后才传到北京，而现在的人们获得信息真正实现了与新闻事件发生的时间同步。二是获得娱乐。网络成为人们新的娱乐方式和渠道，成为现代人缓解工作压力、放松心情的重要方式。随着互联网产品越来越丰富，基于对用户心理深入研究的娱乐产品越来越具有吸引力，用户花在网络娱乐上的时间也会越来越多。三是社会交往。以往，囿于时空的阻隔，人与人之间的交往存在着障碍，网络的发展特别是视频、音频交往工具的发展打破了时空隔绝，使得世界上有网络地区的人都可以联系到一起，不仅使得熟人间实现了每时每刻的联通，而且大大拓展了陌生人的交往范围。四是学习知识。大量的知识数字化后放在网络，人们可以借此获得海量的学习内容，网络成为人们丰富且便捷的学习资源。五是公共参与。在前网络时代，人们参与公共事务是非常有限的，一些公共信息无法被最广大民众知晓，意见表达的传统媒体通道也因为把关严格和资源不足而受限。互联网无疑给人们参与公共事务提供了一个巨大的虚拟平台，它让公共事务真正意义上进入公共讨论区，可以在一个较大范围内得到充分的讨论。这种讨论不仅激发了人们参与日常政治生活的热情，也会改变公共事务的治理结果。

2. 互联网与政治生态变革

互联网改变了人类社会。它创造了一个全新的虚拟社会，同时又深刻影响着现实社会的变迁。互联网深刻地改变了社会政治生态，主要体现在以下几个方面。

第一，互联网改变了权力组织结构。传统的行政权力组织模式都是科层制的、金字塔形的，层级分明，权责明确。与权力结构相匹配的是信息结构，处于金字塔最高端的人掌握着最大权力，可以获得最丰富的信息，越往下层权力越小。互联网的发展使得这种层级结构日益扁平化，在获得信息和言论表达方面实现了一定限度的分权，普通民众获得了更多的意见表达机会。只要两台计算机接入了网络，那么就可以实现即时的信息共享，而不需要依靠传统的层层传递。通过网络，普通民众可以与国家领导人实现交流，从而无障碍地交流国事、反映情况。

第二，互联网改变了公共政策过程。传统中国的公共政策过程都是精英主导的，完全自上而下的。政府部门在政策制定中拥有绝对权力，可以倾听也可以不听基层的意见。下级对上级的决定必须完全服从，很少能左右上级的意见。同时由于各种因素的限制，各主要决策部门之间往往缺乏必要的沟通，容易造成决策过程中的失误。互联网的出现动摇了这样的决策过程，使得更多的信息被披露出来。在这样的情况下，传统的"堵"民意的方法已经无法见效，决策者必须正视网络民意的存在，并且科学有序地将其纳入公共决策的过程中。

第三，互联网改变了中国政治文化。互联网新技术所带来的政治变革是深刻的。这种变革的贡献在于：第一，它建构了一个全新的虚拟的公共空间，通过技术抚平了时间、空间、性别、职业、种族、财产等差异，真正让最大范围内的公共讨论成为可能。从理论上来讲，如果全球所有人都想参与某项全球治理政策的制定，那么这一目标在技术上已经成为可能。第二，它极大影响了现实政治逻辑关系，进一步增强了普通人的政治权力，降低了少数人专制所产生的危险性。第三，它将政治逐渐引入中国人的日常生活，推动了中国民众政治参与的热情。

但是，正如詹姆斯·凯瑞（James Carey）等西方批判主义学者所言，作为技术的技术是中立的，但是技术的输出与发展背后必然存在意识形态和权力的输出。①互联网作为第三次科技革命的主要发明，其背后隐藏的是西方整体的价值观念。通过互联网，西方企图将世界完全纳入现代化轨道，但却无形中瓦解和摧毁了其他文明的价值观念。互联网在中国的进与退，事实上从某种意义上验证了亨廷顿关于"文明的冲突"的描述。②在亨廷顿看来，随着冷战的结束，当今和未来世界的冲突不再是意识形态的冲突，而主要是文明的冲突。文明之间因为历史变迁和现实发展过程中的各种矛盾会出现各种冲突。西方文明与中华文明的冲突就是其中的组成部分。互联网技术和文化事实上就是西方现代文明的代表，它的发展与输入对中国而言将是一个持续较量、抗争与选择性接受的过程。通过互联网的引进与发展，中国可能得到了很多益处，但是也不能忽视随之而来的一些传统文化衰退甚至消失的问题。所以，对于互联网、网络民意的兴起需要审慎看待。

第四节　网络民意兴起的社会背景

中国当下网络民意的兴起与社会现实的变革密不可分。与经济变革相适应，当下中国的社会结构也在不断发生新变化。各个阶层的社会地位在变化，新的社会阶层在出现，一些旧的阶层在消失。个体的自由程度较计划经济时代有了巨大的变化，在个体人身迁徙、言论表达等方面拥有了更大的自主权。但是，随着改革开放的深入，一些社会矛盾也不断涌现，有些矛盾在一些地区和发展阶段还十分突出，这都导致了公民需要表达自身的言论诉求。在传统表达渠道部分失灵而互联网又方兴未艾之时，网络民意的生成有其社会必然性。

---

① James Carey, "Historical Pragmatism and the Internet", *New Media & Society*, 2005, 7（4），pp.443—455.

② ［美］塞缪尔·亨廷顿：《文明的冲突与世界秩序的重建》，周琪等译，新华出版社 2010 年版，第 277—297 页。

1. 政治民主与公民参与的兴起

前文已述，政治民主其实是西方的一项历史悠久的政治传统，其主要特征就是多数人参与到公共事务管理中而避免专制统治。政治民主既是对个体人权的一种保证，也是现代社会的基本特征之一。西方社会从古希腊罗马时代到当代，其政治民主也经历了曲折的发展过程。

古希腊罗马时代推行的是奴隶主内部的民主政治。通过元老院、市民会议等机构，奴隶主们来决定城邦和帝国的公共事务。和中国传统社会"朕即天下"的绝对君主专制相比，西方社会统治者内部就存在着政治民主的传统。这一传统还体现在对于最高行政官员的任用上。古希腊罗马通过统治者内部的民主选举选出城邦最高行政官和罗马帝国的皇帝，与中国君主专制的"家天下""父死子继""兄终弟及"的传统截然不同。但是，无论古希腊罗马的政治民主曾经达到怎样的高度，其最基本的特征是奴隶主统治者的民主。

蛮族入侵使得欧洲进入了漫长的中世纪。英格兰、法兰西、德意志、意大利等国都相继出现了君主专制的王国。各君主制国家也利用各种手段不断增强王权，从而制衡贵族的利益，但是贵族和教皇作为强有力的掣肘，依然严重削弱着专制王权。除了法国国王路易十四、英国国王亨利七世外，贵族和教皇对于政治的影响依然是巨大的。欧洲依然延续着统治者内部的相对民主的传统。

资产阶级的兴起和资产阶级革命将这种政治民主进一步扩大。资产阶级推翻了封建专制，建立起了更加民主的共和国。选举制度、分权制度等都有利于政治民主的发展。普通民众开始进一步获得了很多政治民主的权力。比如英国的宪章运动、美国多次修改选举法都进一步扩大了民众的政治参与，使得政治民主扩展到绝大多数的民众。这和资产阶级革命主权在民的精神是一致的，也与普通民众在资产阶级革命和改革中扮演的积极作用密不可分。巴黎普通市民是推翻波旁王朝的主力军，而英国普通工人的斗争导致了宪章运动中部分权力的获得。

通过以上梳理可以看出，从西方历史经验来看，民主政治与公民参与是密不可分的。公民参与越广泛、人数越多，那么民主政治就发展得越成熟。公民政治意识的觉醒和经济力量的不断增强推动他们参与到政治民主的运动。在当下的中国，改革开放已经创造了巨大的社会财富，不同阶层民众的生活水平都得到了很大改善，经济实力也不断增强，这些都是他们参与政治民主的重要基础。他们迫切需要政治权利的实现，从而可以有力地维护其合法权益。故而，政治民主与公民政治参与的兴起是当前中国社会的一个不可忽略的现象，也是网络民意兴起的社会动因之一。

2. 公共领域与公民政治参与的形成

公民政治参与的加深使得社会的力量逐渐增强，逐渐改变着传统公共政策过程中政府绝对强势的局面，而这种社会力量的增强推动了两个"公共领域"的出现。一个是现实的"公共领域"，很多社会组织、团体形成，共同为维护公共利益而努力着；一个是网络"公共领域"，是公众讨论公共事件、发表意见的场所。网络公共领域正日益成为民众聚集和讨论公共事务的场所，并由此影响到现实的政治参与。

（1）公共领域的发展

关于公共领域（public sphere）的讨论在西方很早就出现了。在哈贝马斯之前，阿伦特、杜威、熊彼得等都曾从公共哲学的角度讨论过公共领域的问题。一般认为，阿伦特在20世纪50年代最早系统涉及这一问题。哈贝马斯在60年代将公共领域的概念系统化。他认为，公共领域是一个介于国家和私人之间的空间，人们聚集在这些空间，讨论公共事务，形成某种公共意见，对抗一些外部压力，维护总体利益。在哈贝马斯看来，欧洲在资产阶级革命前夜就已经出现了很多公共领域，包括沙龙、酒吧等场所。[①]哈氏所指的公共领域其实是和资产阶级不断发展壮大同时发生的。

公共领域的最初出现是在沙龙、酒吧等现实场所。人们根据自己搜集到的各种信息发表着对公共事务的看法。当时，现代报纸的雏形——各种新闻纸和小册子已经出现，它们为人们的公共谈话提供各种素材。根据文化史学家罗伯特·达尔顿的研究，巴黎的很多酒馆和贵族举办的沙龙就长期讨论来自巴黎郊区凡尔赛宫内的王室消息。最初的新闻纸也是在这一过程中逐渐发展的。[②]

随着技术的不断进步，实体的公共领域继续存在的同时，借助着报纸、电视、广播等新媒体，公共讨论开始出现媒介化现象。报纸、电视上的各种论坛成为公共领域的进一步延伸，互联网的发展更是让公共领域进一步发展，网络成为公共意见和观点的新的主要聚集地。

（2）网络公共领域的特征与发展

与其他公共领域形式相比，网络公共领域有其鲜明的特征。网络使得公共领域的范围进一步扩大。如果说早期的公共领域还局限在部分关注公共事务的、有一定财富和教育的人当中的话，那么网络公共领域几乎覆盖到接触网络的所有个体。只要对某一公共事务关心，任何关注的人都可以快速便捷地发表意见、表达情绪甚至是形成某种线下的组织和行动。这使得个体的聚集能力大大增强，对现实的影响力也越来越大。

网络公共领域的能量更强大。一个公共问题，从问题的出现、事件的发展、人们的关注、事件的解决，几乎每一个过程都无法摆脱网络的影响。当前中国的一些影响较大的群体性事件，很多都是通过网络曝光，然后引

---

① ［德］哈贝马斯：《公共领域的结构转型》，曹卫东译，学林出版社1999年版，第1—14页。

② James Carey, "A Short History of Journalism for Journalists: A Proposal and Easy", *Harvard International Journal of Press/Politics*, 2006, 12（1）, pp.3-16.

发围观和讨论，进而网络民意影响现实问题，推动问题朝某个方向发展并得以解决。所以，网络公共领域可以短时间聚集巨大的能力，有可能深入并长期地影响一个问题的解决，其爆发的能量是巨大的，非传统公共领域可以相比。

网络公共领域讨论的范围更广泛，观点也更加尖锐，体现了网络民主的鲜明特征。个体在这个范围内可以摆脱一些现实中的束缚讨论各种问题，例如一些官员的贪污腐败问题，在现实情况存在强大的权力压制的情况下，却可以通过网络揭发出来。很多官员也因为网络反腐而落马。再比如一些存在争议性的项目，由于现实中各种压力，传统媒体或者不报道不讨论，但是网络公共领域可以让很多被压制的反对意见得以表达，突破一些权力压制，从而推动事情的解决。

不难看出，网络公共领域已经成为汇集民意和民智的一个重要的渠道，并可以展现和揭露一些社会现实，推动政府公共治理走向善治。但是，由于网络的庞杂、多元性，其本身也存在着一些弊端，比如一些意见过于情绪化、非理性，一些人利用网络制造虚假民意，等等。这些问题都需要进行细致研判，从而准确把握民意走向。

第三章　网络民意的价值向度

在互联网技术发展与数字移动媒体终端不断普及的双重因素促进下，普通民众的政治参与热情高涨、政治表达意愿强烈，网络平台上逐渐凸显的民意力量引起了政府部门及相关专家学者的重视与研究。早期的网络民意表达多与社会矛盾冲突的焦点事件紧密联系，从简单的爆料到基于网络信息真实性地讨论、抽丝剥茧式地分析，或者单纯情绪性地口诛笔伐，等等。随着网民来源越来越广泛，网民的文化层次日益提高，网民对于网络属性的认知越来越深入，如今的网络民意表达早已超越了单纯的爆料和情绪宣泄阶段，进入了内容更丰富、观点更多元、表达更理性的阶段。"网络议事，逐渐从多数情况群情激奋，转变到少数情况群情激奋，多数情况可以理性、建设性的共商国是的状态。"[1] 那么，网络民意的价值何在？网络民意对于政策问题的形成、政策内容的设计、政策科学性的评估以及政策的调整和完善是否有正向的价值？这是本章讨论的问题。

第一节　网络平台的直通性与民意的原生性保障

在我国，由于线下民意表达渠道并不通畅，因而网络民意表达更为活

---

① 刘琦琳：《网络民意变迁》，《互联网周刊》2010 年第 3 期。

跃，一方面说明网络平台的直通性，网络民意可以直达决策部门；另一方面也说明网络民意的原生性受到重视，在这里可以得到未经修饰的真实民意。

1. 网络平台推动民意的迅捷直达

互联网技术以数字符号为基础，"更快、更多、更广"的标签似旗帜般安放于信息传播所能触及的各个领域，将其与传统信息传播媒介划分开来。

即时性的传播特征将传统信息媒介所形塑的时间观与空间观全面重塑，从而推动了民意的直接表达。"传播媒介的发展在当代社会里已重塑了对时间和空间的感知，传播技术将我们的中枢神经系统，扩展到与其他人类的能激起美感的全球性融合之中，这使时间（过去和现在）和空间（远处与近处）之间的区别变得多余。"[1] 正是如此，移动互联网的即时性并不仅仅意味着信息的快速甚至是"零时差"的到达，更是将空间位置的差距消匿于无形之中。传播媒介的即时性造就传播者与受传者的共时感，而共时感的形成又进一步造成了"既在场又不在场"的悖论。信息便在无时差、无时空的领域流转，共时感与在场感的合力削弱了其他影响因素——包括时间的延滞、传播符号的无力与社会文化环境——对"传者—受者"之间信息共享的阻碍。在此基础上，网络民意的表达，在多层次、多级别的网络节点之间快速的流转、修正、添加，无时间的延滞，无地域区隔的障碍，发生在此时此刻的信息，能在第一时间得到另一端网络节点之上用户的印证、辩驳或是否定，网络民意的表达从技术基础层面运行得更为流畅。在增强即时性的同时，信息更加原汁原味地流转于网络各个节点之间，网络信息的表达在技术的支持下更加纯粹、直接。

互联网平台的另一个核心特征就是节点与节点间的直达互通与反馈。与传统的传播媒介相比，互联网媒介技术的革命性核心优势并非仅在于传播

---

[1]　［德］沃尔夫冈：《重构美学》，张岩冰译，上海译文出版社 2002 年版，第 264 页。

速度的几何式增长，更在于其对反馈机制的增强。即时反馈使信息传播主体与客体之间已经没有绝对明显的划分，任何个人在网络上都既可能是信息的接收者，同时又可能是信息的发布者。网民从客体变为主体、从被动的受众变成主动的受众、从内容的消费者变为内容的创造者，并以个人用户为传递和发布信息的中心，通过点对点的信息传输渠道，将个人化、分散化的个人媒体连结成一个交互化、社会化的网络。①并且，这种互动反馈一改以往的线性层级式的信息流动，而是以节点与节点直接相连的方式进行，中间无需传达转换，直接将信息传播方与信息接收方相连接，并在信息到达后产生反馈机制的第一时间直接完成信息的逆向传播。在此基础之上，网络媒介平台上进行的民意表达也呈现出与传统媒介平台上的民意表达截然不同的特征。在互联网出现之前，民意的传播交流多借助于面对面交谈、书信往来、电话等方式来进行，也有一些通过报纸、广播、电视等传统大众媒介予以呈现。这些传统方式或是囿于社会政治环境，或是囿于传统媒介体制等多种因素，往往信息传播范围小、传播内容有限。更为重要的是，无论通过哪种途径，传统的民意表达上传至政府相关部门，都需要经过严格的层级上报，这种依附于行政层级的信息的阶梯式爬升严重延缓了传播——反馈机制的交互活力。民意通达至政府公共政策决策层端，需要层层通过审核上报，而当政府部门需要对政策进行解读、民意回复的反馈过程，又要同样经历层层中转，在一层一层中转传达过程中，各级环节的累加大大削弱了民意表达的时效性，降低了公共政策提议、商讨、制定、修正的效率。而网络媒介的传播节点之间相连、传播——反馈双向循环机制的引入，实现了点对点、点对面、面对面等多层次、多级别之间的互动讨论，消除了传播间的中转层级对信息流动方向的限制，从而极大地方便了公共政策参与商讨的各方之间的互动。基于网络平台的交互性，网民个体在事实的陈述与意见的表达中相互引

① 钱超：《论民意表达》，博士学位论文，复旦大学，2008年。

导、相互促发，无层级直接节点相连使得参与网络民意表达的主体自主性更强，个体在充分意识到自我尊重与表达平等的基础上，对信息的真实性、准确性相互补充，在意见交流表达中碰撞出理性的火花。

2. 网络平台展现民意的真实原生

民众在进行民意表达前，往往会对表达的成本进行估算与衡量。民意表达的成本大体可分为经济与人力成本、效率成本、安全成本等。[①] 网络平台为民意表达提供了便捷、经济的渠道，在削减重重发声门槛、削弱层层把关限制的同时，大大缓解了普通民众表达意愿的身份顾虑，普通民众的意愿得以最真实、原生地表达。

首先，网络平台提供了方便、快捷、经济的渠道，从经济成本方面降低了民众发声的门槛。借助传统媒介表达民意，往往会是一个复杂的过程。普通民众虽有强烈的现实表达意愿，但只能诉之于政府信访部门，或是借助报社、电视台等传统媒体平台反映情况。由于渠道、方式的受限，同时对政府信访部门的层级、传统官方媒体门槛具有畏惧心理，普通民众除非自身具有强烈的诉求意愿，否则一般都抱有"大事化小，小事化了"的畏难心理，最终放弃意愿表达，牺牲个人甚至是其所代表的群体利益，更不用提及并非直接关涉个体本人的公共政策问题。而网络平台的出现，为民意的表达提供了一个平价窗口，只需接入网络的节点，便可在政府相关部门的网页、论坛中书写表达，每一个主体，直接面对网络，没有中间环节，也不需要太多的沟通。从经济层面大大减少了普通民众的表达成本。网络平台之上的民意表达打破了传统媒介环境之下的各种顾忌与禁锢，删除了冗长、客套、模板式的套话、空话，更加鼓励最贴近民众内心深处最直接、最原始地思想的迸发与表达。

---

① 王宇明：《网络时代我国民意表达的结构变革》，《传播与版权》2015 年第 10 期。

其次，网络媒介扁平式节点间的传播模式最大限度地削弱了信息流转间关键节点——"把关人"的作用，从而将最初始、未经削减加工，甚至可能是某种意义上不符合传统主流价值判断的意见都公之于众，实现了信息的最原生态传播。在《我们即媒体：受众如何塑造未来的新闻与信息》一文中，谢恩·鲍曼和克里斯·威利斯指出："可敬的新闻业发现自己处在历史上的一个罕见关头，破天荒地，它的新闻守门人角色不仅被新技术和竞争力量所威胁，而且可能被它所服务的受众所动摇。"[①] 在传统民意表达的过程中，层级式的意见表达渠道中存在种种意见把关：或是在收集民意的初始阶段，把关人根据自身主观经验等预设性价值来判断、挑选代表性观点、意见与建议；或是在民意统计阶段，把关人为操作的便捷过滤掉所谓的细节性信息，而使得最终反映出来的"民意"往往与初始民意表达呈现一定偏差，甚者是歪曲与臆想。依附于互联网平台的网络民意，是一个削减了层层守门人的扁平式节点，能将任何一个节点与任何一个普通网民直接相联的原意传达出来。网民个人、组织和政府机构都平等处在网络之中，面对相同的网络表达空间，不再受到传统信息传输渠道层级依赖和行政附庸的影响。[②] 政府作为民意获取方与网络民意表达者之间间隔减少，阻碍削弱，将原本点对点逐级向上的信息流动转化为各个层级直接面对基本信息源的扁平化模式，减少了信息上传中的人为减损，保持了信息存储与流变的完整性，任何部门面对的都是初始、及时完整的信息源，网络民意获得更原生、原始的话语表达。

最后，网络平台具有匿名性的特点，从而降低了民众表达意愿的心理安全障碍，鼓励民众大胆吐真言。网络民意表达具有匿名性、开放性等特

---

① Bowman, Shayne and Chris Willis, *We Media: How Audiences Are Shaping the Future of News and Information* www.hypergene.net/wemedia/weblog.php?id=p.42.

② 贾哲敏：《解析网络空间的公众环境诉求：议题、策略及影响》，《武汉大学学报》2016年第2期。

征，使得个人在表达意见时心理防线降低，安全顾虑减少。与此同时，也不用过多地担心自己发表不同的观点会被列入"少数派"之中而被陷入孤立，个人意见表达的心理过程更趋于积极和大胆，基于个人的现实经历所阐发的观点更加真实。网络为受众提供了一个自由公开发布信息、表达意见的渠道，受众不仅可以随时发表评论，还可以看到他人对事件的评价，从而能反映各种不同的声音。传统传播过程中基于现实世界环境的考虑，往往在公共政策讨论中呈现"沉默的螺旋"倾向，某些先入为主、先发制人或者支持人数较多的观点更易被认同并得到进一步阐述，而意见相左的少数群体或是囿于群体压力，或是囿于从众心理而主动隐身沉默。网络平台拓宽了传播的广度和深度，打破了以往多种民意表达形式的界限，网上的信息从无形的空间传向无固定目标的用户，信息的接受主体范围更广、数量更多，大大增加了多元、少数群体、另类之声、后发声音的表达几率与被关注的可能性，从而增加了网络民意的去中心式多元化。

网络平台促使意见主体发生了结构性变革，进而大大扩展了民众的主体表达权利。传统媒体由于版面空间、节目时段等限制，能够参与媒体讨论、公开发表意见的人数很少。而在这些人中，专家、学者、官员又占据了主要位置，这些权威具有无可比拟的影响力和话语权，[1]建立在此基础上的民意表达与民众有些隔离，更多代表了某些精英阶层的意见与观点。而在网络平台上，参与公共政策讨论的普通网民人数众多，参与范围、涉及人群更为广泛。一个重大事件，报纸的言论顶多三五篇，网络帖子却可以成千上万，大量普通网民参与到意见表达中去。网络民意表达更贴近于最大范围的民众原生意见，而非代表性、群体性的部分意见，民意开始回归"民"的本质。

网民结构的丰富性和复杂性，使得网络表达的民意更具多元化特征。

----

① 张淑华：《网络民意表达对媒介民意表达结构的变革》，《当代传播》2009 年第 9 期。

与传统媒体的意见表达有明确的导向不同，网络意见的表达是无数网民个人观点的汇集，意见主体的广泛性和丰富性决定了网络民意的丰富性和全面性。网络技术在民意表达中的应用，极大地丰富了政府决策信息来源。公众通过网络自主表达对社会问题、公共事务的看法，提出个人或群体的利益诉求，而作为决策者的政府部门也可以主动就公共政策的草案征求公众意见，这些都拓展了民意来源，丰富了民意内容，增强了公众政策听取民意和吸纳民智的准确性和科学性。

此外，网络媒体平台上意见表达的主题与内容发生了巨大变化，网络民意表达的话语范围得到扩充。传统民意表达中，由于民意表达渠道的局限性，民众意见表达的话语主题、话语内容、话语形式甚至是价值判断被划定在主导价值观范围内。

网络是一个开放的、自由的空间。任何组织和个人都可以自由进入这个空间，各方都要在网络中表达各自的观点，各种言论汇聚一堂，彼此之间或针锋相对，或差异互补，或相互印证。"网络行为主体利用网络表达其态度、价值观、意识行为和对行为的偏好，网络也成为组织社会行动的工具和表达平台，因此网络与开会、征求群众意见一样，是社会群体参与的公共空间，是民意表达和公益诉求的重要途径。"① 网络信息传播的交互性和自由性，决定了网络民意表达的价值观念和意识形态呈多元化态势。

虽然学界对这种去中心式、多元化表达的价值抱有怀疑，但从另一个视角来看，让曾经长期被抹去的面孔有更多的机会被呈现，让被"消声"的微弱声音能够表达并被聆听，这种由技术赋予的多元化表达本身就是一种社会进步。正如喻国明指出："许多知识精英往往怀念那种社会整一性阶段时的统一目标与绝对共识，而对于现阶段的杂芜、混乱、娱乐以及物欲抱以偏见和批评，低估了'碎片化'现实背后的社会进步价值。其实，碎片化以及

---

① 任远：《理性认识网络舆论的现实民意表达》，《探索与争鸣》2006 年第 9 期。

与碎片化相伴随的传播领域的分众化，并没有改变我们社会进步的趋势和潮流，它不过是除旧布新的一个必要的中介阶段。"[1] 我们可以认为，这种中介阶段的"碎片化"是一个多方观点、意见市场相互撞击、自由竞争的过程，这个过程具有共同的目标，即为大众公共利益服务。在经历优胜劣汰、自然选择后，朝着社会进步这一大趋势之下所作得出的共识会得到民众更强烈的认同，通过碎片化阶段凝结成的共识从而诞生的公共政策会得到民众更高的支持。

第二节　网络民意与公共政策价值向度的偏差与协调

从表面上看，网络民意犹如社会洪流中的层层浮浪，不触及根本，而一旦汇聚到一定程度，就会对公共权力产生强大的影响力。

1. 公共政策的价值向度

公共政策是公共权力机关经由政治过程所选择和制定的为解决公共问题、达成公共目标、实现公共利益的方案，是具有目标性的利益指南、权威性的行动方案和强制性的行为准则。[2] 在公共政策制定的过程中，公共权力不可避免地触及社会各个群体对社会资源的分配与获取，因此公共政策的制定与修改必然遵循一定的基本价值原则与标准。而这些价值体系中，公平是公共政策最为重要的核心价值向度。[3]

罗尔斯在其著名的《正义论》一书中提出，对一个社会而言，没有绝对意义上的完全自由与公正，也并不是所有的制度都能提供"公平的正义"。

---

① 喻国明：《解读当前中国传媒发展关键词》，《新闻与写作》2006 年第 9 期。
② 宁骚：《公共政策学》，高等教育出版社 2003 年版，第 22 页。
③ 周庆国：《公平：公共政策的核心价值向度》，《郑州大学学报》2009 年第 11 期。

正义论的任务就是要在其中进行选择，找到一种公平的正义观，即在公平的大原则之下，适度调节，实现正义。罗尔斯推论出两个重要的正义原则："第一个正义原则是每个人对与所有人所拥有的最广泛平等的基本自由体系相容的类似自由体系都应有一种平等的权利（平等自由原则）"；平等自由原则是传承西方国家的自由思想，并得到广泛公认的。罗尔斯对公平的更深刻的见解集中体现在第二个正义原则即社会的和经济的不平等应这样安排，使它们：（1）在与正义原则一致的情况下，适合于最少受惠者的最大利益（差别原则）；（2）依系于在机会公平平等的条件下职务和社会地位向所有人开放（机会的公正平等原则）。① 第二个正义原则切实考虑到了现实生活中的实际情况，即并非所有人都以同样的起跑速度进行完全依赖于自身主体的竞争，因此在人的发展初始阶段，不公平的既定事实已然存在，不能视而不见，要实现真正意义上的公平，就必须在承认现实的基础之上，在社会资源与发展计划分配时适度倾向补偿最少受惠者，应优先考虑处于不利地位的人的利益，基于其差别性的优势，从而实现本质意义上的"公平的正义"。罗尔斯把自己的正义观称为"公平的正义"。

作为公共政策制定的主体，政府在公共政策制定和实施过程中，为了解决公共问题、实现公共利益，把公平作为核心价值向度和基本准则，同时考虑到公共政策的制定与实施对社会弱势群体的保护与优先，既实现了利益、发展机会的自由化分配，又适当干预偏向给予差别性补偿。政府通过协调、整合和分配各种稀缺的社会资源和社会利益，均衡实现各种社会群体和个人应当享有的利益需求，确保公共利益的有效增进和公平分配。在公共政策的制定中，公平的核心价值向度主要表现在公共政策的公共性、权威性、合法性和民主性这四个层面上。②

---

① ［美］约翰·罗尔斯：《正义论》，何怀宏等译，中国社会科学出版社1988年版，第302页。
② 周庆国：《公平：公共政策的核心价值向度》，《郑州大学学报》2009年第11期。

首先，公共政策具有公共性。公共政策的公共性体现在公权力来源与公权力目的层面。政府权力来源于由公众结成的社会，来源于人民的同意和授权；公共权力存在的目的在于满足公众需要，其运行主体、目标、手段都是公共的，都是为了实现公共利益。公共政策基于公共利益而非私人利益，公共性是公共政策运行的出发点和归宿，也是公共政策目标的正确取向。只有承认并坚持公共政策的公共性，政策制定者才能明确公共政策的利益指向，合理协调各方利益。①

其次，公共政策具有权威性。公共政策的权威性是指政策主体在一定范围内处于支配地位、起着强制作用，并以建立服从关系为前提，使政策对象愿意主动服从或者不得不服从的主导性意志。②而这种强制性主导的来源是公平的，即政策主体取得公共权力、建立公共权威的程序必须是公平的，是政策主体取得公共权力、建立公共权威来自人民的意愿。同时，公共政策的权威性是要靠政策内容的科学性和合理性予以维护和达成。

再次，公共政策具有合法性。公共政策的合法性"具体表现为合目的性、合规范性、合规律性"，公共政策应当得到公众的认可和支持才能赢得合法性。③合法性包含两重意思，一是合乎法规，得到法律的认可；一是合乎民意，得到公众的赞同。

最后，公共政策具有民主性。公共政策的民主性主要是指公共政策过程要有公众的参与。公共政策的实质是公共利益的合理分配，既然涉及公共利益，就必然要求全面兼顾不同利益群体的利益，包括一些少数群体的利益，同时还必须合理地分配公共利益，确保政策的制定让不同利益群体的利益分配最大程度的公平合理。而要做到这些，就必须有不同的利益群体发出

---

① 聂静虹、梅琼林：《公共性视野下的大众传媒与公共政策》，《河南社会科学》2010 年第 1 期。

② 张亲培：《公共政策与社会公正：权威与公共性的考察》，《东北师范大学学报》2010 年第 4 期。

③ 曾莉：《公共政策的根本价值取向：公平》，《理论界》2006 年第 9 期。

声音，表达诉求，参与政策过程，而不是因缺席而发不出声音。只要参与，就能发声和被倾听，进而影响政策过程和结果。民主性的一个重要指向是参与者的主体地位的平等性，每一种声音都有同等的重要性。

2. 网络民意与公共政策价值向度的偏差

网络民意作为公共政策的重要参考来源，在以下层面与公共政策的价值向度存在一定偏差。

首先，网络民意的主体——网民群体是缺乏全样本意义的，其所表达的某些社会公共问题缺乏利益群体的代表性。据第45次《中国互联网络发展状况统计报告》显示，截至2020年3月，我国尚有35.5%的民众是不会触及互联网平台的，也就更不会有任何意见表达于网络平台之上了。此外，虽然城乡互联网普及度持续提升，但差距仍然较大。我国网民中农村网民占比28.2%，规模为2.55亿；城镇网民占比71.8%，规模为6.49亿。[①] 可以想见，大量农村网民的缺失使得公共政策中涉及农业、农村、农民的"三农"问题所存在的网络民意表达不完整。从这些数据可以看出，网民的人群基础分布不均匀，难以普遍覆盖社会生活的广泛群体层面。公共政策对象的缺位与公共政策讨论群体多元化的欠缺，会让政府在某些特殊政策、专业问题上作出偏差性判断。

其次，网络公共舆论参与的建议零散而缺乏理性，政策合意难度加大，政策制定效率较低。上述互联网发展报告显示，我国网民以10—39岁群体为主，占全体网民的61.6%：其中20—29岁年龄段的网民占比最高，达21.5%，10—19岁、30—39岁群体占比分别为19.3%、20.8%。进一步细分，中国网民中中学生群体占比仍然最高，为63.3%，初中、高中/中专/技校

---

① 中国网信网：第45次《中国互联网络发展状况统计报告》，见 http://www.cac.gov.cn/2020-04/27/c_1589535470378587.htm。

学历的网民占比分别是 41.1%、22.2%。[①] 这些年轻网民参与到公共政策中，有些缺乏实际社会经验，心智并未完全成熟，其意见和建议在理性和科学性方面有所欠缺。此外，由于网络发言还未全方位实现实名制，虽然这在某种程度上能够鼓励普通民众大胆地畅所欲言，消除心理障碍，但另一方面，匿名性也带来了网络言论责任的缺失，公民网络参与过程中信息的真实性难以证实，特别是在突发性恶性事件发生之时，网络上事件信息的全貌还未完全呈现，由于个别网民的主观猜想与负面情绪的掺杂，对事件恶意猜想、捏造，造成网络上谣言四起，以假乱真。除此之外，一些网民参与公共议政的意识淡薄，在政府官方网站上表达意见零散、参与无序，甚至只是纯情绪性的宣泄。这些无理性、无建设性的意见较多，且比较分散，加之一些基层政府网站建设不健全等技术因素，导致政府对网络民意的搜集和整合难度加大，降低了公共政策的制定效率。

最后，网络基础发展的不平衡性导致吸纳意见呈现地域性差距。中国互联网发展、普及和应用存在较为严重的东西部区域和城乡发展不平衡问题，网络舆论参与公共政策制定呈现地域不平衡，从而使公民提出并被吸纳的意见存在地域差距，即被关注并吸纳的意见多是发达地区和城市公民所提出，而落后地区和农村公民的意见较少被吸纳。[②] 正如提姆·鲁克所说，"数字鸿沟把整个社会划分为信息的富有者与信息的贫困者，信息的所有者与信息的非所有者，以及第一和第三世界"[③]。数字鸿沟即指信息鸿沟。因为数字鸿沟的存在，网络民意不能完全代表所有民意，具有一定的片面性，这种民意的非代表性将会进一步导致政策制定的非代表性。

---

① 中国网信网：第 45 次《中国互联网络发展状况统计报告》，见 http://www.cac.gov.cn/2020-04/27/c_1589535470378587.htm。

② 郭昱妤：《公共性视野下网络舆论参与公共政策制定的利弊分析》，《四川行政学院学报》2012 年第 2 期。

③ ［美］提姆·鲁克：《应对数字鸿沟——计算机世界里的严峻现实》，梁枫译，广西师范大学出版社 2003 年版，第 358 页。

3. 网络民意与公共政策价值向度的协调

传统公共政策的意见搜集、整合、评议讨论以至最后的政策提出、制定，往往由于实践操作中无法完全兼顾所有的民意主体，更多地采用"代议制"。"代议制"在现实操作中更多表现为由民众推选、选举出代表来参与公共事务、进行公共政策的探讨。代议制的介入提高了政策制定和实施的效率，加快了社会机构各个环节间的磨合，但这只能看作是在技术手段有限的阶段作出的折中式妥协，而并非完美之策。随着互联网技术的发展与数字移动媒体终端的普及使用，普通民众能更广泛、更深入地接触早先闭塞于精英群体范围内的公共事务，并有机会、有渠道发表其所在群体的意见。"代议制"所存在的基数群体与样本群体的代表性不足的缺陷被网络民众的大样本所弥补。从某种意义上来说，网络民意与公共政策的价值向度高度吻合，网络民意进一步凸显公共政策的公共性、合法性、权威性、民主性。①

首先，网络民意增强了公共政策对象的参与程度，促进了公共政策的"公共性"。公共政策本质上的"公共性"决定了其从根源上就要与最广泛的民众全面接触，保证公众最大限度地参与，给予最广泛民众接触社会公共事务、参与公共政策讨论、表达想法与建议的机会。民众作为公共政策系统运行不可忽视的主体因素，参与政策过程的直接性、迅速性、可接近性与便捷性影响了他们参与的积极性和参与程度。随着网络技术的发展，互联网平台在普通个体接入的经济与人力成本、安全成本等方面实现了门槛的削减，使得公共政策的公共性与技术条件支持下的最广泛的大众相对应，公共政策与公众之间有了密不可分的关联。网络平台的最大民众参与性，实现了决策者与最广泛民众的密切互动，在一定程度上保证了公共政策的公共性。网络平台上引发的公共问题讨论，吸引政府部门关注相关问题和社会矛盾，启动政

---

① 聂静虹、梅琼林：《公共性视野下的大众传媒与公共政策》，《河南社会科学》2010 年第 1 期。

策问题确立环节；一旦政府提出制定政策的动议或提出政策草案，网民直接表示支持或反对意见，指出草案的不合理之处及其理由，并提出建设性意见，这些意见在网络平台汇聚并发生碰撞继而产生新的意见；在公共政策的实际执行、政策绩效评估与政策终止的环节，普通民众作为政策实施的直接体验者，对政策的影响和效果有着最切身的体会，也最有发言权，网络为他们提供了表达感受的机会，他们的意见就是他们提交的政策"评估报告"。这些视角不同的"民间评估报告"对于官方组织的评估报告是一种补充，也进一步体现了公共政策的公共性。2016年国务院大督查活动中，国务院办公厅在中国政府网开设"我为督查提建议"专栏，针对政策落实不到位、地方政府管理和服务不到位、网民身边存在的不作为等问题，通过互联网广泛征集人民群众的意见建议，加强社会监督，推动中央重大决策的贯彻落实。活动中，"我为督查提建议"专栏收到网民提供的建议及相关线索近千条，涉及保障房建设、环境保护、民企发展、医改等多个领域。①

其次，网络民意可以优化政策方案，提高公共政策的科学性。传统型的政府决策一般会面临三个困境：信息不完全、未来的不确定性以及现时的模糊性，②这些问题的解决单靠政府的力量是很难实现的，而开放的网络平台可以吸引最广泛的群体——网民参与政策议题、方案的讨论，可以最大限度地吸纳民智，提高政策方案的科学化水平。目前，政府通过网络征集民意的做法已十分常见，网络已成为政府收集公众意见、吸纳民间智慧的重要平台。网民的意见和建议饱含真知灼见，为政策制定提供了重要的参考依据。在北京市政协十一届三次会议期间，1295件提案在网上接受网民点评，其中"取消35厘米高为犬只限养标准"的提案点评超两万条。网民提案指出，北京市以身高划定限养标准缺乏科学性，致使金毛犬等温顺大狗成为禁养犬

① 《2016年国务院大督查请网民提建议》，见 http://news.QQ.com/a/20160903/034990.htm。
② 陈堂发：《公共政策的完善机制：大众传媒》，《江淮论坛》2006年第6期。

种，网民建议提案修改为限养烈性犬，这一提案在后期政策修改中得到采纳。[①] 网民广泛参与公共问题的讨论，大大增强了公共政策的实践性与可执行性，提升了政策的科学性。

再次，网络民意增加了公众的政策认同度，提升了公共政策的合法性。公共政策合法性的内涵之一是政策被公众认可和接受。网络民意参与政策过程，一方面使得公共政策的方案设计更符合民意，因为它广泛征集和听取了不同利益群体的代表性意见，更易于为各利益群体的公众所接受；另一方面使得公共政策的制定程序更符合民意，因为它全程处于公众的监督之下，任何偏离规范程序的行为都会被公开。从政策议题到政策方案评估，公众的全程参与让公众具有明显的决策主体的特征，也增加了对政策的认同度，提升了政策的合法性。由杭州网与杭州市人民建议征集办合作承办的"网民好建议"活动（如图3-1），拓宽了普通民众建言献策的渠道。它通过开展日常性和专题性征集活动，收集网民建议，并定期汇总，交由市人民建议征集办进行筛选，报送市委市政府有关领导和部门，从政策议题来源上确保了议题的民众关注度。网友提议集中于杭州市的市政问题，包括"杭州市车辆限行升级建议""杭州快递点规划建议""九堡沿江公园和坝堤安装照明灯建议""城北市民健身中心增加图书馆和文体艺术类设施的建议"，事无巨细，切实关乎普通市民的日常生活，民众的参与程度高，意见表达得到最大程度的呈现。在网民讨论中，公共政策得到深入地解释、分析、探讨，甚至是修订、调整，整体朝着公共合意的方向发展。在此过程中，政策更易得到公众的认同与支持，合法性大大增强，为后期政策的实施奠定了前期基础。

---

① 《北京市政协提案建议取消犬高限制 万名市民点评》，见 http://news.sohu.com/20100704/n273265289.shtml。

② 《网民好建议》，见 http://hwyst.hangzhou.com.cn/wjym/wmhjy/index.htm。

图 3-1 杭州网"网民好建议"专版[①]

最后，网络民意规范了政府决策的程序化，增强了公共政策的民主性。民主是规定多数人参与政治活动的制度，它不仅确立了多数人参与政治活动的制度目标，而且制定了一定的程序确保多数人规范性地参与政治活动。在公共政策制定过程中，民主制度不仅借助技术赋权确保每个意见主体享有充分的表达意见的机会，让不同的利益诉求充分地呈现出来，而且制定了规范的决策程序，让政策过程的每一个环节都因为公众的参与在规范的程序中运行，进而确保公共政策对公共利益进行权威性分配的目标实现。

第三节 网络民意与民间智库

基于互联网的海量信息存储、无层级节点的架构模式以及用户低门槛进入等特点，网络平台之上的民意表达具有直接性与原生真实性。对于政府公权力而言，网络民意的这些特点一方面能够弥补公共政策的制定、执行、评估等各个环节中信息渠道狭窄、立场观点偏颇等不足，增强民众政治参与的意识，使公共政策获得更广泛的群众基础，加强了公共政策的合法性、科学性与权威性；另一方面，网络民意的表达主体——网民群体本身具有一定年龄、职业、地域、文化层次等分布偏差，不能从最广泛的社会层面最大程度地反映整体社会民众的利益与诉求，因此，网络民意不能全面取代现有的公共政策信息来源主体——政府机构的信息调查，但可作为政府智库的补充部分——"民间智库"的重要构成部分，为政府部门的信息获取、收集民意提供信息来源。

1. 官方智库与民间智库

对于政府而言，搜集社会各个层面的基本信息与诉求，是制定与修正公共政策的前提和依据。为补充政府官方机构信息搜集来源的不足，各种智库也成为政府部门获取信息、建议的重要来源。智库，是指专门从事开发性研究的咨询研究机构，它将各学科的专家学者聚集起来，运用他们的智慧和才能，为政府决策以及社会经济等领域的发展提供满意方案或优化方案。[①]

"官方智库是政府的内生机构，经费由政府统包，领导层由政府任命和配备，主要工作是为政府决策出谋划策，为政策落实诠释解读。"[②] 基于官方智库的社会地位及主要经济来源，官方智库与政府机构的联系性较为紧密，甚至可以被视为是政府机构的延伸部门，具有不言而喻的机构优越性：如科研人才有保障、机构经费有保障、信息获取有保障、项目来源有保障、成果上呈有通道、观点采纳有保障等。但这些有利条件与优越地位同时也给官方智库带来了根源性不足，如较多地对政府存有依赖，缺乏独立思考和判断，

---

① 地方政府智库建设研究课题组：《地方政府智库建设研究》，中国发展出版社 2015 年版，第 67 页。

② 韩未明：《全球背景的官方智库特点、效用与发展前瞻》，《重庆社会科学》2013 年第 9 期。

其政策建议多是对官方偏好的合理性论证，缺乏超脱的客观立场和独立的批判精神，因而官方智库常常被批评为缺乏有价值的意见建议。

民间智库是相对于官方智库或半官方智库以及高校智库而言的，是指处于政府系统（党政系统）之外的专门从事政策研究和提供决策咨询服务的组织机构。[①]民间智库的运行经费不是由政府拨款，多来自课题项目、社会捐赠、企业资助等，其身份和经济的独立使得其与政府保持着一定的距离，从课题设立到研究结论的提出都不再依附于政府，其政策意见和建议都保持着较高的质量。此外，民间智库与社会各阶层群体保持着更为紧密的联系，它们来自民间，深入基层，对民间声音了如指掌，其政策建议更符合实际，可以独立地影响公共政策的制定，至少是官方智库的重要补充。

2. 网络民意对民间智库的贡献

官方智库在面对某些具体公共事务时难免由于其机构属性的限制，代言群体方面存在偏颇，因此需要一个与其互补的体系。基于互联网的新媒体问政平台的兴起，使得网络民意成为民间智库的一个重要组成部分。与常设的官方智库相比，网络民间智库没有固定的组织机构，没有常规的活动，是松散的"联盟"，是无数平台构建的"联合体"。网民的意见和建议直接提交给各个平台，网络平台充当了智库成员的意见收纳箱。智库的意见和建议有的由平台组织对意见和建议进行整合上呈，有的则由政府的专门机构和人员来收集和整理上呈。无论形式如何，网络平台充当了民间智库的重要功能。

首先，网络民意实现了对传统民间智库意见主体的广泛性的补充。传统意义上的民间智库大都是由体制内的有志之士创办的，如高校教师、科研人员、民间团体、企事业单位研究机构等。囿于其专业性工作性质，其主体

---

① 金家厚：《民间智库发展：现状、逻辑与机制》，《行政论坛》2014年第1期。

来源和构成非常有限，如高校近年来纷纷成立的智库机构，有些是为了申报课题经费而临时搭建一个松散的智库机构，三五个人就宣称智库。有些智库甚至就是一个人——课题负责人。智库主体的构成决定了其意见的代表性状况，人员构成的有限性决定意见代表的有限性。网络民意平台构建了无数网民参与意见表达的没有边界的民间智库，没有身份限制、人数限制，每个人都可以是智库的一员，普通网民的加入可以视为对传统精英群体、专业学者的合理补充。意见主体的广泛性决定了意见内容的广泛性和丰富性，意见的代表性、针对性、科学性等方面都实现了对传统民间智库的补充。

其次，网络民意实现了对传统民间智库参与政策过程的持续性的补充。传统的民间智库对政策过程的参与往往集中于政策方案出台之前的政策问题分析、政策议程推动、政策方案设计阶段，政策过程的其他阶段则很少参与。而网民无处不在的特点决定了他们对政策过程全程参与的必然性，从政策问题的建构，到政策方案的建议、政策的评估与反馈，普通网民的全程参与成为网络"民间智库"的重要组成部分。在政策方案提议阶段，唤醒社会问题的职责直接由分散的网民承担，决策者可以从网民反映的社会问题中筛选适宜的问题进入政策议程；在政策议程阶段，无论是政府提出政策方案征集网民意见还是对政府政策方案表达支持与反对态度，网民的意见和智慧对于政策方案的完善都是极其重要的补充；在政策评估阶段，网民从各个不同领域、不同的视角评估政策效果，提出独立于政府官方评估的结论，有时甚至可能截然相反，这些结论无疑是对官方评估结论的有益补充，对向决策机构反馈政策执行信息、调整和完善政策，无疑是极其珍贵的。被称为"议案大王"和"最贴近网民"的人大代表翟峰，在接受记者采访时表示，他就是通过上网设置议题或直接收集信息，选出网民关心的问题，然后自己下来深入调研了解，最后撰写好议案意见或建议。通过网络搜集公共政策提议，他提出了200多条议案和建议，全部受到相关决策部门的积极回应，其中一半以上被采用并落实。①

　　最后，网络民意实现了对传统民间智库意见内容的针对性和实用性的补充。传统的民间智库因为研究主体的特殊性，其政策研究难免陷入形而上的窠臼，空泛而脱离实际。而网络民意的主体构成极为广泛，涉及社会各个阶层各个行业，更能真切地感受现实生活的问题，进而表达出具体的政策诉求。作为民间智库的补充，网民对于公共政策的提议更加关注现实，许多利益相关者参与讨论，其意见更具有针对性，更能直击要害，提出的建议也更具有可行性。在过去十年里，中国政府得到民众支持与喝彩的新政策，70%以上是由网民率先提出、推动。政府机构从民间与网络寻求了丰富的资源与营养。网络民意所关注的是网友真实经历、切实体会的日常生活之中的公共事务，更加注重政策研究的实践操作性，讲求目标追求的务实性。网友的提案、建议，可能在理论基础、规范性论证层面不及专业学者、政府机构所作的专业研究，但作为社会公共政策问题的直接利益感受者，其对社会问题的解决具有无可比拟的决心与迫切性，对政策方案存在的问题和漏洞有最真切的体会、最直观的判断，因而对政策的批判更具针对性，对政策的建议更具可行性。

　　例如，在杭州网"网民好建议"专版中，针对杭州市车辆限行政策的修改方案，某网友作为杭州市本地市民在网上提议：

　　　　对当前的限行政策我们还是认可的，但要进一步在绕城内严控就过了。一刀切对非浙A车主是不公平的，是人为造成的社会不公！非浙A车主和他的家庭人员也是纳税者，也在为城市发展作贡献，也有享受社会资源的权利。绕城高速内禁行的话，六万辆车就成废品，容易引起民众的不满。外地车进不来，游客就少，

_____

① 《人大代表谈网络 称政府应重视民间智库》，见 http://scnews.newssc.org/system/2008/01/23/010659014.shtml。

对于杭州的旅游业也有一定的冲击。道路拥堵是由某个时间段、沿线人口密集度、周边商业氛围、道路大小所造成的。早晚高峰非浙Ａ车没有参与，杭城还不是很堵吗？建议：现有两辆车的家庭，禁止摇号和竞拍，有限资源不能让给少数人；拥有杭籍户口，无车家庭，且连续摇号多年的，可获一个指标；进一步优化公交地铁线路，逐步完善后再提出限行。

总之一句话，城市管理要创新，要疏导，不能一刀切，我作为杭州市民也不想上外地牌，都是刚需，也是无奈之举。蓝天碧水并不是靠非浙Ａ车来完成的。杭州是座美丽开放、大气的城市，但绝不供养懒政，不作为拍拍脑袋做决定的官员！①

网民在提议中，并未以本土优越感的姿态指责外地车辆的增多带来出行拥堵问题，而是实事求是地提出现行车辆限行政策中治标不治本的漏洞，以及可能造成的社会不公与地域间矛盾。与此同时，网友客观公正地进一步指出，在杭州市车辆限行问题中，政府应该转换思路，加强公共交通建设，调和地域间的矛盾冲突，以更加大局观的视角提供建议。

现今，各地方政府越来越多地通过网络问政于民，使得政府的信息更加透明畅通，亦使决策者突破时空限制，快速便捷地深入基层，听取社情民意。政府主动搭建公共政策的民意平台，并使之成为常设平台，将分散的民意和民智汇集入"库"。②通过互联网作宣传、作决策，了解民情、汇聚民智，以达到取之于民，用之于民。网络民意作为民间智库的力量，成为执政者制定公共政策的有益补充，从而形成上下良性互动的局面，进一步推动协商民主政策范式的快速建立。

---

① 《机动车限行升级后的建议》，见 http://hwyst.hangzhou.com.cn/wjym/wmhjy/content/2017-04/27/content_6535892.htm。

② 何志武：《网络民意与公共政策的民间"智库"》，《现代传播》2012年第11期。

第二篇

路径篇

2

第四章　民意与公共政策互动的传统路径

　　民意是公共政策的基石，民意支持是公共政策获得权威性的重要保障。所谓权威性分配，既指公共政策合程序性和合法性，也指公共政策获得民意支持和认可。而"利益诉求是民意表达的根本动力，正义和责任也是民意表达的重要动力"[①]。随着社会的进步，人们对自身利益的重视越来越被视为正当，越来越多的人也有了保护公共利益的正义感和责任感，因而民意表达呈现出日益活跃的状态。公共政策的实质是公共利益的权威性分配，影响着一定范围内、一定群体内每个人的利益，给予或者剥夺，决定着人们对生活方式的重新制订和选择，因而必然会引起人们对于公共政策的意见表达。公共政策要实现对公共利益的权威性分配，就必须听取民意，回应民意，进而吸纳和体现民意。由此，便有了民意与公共政策的互动。互动的前提是民意必须得到充分的表达。唯有充分表达，才能受到政策制定者的关注和有效的回应，从而形成互动。如果民意表达不通畅，不能到达政策制定者，这样民意不仅不会被关注，不能得到回应，而且反过来还会影响民意主体的表达意愿，并最终沦为沉没的民意。

　　民意表达受制于一定的经济、政治、社会、文化环境，这些环境也形

　　[①]　钱超：《论民意表达》，博士学位论文，复旦大学，2008年。

塑了民意表达的路径。关于民意表达的路径，有不同的分类。如有学者将民意表达的路径和方式划分为间接表达和直接表达，前者包括选举、政党、利益集团与大众传播媒体等，后者包括投书、游说、请愿、申诉、座谈会和听证会等[①]；也有学者将民意表达的路径和方式归纳为官方路径（正式路径）、民间路径、媒体路径、专业路径[②]。

以互联网、手机为代表的新媒体提供了民意表达的直通车，民意主体可以借此自主地表达诉求。这种民意表达路径与其他路径有了根本区别，因此，我们认为，可以将民意表达的路径分为传统路径和新媒体路径。本章主要分析民意表达的传统路径。

第一节 民意表达的传统路径

民意表达是指"民众中有表达意愿的表达者通过一定的途径和渠道表达自己意愿与要求的行为"[③]，它"从本质上讲是以民权为价值导向，以民主法制为制度基础公众意见的表达和言论自由，平等、开放、自由、民主、法治是民意表达的社会基础和前提条件"[④]，民意表达对象主要指向政府。民意表达离不开路径，尤其是一些关涉国计民生的重大问题的民意表达更加依赖畅通无阻的表达路径。民意与公共政策互动的传统路径大体可分为三类：一是官方路径，二是民间路径，三是媒体路径。

1. 官方路径

官方路径是指政策制定者在政治系统内部，主动设置若干参与渠道供

---

① 安彩英：《试析民意与公共政策的关系》，《人民论坛》2013 年第 2 期。
② 钱超：《论民意表达》，博士学位论文，复旦大学，2008 年。
③ 高建生：《民意表达：基层社会治理意义上的解读》，中国社会出版社 2014 年版，第 2 页。
④ 王石泉：《信息时代的民意表达、甄别与吸纳》，上海人民出版社 2015 年版，第 84 页。

民众进行利益表达的方式。① 在中国，民意表达的官方路径较多依赖于行政系统。我国的人民代表大会制度、政治协商制度、信访制度、听证会制度、民意调查等均设定了民意表达的官方路径。

（1）人民代表大会制度

"中华人民共和国的一切权力属于人民。人民行使国家权力的机关是全国人民代表大会和地方各级人民代表大会。人民依照法律规定，通过各种途径和形式，管理国家事务，管理经济和文化事业，管理社会事务。"② 按照宪法和有关法律的规定，全国人民代表大会是最高国家权力机关，由省、自治区、直辖市、特别行政区和军队选出的代表组成，它的常设机关是全国人民代表大会常务委员会。人大代表由人民选举，向人民负责，受人民监督，代表全国人民的意志和利益。

人民代表大会制度是我国的根本政治制度，也是最基本的民意表达路径的保障。人民代表大会制度的建立从法理上让人民成为国家和社会领导与治理的主体，也让民意表达进入了一个新的历史阶段。③ 这一制度在民意表达机制中的作用主要体现为三个方面：一是代表民意，二是反映民意，三是整合民意。④ 人大代表的职位具有强烈的政治性、权威性和公共性，只有各级人大代表真正发挥代表权，充分了解和倾听民众的意见和建议，有效传达民众的声音，维护人民的合法权益，才能确保人民代表大会制度设计初衷的实现。公民个人或社会团体影响人大代表的重要方式就是让自己的意见和建议得到人大代表的关注，进入人大代表的议案。许多关乎公共利益的民意诉

---

① 俞少栋等：《复合决策体制下中国经济外交政策的制定——以中美贸易摩擦应对机制为例》，《中国外资》2012 年第 12 期。

② 《中华人民共和国宪法》（2004 年修订版），2017 年 8 月 19 日，见 http://www.npc.gov.cn/npc/zt/qt/gjxfz/2014-12/03/content_1888091.htm。

③ 王石泉：《信息时代的民意表达、甄别与吸纳》，上海人民出版社 2015 年版，第 87 页。

④ 高建生：《民意表达：基层社会治理意义上的解读》，中国社会出版社 2014 年版，第 29—30 页。

求如城市交通、饮用水源、环境整治、社区医疗、农民养老等问题，都是通过各级人大代表反复提交议案得以解决的。

当然，在人大代表履职上，尽管代表法规定代表应当保持与民众的密切联系，但是对于人大代表如何收集、反映和处理民意并没有明确的具体要求。由于民主的程序与民主的文化建设尚有缺失，因而出现了人大代表多未提过议案、从未提过质询案或屡现"奇葩"议案等情况。

（2）政治协商制度

我国宪法明确规定，中国人民政治协商会议是中国共产党领导的多党合作和政治协商的领导机构，是中国政治生活中发扬社会主义民主的一种重要形式。

政协委员的遴选和政协领导班子的组成主要是通过协商而非选举产生，其基本形式是经同级共产党组织提名，由政协全国委员会或地方政协常委会协商决定。政治协商制度有其特殊作用：第一，政协地位的超脱性，使它能够比较客观地反映民意；第二，政协组成人员的多层次性，使其在民意表达中能从不同角度、不同层次、不同利益群体的视野反映民意；第三，政协的成员具有各方面的实践经验和专业知识，这使得他们在反映社情民意方面更具建设性；第四，政协作为一个完整的组织体系，它在反映社情民意方面有着快捷畅通的信息渠道，可以使民意及时得到表达。[1] 人民政协的协商结果对党和国家的决策发挥了重要的咨询和参谋作用。政治协商制度同人民代表大会制度一样，是合法的、专门的、结构性民意表达渠道，它的功能更多地体现为通过政治沟通、民主协商来实现群众利益的表达和综合。[2] 与人大代表一样，各级政协委员通过提案反映民意，促使大量关系到国计民生的公共

---

[1]　高建生：《民意表达：基层社会治理意义上的解读》，中国社会出版社 2014 年版，第 30—31 页。

[2]　高建生：《民意表达：基层社会治理意义上的解读》，中国社会出版社 2014 年版，第 31 页。

问题进入政府决策视野，进而推动相关问题得以解决。

（3）信访制度

1951 年《政务院关于处理人民来信和接见人民工作的决定》的发布，被认为是我国信访制度建立的标志。1995 年和 2005 年，国务院两次颁布了《中华人民共和国信访条例》，对加强信访制度建设做出了明确规定。2005 年出台的《中华人民共和国信访条例》明确规定：信访是指公民、法人或者其他组织采用书信、电子邮件、传真、电话、走访等形式，向各级人民政府、县级以上人民政府工作部门反映情况，提出建议、意见或者投诉请求，依法由有关行政机关处理的活动。[①] 我国信访主要分为三种类型：第一种是以对各级人大、政府、司法等组织提出建议、批评等意见为主的信访，属于参与类型；第二种是向各级党委、政府等组织、机关、单位寻求个人、群体实际利益或矛盾化解的信访，属于求决类型；第三种是对已经终审并生效的法院判决有异议并提出申诉的信访，属于诉讼类型。三种类型中求决类型所占的比例最大。[②]

作为国家设立的制度性平台，信访制度被赋予监督、制约国家权力的功能，在疏导民意方面发挥了重要作用，为推动民意表达、解决群众的困难和问题作出了重要贡献。设立信访制度的目的就是为了加强党和政府与人民群众的联系，倾听群众的呼声，反映群众的意见和建议。[③] 在实践中，有些信访案例虽然出现过偏激行为，但也成为人民群众表达诉求的一条重要通道。虽然信访针对的是个案，但它反映的是其背后的共性问题和民意期待，包括基层政府的施政理念、民众的利益诉求等问题。

信访条例在总则中提出，"各级人民政府、县级以上人民政府工作部门

---

① 《国务院信访条例》，2005 年 1 月 18 日，见 http://www.gjxfj.gov.cn/2005-01/18/content_3583093.htm。
② 高建生：《民意表达：基层社会治理意义上的解读》，中国社会出版社 2014 年版，第 36 页。
③ 王石泉：《信息时代的民意表达、甄别与吸纳》，上海人民出版社 2015 年版，第 92 页。

应当科学、民主决策，依法履行职责，从源头上预防导致信访事项的矛盾和纠纷"。由于中国的社会变革多是在政府的主导下进行，这样就形成了信访规模庞大的社会根基。基于民众对信访制度的过度依赖，加之信访部门的资源有限，信访通常会带来一些负面问题，比如集体上访、缠访、过激行为等。有些人因为信访途径失效而选择放弃继续信访，他们将怨气深深埋在心底，久而久之，只会对社会现状产生更多的不满，甚至最后出现过激行为。

（4）听证制度

20世纪90年代以来，听证一词逐渐为越来越多的人所熟知。特别是在1996年的《中华人民共和国行政处罚法》中首次确立行政听证制度以后，行政听证这一适应民主政治需要的制度更加引起了大家的关注。从1996年起，我国在全国陆续对行政处罚、价格调整、立法决策等领域的公共决策体制进行了重大改革，相继引入了听证制度。

听证制度是西方发达国家普遍推行的决策程序制度，重大的内外政策出台之前必须经过相应的听证，经过长时间的论辩。因此，听证是指政府组织在作出直接涉及公众或公民利益的公共决策时，听取利害关系人、社会各方及有关专家的意见以实现良好治理的一种必要的规范性程序设计。[1]听证会的程序包括会前预告听证的内容、听证代表的产生方式、会中代表陈述的程序、媒体的全程直播、公众旁听、会后听证会纪要及相关文件资料的公开、各方意见影响最终决策等。听证的召集主要涉及听证会由谁提出听证动议以及如何召集和组织听证等问题，召集的方式主要涉及会前公布或通知举行听证会的方式，包括公布和通知的范围有多大、时间提前多久、采取什么方式公布或通知。既然是广泛听取不同意见的听证，就应通过公开的方式征集不同群体的代表。听证的参与包括利益群体的代表参与

---

① 彭宗超等：《听证制度》，清华大学出版社2004年版，第2页。

和媒体参与两个方面。利益群体代表的广泛与否直接关系到相关利益主体平等的代表权问题，谁能在听证会上发言，他所代表的那个群体就有了争取利益的机会。参加听证的代表一般分为普通群众（消费者）代表、群团代表、政府管理部门代表、人大代表、政协代表、专家学者代表等，听证代表的产生应该是经过一定范围的群体推荐，而不应是组织者随机指定。媒体参与主要是指媒体参与听证活动的全程报道，一般要进行电视直播。因为并不是每个人都有机会出席听证会（陈述或旁听），电视直播在一定意义上就意味着实现了公众的场外旁听。媒体对代表的关注除了代表产生的程序是否规范、代表者的代表性及公正性外，还关注代表们的工作态度是否认真、积极、负责，等等。

听证制度是现代社会为了保障不同利益主体平等参与政治过程的一项重要的制度设计，其目的是实现政府行使权力过程的公开、公正、科学、民主、法治。当前听证会制度虽然过程相对公开，但与完全实现民主决策之间还有一定距离。

（5）民意调查

现代民意调查孕育于西方民主社会，指用科学的方法、客观的态度，以人们的意见、观念、习惯、行为和态度为调查的主要内容，有效地收集和分析相关信息，从而为管理决策部门制定有关的战略和策略，提供基础性的数据与资料。[①]在西方国家，重要决策都依赖于民意调查，民意调查机构成为了解民意动向和民众向政府表达诉求的首选途径之一。1824年美国《宾州人报》曾就亚当斯与杰克逊的总统竞选对路人进行随机调查，并以此来预测选举结果。直到1936年，盖洛普成立美国民意调查所，使用随机抽样的方法，成功预测了当年的总统大选，提高了民意调查的科学性。1970年世

---

① 柯惠新：《民意调查实务》，中国经济出版社1996年版，第113页。

界民意调查协会成立，标志着民意研究的全球化和合作化趋势。此后，民意调查在美国社会各个领域普遍展开。

民意调查（又称"舆论调查"或"民意测验"），是旨在了解公众舆论倾向的一种社会调查，它通过运用科学的调查与统计方法，如实地反映一定范围内的民众对某个或某些社会问题的态度与倾向。就其内容而言，它属于舆论调查范围；就其方法而言，它又属于抽样调查的范畴。[①]民意调查就是要了解人民群众的意愿、要求和呼声，其调查方法有很多，主要包括问卷调查法、个别访谈法、群体访谈法、电话访谈法等形式。在我国，民意调查由政府发起，经其职能部门或第三方专业机构向公众采集信息，为决策提供依据。广义的民意调查包括政治经济与社会生活各个领域，所有以探测和收集民意为目的的活动和过程。狭义的民意调查是"运用系统性、科学性、定量性的步骤，迅速、准确地收集公众对公共事务的意见，以检视公众态度变化的社会活动，其主要功能是真实反映各阶层民众对公共事务的态度，以作为政府或相关单位拟订、修正、执行政策的参考"[②]。根据民意调查机构的所有制性质，我国民意调查机构可分为四类：第一类为民意调查的国有研究机构，主要是政府相关部门及下属的社情民意中心以及大学、科研院所建立的民意调查中心；第二类是以新闻媒体为依托的民意调查中心；第三类是民营的民意调查机构；第四类是国外民意调查机构在中国设立的分公司，如北京盖洛普市场咨询有限公司、上海尼尔森市场研究有限公司等。[③]

有研究者指出："民意调查与其他民意及舆情信息汇集和分析手段相比，最突出的特点就是调查方法具有科学性。尽管民意调查对于调查对象来说是一个被动的过程，但是实际上离不开对象的主动思维与配合，基于此，民意调查具有良好的信誉和权威性，政府、学界和大多数普通民众都认为民

---

① 张云筝：《民意观与民意的实现》，对外经济贸易大学出版社 2015 年版，第 59—65 页。
② 王石番：《民意理论与实务》，台湾黎明文化专业公司 1995 年版，第 225 页。
③ 张云筝：《民意观与民意的实现》，对外经济贸易大学出版社 2015 年版，第 189—191 页。

意调查能够真实地反映民意。"① 民意调查的结果是否真实有效，关键在于其采用的调查方法是否科学规范。一旦民意调查所采用的方法不很科学，或者具体操作程序不规范，调查覆盖的人群不具有代表性，那么，所调查出来的结果就可能与真实的民意出现偏差。

2. 民间路径

除了政府设计的民意表达的制度化路径之外，还有一些未纳入政府系统的民意表达的民间路径。民间路径主要包括基层群众自治和社会团体活动中的民意表达。这种民间路径是民意表达的日常路径，是人们日常生活中参与最多、最频繁的组织活动。

（1）基层群众自治

自治是现代国家治理体系的重要组成部分，也是实现民意表达的重要路径。随着社会事务越来越复杂，越来越需要多层次和多类型的公民自我管理、自我教育、自我服务组织和形式，自治是多层次治理的重要组成部分。基层群众自治制度就是我国城乡居民以法律法规政策为依据，在城乡基层党组织领导下，在居住地范围内，依托群众自治组织直接行使民主选举、民主决策、民主管理和民主监督等权利，实行自我管理、自我服务、自我教育、自我监督的制度和实践。② 基层群众自治包括农村的村民自治和城镇的社区居民自治。

早在 1954 年，第一届全国人民代表大会常务委员会就通过了《城市居民委员会组织条例》，指出"居民委员会是群众自治性的居民组织"。1989年 12 月 26 日通过的《中华人民共和国城市居民委员会组织法》，进一步明

---

① 上海社会科学院课题组：《西方民意调查："反映"还是"塑造"民意》，《社会科学报》2006 年 10 月 26 日。

② 李学举：《我国基层群众自治制度地位的重大提升》，《求是》2008 年第 3 期。

确"居民委员会是居民自我管理、自我教育、自我服务的基层群众性自治组织"。该法律明文规定，居民委员会的任务包括"向人民政府或者它的派出机关反映居民的意见、要求和提出建议"；"涉及全体居民利益的重要问题，居民委员会必须提请居民会议讨论决定"。该法律条文可以看出，居民委员会作为社区居民的群众性自治组织，应该倾听社区居民的意见和建议，及时向人民政府或其派出机关反映居民的意见，其前提就是社区居民有自由充分的意见表达，而表达的途径可以是通过居民会议阐述，也可以向居民委员会反映。

1987年第六届全国人民代表大会常务委员会通过的《中华人民共和国村民委员会组织法（试行）》，明确规定"村民委员会是村民自我管理、自我教育、自我服务的基层群众性自治组织，办理本村的公共事务和公益事业，调解民意纠纷，协助维护社会治安，向人民政府反映村民的意见、要求和提出建议"。1998年和2010年修订的《中华人民共和国村民委员会组织法》虽然对相关条款进行了修改，但对村民委员会的基层群众性自治组织的定位和向人民政府反映村民的意见、要求和提出建议的任务没有改变，只是在其群体性自治组织的定位后面补充了"实行民主选举、民主决策、民主管理、民主监督"的具体内容。与城镇社区居民自治制度一样，村民委员会向人民政府反映村民的意见、要求和提出建议的前提是村民必须有自由充分的意见表达，村民在民主选举、民主决策、民主管理、民主监督的具体自治实践中表达意见、要求和建议。

在城乡基层群众自治组织中，民众依法直接行使民主选举、民主决策、民主管理和民主监督的权利，对所在基层组织的公共事务和公益事业实行民主自治。整个社会民意表达的结构呈现出金字塔的三角形状，基层群众自治就是塔基，在民意表达系统中处于基础性地位。在自治中，民众通过更充分的民主实践和民意表达，不断提升公民意识。

除了城镇社区居民自治和农村村民自治组织之外，基层群众自治组织体系还可包括企事业单位的职工代表大会，它也是基层群众最直接的民意表达通道和形式。这些基层群众自治组织不是一级国家政权机构，但实际上在基层起着某种国家机关的作用。其中，居民委员会和村民委员会是社区性质的民意表达机构，企事业职工代表大会则是行业性质的民意表达机构。[①] 由于我国的基层群众自治尚处于初级阶段，受传统文化和传统体制因素的影响，广大居民群体表现出对政府较高的依赖性，自身独立性不强，社区参与意愿较低，参与自治的能力也不足。

（2）社会团体活动

帕特南指出："公民社会性的一项关键指标是社团生活的活跃程度。"[②]20 世纪 80 年代以来，以非营利组织或称非政府组织为主体的社团运动在全球范围内大规模兴起，进而成为一种社会性的潮流。[③] 随着社会主义市场经济体制改革的深入以及政府职能的转变，我国社会团体得到迅速发展。这些社团组织提供一些以往由政府所提供的服务，在此基础上也承担社会意见表达功能，通过民间渠道动员调配各种社会资源和社会力量，积极为解决一些社会矛盾或社会问题发挥作用。

社会团体的简称是社团，有广义和狭义之分。其中，广义的社会团体涵盖一切社会组织，包括政府、公司、商社、自然群体在内；狭义的社会团体主要是指按一定规则和章程自主成立的、为公共利益进行活动的民众团体。[④] 关于社会团体的界定，现行社团条例第二条规定："社会团体，是指中国公民自愿组成，为实现会员共同意愿，按照其章程开展活动的非营利性

---

① 高建生：《民意表达：基层社会治理意义上的解读》，中国社会出版社 2014 年版，第 39 页。
② ［美］罗伯特·D. 帕特南：《使民主运转起来》，王列等译，江西人民出版社 2001 年版，第 104 页。
③ 王建芹等：《从自愿到自由——近现代社团组织的发展演进》，群言出版社 2007 年版，第 1 页。
④ 郭彦军：《近代上海社团发展及其社会管理意义研究》，上海交通大学出版社 2017 年版，第 17 页。

社会组织。"[①] 社会团体一般具有组织性、民间性、非利润分配性、自治性和志愿性等特征，其主要功能是作为一定社会群体的共同意愿或利益的代表而组成，并为实现这些社会成员的共同意愿而开展各种公益性活动，其社会定位是作为政府与社会相互沟通的桥梁与纽带。

从某种意义上来讲，社会团体是为促进利益表达而组织起来的，然而"社会团体所表达的不是其内部某个人或某部分成员的利益，而是把团体内部各种互不相同甚至冲突的要求整合成旨在维护团体共同利益的政策选择方案，并动员其成员积极活动以支持某些特定的政策"[②]。在 2003 年的非典时期，社会团体在民意表达方面就发挥了积极作用，并从四个步骤推进了事件的发展："一是发出倡议，采取有关措施；二是社会团体配合行政动员和政治动员，承担一些行政动员和政治动员所不能承担的工作；三是开展捐赠活动；四是代表行业利益，及时反映行业要求，调整政府有关政策措施，避免不利局面"[③]。

社会团体是一种经常性的民意表达和聚合的组织形式，是不同利益群体在满足利益需要时所能寻求和依托的一种利益组织。[④] 一方面，它既是一定社会群体利益的代表者，通过社会团体这一政治参与途径表达和反映某一群体的意见和诉求；另一方面，它又是党和政府制定的路线、方针、政策的宣传者，积极维护党和人民的共同利益。由于社会团体具有意见表达、进行社会管理、提供社会服务等多项功能，因而在辅助政府决策、提高政府行政能力、促进社会分化重组以及缓解社会矛盾等多个方面都发挥着积极作用，比如怒江大坝工程事件就被认为是"社会团体的活动和声音极大地影响了中央政府的决策，这在中国还是第一次，这是一个标志性的、甚至具有里程碑

---

① 王名：《中国民间组织 30 年——走向公民社会 1978—2009》，社会科学文献出版社 2008 年版，第 89 页。

② 张喜红：《当代中国社会团体政治参与问题研究》，博士学位论文，吉林大学，2004 年。

③ 徐家良：《危机动员与中国团体的发展》，《中国行政管理》2004 年第 1 期。

④ 高建生：《民意表达：基层社会治理意义上的解读》，中国社会出版社 2014 年版，第 37 页。

意义的事件"①。

虽然社会团体对政府决策的影响力在上升，但从整体上讲，我国社会团体对政府政策制定的影响还十分有限。

3. 媒体路径

大众媒介传播的信息往往以事实形态和意见形态而存在，这两类信息的来源既可以是记者深入社会各处采集而得，也可以是各方人士的来电、来信或来访，反映事实或意见。因此，作为新闻信息生产和传播的组织，媒体成为民意表达的渠道，往往是通过记者调查采访获得民意和民众主动投书媒体呈现民意而实现的。

（1）记者主动调查民意

新闻采访是一种特殊的调查研究。新闻记者的每一次采访都是对报道对象的研究，需要通过相关人员的采访弄清事实的真相，弄清"是什么""怎么样""为什么""怎么办"等问题，每一个疑问的打开都可能是一次调查和了解民意的过程。

倾听、发现、整合、呈现民意，是记者主动调查民意的几个必备环节。记者的调查研究有时针对某个具体的事件，有时针对某种社会现象或社会问题，都在采访和弄清真相的过程中倾听和了解民意。各地陆续发生的抵制 PX 项目、垃圾焚烧厂项目的冲突事件及因征地拆迁引发的冲突事件，都是一个个具体的事件，每一起冲突事件都涉及冲突双方甚至多方，记者对利益相关方的采访不仅是还原事实、弄清真相的过程，也是倾听和了解民意的过程。而针对某种社会现象或社会问题所进行的调查研究，也需要广泛地倾

---

① 陆明远：《利益统合到利益分离——中国社会团体意见表达功能研究》，《长白学刊》2006年第 4 期。

听不同人的意见，了解不同人的态度，进而对相关问题的民意诉求进行梳理和呈现。这两种情况的调查研究对记者而言，都是有明确目标对象的调查研究，因而民意对象相对明确，记者要客观地收集和呈现民意就必须广泛地采访和倾听，尤其是倾听不同的意见。

记者的调查研究还有一种没有明确目标的情形。记者深入社会的各个角落收集信息、倾听民意，从中捕捉可以报道的线索，如记者与城管人员、街头小贩、医生、病人、教师、学生、社区居民、快递人员、农民等交流，了解他们的情绪，倾听他们的心声，把普通民众间的交流和情绪宣泄所反映的问题认识清楚，把分散的个人诉求聚合成公共意见，把私下表达变成公开呈现，这种调查研究和公开报道就成为一种收集民意的方式。如果没有记者去采访，这些"沉没的声音"可能长期沉没，记者的主动采访和倾听实则是对民意的"唤醒"。

报纸、杂志、广播、电视等都承担着大众传播的职能，大众媒介随时可能介入其他渠道的民意表达，从而形成对其他渠道民意表达的强化。不少媒体借助自身，比如报纸、电视、杂志、网络，对一些社会热点问题进行调查，及时发布调查结果，以吸引读者。[①] 大众媒介的特性决定了在民意表达中比其他渠道拥有更多的优势。

（2）民众主动来信来访

除了记者主动深入基层调查了解和呈现民意，民众借助媒体表达诉求是民意的主动表达。媒体一般都设立了群众工作部，负责接待民众的来信、来电、来访。这些来信、来电、来访所反映的问题，既有个人遭遇，也有群体难题。无论是个人遭遇还是群体难题，呈现的都是一种民意，都是民众寄

---

① 董海军、周强：《我国民意调查的机构类型、问题与发展建议》，《中国国情国力》2011年第7期。

望于借助媒体的公开和放大效应促进问题得到解决。虽然它们可以是某一个案，但其背后反映的可能就是民众对于同一类问题的诉求。比如农民工对老板欠薪的投诉可能是某个人的诉求，也可能是某个工程中的一群人的诉求，但其背后是一类人（农民工）的共同诉求。媒体面对来信、来电、来访会对其中的新闻价值做出判断，但新闻价值总是与公众的兴趣紧密相连，而公众的兴趣又常常与民意的关注度密切相关。从一定意义上讲，媒体对于群众来信、来电、来访所反映问题是否报道的取舍标准在于其是否传递了公共价值，而这种公共价值就是民意基础。

并非所有的来信、来电和来访都与当事人有直接的利益关系，有些人因为长期关注某方面的社会问题，投书媒体，希望得到媒体关注，进而引起社会关注，促进相关问题进入政策议程。这些来信、来电、来访所反映的问题有些是具体的事件，有些是一类现象或问题。而媒体在呈现这种事实或问题时，有些以"来稿照登"的形式刊发，有些作为新闻线索以记者调查的形式刊发。民众主动通过媒体表达意见的方式还有撰写评论。评论是意见表达的文体，直接以文章的形式把意见呈现给媒体，如果能公开刊登，其意见就得以公开表达。这种表达方式要求撰写者具有一定的文字书写能力，能达到媒体刊发的水平。

第二节　打捞民意的狭窄性与影响政策的有限性

公共政策以谋求和增进公共利益为出发点，公共利益是公共政策的基础和灵魂。公共政策的制定要充分体现公共利益，民意的充分和有效表达是其前提。然而，由于多种因素的影响，传统路径的民意表达并不充分。既然自下而上的民意表达的传统路径并不十分通畅，那么政府决策所依赖的民意和民智就要靠自上而下去打捞。这种打捞的范围和深度直接关系到民意呈现的全面性和真实性，也关系到民意对公共政策影响的程度。

1. 打捞民意的点面局限

自上而下的打捞民意主要由政府和媒体实施。政府和媒体深入基层调查研究就是打捞民意的过程。由于调研主体与对象的身份差异、调查过程的深度和广度的局限，打捞民意的深度和广度都存在一定的局限，因而在广泛性和真实性方面都可能存在不足。

（1）政府调研深度局限

深入各地、各行业、各单位进行调查研究是各级政府的重要职责和主要工作，调查研究所得信息是"政府决定做或不做的事情"的重要依据。调查研究既包括对决策目标问题的了解，也包括对民情、民意的了解。各级政府所做的调查研究，其主体可以是政府官员，也可以是政府的政策研究部门；其形式可以是深入企业、社区、乡村走访时单独访谈，也可以是一定范围的集中座谈，还可以是在一定范围内发放问卷；其时机可以是某一事件发生之后、某项政策公布之后，也可以是没有明确指向的民情民意摸底，等等。

之所以把政府部门深入基层进行调查研究称为打捞民意，是因为这些深藏于社会底层的民意很少有主动表达的渠道，政府部门派人与民意主体进行深入交流，让民众产生了一种直接与决策者对话、可能影响政府决策的信任感，因而将那些平日里无处表达的意见在问与答的对话中表达出来，也就将那些沉没在社会底层的民意"打捞"上来。这些底层民意能否被"打捞"、能被"打捞"多少，取决于政府部门工作人员下基层的深度、选择访谈对象的数量及类型分布、与访谈对象对话的态度、方式等。对于分布于社会各处、表达机会甚少的普通民众而言，政府部门主动下移重心倾听民意，是其向上反映意见的难得机会，如果这种深入基层的调研规范且"入心"，是能够"打捞"到广泛而真实的民意的。如果这种调研只是蜻蜓点水，以点代面，所得的民意就未必全面，也未必真实。

任何调查研究都是有一定规范的，偏离了相关规范，调查结论的说服力就必定要打折扣。比如，普查与抽查的结论适用范围是不同的，抽查样本的代表性不同结论也会不同。政府部门所做的调查研究往往是抽样调查，这种抽查有时并不是规范的抽样调查，而是随机访谈或指定访谈。样本量不足本身就限定了民意收集的代表性，政府部门下派人员与约谈对象的身份地位不平等使得民意主体有些自我封闭，不愿主动、充分地表达自己的真实意愿，而是习惯于把自己包裹起来，把接受访谈和调查当作一项被动完成的差事，许多"沉睡的民意"无法真正被唤醒，也就难以被"打捞"上来。如果政府下派人员的能够做到"蹲点驻户"式调查，倒是能够深入交流，收集到真实的民情民意，但这种做法要普遍推行也不可行。

（2）媒体调研宽度不足

媒体派记者报道新闻，本身就包含对不同阶层和群体的人进行广泛而深入的采访。布赖恩·麦克奈尔把新闻媒体在民主政治中的功能概括为五项：第一，媒体必须告知民众在他们身边发生了什么，这是媒体的"侦察"或"监控"功能；第二，媒体必须教育民众，让他们知晓发生了的事实的意义和重要性；第三，媒体必须为政治讨论提供一个公共平台，促进公共舆论的形成，并把舆论反馈给公众，而且这个平台必须为反对意见预留空间；第四，给予政府和政治机构曝光率，让执掌权力的人的行为被公开监督，公共舆论才有意义；第五，媒体作为鼓吹政治观点的一个渠道，向需要对大众公开自己政策和纲领的政党开放。[①] 为了有效发挥媒体的功能，媒体一般都按战线或区域将记者分工布局，各自分管自己认领的战线或区域。按照这种条块结

---

① ［英］布赖恩·麦克奈尔：《政治传播学引论》，殷祺译，新华出版社 2005 年版，第 21—22 页。

合的分工布局，记者理应对自己管控的战线或区域的信息了如指掌，无论是官方举措、民间行动，还是民情民意，都通过日积月累的采访全面获知。一般来说，媒体对记者的战线分配不会留下死角，因而记者调研的战线和区域理应做到全覆盖，通过调研所获得的民意理应是全面的。与此同时，与各种不同的人平等交流是记者的基本功，记者的采访就是要让采访对象卸下心理防备，把真实情况和真实想法说出来，因而这种采访所获得的民意应该是真实的民意。

然而，记者的工作特点之一就是追逐热点，社会热点的频繁切换导致记者难以沉下来做民意的深度调查。即使有记者对某一问题长期关注，能够持续地做调查研究，但往往也只是对具体事件或问题的调查，所选择的采访对象也极其有限。况且，每一位记者要负责的区域太大，加上还有报道任务的压力，要全面掌握所负责战线或区域内的民意难度太大，所以绝大多数记者对于民意的了解并不全面。

2. 不充分的民意影响有限

无论是官方还是媒体的打捞民意，都存在调研对象"点"的不深入和"面"的不全面局限，有时甚至失真。由于存在这样的局限，打捞的民意对公共政策的影响也很有限。

（1）打捞不充分

"打捞"民意不充分主要表现为民意主体不够全面和民意内容不够丰富。由于调研广度和深度的局限，对民意主体的对象选择广泛性不够全面，层次上不够丰富，因而所打捞的民意就难以充分地体现真实的民意。

既然要了解和掌握民意，理应尽可能全面地听取不同主体的意见表达，尽可能广泛地收集民意。不同的民意主体会有不同的利益诉求，大多数人不愿意被他人代言。有些"打捞"民意式调研往往会以偏概全，以点推面，以忽视不同的意见为代价而呈现统一的意见表达。由于调研所涉民意主体的范围不够广泛、层次不够丰富，一些特殊的个体甚至一些群体的意见都可能被"冷落"，遭到忽视的个体和群体意见就成为某一问题的总体民意中被遗漏的那部分。

民意打捞不充分的必然结果就是呈现不全面。呈现不全面的原因一方面是因为唤醒和倾听民意本身就不充分，真实的民意无法全面呈现；另一方面是因为打捞上来的民意未能向上反映，或者未能公开报道。

政府部门派工作人员调研获得的民意信息有时并非如实向上呈现，使得决策者所获信息不够完整和全面。在传统的领导信息结构中，基层政府逐级上报是上级政府部门获知基层民意的重要渠道。一旦基层政府对一些民意信息不上报，信息通道受阻，决策者就无法获得充分的基层民意。这种"逐级向上级反映"的人际传播方式的弊病有四：信息损耗、信息失真、受人际关系影响太大、易致谗言传播。[①]基层民意尤其是不同意见就可能在这种"逐级向上级反映"中损耗和失真。

（2）影响力有限

民意支持或反对是影响公共政策走向的重要因素，它不仅关系到公共政策的进程，也关系到公共政策的方案选择。美国政治学家戴维·伊斯顿把系统理论引入政治学研究，提出了著名的政治系统理论。在他看来，政治系统是一个开放的系统，容易受到环境的影响。环境是由社会大系统中除政治系统以外的社会系统和自然系统。政治系统不断地与内部环境和外部环境发生交动（transaction），表现为政治系统的输入与输出。环境对政治系统的影响叫输入，政治系统有两个输入项，即需求和支持。作为输入项的需求和支持是政治系统压力的源泉，政治系统要正常运行就必须消除压力，这就是政

---

① 孙旭培：《当代中国新闻改革》，人民出版社 2004 年版，第 455—459 页。

策的制定和实行。需求是指个人或团体向政治系统提出的采取行动的主张，支持是指个人或团体对政府行动表示赞同。需求和支持输入政治系统之后，经过转换，输出公共政策，对社会作出权威性的价值分配。随着政策的输出和实施，政治系统又反馈于环境，可能产生新的需求，导致新的政策输出。

　　民意表达包含着需求和支持，它们成为影响公共政策制定和调整的外部环境的组成部分。这些需求和支持信息表达和呈现得充分，对制定公共政策的政治系统就会形成足够的压力，对政策进程和政策方案的影响可能就充分。如果这些需求和支持信息残缺不全，对政治系统的压力本身就不够，对公共政策的进程尤其对政策内容的影响就会大大削弱。即使决策者有意在设计政策方案时综合平衡各方民意主体的意见和建议，但由于在民意被"打捞"的过程中，"打捞"和呈现存在着渠道狭窄、方式单一、内容不全等局限，造成民意不充分、不完整，那些被忽略、被"屏蔽"的利益诉求无法被整合，难以对政策方案产生影响。

第五章　民意与公共政策互动的
新媒体路径

民意表达方式与传播媒介的发展息息相关，公众参与政策过程的方式和程度因媒介环境的变化而发生了根本变化。从 QQ、网络论坛、政府网站到微博、微信、手机客户端，无不活跃着网民身影，体现着网络民意，凝聚着网民智慧。

第一节　民意表达的新媒体平台

自 20 世纪 90 年代以来，公众的意见表达有了新的传播路径，民意与公共政策的互动从最初的人大、政协、信访等传统路径，逐步转向 QQ、网络论坛、政府网站、微博、微信、手机客户端等新媒体路径，释放出更多民意表达新空间，带来了更多民意表达新活力。

1. QQ 群：网络民意的孵化平台

网络民意是公众依托互联网技术，通过各种网络平台，针对社会热点事件或公共问题自由发表意见和建议来表达诉求和愿望，是现实生活中公众态度和意见在网络上的综合反映。在基于新媒体的民意表达路径中，QQ 一度成为最受中国网民欢迎且使用频繁的即时聊天工具，具有主体多元化、信息快捷化、语言平民化、关系复杂化等特点。对于QQ群而言，一般都内设有群信息、群公告、群空间、群共享等多种信息分享功能，并成为网民建立虚拟社交关系的重要渠道。随着自身使用功能的日益丰富，QQ群逐渐从聊天交友工具变成信息交流平台。

（1）群友身份同质聚合

QQ群不仅改变了人们的传统交往方式，而且还重构了新型的人际关系，"原来的人际关系主要以血缘、地缘为主，而随着互联网的出现，以兴趣爱好为基础搭建人际关系成为可能"[①]。人们基于共同的兴趣、爱好、目的和需求加入各种QQ群，比如同学群、亲友群、业主群、吃喝群等，甚至很多媒体、企业从业者基于工作需要也建立了自己的QQ群，每一位QQ群成员的身份都是大致明确的，因而每个人在QQ群中的意见表达都经过了一定程度上的审慎思考。

在虚拟的网络世界，QQ群里的群友基于共同的价值偏好而同质地聚合在一起，由于存有某些相同或者类似的特性，当有群友在QQ群里提出自己的意见和建议时，这些具有相同特性的QQ群友往往会及时跟进，在彼此的交流与互动中充分表达自己的意见。一般而言，QQ群友们享有平等的话语表达机会，共同的身份拉近了彼此之间的距离，因而共同话题较多，意见交流也较为频繁。从某种意义上讲，加入QQ群让每一位群内成员感觉到成了"有组织的人"，QQ群为那些拥有同质身份、职业、爱好的人提供线上和线下交流、互动、沟通的机会，有效地将群友实现聚合，并通过加入这种群体组织收获一种身份认同感和群体归属感。这种身份的同质与聚合反映了QQ群友之间共同的利益诉求，从而产生更加快捷、便利、高

---

① 周菁编著：《与民意面对面：网络问政新方向》，研究出版社2011年版，第13页。

效的沟通。

（2）话题讨论集中发酵

由于QQ群一般都是基于相同的兴趣或共同的利益而建立，因而群里讨论的话题往往比较集中，凡是加入同一个QQ群的群友，大多都有共同的话题。QQ群作为一种即时聊天平台，突破了地域局限，QQ群友们可以就某一公共话题进行深度讨论与交流，并以直截了当的方式进行互动与表达，从而实现信息的即时分享。每当重大事件发生，每项重大措施出台，群友们都满腔热情地将话题进行集中讨论发酵，特别是涉及群里成员共同利益的话题，讨论会更加集中而热烈，QQ群里的"意见领袖"也会以最快速度进行信息告知与动态分享，从而影响或左右其他群友的意见和态度。

（3）网络民意孵化成形

随着QQ群里的讨论持续推进，相对一致、趋同的意见会越来越多。这种相对一致的意见会吸引更多的群友支持，因而具备了群内成员的代表性意见的特征。在讨论和集中的过程中，虽然并非群内成员都表达了意见，活跃的意见主体总是一部分人（这与社群的现实表达是一致的），但由于这种意见表达和交流是公开进行的，每一种声音都有平等的表达机会，那些始终未能参与表达的意见只能沦为"沉没的声音"，经过充分交流的意见就被视为群体的意见。这种民意表达的方式常常只是就一些热点事件或热点话题各自发表意见和建议，并非形成集中统一的意见，但是，一旦遇到某个与群体成员的切身利益密切相关的事件（包括政策），群内成员的意见就会快速地聚合，并在交流中形成一波又一波的民意浪潮。

以武汉某小区拟建临终关怀医院引发抵制行动为例，可以看出QQ群在民意动员中的作用过程。2015年11月17日晚，武汉某小区的一位业主突然在QQ群（群名称为"邻里守望"）里发出一条来自政府官网的网址链接，内容是武汉市卫计委网站上发布的关于在该小区原售楼中心建立医疗机构设置的审批公示。这是一家带有老年康复性质的医院，有业主在 QQ 群里表示怀疑，认为它其实就是一家临终关怀医院，于是引起群内成员不安情绪蔓延。经过一番热烈的讨论，第二天有业主在 QQ 群里发了一封倡议书，动员业主集体向市领导表达诉求。业主在 QQ 群里表达意见一直持续，也有业主建议在临街居民楼外墙挂横幅以扩张声势。就是这个仅有 2000 多名核心业主的 QQ 群始终围绕反对临终关怀医院入驻小区的话题不断地孵化民意，通过发表言论、提出建议、动员行动等持续互动，从而影响了线下 2 万多名业主的意愿和态度，大家统一立场，形成一致的民意态度，先后采取多次组织上访、挂横幅、民主投票、散步游行等抗争形式，最终促使政府发文及时阻止了临终关怀医院入驻该小区，从而获得小区业主的维权胜利。QQ 群友通过这个便捷、开放、自由的信息发布平台，就某一公共话题发表评论、提供建议、表达观点，并在与其他群友的讨论与互动中达成共识，维护了自身的利益与诉求。

2. 网络论坛（BBS）：民意表达的开放场地

网络论坛（Bulletin Board System，BBS），是一种电子信息服务系统，它最初起源于美国，是以互联网作为媒介的公共讨论平台，对所有网民开放，早期用于信息技术交流，随后内容广泛涉及经济、政治、文化等各个领域。自 1994 年我国内地诞生网络论坛以来，"它已经是网络舆论生成的最重要的平台"①。

（1）"草根"民众匿名发声

网络论坛是一个属于"草根"的匿名且开放的平台，它没有身份、学历、性别、宗教、地域等门槛，也没有态度与立场的倾向限制，任何人都可以就

---

① 周菁编著：《与民意面对面：网络问政新方向》，研究出版社 2011 年版，第 6 页。

任何事情在任何时间与地点来发表意见。"草根"民众在网络上的匿名发声可以免除其对真实社会身份的顾虑，同时消除网民对表达意见后所产生风险的担忧，并在很大程度上激发了网民敢于表达真实意见的主动性和积极性，从而进一步扩大了网络民意的广泛性与真实性。

在国内，比较知名的网络论坛有百度贴吧、强国论坛、新浪社区、搜狐社区等。孙志刚事件、厦门PX事件等网络事件都是最初热议于网络论坛，继而引发社会的广泛关注。一般而言，大型的网络论坛每天都会产生海量的帖子，当一个话题经由网民点击浏览、回帖评论且达到一定数量后，会自动成为网络论坛首页中的内容，一些论坛管理员还会人为地将其设置成热门置顶话题。很多网民以"穿马甲"的方式藏匿真实的身份发表言论，网络论坛匿名发言的特质降低了普通网民政治参与的"门槛"，激发了网民的表达欲望，使得网民的民主权利诉求得以彰显，从而成为"草根"民众匿名发声的重要渠道。

（2）多元话题平等讨论

网络论坛"既是信息的发源地，也是民意的发泄场"[1]，是民意汇聚的重要舞台。人们对于一些社会公共事件表现出前所未有的积极性和参与热情，他们可以就某一个热点话题或焦点事件展开持续讨论、频繁对话、交换意见和沟通思想。比如，天涯社区是国内著名的网络论坛之一，关注话题十分广泛，其中"天涯杂谈"和"关天茶舍"两个版块经常探讨中国当下热门的公共事件。多元的话题讨论促使热心网民不停地进行观点表达和分享，共同享有相对公平的话语空间。人们根据自己的兴趣、需要、目标，选择论坛参与话题，对某种社会事件或社会现象发表看法，交换意见。在一些有影响力的

---

① 李永刚：《我们的防火墙：网络时代的表达和监管》，广西师范大学出版社2009年版，第48页。

论坛如人民网的"强国论坛"、中青在线的"中青论坛"、新华网的"发展论坛"上，一些重大的社会问题往往都能引起不同社会阶层的人们的关注，并形成极高的人气。这种高人气使得论坛成为民意的集散地。

即使是专门为某一类人群开设的论坛，其讨论的话题也广泛而多元。如业主论坛，最初由一些房地产网站或频道设立，目的在于吸引网民和促进楼盘销售。自业主论坛建立之后，其功能就不限于告知买卖房产及物业信息，更多地成了业主集体维权的组织渠道。比如，武汉搜房网中某小区业主论坛自该小区建成并投入使用以来至今已有近10年的时间，但是该业主论坛里的网帖依然保持频繁更新，累计访问人数已近193万人次，业主们积极地在其中制造、生成各种各样的话题来促进彼此间的讨论。其话题包括空闲车位或房屋出租、小区物业服务、附近商圈服务设施、小区业主的子女升学问题、业主维权行动和小区附近道路街区规划走向等。

（3）开放平台互动分享

网络论坛作为一个意见平台，具有开放、分享和互动等特点。有研究者根据网络论坛的性质将其划分为三类：一是时政性网络论坛，如人民网的"强国论坛"、新华网的"发展论坛"等，主要由政府下属的传媒机构主办，具有鲜明的政治性；二是商业性网络论坛，如网易论坛、搜狐论坛等，主要由商业门户网站主办，网民可以自由选择话题，设立讨论区；三是专业性网络论坛，如天涯论坛、西祠胡同、猫扑网以及各类高校网络论坛等，功能更加细分，话题更为集中。[①]网络论坛没有身份限制，任何人都可以在这里发表意见，参与交流，确保了意见主体的广泛性和多元性；网络论坛也没有观点指向的要求，只要确保在法律规范的范围之内，任何意见都可以得到表

---

① 李永刚：《我们的防火墙：网络时代的表达和监管》，广西师范大学出版社2009年版，第50页。

达。这种开放性使得更多元的意见都能在这里汇聚，真正成为"意见的自由市场"。从一定意义上讲，网络论坛的民意丰富性和多元性是现实民意丰富性和多元性的映射。

3. 政府网站："开门纳谏"的直通平台

在网络民意的表达过程中，政府网站一直都扮演着非常重要的角色。我国自 1999 年启动"政府上网工程"以来，政府网站在宣传政府形象、推动政务公开、加强行政监督、密切政府与群众联系等方面都发挥了积极作用。

（1）政务信息公开平台

早在 2007 年，我国就已颁布《中华人民共和国政府信息公开条例》，2019 年进行了修订。该条例明确提出政府信息公开的原则，"行政机关公开政府信息，应当坚持以公开为常态、不公开为例外，遵循公正、公平、合法、便民的原则"。要求"行政机关应当及时、准确地公开政府信息"。政府公开信息属主动公开，"对涉及公众利益调整、需要公众广泛知晓或者需要公众参与决策的政府信息，行政机关应当主动公开"。该条例规定了政府信息公开的渠道，"行政机关应当建立健全政府信息发布机制，将主动公开的政府信息通过政府公报、政府网站或者其他互联网政务媒体、新闻发布会以及报刊、广播、电视等途径予以公开"。特别指出要加强政务信息平台的建设，指出"各级人民政府应当加强政府信息资源的规范化、标准化、信息化管理，加强互联网政府信息公开平台建设，推进政府信息公开平台与政务服务平台融合，提高政府信息公开在线办理水平"。

（2）民意直通平台

政府网站不止于政务信息公开，还是汇聚和了解民意的直通渠道。无须从其他渠道搜寻，政府网站的网民发帖和留言、网民之间的交流，都直接在这里表达和呈现了民意。

网民选择在政府网站发言，是基于政府网站的直通功能，它可以直接到达政府部门而不必经过中转环节。网民在政府网站表达意见，有些是针对政府公开的政务信息，如公共政策、政府意图、未来规划等，有些是针对政府日常管理中存在的问题、个人和群体日常工作或生活中的遭遇等，也有的是政府部门就公共政策制定征集民意，无论类型如何，网民选择政府网站表达意见和建议，都是基于对政府网站可以实现民意直通的认知和期待。有了这些期待，政府网站才成为公众留言反映诉求和提出建议的常用通道。

作为普通民众掌握政府信息、获取政务服务的平台，任何网民都可以通过政府网站获取信息、发表观点，政府网站以其权威性成为有效引导网络舆情的重要渠道。当前，我国绝大多数地方政府都建立了门户网站，有些还建立了专门的政务网站，比如中国电子政务网、楚天廉政网等。在这些政府网站中，领导信箱、意见咨询、民生问答等栏目都是政府借助其官方网站而开设的专门的民意收集渠道。比如，在每年的全国两会期间，一些政府网站都会推出"我有问题问……"的专栏，普通百姓可以就各类事关其日常生活的公共议题向政府提出问题和建议。

（3）官民沟通路径

作为政府了解民意、公民建言献策的路径，政府网站在获取特定的信息资源、直接受理民意诉求等方面，具有其他门户网站无法比拟的优势。由于政府网站掌握了丰富的政府信息资源，可以在第一时间了解民意诉求，对于公众反映的问题苗头或事件线索，可以调用强大的行政资源，迅速作出积极回应。比如作为人民日报网络载体的人民网，自创办以来，从"有话网上说"到"地方领导留言板"，再到影响力巨大的"强国论坛"，已经成为官民沟通的重要路径。

每年全国两会期间，一些大型政府网站都会进行网络民意调查。有些是网站拟定的选题让网民根据关注的程度投票排序，有些则是网民自行提交的选题。网站将一些网民关心程度较高的选题进行汇总和梳理，据此可以判断网络民意的态势，再将这些选题交由记者分头采访政府官员和两会代表，通过报道有效地回应了公众的诉求，成功地搭建了官民沟通的有效路径。

4. 微博：畅所欲言的"民意集散地"

2010 年被称为"微博元年"。微博（Micro Blog）作为一种新兴的新媒体平台，主要基于用户之间的关系进行信息发布、分享传播以及社交服务，一经推向市场便很快受到社会各界的广泛欢迎和关注。微博用户既可以通过微博进行信息浏览、文章转载、事件评论，也可以通过微博发布文字、照片、声音、音频、视频等，还可以通过 Web、WAP 以及各种客户端组建个人社区，实现信息的即时更新与互动分享。

（1）海量话题的"零门槛"分享

有研究者指出，微博对当下社会的影响主要集中在"让新闻资讯传播更加便捷""最直接展示个人意见的平台""能推动公益事业的发展""对政府政务透明起到推动作用"等方面。[①] 微博的前身是美国的 Twitter。随着 Twitter 网站的大受欢迎，国内的微型博客也应声而起，比较有名的有新浪微博、Follow5、随心微博等。作为公开的"信息广场"和不间断的"新闻发布台"，微博实现了 Web 页面、手机、IM 接收和发送信息的全方位通讯，成为最接近大众传媒属性的社交媒体。

---

① 《2014 年中国社交类应用用户行为研究报告》，2014 年 8 月 28 日，见 http://www.cac.gov.cn/2014–08/28/c_1112260240.htm。

随着微博逐渐进入大众视野，已然成为新闻来源的重要渠道。许多重要的新闻报道源于微博中或简略或详细的信息披露。个人见闻、个人遭遇、个人感慨等都可以引起广泛关注，进而成为一篇重要新闻报道的源头。微博的突出特点是快速传播，因其快而对网民具有极强的感召力和煽动力，人们随时随地可以针对一句话、一个人、一个话题、一个事件进行评论、转载，并通过微博发布自己的所见所闻和所思所感，微博凭借信息发布的即时性、进入条件的无门槛和传播内容的碎片化，在全世界范围内掀起一场"140个字"的信息传播革命。网民只需关注任何一位微博用户，订阅自己需要的信息内容，通过阅读、转发和评论即就可以实现信息交互和二次传播，从而实现海量信息的"零门槛"分享。

（2）"碎片"民意的快速表达

140字的微博让其内容具有碎片化的特点，一些擅长于长篇大论表达观点的人可能觉得受限太多，但更多的人却感受到它的"低门槛"带来的极大便利。无须旁征博引，无须条分缕析，无须逻辑严密，只要核心内容完整清晰就可独立成文。这种碎片化的信息可能无法反映其所处背景的面上特征，却可反映出它在某些时间或空间上的"点"的状态。就意见表达而言，140个字已能较为充分地表达完整的意见。

在微博上，每一个用户都在制造碎片化的民意。一般而言，人们只需通过注册微博账号就可以在微博平台上发布消息，凭借简短的语言、便捷的操作、敏感的话题、独特的评论在短时间内记录自身经历与发表个人看法，无须经过长篇文字的结构推敲，碎片化表达就是意见主体的直抒胸臆，快速表达。一些热点事件和热门话题，很快就可以通过微博汇聚民意。

（3）畅所欲言的"民意集散地"

微博是一个开放的系统，这种开放促使微博上的网络民意呈现出一种异质性特点。信息在微博平台流动时，网络用户快速地形成对该信息的补充、对抗、辨识等其他信息，这样一个系统给信息的真伪鉴别、价值判断、筛选过滤以及自我纠正带来了可能。微博是一个小世界，尽管微博用户并没有覆盖所有社会群体，但是其覆盖面已经很广。人们在微博中的自我记录、情绪抒发、意见表达，都是社会生活状态的一种"传感"。微博创造了一种新型的民意表达和沟通模式，赋予了公众前所未有的话语权利空间，让公众所积蓄的巨大的表达能量有了一个迸发口。微博中的意见表达有两种方式。一种是博主直接发表意见，就某一事实表达自己的态度，意见信息是微博的主要内容；另一种是微博评论区的意见表达，主要是微博用户对微博内容的评价。

5. 微信（公众号）："私人订制"的微言传播平台

《我们即媒介》的作者丹·吉默尔曾说，"我的读者可能没有报纸那么多，但我能听到自己的读者说了什么。"[①] 这段表述用在微信这种社会化媒体应用软件上似乎恰到好处。2012年8月，微信通过新增"微信公众平台"功能模块，每天可以向用户发送一条群发消息，且个人和机构均可通过群发文字、图片、语音进行全方位的沟通与互动，积极打造微言传播平台。

（1）精准对接民意源头

微信是腾讯公司推出的一款社会化媒体产品，可以跨手机系统平台进行文字、图片、语音、视频等各种信息的即时传播与发送。作为一个移动社交平台，微信的一个重要特点是实现线上与线下的连接。无论是人与内容、人与服务还是人与物的连接，都是以人与人的连接为基础的，微信就是在人、设备、服务之间形成有效的智能连接，它正是用三个不同层级的传播，

① 周图伽：《自媒体时代的"自"传播特质研究》，《魅力中国》2011年第7期。

连接了移动空间中的人，这也就为它实现连接一切的目标提供了基础。[①]

2013 年年初，一篇发表在《人民日报》上的文章认为："微信推动政务信息发布渠道的多样化。在可预见的新的一年中，微信也会成为政务信息发布的重要平台。"[②] 微信用户作为民意主体能够直接表达意见，主要向一些开设了微信公众平台的政府部门表达自己的诉求，国内的政务微信公众平台在政务服务和精准传播方面具有广阔的应用前景。比如 2013 年，佛山市卫生局精准对接民意，创新服务理念，满足民众的日常就医需求，在全国首个实现微信预约挂号的政务微信公众号"健康佛山"。目前该微信公众号订阅用户均可通过"健康佛山"对市内十多家医院进行预约挂号，并且每一个微信公众号订阅用户还可绑定多个佛山健康卡号，比如可绑定父母、配偶、子女等健康卡号，从而进一步方便全家老小的看病需求。类似这种政务微信公众平台为民众带来便民化和社会化服务，实现了相对精准地对接民意，更好地为民众提供服务，同时也收获了民众的一致好评。

（2）"闭环传播"的民意"链条"

人民网舆情监测室曾在《2012 年中国互联网舆情分析报告》中对 2013 年的网络舆情作出了"微信等移动社交进入井喷式发展，在突发公共事件与热点话题中将显示力量"的预期。经过五年的发展，这个预期已经成为现实。《2017 年中国互联网舆情分析报告》指出，"互联网给越来越多的中国人带来知情和表达的便利，当下的舆论热点被形象地描绘为手机'刷屏'。依托于移动互联的信息分享和意见交流，如'两微一端'（微博、微信、新闻客户端），越来越多地成为社会舆论发源地和发酵平台。"[③]

---

① 彭兰：《社会化媒体：理论与实践解析》，中国人民大学出版社 2015 年版，第 283 页。
② 刘鹏飞、卢永春：《政务微信：互联时代网络问政新利器》，2013 年 5 月 29 日，见 http://gd.QQ.com/a/20140709/016745_all.html。
③ 祝华新：《人民网舆情分析师连续第 11 年发布网络舆论报告》，2018 年 1 月 4 日，见 http://qh.people.com.cn/n2/2018/0104/c382226-31105068.html。

微信实行的是一种实名化的熟人社交，使信息传播呈现闭合状态，因而成为闭合式、圈子化熟人社交代表。微信（公众号）上的话题发布主要是一种闭合式的话题呈现，比如微信个人账号的话题发布只能在互为好友之间可见；微信公众号（订阅号和服务号）也只能是微信公号订阅者才可见。相较于微博的"核裂变"式传播，微信的闭环结构以及温和的传播特性获得网民们的青睐，双向对等的传受关系确保了彼此之间的互动畅通。微信将"添加好友，实时交流"作为标签，双方需要彼此关注，才能互相发布信息。这种"非好友无法彼此可见"的闭环传播模式，无形中抬高了交友门槛。微信用户的好友添加一般主要通过手机通讯录、QQ好友、互相推送个人名片等方式，因而成为当下国内最严密的实名认证平台，微信中的好友之间始终处于相互熟识且私密友好的交流状态，真正实现了民意链条"闭环式传播"的内生循环。

（3）微信问政的"强关系"效应

作为一种以关系为核心的高度私密性社交工具，微信公众平台在产品功能设计中注重"强关系链"的温和打造。人们通过一对一和个性化交流使传受双方呈现出一种双向互动的强社交关系，使公众与政府由非直接对话发展成为直接对话，有效实现了社会治理创新。与微博相比，微信更多体现的是一种"强关系"，微信问政也遵循着"强关系"效应。微信问政是一种"多对一"的双向传播模式，多个微信用户对接和关联政府部门所开设的微信公众平台，微信用户与微信公众平台终端的互动通常是一种相对封闭、隐私的状态，且信息传播的开放性比较弱。微信作为"后微博时代"的改良应用终端，具有相对私密性的特征。在自媒体时代，微信问政的主体是党政机构和民众，它以微信公众平台为渠道，以开通政务微信为抓手，以即时互动的形式来缩小政民意见鸿沟，因而成为微信用户手中比较有价值的沟通工具。特别是政务微信公众平台通常都有开通用户评论功能，每一条意见不仅可以直接到达政府部门，而且意见主体的个人信息被平台知晓，因而有助于实现知己知彼的意见交流与沟通。

6. 手机客户端（APP）：移动分享的融合媒体平台

随着智能手机的日益普及、个人电脑的小型化以及便携式无线网络的发展和成熟，手机客户端成为移动新媒体的重要表现形式之一。手机客户端，又称手机APP，它是一种为手机用户提供各类实时、持续、全方位信息的应用软件，具有整合文字、图片、音频、视频的强大功能，成为移动互联网时代特有的媒介形式。国内手机客户端应用起步略晚，但是发展十分迅速，随着第三代移动通信技术的普及与运用，智能手机中的移动客户端的使用也变得愈加频繁。

（1）指尖上的民意表达

随着移动网络时代的到来，手机越来越成为人们不可或缺的移动的"指尖上的媒体"，人们借助手机客户端可以进行个性化阅读、获取有用信息和进行意见表达。2014年8月18日，中央全面深化改革领导小组通过了《关于推动传统媒体和新兴媒体融合发展的指导意见》，强调要加强和促进传统媒体和新媒体的融合，打造一批新型主流媒体，建成几家拥有强大实力和传播力、公信力、影响力的新型媒体集团，形成立体多样、融合发展的现代传播体系。在这一政策的号召下，国内的主流党报，比如《人民日报》、新华社等都推出了自己的手机客户端。

目前，党报手机客户端已然成为传统纸媒党报的"标配"，例如《湖北日报》手机客户端打破了传统的硬性传播模式，注重手机用户的阅读体验，用户在阅读信息过程中可以看到新闻下方的用户评论或回复，同时自己也可以就所看到的新闻内容进行留言或评论，从而真正做到通过"指尖"来表达民意。任何一位手机用户都可以借助手机客户端进行线上留言、点赞及评论，随时随地发布意见和表达想法，并将线上与线下的民意讨论进行有机结合，从而进一步拓展民意表达空间。由于其即时性特点，人们可以很通畅地实现"想到就说、想起再说"，民意表达及时而充分，人们只要有任何意见或建议，都可以通过指尖即时表达。从目前的发展趋势来看，手机客户端将媒体运营者与用户连接起来，省去了烦琐的中间环节，大大降低了传播成本，从而实现了用户量的最大化。

近年来，手机客户端发展十分迅猛，无论是传统媒体还是新兴媒体都纷纷推出各自的手机客户端产品。手机客户端不再是模式化、单向化的信息产品，而成为一个社会化的信息分享和交流工具，拉近人与人之间的距离，提升人们的生活品质，推动关系型社会的变革。

（3）"信息孤岛"的独特现象

手机客户端日益成为人们参与政治、抒发情感和表明立场的移动平台，手机充当了"无线麦克风"，民众可以真正实现"无处不参与、无时不表达"。在新媒体语境下，手机客户端借助技术的信息整合、个性定制、互动体验以及社交场景吸引了大量受众，改变了传受双方的地位与角色，使传受关系变得更加复杂化和多元化。当前，大多数手机客户端从内容到形式多是对传统门户网站的简单复制或粘贴，所发布的信息点击浏览率不高，造成了某种程度上的资源闲置或者浪费，呈现一种"信息孤岛"的独特现象。

第二节　主动性与充分性：民意的自由释放与多元化表达

民意表达是指公民个人或社会群体经由一定的渠道和路径，向公共权力机构以及社会系统阐述自己的利益诉求、表达自己的意见和态度，以满足其自身利益需求或实现其利益目标的行为。^①互联网的出现和普及减弱了民众对言论表达的顾虑，淡化了发言者的身份，提升了公共议题的广泛性，扩大了获取信息的自由度。在移动社交媒体时代，公众轻易可以在 QQ、BBS 论坛、政府网站、微博、微信、手机客户端等新媒体平台上发表观点和表达思想，这种低门槛、低成本的传播特质激发了公民更多的政治参与行为。

1. 新媒介赋权下的民意表达

随着信息时代的到来，越来越多的学者认为，互联网能够对民众进行赋权，并扩大他们的政治参与。赋权理论最早是由美国学者巴巴拉·所罗门于 20 世纪 70 年代提出的，其研究的问题是美国的种族歧视问题，关注的对象是那些失权的个人和群体，目的是协助受社会歧视的弱势群体对抗不公平待遇，增加其权利和能力。赋权理论提出之后受到学术界的广泛关注，许多学者加入其中。赋权理论将赋权分为三个层次：个人层面、人际关系层面和社会参与层面的赋权。师曾志、杨睿提出了"新媒介赋权"的概念，认为"新媒介赋权是传播与权力博弈的过程，强调多元主体在传播中产生、实现或消解、丧失其统治与支配的能力"^②。从本质上来看，新媒介赋权是一种技术赋权。在全民移动互联网时代，民众在新媒介赋权下主动借助网络论坛、门户网站、微博、微信等新媒体平台，对公共热点问题主动进行观点的表达与分享，同时聚合相同的利益诉求，形成政府所重视的网络民意。

（1）网络民意的自发萌生

在当今的网络环境下，网络民意在新媒介技术的推动下自发萌生。"公

---

① 罗依平：《地方政府公共政策制定中的民意表达问题研究》，《政治学研究》2012 年第 3 期。
② 师曾志、杨睿：《新媒介赋权下的情感话语实践与互联网治理——以"马航失联事件"引发的恐惧奇观为例》，《探索与争鸣》2015 年第 1 期。

民意识的萌发是建立在对臣民意识的批判反思之上，是对奴仆臣民及其义务客体的否定，是对人的自主性和权利义务的肯定。"[1] 网络表达的主动性与自由性带给人们前所未有的表达与体验，同时还带有一种被束缚过久而重获自由的欢快、冲动和盲目，这种主动式、自发式的网络意见表达具有双向互动性不够、时间缺乏延续性、言论非理性等特点。

这种自发式的网络意见一般始于人们的最初感觉，不管这种感觉是否与事实相符，一旦经由感觉所带来的情绪冲动，再加上网络表达的自由就可能陷入不负责任的表达狂欢。但是，这种自发萌生的意见表达经由时间的延续，经由感性到理性的沉淀和反思，最初的情绪宣泄会逐渐被冷静的思考和理性的表达所替代。尽管还无法做到所有的意见表达都是深入的思考、深刻的洞见，但其中饱含思想与智慧的意见和建议不可忽视。即使是情绪化的意见，往往也呈现了一种看问题的视角，表达了一种不可忽视的民意。

（2）网络民意的自由释放

"网络空间的秩序，应是一种投射、重构与超越，不是对个体自由活力的否定，而是充分保证并有组织地引导每一个体的自由活力、自由意识，在此基础上上升为群体活力。"[2] 作为一种真实民意的重要组成部分，网络民意不仅是公民话语权的一种表达形态，而且还是政府公共决策的重要基础，且有效弥补了传统媒体反映民意的狭窄与局限，网络民意自由而充分的表达使得网络充当了公共政策的"民间智库"。

目前，政府打造官方微博、官方微信公众平台、官方手机客户端等多种新媒体平台，积极拓宽民意的表达路径，调整话语权利的资源配置，为普通民众提供与时俱进的民意通道。民众通过新媒体平台对感兴趣的话题进行

---

① 伍华军、周叶中：《我国公民意识及其培植研究》，武汉大学出版社 2014 年版，第 103 页。

② 张果、董慧：《自由的整合，现实的重构——网络空间中的秩序与活力探究》，《自然辩证法研究》2009 年第 11 期。

讨论，并发表意见，政府可以借此平台对网络民意有一个多元、立体、全面的了解、把握与回应。与传统的民意表达渠道相比，网络民意带有比较强的随意性，且缺少话语责任的约束。当长期被压抑的民众在一夜之间掌握了自媒体和新媒体来宣泄和表达，加之社会转型中诸多社会矛盾和问题的"助燃"，我国舆论中"众声喧哗"的程度和威力自然会异常猛烈，其非理性程度必然很高。[①]这样一来，民众关注哪些话题、是否参与讨论、是否表达意见、意见表达是否真实、网络民意是否严谨、是否代表真正民意，等等，都会招致来自各方的质疑。然而，对于网络民意的自由释放，不应过多地看重其非理性而忽视其主动并充分地呈现真实民意的价值。正是因为渠道和平台的丰富性，为民意表达解除了重重限制，让真实的民意有了充分释放的机会。无论这些意见和建议是否合理，只有充分释放和呈现，才能让决策者充分获悉人们有哪些真实想法。即使有些意见出现情绪化的表达倾向，但也是公众对待问题的一种态度和意见，也应是决策者全面考量民意的重要依据，它比那种沉没的民意重要得多。正是这种自由释放的民意，才显示出多元而丰富的民意呈现的独特价值。

（3）网络民意的自我立场

新媒介赋权下的民意表达具有自由自主的特点，每个人的表达往往都是基于自我立场而进行预设。虽然其中也不乏从公共利益出发而对公共话题表达意见，但对公共利益的考量往往也会源自于对自身利益的审视。如果个人利益与公共利益相一致，其对公共利益的维护就是对个人利益的争取。如果个人利益与公共利益不相一致甚至冲突，个人利益诉求的表达就有些怀揣"一己之利"之嫌。其实，这种状况是民意表达的真实状态，每个人先是争取和维护个人利益，然后站在公共利益的角度再审视个人利益的正当性。公

---

① 王石泉：《信息时代的民意表达、甄别与吸纳》，上海人民出版社 2015 年版，第 25 页。

共利益在一定意义上说就是个人利益的最大公约数，它本身就是基于个人的正当利益诉求。由此可见，公众基于自我立场的意见表达往往就是真实诉求的自然呈现。

新媒体搭建的意见平台是一个开放、互动的平台，不同意见在新媒体平台汇聚，意味着各种基于自我立场的意见同场交流、相互碰撞，各类意见主体都会在交流和碰撞中进行自我审视、自我调整和自我修正，进而在重新表达诉求时既考虑自我也不限于自我，并寻求更高的站位和更广阔的视野。

2. 智能媒体时代呼唤多元民意表达

智能移动终端为多媒体的互嵌和融合提供了平台，其自由化的传播环境与多样化的传播环境与多样化的传播工具，为不同利益主体参与博弈提供了条件。彭兰认为，数字技术推动下的信息传播趋势主要包括七个方面，即从专业传播到全民参与、从固定传播到移动传播、从内容为王到关系为王、从"大众门户"到"个人门户"、从机械传输到智能处理、从信息互联到万物联网、从数字媒体到数字社会等。[①] 通过智能移动平台，网络民意在自我过滤与净化中从非理性向理性转化，形成积聚而多元的自主表达。

（1）新媒介技术形塑舆论空间

《2017 年中国互联网舆论分析报告》指出，2017 年舆论场板块发生了深刻的结构性变化，新闻媒体和"意见人士"对舆论场的影响力减弱，普通百姓的表达机会增长，舆论场的话语权趋于均等化；政府加大议程设置，在重要节点成为舆论场主角，获得了压倒性的舆论影响。随着中国走向世界，网民"大国心态"逐渐成型，爱国热情进一步凝聚。[②] 网络民意以互联网为技

---

① 彭兰：《数字技术推动下的信息传播趋势》，《军事记者》2011 年第 4 期。
② 祝华新：《人民网舆情分析师连续第 11 年发布网络舆论报告》，见 http://qh.people.com.cn/n2/2018/0104/c382226-31105068.html，2018-01-04。

术载体，以网民为主要表达主体，以公共事务为主要关注对象，其本质主要体现为现实民意在网络空间中的投射和反映。加拿大传播学家麦克卢汉曾预言，"电子媒介使信息传播瞬息万里，地球上的重大事件借助电子传媒已实现了同步化，空间距离和时间差异不复存在，整个地球在时空范围内已缩小为弹丸之地"[①]。虽然他提出的技术决定论在学界存在很大的争议，但是他对电子时代的"地球村"的想象和预言却变成了现实。谈及网络的两面性，弗里德曼曾有一段精辟描述："让我们彼此团结的新技术也使我们相互分离，让我们能以前所未有的方式联系在一起的新技术，也让我们以前所未有的方式相互干扰。"[②]

当前，新媒体对执政者的行为模式、反应机制、公众舆论的功能及社会变革的影响日益凸显。伴随各种新型网络载体的出现，网络早已超越单纯的技术范围而波及社会生活的方方面面。"网络空间与现实空间的转换给转型期我国社会带来的风险主要在两个方面：一是网络空间力量激化现实空间中矛盾的风险，二是现实空间中的问题向网络空间转移的风险。"[③]新媒介环境下的民意表达在公众与政府之间架起一座桥梁，积极形塑网络舆论空间，政府在作出决策之前通过全面搜集，充分了解和掌握社会各个阶层的观点和意见，避免了因民意信息不全所导致的决策失误、结果片面等不良后果，普通民众则能在第一时间充分了解政府的决策进展过程，从而更好地指导自己的日常生活实践。

（2）多元化诉求催生网络民主

在《布莱克维尔政治学百科全书》中，政治参与就是"参与制定、通过

---

① ［加］马歇尔·麦克卢汉：《理解媒介——论人的延伸》，何道宽译，商务印书馆 2000 年版，第 2 页。

② 转引自周菁编著：《与民意面对面：网络问政新方向》，研究出版社 2011 年版，第 14 页。

③ 阙天舒：《在虚拟与现实之间——论网络空间公共风险的消解与控制》，《天津行政学院学报》2014 年第 5 期。

或贯彻公共政策的行动。这一广泛定义适用于从事这类行动的任何人，无论他是当选的政治家、政府官员或者普通公民，只要他是在政治制度内以任何方式参加政策的形成过程。"① 民众政治参与程度的提高，是政治民主化不断推进的重要体现，而民众的政治参与程度的提高主要体现为多元意见自由而充分地表达。在传统的民意表达基础上，新媒体构建了政府与普通民众的互动关系和互动空间，政府官员可以借助互联网进一步透明行政事务，接受群众监督，进而了解民意、收集民智；普通民众则可以借助互联网来参与管理国家社会事务，这种参与主要表现为对公共事务发表意见和建议。

网络意见表达主体的广泛性、丰富性决定了网民诉求的多元化，基于利益诉求多元化的意见表达也就必然呈现多元化的声音。多元声音的自由而充分的表达，是民主的重要内涵和重要体现，也是民主制度发展的重要前提。与传统媒体不同，网络空间并不强求一种声音，而是鼓励多元化的意见表达。多元化利益诉求的充分表达不仅催生了网络民主，还为公民政治参与的发展提供了机遇和条件。

马克思说："人们奋斗所争取的一切，都同他们的利益有关。"② 在现实社会中，人们面对各种困难和问题时往往会产生心理失衡，出现诸如紧张、焦虑、不满等负面情绪，甚至会将这种情绪转化成有潜在伤害力的现实行动，而网络空间正好为普通大众提供了发泄情绪的"出口"。网民的这种情绪化、非理性表达如果失度，就可能滋生许多虚假信息，甚至产生网络暴力，从而降低民意表达质量，同时给决策者判断民意造成一定障碍。然而，网络是一个信息呈现平台，也是信息整合平台。每一个意见主体都带有所属阶层的特点，所表达的意见也多少具有所属阶层的利益指向，同时也更多地

---

① ［英］戴维·米勒等：《布莱尔政治学百科全书》，邓正来译，中国政法大学出版社 1992 年版，第 564 页。

② 《马克思恩格斯全集》第 1 卷，人民出版社 1956 年版，第 82 页。

具有个人利益的色彩，多阶层主体的多元化诉求经过整合逐渐使网络民意走向理性，并向公共性回归。就普通网民而言，在经过网络发展初期的情绪化、非理性表达阶段之后，会越来越理性地发表自己的意见诉求，参与讨论的网民数量的增加使得理性表达占据上风，意见的理性表达提高了意见的针对性和建议的合理性。

第三节　互动性与公共性：主体的理性对话与个性化突破

长期以来，学术界将政府界定为政策主体，而民众一直被当作政策客体，即政策接受的对象。实际上，作为公共政策的接受者，民众也不是单纯的客体，他们有接受与拒绝、主动接受与被动接受、照单全收与变通应对的选择权利，因而民众不应被视为纯粹的政策客体，而应被当作政策接受主体。同为政策主体，理应平等对话。

1. 政策主体的传统认知

作为政策主体的政府对于普通民众在政策过程中的角色定位及其身份行为一直存在不同程度的偏见，具体表现为"乌合之众"的刻板印象、"狭隘利己"的话语表达和"众声喧哗"的民意噪音。

（1）"乌合之众"的刻板印象

互联网作为一种新兴的传播途径，为公民政治参与提供了话语表达机会，还成为公众表达自我意愿、体现自我个性的展示平台，承担着反映社情民意、聚合民意诉求、开展社会监督、推进社会沟通的重要职责。网络上的民意表达，既有来自基层群众的真实声音，也有来自社会精英的理性思辨，有盲目跟从，也有故意起哄。与现实社会的个体表达一样，网络中的个体表达具有典型的群体行为心理。法国心理学家古斯塔夫·勒庞曾在《乌合之众》中认为，群体只知道简单而极端的感情；提供给他们的各种意见、想法和信念，他们或者全盘接受，或者一概拒绝；将其视为绝对真理或绝对谬论。[①] 这种群体心理和行为特征也使得网络群体极化现象常常存在。随着网络民意的聚合式爆发，网民的非理性和情绪化表达有时显得非常激烈，网络暴力事件时常发生。然而，如果由此而给网民贴上"乌合之众"的标签，显然过于轻率。我们也时常看到网络平台的意见表达有理有节，条分缕析，张弛有度，直指问题实质。比如，2017年"辱母杀人案"的审判过程中，网络民意呈现了从情绪宣泄到理性表达的变化，与司法公正形成了良性互动。更重要的是，在大量的网民队伍中还有一群有知识、有文化的社会精英，他们的网络言论对于整合和引导网民的意见表达发挥着重要的"意见领袖"作用，如果笼统地将"乌合之众"的标签贴在网民身上难免过于武断。

（2）"狭隘利己"的话语表达

在传统的社会管理中，自上而下的管理模式和管理思维限制了公众的参与机会，加上民意表达渠道不通畅，限制了民意表达的意愿与需求。互联网技术的迅速发展，电子化、数字化和信息化已经成为人们日常生活的一部分，信息的共享、传播与运用变得更加快捷、方便，加上社会治理理念的提出，民意的表达日渐活跃，网络信息传播的交互性和自由性进一步拓宽了民意表达的广度和深度。由于网民的意见表达较多地站在个人的立场、个人的利益，缺乏全局的视野和公共利益的高度，因而常常被认为是"狭隘利己"的话语表达。其实，利己与狭隘并非可以画等号。从利己的角度出发思考问

---

① ［法］古斯塔夫·勒庞：《乌合之众：大众心理研究》，冯克利译，中央编译出版社2014年版，第10—11页。

题和表达诉求，也可以与公共利益相一致，即使不完全一致，也可以让决策者确定公共利益时尽可能考虑不同的诉求。如果轻易地给网民的意见表达打上"狭隘利己"的标签，就可能对正常的网络民意持排斥态度。

（3）"众声喧哗"的民意噪音

中国古代的封建统治者深谙"防民之口，甚于防川"的道理，一旦舆论的洪流形成，就会声势浩大、势如破竹、摧枯拉朽、势不可当。[①] 在虚拟的网络空间，信息发布和意见表达获得前所未有的自由，其结果是信息来源、信息内容、意见指向多元化，呈现"众声喧哗"的局面。相对于"众口一词"，"众声喧哗"无疑增加了分析判断和管理的难度，它需要决策者既要有倾听不同意见的胸怀，又要有分析和处理多元声音的智慧。如果把多种不同声音视为"众声喧哗"，进而把"众声喧哗"当作民意噪音，显然是一种偷懒的思维和做法，因为一旦将其贴上"噪音"的标签就可以忽视、拒绝倾听和接受。其实，"众声喧哗"正是民意表达的真实状态，不同的群体和个体、不同的站位和视角，对同一目标对象的认识会有不同，如果能让不同的意见主体充分而自由地表达意见，必然会是"异见纷呈"的局面。更何况这种经过"众声喧哗"之后的民意交流、碰撞、整合，重新确定的公共利益就可能赢得更高层次的意见趋同。

2. 民意主体的观念转向

伴随着政治参与空间的增长和参与效能的提高，民意主体也在不断成长，其自我角色的认知也会出现很大的变化。"民意是社会环境的产物，在不同土壤环境中的民意表达各不相同。影响民意表达的因素很多，主要有历史文化传统、国家组织形态、社会运行模式、国民的素质心理、社会进步的

---

① 王石泉：《信息时代的民意表达、甄别与吸纳》，上海人民出版社 2015 年版，第 47 页。

水平等。通过改变这些影响民意表达因素，会改善社会环境，可以极大地完善民意表达，解放生产力。"①

（1）理性对话

作为民意表达主体，网民的意见表达有一个从非理性到理性的转变过程。我们时常看到在一些公共事件发生后，网民的表达带有明显的情绪化，但随着事件的持续推进和网民间意见的碰撞和交流，一些理性的声音往往发挥着舆论引导的作用，网民之间的讨论会越来越理性，情绪的宣泄会越来越少，建设性的意见会越来越多。

网民意见表达的非理性既源于对事实的不了解，比如信息未充分公开造成公众不了解真相，政策内容阐释不清晰导致公众误读，也源于事实所暴露的问题激发了公众敏感的神经，如一些案件处理不当引发公众对于社会不公的厌恶情绪的共鸣。随着政府对事件处置趋于公开，有效回应了社会期待，理性的声音就会越来越多，形成与官方意见的良性互动。同样，随着政务信息公开越来越充分，越来越多地打开了公众的疑问，情绪化的表达也会越来越少，理性的意见和建议会越来越多。

网民的意见表达方式也与自我角色认知相一致。当网民仅仅把意见表达当作个人情绪宣泄的方式时，也意味着其对自身作为民意主体的角色认知不足，没有意识到非理性的情绪化表达无助于问题的解决和诉求的达成。而当网民逐渐认识到作为民意主体的个人意见对于决策者准确判断民意、确定公共利益、制定政策方案都至关重要，就可能慎重地对待每一次意见表达的机会，每一次意见表达都是深思熟虑的结果，都会以理性的方式准确表达。

基于新媒体的意见表达不只是观点陈列，更是意见的交流和沟通。每一位网民的意见表达并非满足于单纯的呈现，而是对参与交流和对话充满期

---

① 王石泉：《信息时代的民意表达、甄别与吸纳》，上海人民出版社 2015 年版，第 28 页。

待。对话的前提是理性表达，唯有理性才能赢得尊重和理解，才能形成良好的对话关系。这种对话不仅是网民与作为决策者的政府之间，也是网民与网民之间，理性对话可以让每一种意见都可以得到更进一步的阐释，如果这种阐释是合理的，就能赢得更多的理解和尊重。随着人们政治参与意识的增强和参与实践的增多，越来越多的实践表明，网络民意的表达越来越充满理性。前面提及的武汉某小区拟建临终关怀医院引发抵制行动中，虽然有业主在QQ群里表达了情绪化的意见，甚至号召业主以街头游行堵路的方式进行抗议，但有其他业主进行劝阻，并阐明理性表达意见和理性采取行动的理由，立刻得到多数业主的响应，交流和对话一直以理性的方式进行。

（2）个性突破

网络表达具有明显个性化的色彩，因为自主表达而少有限制，个性化色彩较浓。比如所持立场、看问题的视角、意见表达的方式等，都可能固守意见主体的个性。正是这种多样化的个性表达，使得网络民意的表达呈现丰富多彩的格局，还原了现实民意表达的真实景象。

基于新媒体的民意表达路径有很多，各种路径和平台形式各异，表达方式也各不相同。三言两语的表达简洁明了，或直截了当、言简意赅，或含蓄幽默、含义深刻，或条分缕析、娓娓道来，或讽刺辛辣、直击要害。有时一句成语或俗语，有时一两句话，有时只有一两个表情，还有独立成篇的文章，都可以表达一种意见、表明一种态度。这些体现表达者个性特点的意见有些视角独到，开启了另一种关注问题的思维之窗，有些层次分明，挖掘了问题分析的深度，即使一些意见不甚科学，也体现了表达者的心理状态和对问题认识的状况。

越来越多的案例表明，网民的意见表达随着意见交流的频繁性增加，个人视角在逐渐减少，公共视角在逐渐增多，纯粹追求个性化的表达也相应地在减少，基于对话和交流而增强共识的意见表达在增加。从一定意义上讲，分散、零碎、异质的网络民意之所以能够聚集，主要源于人们对共同话题的讨论和认可，普通民众因为共同的话题讨论积极参政议政，实现其在公共事务中的真正在场，一定数量的网民认同，往往成为网络民意形成和发展的前提。在虚拟的网络空间，网络民意以网民之间的互动认同为基础，互不相识的网民能够就某个具体社会问题交换观点、形成互动，是因为彼此都突破了纯粹的个人利益狭隘视角，朝着公共利益相向而行，个性化的表达也让位于普遍能接受的表达方式。

（3）协商共识

澳大利亚政治学家约翰·S. 德雷泽克曾提出"协商民主"的概念，并明确指出这一概念所强调的是公共领域中的话语参与。[①] 公众对公共事务的参与，最常规的方式就是表达自己的意见和建议。这种表达既有意见的独立表达，又有意见互动与交流。如果某一种意见能够引起讨论，不仅能够在协商中增加共识，而且这种讨论能够增加意见的影响，进而更有可能引起政府的关注，起到影响政府决策的作用。

协商民主以公民参与为主体，以公共利益为取向，通过对话和讨论等公共协商方式达成共识，从而赋予决策以正当性和合法性。协商民主理论认为公共决策必须经过公共协商，鼓励立法和决策的相关利益群体能够积极参与公共协商，在协商过程中公民提出各自的理由和观点，最后综合各种建议达成共同接受的政策。随着公众参与意识和参与能力的提高，意见表达过程中的协商对话环节越来越受到重视。在许多公共议题的网上讨论过程中，网民之间的对话不再是情绪宣泄的附和，更多的是理性商议的聚集，平等的多回合的交流与协商使得意见更趋于科学合理，更趋向于实现多元参与者的偏

---

① ［澳］约翰·S. 德雷泽克：《协商民主及其超越：自由与批判的视角》，丁开杰译，中央编译出版社 2006 年版，第 1 页。

好转化，实现公共利益最大化。

3. 新媒介环境下的公民参与和政府回应

"在人类社会的绵延发展中，公民参与是国家走向政治民主和政治文明不可分割的部分，是公民进入公共领域生活、参与治理、对那些关系他们生活质量的公共政策施加影响的基本途径。"[①] 新媒介环境下的公民参与和政府回应，不仅可以有效降低公共服务成本，提高政府公共服务效率，还有利于塑造良好的政府形象，更好地为广大人民群众服务。"（政府）回应首先体现的是一种关系，即政府对社会的利益关切进行必要的答复过程。在这一过程中，政府与公民形成了互动关系。一方面，公民通过一定渠道反映自身关切，从而影响政府施政；另一方面，政府通过回应对公民的意见进行反馈，从而完善公共治理。"[②] 一旦网络上的议题、观点或者诉求，经过商讨或议论，产生了巨大的影响力，政府就会作出回应。

（1）民意主体间的"无障碍交流"

网络深刻影响和改变着传统的政治参与模式，成为新的民意渠道。网络民意的兴起不仅加速了各类信息的流动，而且强化了普通民众的社会责任感。在网络民意的形成过程中，网民以个体的正当利益以及公众的共同利益作为标准，并以此来权衡政府决策价值取舍的合理性与合法性。随着我国网络民主政治的发展与成熟，互联网超越了传统的时空、地域与身份限制，人们的参与权、表达权和监督权均得到了进一步的保障，人们习惯于借助各种新媒体平台来行使自己的合法权利，民主参与的意愿越来越强烈，民主参与的行动也越来越频繁。

---

① ［美］约翰·克莱顿·托马斯：《公共决策中的公民参与》，孙柏瑛等译，中国人民大学出版社 2014 年版，第 1 页。

② 陈新：《民主视阈中的政府回应：内涵、困境及实践路径》，《兰州学刊》2012 年第 3 期。

自由、开放是互联网时代的意见表达的本质属性。只要在法律规定的框架内，任何人都可以自由自主地表达自己对于任何问题的意见和态度。更具影响的是，民意主体之间的交流是"无障碍的"。它可以汇聚分布在任何地方对某一议题有表达意愿的人进行对话和交流，从而使民意参与的人数来源更广泛、内容更丰富，因而对于决策者而言，更具参考价值。互联网构建了这样一个空间，相聚于同一主题下参与讨论和交流的人，超越了职业、学历、地位、阶层等界限，参与同一主题讨论的共同意愿促使其实现了无障碍交流。近年来频频出现的各类邻避冲突事件，就很好地说明了这一点。正是这种无障碍的充分交流，形成了趋于一致的网上意见和线下行动，从而最终推动问题得以解决。也正是因为参与者来源的丰富性，决定了意见交流的丰富性，而丰富的民意和民智为决策者提供了民意参考。

（2）民意主体与决策主体间的"耦合"

媒介技术以及信息传播方式的发展与变革，引发了政治生态的重构和社会管理的创新，民意主体与决策主体之间"耦合效应"不断显现。所谓耦合效应，是指群体中两个或以上的个体通过相互作用而彼此影响从而联合起来产生增力的现象，也称互动效应。这种效应产生的前提是彼此回应。就公众与政府而言，网民的意见表达若能得到及时有效的回应就能激发其更充分的意见表达，更频繁的沟通协商，更积极的建言献策。如果网民的意见表达得不到有效回应，如同落花流水无人理睬，自然会冷却其表达意见和参与交流的愿望。即使有了无障碍表达的机会和平台，也无法唤起民意主体的表达欲望。

面对网络民意，任何政府都不可能无视其存在的客观事实，及时回应已逐渐成为常态。政府与民众的对话协商，是基于对民意表达价值的重要认知。正是因为改变了此前的认知偏差，作为决策主体的政府与作为民意主体的公众之间才有了新的合作。官员的行政权力与公众的政策参与权利是一种双赢互强的关系，公众参与在增强政策合法性同时也扩大了政府合法性的基础，因此，赋予公众实质性的参与权，既增强了公众的政策参与能力，也符合政府自身的利益。[①] 网络民意表达的交互性与开放性冲击着政府管理的陈旧观念，而网络民意表达的透明性则冲击着政府管理的"围墙政治"[②] 理念，要求政府在民众的监督下阳光行政，最大限度地保障公众的知情权和参政议政权。从全国两会期间网民踊跃参政议政、官员纷纷开通博客、政府绩效与网络民意测评相挂钩等现象可以看出，民意主体与决策主体之间的互动格局正在逐步形成。在虚拟的网络世界，政府吸引网民参与到公共话题中，有效降低了决策失误所导致的纠偏成本，在正确引导舆论、倡导新风正气的同时，促使网民产生理性和感性上的认同与共鸣。

[①]　朱伟：《民意、知识与权力——政策制定过程中公众、专家与政府的互动模式研究》，南京大学出版社 2014 年版，第 141 页。

[②]　王燕京：《打破"围墙政治"的新路径》，《人民论坛》2008 年第 7 期。

第六章　民意与公共政策互动的
核心要素与环节

民意与公共政策的互动是一个动态的过程。在这个过程当中，有一些核心的环节和要素会直接影响互动双方的进程和效果。具体来讲，这些核心要素和环节主要包括民意表达的平台、政策议题的形成、参与讨论的网民、网民讨论的帖子、舆论领袖的动议、传统媒体的推动、分析帖子的主体和触发机制等。

第一节　民意表达的平台

习近平总书记在 2016 年 4 月 19 日网络安全与信息化工作座谈会上的讲话中指出："很多网民称自己为'草根'，那网络就是现在的一个'草野'。网民来自老百姓，老百姓上了网，民意也就上了网。群众在哪儿，我们的领导干部就要到哪儿去，不然怎么联系群众呢？各级党政机关和领导干部要学会通过网络走群众路线，经常上网看看，潜潜水、聊聊天、发发声，了解群众所思所愿，收集好想法好建议，积极回应网民关切、解疑释惑。善于运用网络了解民意、开展工作，是新形势下领导干部做好工作的基本功。"① 随着

---

① 习近平：《在网络安全和信息化工作座谈会上的讲话》，2016 年 4 月 26 日，见 http://www.xinhuanet.com/newmedia/2016-04-26/c_135312437_2.htm。

新媒体越来越深入地嵌入人们的日常生活并成为人们新的生存方式，人们的交流沟通方式不断更新迭代，普通民众的政治参与方式也不断发生变化，网络日益成为民众讨论公共事务、表达利益诉求的重要平台。

民意表达的平台是网络民意与公共政策互动的首要因素，也是互动形成的前提条件。要研究网络构建的民意表达平台，就是要考察有哪些平台为民意表达提供了空间，基于这些平台的不同属性民意表达有何不同特点，它们又具有哪些共性特征，网络民意表达的规律等问题，旨在研究不同平台的民意特征及其对公共政策的价值。

1. 网络构建"民意表达的平台"

民意表达的平台就是为作为利益表达主体的民众提供政策建言的渠道，并为各种不同的意见提供表达空间。网络不只是事实信息发布和传播的平台，也是意见表达和交流的平台。传统的民意表达渠道有限，技术赋权打开了民意表达的空间，开放的互联网络不仅让分散的民意主体有了自由自主的表达机会，而且分散的民意汇聚于同一平台进行跨越时空的交流，从而产生新的反应。"网络空间就像是一个置满'化学物质'的大平台，任何'材料'或'溶剂'的投入都可能发生剧烈的化学反应。"[1]作为新时代民意表达的首选平台，也是民意与公共政策互动的首要因素，必须对其进行详尽考察。

在这里，开放的平台充分汇聚公众意见，成为重要的民意表达信息源头，多元主体的互动交流形成一个个民意焦点，意见的转发则将网络民意进一步扩散，形成更大的社会影响。因为网络平台的无边界和无限量，各种意见都会在这里找到表达的出口。无论是意见对象即意见主题，还是意见指

---

① 高奇琦等：《"互联网+"政治：大数据时代的国家治理》，上海人民出版社 2017 年版，第 23 页。

向，都汇集了无限丰富的意见样本。政治的、经济的、文化的、民生的等无所不涉，既有情绪宣泄，也有理性分析，既有浅尝辄止，也有深达核心，应有尽有，再加上民意汇聚后的交流和交锋，又会催生出新的意见，只要愿意收集和寻找，网络平台可以汇聚、呈现尽可能全面的民意。

2. 民意表达平台的类型

民意表达平台种类繁多，根据不同的标准，可以划分为不同的类型。根据创办和管理主体，可以将网络民意表达平台划分为官方平台和民间平台。

官方民意平台主要是由政府搭建的平台，如政府网站。这些网站有专门的意见汇集区，如意见征集区、留言区等。以中国政府网为例，在其"互动"栏目中，除了全国两会期间集中开展了"我向总理说句话"活动以外，还将"我向总理说句话"设为常规性栏目，并将"政务服务举报投诉平台""留言选登"以及"专题留言征集"纳入其中，还将"政策法规意见征集"也设为常规性栏目。这些常规性栏目的设置为民意汇聚提供了便利，公众可以根据网站设计的专题在相应的时间节点集中表达意见和建议，也可以分散在日常生活的任何时间就自己关注的问题发表意见和建议。这种政府开设的意见平台对于政府收集民意和民智来说也是非常便利的，因为它集中呈现在一个相对封闭的空间，所有的意见和建议都按照网站指定的时间或区域提交，只有把这些意见集中整理，才可以做到无一遗漏。也正因如此，政府搭建的民意平台可以做到及时回应，只要政府愿意，就可以对网民留言进行统计、分类和回复。如中国政府网分别对每月的网民留言数量分布和内容分布进行统计（如下图），也对网民留言在"留言回复"区进行回复。那些就某一政策方案征集民意的行动更是让民意收集和分析更为简便，正是因其简便，才成为常态。

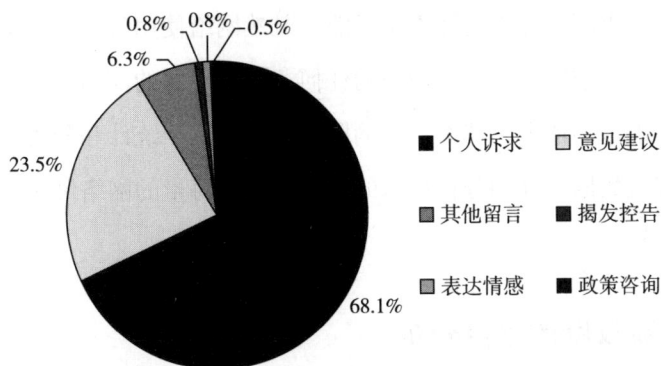

图 6-1 2018 年 5 月份留言数量分布情况

来源：中国政府网。

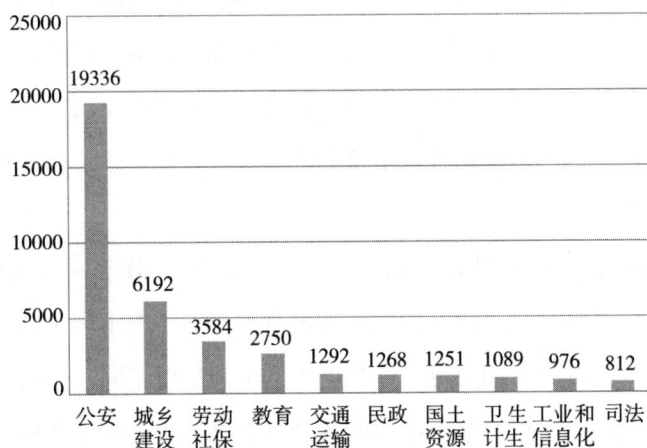

图 6-2 2018 年 5 月份留言内容分布前 10 位情况

来源：中国政府网。

民间的民意平台搭建主体多元化，有传统媒体的网站和 APP 应用平台，有互联网公司设置的新闻评论区、网络社区等，还有一些自媒体个人用户的交流平台等。由于民间的民意平台主体众多，分布广泛，缺乏统一的管理，散见于这些平台的网民意见主题、数量、类型等都无以数计，统计分析难度较大。然而，难度大并不意味着不可能。既然网络使用者的每一个网上使用痕迹都能被商家掌握和利用，用户的任何一次不经意的商品关注都可以被网站作为商品推送的依据，那么，对网民意见的收集、统计和分析就不应成为问题。随着大数据统计和分析技术的进步，这种海量的网络民意统计和分析将会变得容易。

3. 民意议题的平台分布

研究旨在影响公共政策的网络民意，在研究民意表达的平台时，还必须重点关注哪些民意议题集中呈现于哪些网络平台，以便于集中关注和收集相关主题的民意和民智。虽然网民表达意见和建议并未仅限于某一特定的平台，可能任何可以利用的平台都会成为网民表达意见和建议的机会和场所，但是，随着网民参与实践的丰富，他们也会研究不同类型的平台有哪些不同的主题偏好，进而选择适当的平台作为自己表达意见的空间。因此，收集并分析网络民意的部门理应研究民意议题的平台分布偏好，进而有针对性地关注并收集相关民意。

虽然网络是一个开放的平台，意见表达可能分散于网络的各个空间，如新闻跟帖、网络社区、政府网站征集民意平台等，但不同主题的网络社区可以聚合同一主题的不同意见，使其更为集中地呈现于同一空间。关注不同社区的民意表达，可以对某一主题的各种意见进行集中收集和研判，进而把握推动相关议题进入政策议程的时机。当然，有些议题集中于某一个社区空间，有些则可能呈现于多个社区空间，民意收集和分析部门应广泛关注民意议题的平台分布状况，进而主动收集和研判，做到心中有数。

第二节　政策议题的形成

政策议题的形成是社会公共问题转化成政府公共政策的重要一环。在政策议题的建构与形成过程中，政府部门拥有最终的决策权，而网络民意对于促使社会公共问题转化成政策问题具有一定的推进作用。

1. 政策议题的内涵

议题的英文可以翻译为"issue"，因为"issue"本身就带有"存在争论的问题"的意思。在《现代英汉综合大辞典》中，将议题解释为"问题，争端，论点"之意，而在《美国传统辞典》中，将议题解释为"a matter of public concern"（公众关心的事物）。由于议题具有广泛性和多样性，它通常产生于特定的事实与价值之争，其根源在于它关乎"公共利益"。政策议题的构建是公共政策制定过程中的首要环节，其本质是公共政策问题，它在整个政策制定过程中都发挥着决定性作用。一般而言，一个社会问题要转换成公共政策议题，首先需要该问题被列入社会公共问题范畴，只有那些在普通民众当中产生较大影响，迫使社会必须认真对待的社会问题，才会被称之为公共问题。公共问题如果没有适当的方式和途径进入政策制定部门的视野并被重视，就不会成为政策问题。因此，从某种意义上讲，政策问题是一个需要被构建的问题。

2. 政策议题的构建

在有限的资源条件下，如何选择和界定各种纷繁复杂的社会问题，并将其纳入政府的政策议题范畴，成为政府制定公共政策的准确性和有效性的关键。"政策问题虽然是一种客观现象，但是必须有人发现和提出它才能有意义。一般来讲，个人、团体、政府、政党、新闻媒介、专业研究机构都可能发现和提出问题。"[①] 根据政策问题提出者的身份所属，可以将政策问题输入分为内输入和外输入两种类型。内输入是指政策制定部门即政府部门提出

---

① 王骚：《政策原理与政策分析》，天津大学出版社 2003 年版，第 113 页。

政策议题并将其纳入政策议程的过程，而外输入则是指政策制定部门以外的个人、群体或组织向政策制定部门表达利益要求、提出建议并促使其纳入政策议程的过程。无论是内输入还是外输入，公众的意见表达都会影响政策问题的输入，影响着政策议题的形成。考察网络民意与公共政策互动过程中的政策议题，主要是考察公众的意见表达影响了哪些政策议题的形成，在多大程度上产生了影响以及影响机制等内容。

要使一个政策问题被纳入实质性议程之中并成为实质性议题，必须具备三个条件："首先，大量公共资源的分配必须是利害攸关的。第二，议题必须要引起公民和公共政策制定者的严重关注。第三，议题必须包含重大变化的可能性。"[1] 埃米特·雷道夫将政策议题分为微观政治层次、系统政治层次和宏观政治层次三个层次。一是在微观政治层次中，政策议题只涉及较少的政策客体和单一的政府机构，政策议题的解决只需要政府部门对调试对象的要求作出回应，不必涉及对政策目标群体整体和整个政策领域的调整。二是在系统政治层次中，政策议题涉及一个系统或数个集团和相关的政府职能部门，政策议题的解决需要相关的系统、社会集团、企业和政府部门的共同参与，可能会引起有关政策的调整。三是在宏观政治层次中，政策议题在社会上产生强烈的政治影响，关系到国家和社会的正常运转，政策议题的解决需要社会各界广泛参与，通常会涉及国家大政方针的修订、政府系统改革、新政策的发布和旧政策的大幅度变化等。[2] 总体而言，对于不同层次的政策议题，其解决问题的难易程度也不尽相同，而层次越高、宏观性越强的政策议题，一般来说，解决难度也越大。比如每年全国两会期间，普通民众通常会在政府网站表达各自的诉求，内容涉及与自身

---

① ［美］拉雷·N.格斯顿：《公共政策的制定——程序和原理》，朱子文译，重庆出版社 2001 年版，第 65—66 页。

② 于家琦：《舆情调查与公共政策——评价、过程和议题》，天津社会科学院出版社 2012 年版，第 183 页。

生活密切相关的物价、入学、就医、就业等问题，或者涉及惩治腐败、经济发展、国际关系等国家事务问题，议题呈现多样性特点，而政府在进行政策发布、政策评估以及政策反馈的过程中受到民众的普遍关注和积极参与，从而促使形成新的政策议题。

第三节　参与讨论的网民

互联网极大地赋予了人们言论表达的自由，活跃在网络空间的网民以前所未有的热情参与到公共事务的讨论之中，并借助网络平台对公共事务进行评论和建言，日益成为不容忽视的民意表达主体。考察网络民意与公共政策的互动机制，必须了解参与意见表达的网民具有什么样的身份特征、其意见的合理性依据何在等问题。这是作为政策分析机构必须要着手研究的问题。

1. 网民的内涵

米切尔·霍本（Michael Hauben）最早创造了网民这一概念，并用Netizens 来指称这个群体。他认为，网民概念可分为两个层次：一种是泛指任何一位网络使用者，而不管其使用意图和目的；另一种是指称特定的对广大网络社会（或环境）具有强烈关怀意识，而愿意与其他具有相同网络关怀意识的使用者一起共同合作，以集体努力的方式建构一个对大家都有好处的网络社会的一群网络使用者。[1] 从政治参与的角度来看，第二种层次的内涵便是我们常常论及的网民概念。网民概念的提出，给现实生活的人们增加了一个身份标识，他们既与现实身份保持着一致性，也具有很大的差异性。生活于现实社会和网络社会的公民与网民，从参与动机到参与行动，都呈现出

---

① 洪长晖、武传珍：《"互联网中辍者"产生原因与理论阐释》，《东南传播》2016 年第 7 期。

明显的不同。

随着我国网民参与政治生活和社会管理的积极性、主动性、创造性的不断高涨，网民的年龄层、地域性、职业结构等指标不断趋向合理，网民结构的优化主要包括了网民规模的壮大、社会阶层的覆盖面扩大、综合素质的提高、参与意识的增强等。网民是一个特殊的集合概念，它不特指现实中的某一阶层、某一群体，而是指涵盖所有阶层、群体的网络使用者。在这里，人人平等，没有现实的身份、职业、地位、教育背景、财产等社会标签，每个人都只有一个身份——网民，都是信息发布者和信息接受者，所以网民又是平等的意见主体。

2. 作为意见表达主体的网民

从网民的主体身份来看，可以将其分为普通网民、专家学者和政府官员三类。其中，在普通网民队伍中，青年人占据了很大的比例，他们普遍接受过良好的教育，具有较强的社会参与意识和社会责任意识，希望通过网络参政议政、建言献策，履行自己的权利与义务。普通网民中也有一些易走极端的情绪表达者，他们以"吐槽"为乐趣，成为"职业的喷子"。这些人的意见在网民中具有一定的影响，会在一定时段内引发一些不良情绪。然而，当理性声音出现在讨论区时，这些无根据的情绪化言论就会退出。随着网民意见表达实践的增多，见多识广的网民越来越多地抛弃对极端情绪化言论的跟随，转而进行独立的思考和表达。专家学者从来都不是网络民意的局外人，一些关系到公共利益的议题往往也能引起他们的关注，他们也会活跃在各种意见表达和讨论区域。专家学者是一类特殊人群，其专业性、理性往往发挥着释疑解惑和舆论引导的作用。政府官员不会也不应缺席网络表达，他们参与网络讨论一方面可以了解网民的诉求，倾听网民的声音；另一方面也对网民提出的疑惑进行解释和回应，起到释疑和引导的作用。当然，无论是专家学者，还是政府官员，都是以普通网民身份出现在网络讨论区域，以确保在网络意见表达中真正做到畅所欲言。

网民是现实生活中原本分散的、弱小的个人，经由互联网的连接而成为一个个有组织、有力量的群体，其频繁的沟通与交流促使自身更加社会化和组织化。有研究者指出，网民这个群体有其特殊性，并不能覆盖所有人群，中国更大的利益群体在网络之外，如多数农民和农民工都不在网上，不是网民能代表的。然而，多数农民和农民工不在网上并不意味着他们的利益没有人代言。今天的农民不是传统的农民，他们的表达哪怕是只言片语，也能传达自己以及周围人群的声音，即使很微弱，只要发出了声音就会被听到。在理想状态下，网民之间并没有身份、财富、阶层、种族、性别等方面的差异，只要有表达和交流的意愿，无论来自哪个社会阶层和群体、拥有何种社会身份和地位、是否掌握着重要的社会资源，都可以成为其中一员。随着网民队伍的壮大，网民的阶层覆盖率也逐渐扩大，网民数量的增加必然对网络民意的最终形成产生影响。

具体到某一项公共政策而言，分析参与讨论的网民主要是分析意见主体是否涵盖了政策相关群体，包括每一个大的利益群体中的若干不同类型的利益群体，旨在尽可能广泛地收集和分析相关利益群体的诉求，让政策方案尽可能充分地权衡不同群体的利益，以确保出台的公共政策最大限度地实现公共利益的权威性分配。如果某个政策议题的网络意见表达主体中，相关利益者人数过少，其现实利益诉求的多样性、丰富性就呈现得不够充分，不充分的网络民意就难以成为政策制定的民意依据。虽然其间不乏其他群体代表如学者为之代言，但毕竟与利益直接相关者的政策体验有根本不同，因此，对网络民意表达的主体进行细分尤其重要。

第四节　网民讨论的帖子

在虚拟的网络世界，网民的发言有很多都是以帖子的形式呈现。新的媒介传播技术缩短了信息传播的时间和空间，网络帖子不仅传播了现实，还"制造"了现实。网民讨论的帖子里承载着丰富的话语和厚重的民意，话语本身就是一种语言符号，其意义与使用者的日常生活密切相关。就参与讨论的网络帖子来看，网民的意见主要体现在他们的发帖、跟帖和转帖这三种形式当中。在网络帖子中，话题成为多方互动、讨论的重要内容，基本都围绕着他们的日常生活，并以日常生活的话题而展开。比如，"天涯社区"设置有"天涯聚焦""天涯论坛""天涯微博"等一级版块，每个版块又按照不同话题设置二级版块，如"天涯聚焦"下面设置有"社会""新知""情感""体育""传媒"等版块。一般而言，我们将根据某一话题主动发起讨论的网络发帖行为，称为发帖；把其他网友在某一网友发帖基础上提出自己的看法和建议的网络发帖行为，称为跟帖；把其他网友对某一网帖内容进行转载和发布的行为，称为转帖。如果某一网友发帖得到的跟帖和转帖较多，说明发帖人所发帖子的内容社会关注度高。就网络民意与公共政策的互动过程而言，民意收集和分析机构理应对网民讨论的帖子所传达的民意内容进行分析，考察民意对政策的诉求点及合理性。网络帖子内容非常丰富，话题广泛，指向多元，不同的网络帖子可能就包含着不同的内容，任何遗漏都可能造成政策制定的民意缺失。

1. 发帖：话题制造

发帖是指一群发布信息和话题的网民们主动积极地共享内容，并在话题中与其他网民进行思想交流和对话的行为。这类网民是所有社交媒体都争取保留的目标用户，因为，他们是一个网络社区活跃的重要保证，"意见领袖"也经常产生于这一群体。在社交媒体的热点话题传播中，信息发布者、关键用户、大"V"等这类"网络意见领袖"起着重要的引导作用。

网络论坛为人们提供了一个释放思想的场所，为人们提供了网络对话的场域，满足了人们说话的需求。比如，在强国论坛"深入讨论"版块，经常会有网友就各种社会话题进行发帖，最受关注网帖内容主要涉及官员道德、反腐败、住房、教育、医疗等民生问题。网民在网上发帖大多是根据具体的事实，有时就是个人遭遇，它反映的是独特的个案，表达的是解决问题的具体诉求，但其深层的诉求目标则是政策的公平和公正。这些帖子所涉个案各种多样，暴露的问题也千奇百怪，但其背后都指向某一政策内容的合理性和执行的公正性问题。对这些帖子所反映的内容进行收集、整理和分析，就成为民意收集和分析者必做的功课。此外，发帖者的身份如何，为何会发此帖，是其长期关注和研究相关问题还是自身境遇所致等，也是民意分析者必须考量的，因为发帖者的身份往往直接关系到帖子的质量。

2. 跟帖：话题聚焦

在虚拟的网络世界，网络跟帖已经成为普通民众意见表达与呈现的重要载体之一。当某一帖子经过不同的网民浏览、跟帖评论且达到一定数量后，话题就会被置顶，成为论坛首页中最凸显的内容，继而引发更多的网民点击、浏览和评论，以增强这一话题的影响力和扩散话题的覆盖面。跟帖者并不是可有可无的人，他们的跟帖行为是对发帖者的支持，是对发帖内容的关注，跟帖者通过关注某一话题增加话题的关注度，通过评论表达个人意见丰富话题内容，使得发帖所制造的话题形成更强烈的聚焦，进而引起更强烈的社会关注。

"2003 年开新闻跟帖风气之先的网易网站几年后向网民致敬，其创意标题就是'无跟帖，不新闻'。该网站还公布说，2008 年他们总共发布了2397339 条新闻，却收获了 41658635 条跟帖。"① 在跟帖中，有的是独到的观点表达，其中不乏深入的分析，或是对原帖的补充，或是与原帖的讨论；有

---

① 李永刚：《互联网民意的草根传播模型》，2015 年 4 月 3 日，见 http://www.aisixiang.com/data/86166.html。

些只是简单的观点表达，而不对观点进行详细阐释，但言简意赅的只言片语已明确表达了意见；有些只是用"顶""支持""关注"等非常简单的词语传达发帖者的基本态度。无论跟帖的内容和方式如何，跟帖的数量在一定程度上反映了原帖话题的关注度，关注度的上升则进一步聚集了人气，因而跟帖也起到了话题聚焦的作用。对于民意分析机构而言，跟帖不仅表明了网民对某一事件或话题的立场和态度，而且也反映了一段时间内民议焦点。

3. 转帖：话题扩散

转帖是网民对所获信息筛选之后再传播的行为过程，它反映了转帖者的价值偏好，因而转帖也是一种态度。转帖行为并非仅发生在网民之间，一些网站（论坛）也会根据其对公众兴趣的判断对一些帖子的内容进行转载。网民一般通过转发各种网络话题和相关网帖来表达自己的态度，转帖所体现出的立场和态度相对比较含蓄，但是却隐含了转帖者对转发内容的支持或者否定，而且转发新闻和跟帖评论到其他的网络平台会进一步扩大该网帖议题的话题关注和讨论范围，带来了信息的低成本广泛传播，促使更多的网民关注信息内容。

网民通过转帖等方式进行话题扩散，意在引起更广泛的社会关注，形成社会舆论，促使问题解决，最好的结果是影响公共政策。网帖话题的扩散主要取决于多种因素：一是话题所反映的社会问题的严重程度，二是公众对解决相关问题的共同期待，三是一旦形成社会舆论会对政府制定政策产生直接推动作用。

也正是因为如此，决策者和民意分析机构就应密切关注网络发帖、跟帖和转帖情况，并从中发现和判断网络民意，进而推动网络民意与公共政策过程的互动。

第五节　意见领袖的动议

网民的帖子要获得更多的关注和形成较为集中的意见，往往不是普通网民能做到的，意见领袖发挥着至关重要的作用。意见领袖（Opinion Leader），是"两级传播"中的重要概念。20 世纪 40 年代，美国哥伦比亚大学的传播学者保罗·拉扎斯菲尔德（Paul Lazarsfeld）和伊莱休·卡茨（Elihu Katz）提出了"意见领袖"的概念，认为意见领袖是指那些活跃在人际传播网络中，经常为他人提供信息、观点或建议，并对他人施加影响的人。

1. 谁是意见领袖

意见领袖是社会人群当中较为活跃的那一部分人，他们通常见多识广，对大众媒介的接触频度远远高于一般人，他们把所读到的、听到的信息，经过自己的头脑加工，再传递给群体中那些不太活跃的人。在现实生活中，能成为舆论领袖的往往是一些学历高、社会地位高、具有专业知识的个体。有研究者指出，意见领袖通过对信息的"把关"和"再创造"，对追随者的认知、态度、行为等多个层面都具有广泛的影响力：一是认知层面，即其对信息的再次传播、过滤及强调，不仅影响追随者注意到哪些信息，更为重要的是影响他们对信息重要性的认识；二是态度层面，即其态度影响追随者对某一问题持肯定、赞赏还是质疑、批评；三是行为层面，即其行为影响追随者的行为选择和行为实践。[①]

"网络意见领袖"是在"意见领袖"的概念基础上衍生而来，其出现主要源自于互联网的日益普及和广泛运用。网络意见领袖是"互联网催生的新的社会权力层，具有巨大的社会动员能量，尤其在网络热点事件中发挥着左

---

① 王嘉：《网络意见领袖研究——基于思想政治教育视域》，中国文史出版社 2014 年版，第 49 页。

右舆论的作用"①，它以方便、快捷的网络社群为平台，以新型、互联的人际关系网络为纽带，对于日常生活中出现的一些社会热点问题进行意见和立场的表态，并最终在"众声喧哗"的网络环境当中脱颖而出。"从网民自身来说，大致有五个客观因素影响能否成为网络意见领袖。第一，是否拥有广泛的信息源、信息量是否充实；第二，是否具有较高的专业知识水平；第三，是否有较多的社会网络、较强的人际交往能力；第四，是否有一定的社会地位和知名度；第五，是否具有较强的网络传播能力，积极参与网络活动。"②总的来说，意见领袖作为信息扩散的核心成员和关键节点，其存在对于维系网络社区关系、引导网络群体舆论等都具有重要作用。

2. 意见领袖的作用

民意形成的过程，一开始是七嘴八舌的、非理性的，只有通过反复地讨论、争辩，才逐渐变得理性和去个人化，最后形成一个大致统一的且具有公共性的意见，而这一过程就需要意见领袖。几乎在所有的网络事件当中，都能直接或间接看到意见领袖的身影。意见领袖作为网民中最活跃且最具影响力的一类人群，他们广泛参与社会的政治、经济、文化等领域，深刻影响着广大网民的价值观念和行为方式，在议题设置、观点引导、信息传递、关系维持等方面发挥着重要的作用。

具体而言，网络意见领袖的作用主要体现在不同阶段提出不同的动议，进而引导网民意见的走向。在议题设置阶段，意见领袖通过发帖或转帖引导其追随者通过选择性注意关注某个议题，形成民议热点和焦点话题。意见领袖对议题的设置并非止于某个具体问题的解决，更大的目标在于影响公共政策的制定和执行。当网民参与议题的讨论时，各种理性或非理性的意见

---

① 李良荣等：《新意见领袖论——"新传播革命"研究之四》，《现代传播》2012年第6期。

② 王嘉：《网络意见领袖研究——基于思想政治教育视域》，中国文史出版社2014年版，第17页。

汇聚，争吵不可避免，意见领袖关于理性框架内表达的动议就会发挥作用，其作用方式就是观点引导，确保议题讨论在政策规定的框架内的正当性。当意见领袖以新的事实信息和意见信息充实着网民群体讨论话题时，就维系着议题讨论的热度，也进一步引导着网民的讨论走向。而当网民之间出现重大的意见分歧时，意见领袖又发挥着关系协调的功能，确保意见主体的群体规模。

总体来说，意见领袖的作用就是引导和支配沉默的大多数。他们通过设定议程和讨论的框架，吸引网民聚合而成为舆论阵地，经由网民的跟帖、转帖将其个人影响力辐射到整个网络。这种影响一旦到达一定的程度，就会对政策议程产生实质性的影响。

第六节　传统媒体的推动

网络议题虽然受到网民的高度关注，但不一定能直接推动公共政策的议程，而传统媒体的推动则将网络议题进一步推向更受社会关注尤其是政府部门关注的高度。按理说，进入新媒体时代，网民规模越来越大，网络作为平台的影响力也越来越大，网民关注的议题理应受到决策部门的高度关注，然而，由于网络平台在信息的真实性、理性化表达方面存在着很多问题，传统媒体的权威性优势使得它拥有更高的可信度，因而传统媒体对网络议题的关注在很大程度上起到了推动作用。

1. 网络与传统媒体的议题互动

由于传统媒体的体制所限，越来越多的议题是由网络最先设置的。一些公共事件因题材敏感未被传统媒体报道，而被网络媒体率先报道，相应地就由网络媒体设置了议题。一些个人事件因为网络媒体的连续报道而成为影响广泛而深远的公共事件，如一些被冒名上大学的事，本来只是当事人的权益受到了伤害，但因为网络媒体的报道而受到网民的广泛关注，网民的正义感使得解决相关问题的意义被构建得深刻而宏大，让其成为关乎政府形象、社会公正、国民道德的重要议题。

社会学家布里德（Warren Breed）将某条新闻报道从一个重要新闻媒介向许多其他新闻媒介扩散的现象称为树枝状影响。[①] 所以读者会经常读到同一选题各个媒体间联动报道。这种扩散和联动在互联网时代表现得更为明显。议题由网络流向传统媒体的现象被伊丽莎白·内尔—纽曼（Noelle-Neunann）和麦斯（Mathes）等学者称为"溢散效果"。由于网民来源广泛，选材丰富，网络议题往往成为传统媒体的选题库，传统媒体的记者经常性地浏览各类网站，寻找适合所在媒体的报道选题，因此，网络议题"流向"传统媒体已成常态。由于网络媒体对某一事件的关注并设置了相应的议题，成为网民共同关注的焦点话题，进而传统媒体跟进报道议题，不至于被诟病为无视公共议题。纵观近些年来引起社会广泛关注的公共事件可以发现，越来越多的事件先由网络爆料，继而引发网民的强烈关注，动辄 10 万 + 的关注量让其迅速成为公共议题。"郭美美事件""最牛烟草局长事件""绿领巾事件"等，都是如此。

2. 传统媒体对网络议题的重构和催化

网络议题的设置引起传统媒体跟进报道，不是对网络议题的重复，而是对相关议题的重构，对内容进行重新整合和深化，促使议题讨论更趋理性和更具深度。

与网络相比，传统媒体在议题的重构和深化方面具有不可比拟的优势。第一，传统媒体具有网络媒体所不具备的采访权。网络平台虽然可能在线索

---

① ［美］马克斯韦尔·麦库姆斯：《议程设置：大众媒介与舆论》，郭镇之等译，北京大学出版社 2008 年版，第 136 页。

来源的广泛性和公开报道的及时性上具有得天独厚的优势，但因其采访权的限制，所以在材料的真实性、报道的可信度上不可避免地存在着局限，加上事实和意见信息发布的自发性，在事实挖掘和信息整合方面也难以有效推进。传统媒体的采访权使得它在还原事实、深度采访、组织交流、引导舆论等方面可以发挥优势，基于还原事实、触及实质和整合资源的基础上，重新建构议题，进而调整和改变议题的走向。第二，传统媒体具有网络媒体难以企及的社会资本。传统媒体可以有效地发挥其长期积累起来的公信力和影响力，有效地组织各个方面的专家和官员发表对事实的看法，可以尽可能充分地挖掘议题的深度，显示出传统媒体的专业水平。第三，传统媒体具有整合政府资源的能力，有效地推进问题的解决，推动相关议题进入政策议程。基于对事实的还原和深入剖析，传统媒体的记者会推动问题得以解决，就必然会询问政府的态度，并直接将政府拉入媒体议程之中。

传统媒体一旦接力网络议题，会对网络议题起到催化作用。这种催化作用主要体现在两个方面：一方面，"速燃速退"的网络舆论经过最初的集中爆发之后，很快会被新的热点转移，传统媒体的接力会引发新的一轮社会关注，新一轮关注往往能激发人们更强烈的社会期待，因而可能会成为更受关注的焦点议题。另一方面，传统媒体的信息整合和资源整合能力会将相关议题直接推向政府，传统媒体的理性不仅引导着公众关注什么议题，也引导着公众如何关注议题，会将报道引向政府不得不关注也愿意去关注的阶段，进而试图推动媒体议程进入政策议程。

第七节　分析帖子的主体

在新媒体时代，网民发的网帖多而庞杂且被淹没在信息的汪洋大海之中，因此需要有专门的机构和人员去打捞和捕捉这些零散的民意，并采取一定的手段和方式去分析这些网帖中所呈现的民意。那么，谁来做捕捉和分析帖子的主体？怎样做？以及如何打捞、分类、上呈等都成为我们需要关注和思考的问题。一般而言，分析帖子的主体主要包括决策机构和决策者。

1. 收集和分析帖子的机构

新媒体时代的民意表达并非集中于某一个平台，而是散见于各类网站的各种大小平台，类型各异、数不胜数。网络是一个没有边界的开放空间，只要是可以留言发声的地方，就可能会有民意表达。要让公共政策体现民意和吸纳民智，就必须全面掌握和研判这些极度分散的民意信息。与传统媒体的有限规模相比，新媒体平台的无限数量及各类平台的无限容量为网民意见表达提供了无限空间，要对这些网络民意进行收集和研判，必须建立相应的专门机构。

专门的网络民意收集和研判机构承担着主动的民意调查和民意收集、分析研判的职能，旨在为政策决策提供民意信息服务。这个机构可以直接由决策部门管辖，也可以另外委托专门的信息收集和分析机构承担。政府决策部门下设网络民意收集和分析机构的优势在于可以及时提供相关信息，与决策部门沟通方便，对决策目标理解透彻，民意分析的针对性更强，缺陷在于可能会为了印证决策者的意图而在民意样本选取时"为我所用"，出现民意分析结果不客观的情况。独立的民意收集和分析机构的优势在于独立性，不受决策者控制，可以做到全面客观地反映民意，为政府制定公共政策提供真实的民意信息，缺陷在于民意分析的针对性不足，因为对政策意图的理解存在一定的距离，导致民意分析报告易出现空泛的情况。然而，这些缺陷并非不能克服和避免，只要决策者决意听取民意和吸纳民智，就可以与民意收集和研判机构进行坦诚而充分的沟通，就可以做到既为决策者提供真实全面的有价值的民意咨询报告，又保持身份和运行过程的独立性。

现有的民意收集和分析研判机构有很多，性质各异。既有党政部门设置的机构，也有媒体设置的机构，基本都以网络信息管理和网络舆情监测的面目出现，它们一般会定期向有关部门提交网络舆情分析报告，为政府部门研判和处理舆情服务。国务院办公厅 2013 年出台了《国务院办公厅关于进一步加强政府信息公开回应社会关切提升政府公信力的意见》，提出了一些原则性的要求，如"各地区各部门要建立健全舆情收集、研判和回应机制，密切关注重要政务相关舆情，及时敏锐捕捉外界对政府工作的疑虑、误解，甚至歪曲和谣言，加强分析研判，通过网上发布消息、组织专家解读、召开新闻发布会、接受媒体专访等形式及时予以回应，解疑释惑，澄清事实，消除谣言"。各地政府在贯彻此意见的过程中进一步明确了建立政务舆情收集、研判和回应机制，如安徽省政府在《关于建立政务舆情收集研判和回应机制的通知》中对政务舆情的"监测收集"要求：各地区、各部门要安排人员和力量对主要门户网站、用户活跃论坛、博客、微博客、新闻跟帖，以及传统媒体等进行日常监测和突发事件监测，形成"全覆盖、全方位、全天候"的舆情监测体系。地方政府在贯彻省政府的要求时则进一步制定了政务舆情的收集和研判制度，如安徽省宣城市《网络政务舆情收集研判和回应工作实施办法》中规定，建立由市政府办、市网宣办、市公安局、市应急办、市信访局、涉事部门参加的市网络政务舆情会商联席会议制度，办公室设在市政府办，日常工作由市信息办承担，具体负责全市重大网络政务舆情分析、研判、处置和回应的监督、检查、指导等日常管理工作。

不同层次的公共政策制定都理应设置相应的民意收集和分析研判机构，负责收集和分析研判不同范围的网络民意。这一机构应是一种常设机构，专门负责收集和分析研判民意。这种收集和分析既为社会公共问题进入政策议程提供民意信息，也为政策议程中的政策制定提供民意和民智支持。

2. 收集和分析帖子的个人

专门的网络民意收集和分析研判机构要有效地发挥作用，关键还在于具体从事此项工作的个人。谁能成为收集和分析帖子的个人，直接关系到这项工作的方向和价值。从其身份来看，保持其独立的身份至关重要。无论是作为政府下属机构还是作为专业化的民意收集和分析机构，从业者都必须保持相对独立的身份，不唯决策者的指令随意调整收集和分析网络民意的原则，确保民意信息的客观性。具体而言，收集和分析帖子的主体应从两个方面着手：一是网络民意收集的全面性。可以对一个时段内的所有网上意见信息进行收集，虽然难度较大，但并非不可能，而且是必不可少的。有人认为网络民意最重要的表现平台是网络论坛，但其他的各类平台也不可忽略。任何忽略都可能遗漏有重要价值的民意和民智信息，有些重要的意见信息可能就出现在一些不起眼的跟帖和一些不经意的 QQ 或微信聊天中。至于在"量大面广"的意见信息海洋中搜寻的难度，飞速发展的大数据技术可以提供最有力的技术保障。既然全网监控已不成问题，那么网络民意的收集也就没有障碍。二是网络分析的专业性。这种专业性要求一方面体现在独立性和客观性，分析者完全保持中立的立场，全面呈现网络民意的客观样态，不添加任何主观的成分，不对材料进行任意裁剪，而是以专业的精神进行客观的分析和研判；另一方面体现在科学性和规范性，即要求分析者以科学的方法进行规范的研究。这是一个全样本量的量化研究和质化研究相结合的专业性很强的课题，它要求多专业背景的专家队伍进行跨专业综合研究，进而向决策者提供专业化、科学性的民意分析报告。也只有这样的民意分析报告，才能成为政府决策参考的民意依据。

第八节　经过讨论的事件

民意要影响公共政策议程，需要一定的触发机制。公共政策的制定主要缘于公共问题累积到了政府不得不采取行动的程度，这就需要一个触发机制，即一种促使政府部门下定决心来制定政策的关键因素。

1. 公共事件成为政策议程触发机制

拉雷·N.格斯顿指出，"在政治过程的背景中，一种触发机制就是一个重要的事件（或整个事件），该事件把例行的日常问题转化成一种普遍共有的、消极的公众反应"[①]；"如果一种进步或一种行动引起公众的明显关注和公众对变革的普遍要求，那么它就被认为是一种触发机制。而如果一种过程未引起显著反应，则不是触发机制"[②]。也就是说，公共政策议程设置的触发机制就是促使问题进入决策者视线、列入政府决策议事日程的催化剂和加速器。"作为公共政策的催化剂，触发机制的价值来自于三个因素的相互作用：范围、强度和触发时间。这三个因素共同构成要求政治变化的核心因素。"[③]也就是说，影响政策问题进入政策议程的关键要素发生作用的范围越广、强度越大、持续时间越长，政府部门制定相关政策的可能性就越大。由此看来，公众普遍而密切的关注是一个突发事件触发政策议程生成的重要基础。

社会问题是公共政策的起点，但社会问题能引起公众关注，往往是在一起或数起重大事件爆发之后。重大事件因其突发性、显著性而易于被人关注，但它往往是问题长期积累后的集中爆发。社会中存在的矛盾、冲突、问题，经过量的积累，到达一定的关节点，就会爆发出来。社会事件就是社会矛盾、冲突、问题的集中爆发。比起自然事件，社会事件出现之后更易引起人们对政策问题的关注，从而成为公共政策触发机制的可能性也更大。在这个过程中，社会事件因为公众的关注而成为公共事件，亦称"焦点事件"，它在推动政策议程设置的进程中充当了"导火索"。

---

① ［美］拉雷·N.格斯顿：《公共政策的制定——程序和原理》，朱子义译，重庆出版社2001年版，第23页。
② ［美］拉雷·N.格斯顿：《公共政策的制定——程序和原理》，朱子文译，重庆出版社2001年版，第24页。
③ ［美］拉雷·N.格斯顿：《公共政策的制定——程序和原理》，朱子文译，重庆出版社2001年版，第25页。

2. 经过讨论的焦点事件强化触发机制

公共事件为何能充当推动政策议程的"导火索"？约翰·W.金登认为是因为它与其他因素相融合，形成综合的政策影响力，从而造成了制度的变革或政策的调整。他归纳了公共事件（焦点事件）与社会因素的三种融合可能：一是焦点事件与已经存在的问题相结合，从而加深并强化了人们对相关问题的关注程度；二是焦点事件与潜在威胁相结合，诱发人们对社会潜在的、巨大危险的关注，从而产生政策预警，促进政策变革；三是焦点事件与其他类似事件相融合，产生对问题的新的解读和界定。[①] 不管如何与已经存在的问题、潜在威胁、类似事件相融合，都离不开公众的高度关注和热烈讨论，公众的热烈讨论则强化了焦点事件的触发机制功能。

许多公共事件经由网民的热烈讨论而成为网络公共事件。所谓网络公共事件，是"由焦点事件触发，众多公民围绕特定议题在以互联网为主的话语平台上形成强大的网络舆论，对事件当事人、间接利益群体甚至其他社会公众产生重大影响的公共事件"[②]。网络公共事件使得网民意见不再边缘化，形成一个个舆论中心，进而对决策层产生巨大的舆论压力，最终可能促使相关议题进入政策议程。有研究者通过对 2012 年"三亚宰客门"、2015 年"青岛天价虾"和 2016 年"哈尔滨天价鱼"三起网络事件比较后发现，同样的网络事件，有的开启了政策之窗，有的未能开启政策之窗。在"三亚宰客门"事件之后，三亚物价局立即公布了三亚海鲜品社会平均批发参考价格，随后又出台了《三亚市餐饮业价格管理暂行规定》。青岛天价虾事件和哈尔滨天价鱼事件发生后，政府只是对原有的政策进行了重申，并没有新的政策出台。研究者发现，"三亚宰客门"事件能够成为公共政策触发机制缘于问题

[①] ［美］约翰·W.金登：《议程、备选方案与公共政策》，丁煌等译，中国人民大学出版社2004 年版，第 123—125 页。

[②] 熊光清：《中国网络公共事件的演变逻辑——基于过程分析的视角》，《社会科学》2013 年第 4 期。

源流、政策源流和政治源流的耦合，而另外两起事件未能促进政策出台，原因在于政府采取的直接措施（关停涉事商家）安抚了一部分网民情绪，"聚合的意见表达逐渐松散，并且容易被引导分化。一部分网民已经满足于政府的反馈或者疲于继续跟进，或者被新的公共事件吸引了注意力而放弃了对深层次意见表达的执着，另一部分网民则可能继续着自己的诉求。到了事件的后期，随着舆论的退烧，问题在整个过滤的过程中不断演化并被重新界定，最终通过过滤后形成的主流公共意见不一定是最有代表性的意见"①。

　　经过热烈讨论的焦点事件之所以能够强化触发机制的功能，归根到底还是舆论的压力。这种压力要发挥作用，一是意见讨论要触及制度设计层面的隐蔽议程，而不是停留在严惩直接责任者的道义捍卫层面和指责政府渎职行为的谴责监管层面；二是意见表达要有持续的热度和耐力，持续推进相关议题朝着政策议程的方向深化，不被新的热点分化对政策问题关注的执着。简而言之，触发机制的作用就是促使某个社会事件经过广大网民充分讨论，并加剧这种在现实社会中非解决不可的民众情绪，继而进一步敦促政府尽快制定新的公共政策或者修订既有的公共政策，而这个经过充分讨论的事件或者话题就成为公共政策的触发机制。

---

　　①　刘然：《网络舆论触发政策议程机制探讨——在对三起网络公共事件的比较中质疑多源流模型》，《理论与改革》2017 年第 2 期。

第三篇

机制篇

3

第七章　研究范式：政策决定政治

美国康奈尔大学政治学教授洛维（Theodore J.Lowi）在其发表的一系列著述中，阐述了他的政策类型及政策对民主的影响理论，提出了"政策决定政治"的全新范式，即政策的特征决定了政策的政治过程。这一研究打破了在当时美国学界中占主要地位的"政治决定政策"的范式。在洛维的政策类型理论中，不同的政策领域存在着相应的行动者，但基本上包括了政府内部的行动者和来自社会的行动者两大类。这些行动者之间的政治互动在不同政策领域呈现出不同的形式，发挥着不同的作用。[①] 与此同时，政策类型也决定着行动者的参与方式。正因如此，我们将从不同类型的政策考察公民参与的差异性。

第一节　政策类型的划分与公民参与问题的研究

政策类型指依据不同标准，将公共政策按照其性质的差异所划分的类别。洛维针对西方民主国家公共政策数目过多的问题，提出了对政策现象进行分类的研究思路。国内外一些学者采用了这一方式，通过设立不同的维

[①] 胡润忠：《美国政治学"政策决定政治"的代表性理论比较》，《国外理论动态》2013年第2期。

158

度、建立具有理论推演意义的结构框架，对政策进行"类型建构"，针对各种政策的不同性质加以归类。

1. 政策类型的划分

约翰·克莱顿·托马斯以政策质量和政策的可接受性作为维度，对政策类型进行划分，提出"界定公民参与的适宜度主要取决于最终决策中政策质量要求（quality）和政策可接受性要求（acceptability）之间的相互限制"[①]。"政策质量要求"指"任何与最终决策本质相关的政策或管理上的约束"[②]。包括维持决策的专业化标准、立法命令、预算限制等要求。"政策的可接受性"指"公众对政策的遵守程度"[③]。他从这两个维度出发，提出了二者与公民参与程度的关系："对政策质量期望高的政策问题，在制定过程中对于公民参与的要求就小；而对政策接受性期望要求高的政策问题，在制定过程中对吸纳公民参与的要求程度和分享决策权力的需求程度就大；如果在政策制定过程中对这两种需求都很强时，就将决策推向一种平衡境地，要求在增强公民参与或限制公民参与等不同观点间寻求一种平衡。"[④]

朱伟基于洛维"政策决定政治"的理论假设，提出"不同政策类型导致了官员、专家、公众三者在政策制定过程中权利配置、参与时机与手段等方面存在差异"[⑤]。他认为在不同类型政策的制定中，代表政府的官员、代表专业技能的专家和代表民意的公众三者的功能、地位与作用也存在着相互消长

---

　　① ［美］约翰·克莱顿·托马斯：《公共决策中的公民参与》，孙柏瑛等译，中国人民大学出版社 2014 年版，第 29—30 页。

　　② ［美］约翰·克莱顿·托马斯：《公共决策中的公民参与》，孙柏瑛等译，中国人民大学出版社 2014 年版，第 34 页。

　　③ ［美］约翰·克莱顿·托马斯：《公共决策中的公民参与》，孙柏瑛等译，中国人民大学出版社 2014 年版，第 30 页。

　　④ ［美］约翰·克莱顿·托马斯：《公共决策中的公民参与》，孙柏瑛等译，中国人民大学出版社 2014 年版，第 30 页。

　　⑤ 朱伟：《民意、知识与权力——政策制定过程中公众、专家与政府的互动模式研究》，南京大学出版社 2014 年版，第 120 页。

的关系。他从托马斯所提出的两个维度出发，综合政策的公共性和合理性的目标，确立了政策分类的两个维度：政策的公众接受度要求和政策的专业技术要求。

"公共政策的公众接受度是指公众对于政府出台政策的了解、认可程度。"[①] 面对同一个问题，不同的人因利益诉求不同，受到的政策影响也不同，都会影响其意见的立场和对政策的态度。因此，政府、公众和专家对于同一项公共政策会表现出不同的接受态度，需要在三者之间均衡利益，才能使政策得以顺利实施。"尤其是当决策执行过程特别依赖公民接受政策的情况下，吸收公民参与决策制定就显得非常重要了。"[②] "专业技术性要求"指公共政策在制定过程中对知识、技术专业性、科学性、规范性的要求。专家是运用专业知识影响决策的特殊政策参与者，是满足政策对"专业技术性要求"的主要力量。随着决策科学化、民主化在我国政治体制改革中的推进，专家在我国生态环境治理、教育科技发展、医疗体系改革等众多关系经济、民生的决策过程中的作用已经越来越重要，他们已成为政府决策中一种独特而不可或缺的力量，是保证政策规范、合理、科学的智力支持。由于专家的特殊行政身份，他们的行动模式和策略选择与政府官员、企业家、非政府组织、公民等其他政策参与者相比有很大的不同。[③]

朱伟将政策的公众接受度和专业技术性作为两个基准维度，以对公众接受度要求的高或低、对专业技术性要求的高或低为标准，按照官员（政府）、公众、专家在政策制定过程中的不同作用以及政策对三者的不同诉求，将公共政策分为四种模式：价值主导型模式、理性主导型模式、多元平衡型模式和自主决策型模式。

---

① 朱伟：《民意、知识与权力——政策制定过程中公众、专家与政府的互动模式研究》，南京大学出版社 2014 年版，第 123 页。
② ［美］约翰·克莱顿·托马斯：《公共决策中的公民参与》，孙柏瑛等译，中国人民大学出版社 2014 年版，第 39 页。
③ 朱旭峰：《中国社会政策变迁中的专家参与模式研究》，《社会学研究》2011 年第 2 期。

2. 公民参与问题研究的兴起和发展

自 20 世纪 60 年代，国外学者开始将公民参与纳入公共政策领域进行研究，此后，公民参与的问题受到越来越多学者的关注。至 20 世纪 80 年代，公民参与已成为公共政策和公共行政学科讨论的热门主题，正如托马斯所说："将公民参与作为现代公共管理不可分割的有机组成部分是一个比较新的思想或观念，是 20 世纪末叶的管理创新。"[①] 进入 21 世纪后，随着网络的发展和社会环境的变化，学者们的注意力集中在公民参与新特征及相关问题的研究上。

（1）研究的兴起——公民参与的价值研究

20 世纪 60 年代是公民参与研究的兴起阶段，此时国外学者的焦点集中在对公民参与公共决策的价值研究方面。伍罗德·威尔逊（Woodrow Wilson）与罗伯特·B. 登哈特（Robert B. Denhardt）的针锋相对代表了这个阶段相互对立的观点。以伍罗德·威尔逊为代表的学者倡导精英理论，他们认为公民不具备参与公共决策的专业知识和技能，若公民大规模的参与公共决策，则会增加行政成本、降低行政效率。不过威尔逊肯定了公民的监督作用，他认为公共舆论能够起到监督政策实施的作用，是必不可少的。他指出："无论是在政治还是在行政方面，为了对制定基本政策这一更为巨大的力量进行监督，我们必须让公共舆论起权威性评判的作用。"[②] 以罗伯特·B. 登哈特为代表的学者倡导"参与式民主"和"新公共服务"，登哈特提出："未来的公共组织将以公民对话协商和公共利益为基础，并与效率和生产力充分结合。"[③] 她把公共利益看作是一种所有公民能够且必须参与其中的共同事

---

① ［美］约翰·克莱顿·托马斯：《公共决策中的公民参与》，孙柏瑛等译，中国人民大学出版社 2014 年版，第 2 页。

② 彭和平、叶舟：《国外公共行政理论精选》，中共中央党校出版社 1997 年版，第 19 页。

③ 李礼：《批判的公共组织观——简评登哈特的〈公共组织理论〉》，《东南学术》2009 年第 6 期。

业，公民能够通过积极的方式表达自己的利益和相关诉求，以此对公共政策的制定施加影响，公民是公众决策的参与人，是作为政府进行公共公管理的重要合作对象而存在的。尽管两派的观点有不同之处，但分歧多存在于公民在公共政策过程中价值、作用的大小与方向的不同，对于公民影响公共政策的趋势都作了充分的肯定。

（2）研究的发展——公民参与的模型建构

随着研究的深入，国外学者突破了对公民参与必要性、可能性的探讨，开始了对参与的方式和过程模式的探索。20世纪七八十年代，随着新公共管理运动的兴起，一种新型的社会管理模式应运而生，即政府——社会组织——公民三者互动的管理模式，"这种管理模式实现的前提条件是必须有公民的积极参与"[①]。一些学者开始关注公民参与公共政策的技术，并将公民对参与技术的选择作为构建公民参与模型的重要依据。

1969年，学者谢莉·R.安斯汀（Sherry R.Amstein）在其论文《市民参与的阶梯》中提出了八种层次的公众参与类型模式，将公众参与的程度分为：操纵、引导、告知、咨询、劝解、合作、授权和公众控制，其中"合作""授权"和"公众控制"指参与者在知情权得到保障的情况下，全程参与政策的制定，并发表看法，就参与内容与政府共同决策。此后，国外学者开始了对公民参与模型的建构，其中影响较大的是詹姆斯·克雷顿（James L.Creightton）按参与目的分类的模型、约翰·克莱顿·托马斯（John Clayton Thomas）的有效决策参与模型和劳伦斯·沃特斯（Lawrence C.Walters）的问题参与模型。

詹姆斯·克雷顿将公民参与的技术按参与目的分为两大类：信息交换的技术和公民参与的技术。克雷顿强调信息交换在公民参与中的重要性，

---

① 李政：《新公共服务视角下公民参与模式研究》，博士学位论文，湘潭大学，2009年。

认为帮助公民获得信息也是公民参与不可分割的一部分。[1]约翰·克莱顿·托马斯在其有效决策参与模型中为公共管理者提供了五种可供选择的决策方式:自主式管理决策、改良的自主管理决策、分散式的公众协商、整体式的公众协商、公共决策。其中,自主式管理决策和改良的自主管理决策是管理者不考虑公民接受性的自主决策,而另外三种方式是与公民共同决策的方式,公民的参与并不会给政策质量带来威胁,相反,有序的公民参与会促成决策的高效和政策执行的成功。由此,他提出了公民有效参与公共决策的模型。劳伦斯·沃斯特等人将公民参与公共政策的目的概括为发现、教育、测量、说服、合法化五种,并与其他学者一起将公共政策过程划分为问题界定、明确评价标准、产生备选方案、评估备选方案、产生推荐方案等五个发展阶段。他们认为在政策分析中,秘密专家分析代替了公民讨论的实施损害了民主制度或民主过程,把决策权力交给行政机构的做法与民主化价值或多元主义不符,[2]公民参与技术的选择应当依据公民参与的目的和公民参与问题的特征来决定,这样才能使公民参与到整个复杂的公共政策过程中。

(3)研究的前沿——网络时代公民参与的新特征

近年来,随着网络与新媒体的迅猛发展,国外学者也将研究焦点集中在新媒体视阈下公民参与公共政策的新特征研究上。美国学者罗伯特·奥尔(Robert Orr)基于拉斯韦尔的传播学框架撰写了《社交媒体的政策科学》一文,提出了拉斯韦尔关于政治精英与知识精英的合作可能性的见解也预测了社交媒体时代政府吸收创新人才与新媒体的使用者进行合作的状况,他肯定了社交媒体平台为代表的新媒体对于促进公民参与的价值,同时也认为公民通过

---

[1] 陈芳:《西方公民参与策略的模型及其检验》,《东南传播》2011年第3期。
[2] 陈芳:《西方公民参与策略的模型及其检验》,《东南传播》2011年第3期。

新媒体不仅能够得到公共决策，同时也能影响公共决策。①

　　国外学者在探讨新媒体对不同类型的公共政策决策过程的影响及效果时，更多地将研究重点置于公民在某一类具体的公共政策产生过程中的参与及对公共政策结果带来的影响上，包括医疗政策、文化教育政策、环境保护政策等。例如，2012年，英国学者理查德·韦勒（Richard Weller）在针对英国健康与福利委员会出台的《健康与社会关怀法案》进行研究时，认为该法案虽然设有论坛并汇集了专家和多方利益相关者的意见，但在很大程度上忽视了体育锻炼在人类健康福祉中的重要性，因此，他们采用博客、推特、在线投票、电子邮件等新媒体手段激发公众对政策的参与度，推动着健康生活方式的议题加入政策的设计中，最终促成了强调体育锻炼重要性的《赫特福德郡新疆康与福利政策2013—16》。他通过研究表明："新媒体可以作为有力的信息扩散与讨论的平台，促进公共政策的完善。"②

　　国外学者在肯定新媒体推动公民参与公共政策的积极作用时，也针对其引发的新问题进行研究。凯瑟琳·蒙特戈莫里（Kathryn Montgomery）在其著作《年轻人与数字媒体：一种政策研究议程》中探讨了新媒体的利弊和责任，提出当前需要一种全面深刻的政策议程，这种政策议程能起到促进新媒体发挥其有利的一面，使其对青少年的不利影响最小，而这种政策议程需要专注的、高质量的政策研究等条件才能实现，并指出青少年应当被鼓励参与公共讨论并通过新媒体发声，新媒体应当在青少年教育、健康等方面扮演正面的角色。③

　　在当前的研究中，国外学者着重于政府主动发起的、自上而下的公民

① 金璐婷：《新媒体视域下我国环境决策中的公民参与研究——以垃圾焚烧发电厂选址决策为例》，博士学位论文，华东师范大学，2015年。
② 王国华等：《新媒体与政策研究的现状与展望——以SSCI数据库为样本》，《情报杂志》2013年第10期。
③ 王国华等：《新媒体与政策研究的现状与展望——以SSCI数据库为样本》，《情报杂志》2013年第10期。

参与公共决策活动，对于公民自下而上地利用新媒体参与公共决策的活动的相关研究却较少。

与国外研究相比，国内对于公民参与公共政策的研究起步较晚，自20世纪90年代起，随着我国行政决策模式的转型，也相继出现了较多的论文和著作，主要集中于参与主体、参与形式和参与的意义和价值的研究等方面。近年来，随着新媒体的发展，学者的研究主要集中新媒体在公民参与公共政策中的作用以及构建新媒体环境下公民参与公共政策的模式研究上。

随着研究的深入，研究的重点较多地集中于构建新媒体环境下公民参与公共政策的模式。邓喆基于阿尔蒙德的政治文化理论，以民意表达中的认知、评价和感情因素为维度，构建出网络民意表达的停顿模式、正倡议模式、建言模式、负倡议模式、围观模式、排外模式、服从模式、附和模式等，肯定了民意正面表达模式的重要意义，提出加强民众的政治认知水平对民意正面表达的作用。[①] 王法硕通过对公民网络参与公共政策过程的途径和阶段的考察，提出了公民网络参与公共政策议程模型、公民网络参与公共政策方案模型和公民网络参与公共政策执行模型。[②]

第二节　我国行政决策模式的转变与公民参与的提升

中国共产党第十八届三中全会首次提出"治理体系"和"治理能力"的概念，并将"推进国家治理体系和治理能力现代化"作为全面深化改革的总目标。从管理到治理，虽一字之差，却有着根本的区别。其最大的区别在

[①]　邓喆：《网络民意表达模式辨析》，《华中科技大学学报》（社会科学版）2014年第3期。

[②]　王法硕：《公民网络参与公共政策过程研究》，上海交通大学出版社2013年版，第237—240页。

于，管理只有政府一个主体，而治理是多主体的，广泛参与的。就行政决策模式而言，也从管理主义模式转变为参与式治理模式。①

1. 行政决策模式的重大转变

"决策"一词最早出现于战国时期的《韩非子·孤愤》："智者决策于愚人，贤士程行于不肖，则贤智之士羞而人主之论悖矣。"指为解决问题所做的行为设计和抉择过程。"行政决策"是指行政机关和行政领导在处理政务时，从公共利益和公平公正原则出发，所做出的决定性的行政行为，它是一种行政机关为履行行政职能所做的行为抉择过程。"行政决策"的理论形成于20世纪三四十年代，美国学者卢瑟·古立克（Luther Gulick）在其著作《组织理论》一文中提出决策是行政的主要功能之一，此后美国学者切斯特·巴纳德（Chester I. Barnard）在《行政领导的功能》一书中提出行政决策是实现组织目标的重要战略因素。1947年美国管理学家赫伯特·西蒙（Herbert A. Simon）在其著作《行政行为——行政组织中决策过程的研究》中第一次系统地提出了决策理论。西蒙在其理论中将决策定义为管理的中心，突出了决策在管理中的地位和作用，认为行政决策是实现组织目标的重要战略因素，他提出了"管理就是决策""决策贯穿于管理的全过程""任何作业开始之前都要先做决策""制定计划就是决策""组织、领导和控制也都离不开决策"等观点，对后来行政决策理论的发展有着深远的影响。

我国的行政决策模式长期以来实行的是管理主义模式，是计划经济时代的直接产物。王锡锌从7个方面总结了这种模式的特征：（1）在理念上，行政机关被视为公共利益的代表，而公众或个人被视为具体利益和个别利益

---

① 王锡锌、章永乐：《我国行政决策模式之转型——从管理主义模式到参与式治理模式》，《法商研究》2010年第5期。

的代表。前者居于管理的主体地位，后者居于管理的客体地位。（2）在组织结构上，行政决策的组织结构是金字塔式的官僚科层制的体现，决策目标来自上级，然后层层下达。（3）在议程设置上，一般是由行政机关及其智囊团体主导议程设置，公众在程序和结果上均缺乏有效的影响力。（4）在信息的获得和流通上，决策者一般通过自主调查和咨询的方式来获得决策所需的信息，公众处于被咨询的地位；没有可靠的程序来保证公众自主提供的信息能够获得决策者的回应。（5）在利益的代表和表达渠道上，公众的利益通常被要求通过指定的渠道加以代表和表达。（6）在对政策的接受上，行政机关往往通过政治动员和社会动员的方式来塑造公众的政策偏好。（7）在政策的反馈和纠错机制上，反馈和纠错机制比较薄弱。[①]

随着市场经济的引入和推进，利益多元化的趋势越来越经常且显著地凸显出来，政府越来越强烈地意识到已经不可能通过自己的行动解决所有问题了，公众的利益表达能力、政策判断能力和行动能力得到锻炼和增强，政治体制改革势在必行，其目标就是扩大公民的政治参与。党的十五大报告中首次提出了"逐步形成深入了解民情、充分反映民意、广泛集中民智的决策机制，推进决策科学化、民主化，提高决策水平和工作效率"。此后的历次党的代表大会都强调了公民参与政策过程的重要性。一系列重要的体制规定和实践，"加速了封闭的行政决策管理主义崩解"[②]。进而走向行政决策的参与式治理模式。

按照全球治理委员会的定义，治理就是各种公共的或私人的个人或机构管理其共同事务的诸种方法之总和。这是一个使相互冲突或不同的利益可以得到调和并且可以采取合作行动的持续的过程。治理的过程不是单向的

---

①　王锡锌、章永乐：《我国行政决策模式之转型——从管理主义模式到参与式治理模式》，《法商研究》2010 年第 5 期。

②　王锡锌、章永乐：《我国行政决策模式之转型——从管理主义模式到参与式治理模式》，《法商研究》2010 年第 5 期。

指令和控制，而是双向和多向的协商和协调，通过相关多方的持续的互动，增加共识，增进公共利益。那么，参与式治理的行政决策模式就是多元主体参与政策过程的决策模式。在这种模式中，公共利益不是由政府闭门认定，而是综合各利益主体的诉求而得出。这种综合的前提是各利益主体的公开表达诉求并得到回应。利益主体的诉求表达并非只是在政策方案草拟阶段提出个人和群体的要求，而是持续性地表达意见，以期影响政策过程的每个阶段，并最终影响公共政策。与管理主义决策模式不同，参与式治理决策模式中，政府不再是唯一的主体，公众也是决策的主体，他们不只是被咨询的对象，而且新媒介给他们提供了每个人自由表达诉求的平台保障，每个人的意见表达都有可能影响政策进程和政策结果。由于历次党的代表大会都提出了扩大公民政治参与的决策民主化的目标，因而为参与式治理的决策模式提供了制度保障。公众的利益不再像以往那样只能被代表和表达，而是自主地直接表达，无论是共同的利益还是个人的诉求都能得到充分的呈现，并直接到达作为决策者的政府部门的手中。公众不仅对政府提出的政策预案表示支持或反对，而且由于互联网提供的技术平台为民意表达和汇聚提供了便利，民意汇聚的压力有利于促进政策议程的形成和调整。这种意见的自主和直接表达贯穿于整个政策过程，因而公众与政府的互动会持续于政策过程的每一个环节。这种互动既有利于决策者充分地了解民意，让政策方案尽可能全面地整合和体现民意，在政策内容的科学性和运行的规范性出现偏差时因反馈及时而能得到纠错，也有利于政策的阐释充分而易于接受。

行政决策模式的转变意味着公民参与的全面提升。这种参与不是停留在观念意识层面，而是体现在实实在在的行动层面。大到全国性的宏观政策，小到社区治理的微观政策，政策过程的每一个环节都能看到民意民智的充分表达和深刻影响。

2. 公民参与政策过程的阶段变化

在互联网普及之前，公民参与公共政策过程是通过报纸、电台、电视台等大众媒介实现的，因而实际上是大众媒介参与公共政策过程。总体说来，大众媒介参与公共政策过程主要体现在发现并聚焦社会问题、搭建公众意见平台、公开决策过程、公开和宣传政策、监督政策运行、反馈政策运行信息等。随着互联网的迅猛发展和新媒体时代的到来，公民参与公共政策的行为和方式也表现出了时代特有的样态。

随着以互联网为代表的新媒体的普及，公民参与公共政策的意愿逐渐增强，参与公共政策过程越来越广泛而深入，参与的方式和环节较之以往更为自主和丰富。从公民的参与方式来看，一方面，公民表达意见渠道更广阔，论坛、社区、社交软件所形成的"圈""群"等都成为公民表达意见、参与政策过程的平台；另一方面，公民参与的方式也逐呈现出新的特征，移动互联网让网民随时随地表达意见成为现实，"指尖表达"成为公民参与的新方式，任何政策都可能成为网民的意见对象，与此同时，网络加速了民意的扩散和汇聚过程，进而放大了对决策者施加的压力。从公民参与公共政策的环节来看，随着行政决策的规范化和法制化的推进，决策的过程不断得到完善，原有政策的输入、转化、输出的环节被注入新的因素，输入环节的意见和建议更丰富，有利于政策方案更全面地体现民意，转化环节的"黑箱"可能被打破，参与决策的核心成员可能"不小心"透漏决策过程，输出环节的意见表达也会更充分，民间评估政策效果将成为常态。

3. 公民参与政策过程的能力全面提升

1963 年，美国学者加里布埃尔·阿尔蒙德（Gabriel A. Almond）和西德尼·维巴（Sidney Verba）在《公民文化——五个国家的政治态度和民主制》一书中提出了"公民能力"的概念，并将公民能力划分为公民的主观能力和公民的客观能力。"当官员出于担心不采取行动的后果而采取行动时，我们才认为某个群体是有政治影响力的，并且是决策的参与者之一。如果个人能够行使这样的影响，我们即认为他是有政治能力的；或者，如果他相信自己能够行使这样的影响，那么他就是有主观能力的。"① 这种影响和参与政府决策、参与行政的实际能力是公民的客观能力；而公民对自己影响和参与政府决策、参与行政的能力认知、情感和态度是公民的主观能力。公民参与能力的强弱决定着其参与政策的实际状况。

影响公民参与政策的因素有很多，既包括外部的环境因素，也包括内部的个人因素。从外部因素看，体制和制度环境是影响公民参与政策能力的决定因素，它们决定了公民的政治地位和参与政策过程的程度和可能性，并间接影响到公民所能获取、用于参与政策过程的社会资源的数量和合法性。从内部因素看，公民所具有的观念、知识、技能的状况与其参与能力息息相关。

我国民主化进程的加速为公民参与公共政策过程能力的提升提供了有利的外部条件。首先，我国的宪法和行政法体系的相关规定都给予并保障了公民参与、监督等权利，随着我国依法治国进程的推进，政府越来越重视宪法和法律的权威性，公民参与公共政策的权利也得到了重视和落实。其次，从党中央提出"推进国家治理体系和治理能力现代化"的总目标到建立参与式治理的决策模式的具体实践，各级政府逐步转变治理的理念，通过制度保障公民参与政策的权利，提供公民在政策各阶段参与的渠道并不断建立和完善民意表达——吸取——反馈的系统。

政治素质和文化素质是制约公民参与政策能力的内部因素，主要表现为公民意识和公民的科学文化素质两个方面。公民意识是指公民个人对自己

---

① ［美］加布里埃尔·A.阿尔蒙德、西德尼·维巴：《公民文化——五个国家的政治态度和民主制》，徐湘林等译，东方出版社 2008 年版，第 169—170 页。

在国家中地位的自我认识，具体表现为公民作为国家政治、经济、法律等活动主体的一种心理认同与理性自觉，从参与公共政策的角度来说，公民意识体现在公民参与政策的需求和自觉性上。我国的公民意识比较薄弱，这是由于中国传统政治文化中的落后思想的深远影响和"官本位"观念长期作用所带来的结果。改革开放和政治体制改革为公民意识的提升营造了良好的政治环境，公民的主体意识、自主意识、平等意识、自由意识得到了普遍的提高。同时，随着网络和新媒体的发展，公民参与公共政策的机会增加、"门槛"降低，进一步促进了公民意识的提升，这也为公民参与公共政策能力的提升奠定了思想和实践基础。公民的受教育程度、科学素质等综合体现出的公民科学文化素质的提高，是进入政治和行政领域的公民自觉、自主地参与政治活动，进行利益表达，切实履行政治权利与义务的前提和条件。[①] 它直接决定着公民参与方式的正确性和参与的有效性。随着改革开放和教育体制改革，我国公民的受教育比例迅速增长，科学素质得到了显著提升，使公民参与政策更具理性和技巧，提高了其参与政策的能力。

第三节　公民参与公共政策的一般模式

公共政策是针对公共问题所制定的对策，当公共问题的积累带来普遍、严重的社会影响时，公众就会通过各种渠道和方式推动全社会关注这些问题，并通过多种方式引起政府的注意和重视，促使政府将这些社会问题提上议事日程，这时，公共政策进入议程设置阶段。在这一阶段中，公众、专家和政府三者出于自身利益的考虑将会寻找表达和发声的机会以影响政策的制定。在进入政策议程阶段后，政府通常会通过网络、信件、座谈会等方式征

---

① 孟凯、石路：《公共行政决策中的公民参与能力》，《新疆师范大学学报》(哲学社会科学版)2014年第10期。

集民意，以达到充分了解问题、平衡各方利益的目的。当政策制定完成后将进入执行阶段，在这个阶段，公众会寻找渠道根据对政策或政策执行中存在的问题表达意见，政府也利用网络、咨询会等方式获取公众对政策的意见和建议，并会针对公众的意见和政策执行效果对政策进行评估、修改和调整。政策的制定过程是社会问题积累引起政策进入议程、设计、制定、执行、评估的过程，公众会根据自身利益在政策制定的每一个阶段进行不同程度的参与，这也是公民参与公共政策过程的一般模式。

1. 公共问题的积累与民意的形成

1965 年，美国学者伯纳德·亨尼西（Bernard C. Hennessey ）在其著作《民意》一书中，将民意界定为"具有相当数量的一群人针对重要议题表达其复杂偏好的综合"[①]。这一界定指出了民意的两个构成要素：群体偏好的综合和一定规模的主体支持。民意是公众对社会问题的看法、意见和建议的综合表达。赫泉玲将民意的产生分为四个阶段：议题发布、观点论辩、意见聚合、民意形成。[②] 其中，议题的发布指社会问题成为公共议题的过程，这个过程包括了三种情况，第一，社会问题的积累引起公众的广泛关注，成为公众议题；第二，由于政府信息传递的不通畅或公众出于自身知识的不足，未引起对相关问题的关注，此时，"意见领袖"即二级传播理论中的"中间人"凭借自身的专业知识和公共精神，将加入自己见解的社会问题发布到网络中，使之成为公众议题；第三，政府信息的发布引发公众对社会问题的重视和讨论，是指成为公众议题。在观点论辩的过程中，多数公众处于围观和观望的态度，少数的公众由于信息掌握充分，又有自己的立场，故而会在论

[①] Bernard C. Hennessey, *Public Opinion*, Belmont: WadsworthPublishing Company, 1970, pp.24—25.

[②] 参见赫泉玲、肖剑：《网络民意的形成机制及其理性表达的引导策略》，《情报科学》2013年第 4 期。

坛、微博等互动性比较强的网络场域中展开论辩。[①]公众会根据自身利益衡量论辩双方的观点，持同样观点的人会逐渐聚合，观点的差异减小。在意见聚合阶段是公众根据"沉默的螺旋"使自身所坚持的观点趋于达成一致的阶段，在该阶段中主流意见形成并聚合少数意见。在民意形成阶段中，网络议题会通过主流媒体进入公众视野，当网络议题最终被引入主流媒体的门户网站之后，真正的民意便进入最终的形成阶段。[②]

2. 民意进入议程设置的方式

并非所有的社会问题都能进入政府决策议程，只有小部分被公共决策者所关注，进入政策议程的社会问题成为民意对象，民意才能对公共政策形成影响。因此，民意必须进入议程设置才能发挥作用。进入议程设置的方式有以下两种：

官方渠道，指民意自上而下地进入议程设置的方式。这种民意进入议程设置的方式分为三种情况：第一，民意被政府采纳，这种采纳是由于民意在政府舆情监测的中被及时发现并予以关注，政府将其纳入政策制定的议程中。第二，民意通过制度型参与被采纳，民意通过人大、政协等线下的形式及政府论坛等线上的形式得以凸显，引起政府的注意，被主动纳入议程。第三，政府在制定公共政策前，主动广泛征集民意，在这种状况下，民意直接进入议程。

民间渠道，指民意自下而上地进入议程设置的方式。民意通过网络扩散、发酵后引起较大的社会影响，引发官员重视和注意，将民意纳入议程设置中。2009年9月中旬，公众"kingbird"根据报道"番禺垃圾焚烧发电厂

---

① 赫泉玲、肖剑：《网络民意的形成机制及其理性表达的引导策略》，《情报科学》2013年第4期。

② 赫泉玲、肖剑：《网络民意的形成机制及其理性表达的引导策略》，《情报科学》2013年第4期。

将在完成环境影响评估后立即动工"发现番禺垃圾焚烧发电厂选址的事件，而选址地附近的居民一无所知，"kingbird"通过 QQ 群等网络方式迅速扩大了此事的影响力，广州主流媒体《新快报》和《南方都市报》也对此作了密切的关注和报道，使得事件的社会影响不断扩大，引发了线上与线下的反建、示威等活动，使民意强势进入决策议程，最终停止了该项目。

3. 政策设计、制定阶段的公众参与方式

政策的设计、制定阶段是政策的形成过程，相比较于民意进入议程设置的特点，这个阶段民意的重点不仅在于对利益的诉求上，而是需要通过具有专业性、可行性的建议推动政策的设计、制定和选择向民意诉求方向靠近。利益诉求的表达同样是这个阶段民意表达的重要内容，其目标是这些诉求能影响到政策方案的设计。然而，到了这个阶段，民意表达更注重政策建议的专业性和科学性。

如何设计政策方案，并非人人都能提出有价值的意见和建议。如果说在社会问题进入政策议程阶段，人们可以充分地表达自己的利益诉求，以期决策者在制定方案时能充分考虑到不同群体的利益，力求更大程度地保证政策的公平性，那么，到了政策设计阶段，政策设计的专业性和科学性就必然成为更为迫切的目标。这种专业性体现在既要确保政策的公平性，又要确保政策的科学性和持续性。因此，在这一阶段，掌握信息和专业知识更强的人开始掌握话语权。民意的"中间人"往往是信息的掌握者，而民意形成中的"意见领袖"往往是专业知识的掌握者。在政策设计、制定的阶段，民意能够突破官员和官方智库专家的局限性，更多分散于各处的民间智库里的专家则可能提供更多的信息、更广阔的视野和更充分的专业论证，这样有助于提高政策的科学性、合理性及平衡性。

在政策制定阶段，人们关注的焦点集中于政策制定的程序是否规范。哪些人参与政策制定、决策者是否受到利益集团的利益绑架、是个人说了算

还是经过充分讨论投票决定等，都成为公众关注的重点。如果在这一过程中有参与决策者爆料其中的不规范问题，必然引起民意沸腾。此时的民意表达实际上发挥着舆论监督的作用。例如 2009 年番禺垃圾焚烧事件中，正是网友爆料的市领导与垃圾焚烧集团存在利益关联，使网络舆论被迅速扩大、扩散，引起了公众更大规模的关注、讨论，成了"观点互动过程中影响舆论发生转变的关键意见"[1]。这种关键意见能够强化网络舆论的力度，影响和引导民意，正是这种舆论压力成为政策形成和改变的关键力量。

4. 政策实施、评估阶段的公众参与方式

公众是政策实施的对象、政策执行的保障，也是政策可行、科学与否的检查者。托马斯指出，"让公众参与决策过程的主要目的是为了增强公众对决策的可接受程度，尤其是当决策执行过程特别依赖公民接受政策的情况下，吸收公民参与决策制定就显得非常重要了。参与增加了公众对决策接受的可能性，也通过培养公民的决策'所有权'意识，增强了决策执行成功的可能性"[2]。所以在政策的实施阶段民意的参与同样重要。在这个阶段中，公众会根据政策实施状况汇聚新的意见，而政府也会倾向于利用不同渠道了解民意，以保证政策的顺利和继续推进。民意在政策实施阶段的参与主要表现为对政策效果的反馈和提出新的修改意见。

政策的评估是对政策效能的评价。政策效能的测评理应由政策作用对象全面参与，公共政策的作用对象就是广泛的公众，他们对政策的效果有最深切的体验。公众参与政策评估的方式主要是根据自己的日常生活体验评价政策的合理性，为政府提供政策执行效果信息以及政策修正的合理化建议。

---

　　① 谢新洲等：《互联网等新媒体对社会舆论影响与利用研究》，经济科学出版社 2013 年版，第 119 页。

　　② ［美］约翰·克莱顿·托马斯：《公共决策中的公民参与》，孙柏英等译，中国人民大学出版社 2014 年版，第 39 页。

在这个阶段中，公众会根据政策实行中的具体问题形成新的民意，促进政策的调整、修改和完善。

第四节　公共政策的类型与公民参与的差异性

朱伟在其研究中将公共政策分为四种模式：价值主导型模式、理性主导型模式、多元平衡型模式和自主决策型模式。本研究借鉴此分类，对不同类型政策中公民参与的差异性进行探讨，特别是针对当前网络环境中公众参与政策的新特点进行分析。由于自主决策型模式不涉及公民的参与，因此不在本研究的讨论范围内。这里，我们只是从总体上对公共政策进行分类，而且政策类型不同，公民参与的内容和方式也会有所不同。

1. 价值主导型政策与公民参与

价值主导型模式指政策具有高公众接受度和低专业性的特征，即这一类政策对专业知识和技术的要求不高，却与公众的关系密切。从政策形成的过程来看，首先，进入议程的问题与公众有直接、密切的利益关系，公众有参与政策的意愿和热情，他们可能会成为问题进入政策议程的有力推动者。一项政策引发的利益冲突、一次偶发的公共事件，都可能引起强烈的民意震动，有时甚至从线上的热烈讨论发展为线下的冲突事件，给决策者形成强大的舆论压力，成为推动政策议程的触发点。其次，政策的设计、选择与制定不需要高深的专业知识，因此，专家在这个过程中的作用较小，"此模式的政策制定的关键在于在官员管理经验的优势之下促成公众间共识的达成"[1]。而普通公众则从自身的利益出发，为政策设计提供丰富的民间智慧。由于

---

[1]　朱伟：《民意、知识与权力——政策制定过程中公众、专家与政府的互动模式研究》，南京大学出版社 2014 年版，第 126 页。

政策内容与每个人的日常生活密切相关，生活体验所积累的感受、经验使得他们对政策的公平性、科学性有独立的思考，一旦遇到公开征集意见的时机，其对政策方案的建议便喷涌而出。民意和民智在这一阶段体现得最为充分。在政策的实施和评估阶段，公众会根据政策效果积极参与政策的反馈，促进政策向自己利益倾斜。在政策的评价中，公众一般会根据政策变化对自身利益增减或横向比较是否公平的体验进行评价。这种评价较为直接，也具有说服力。在这种模式中，公众接受度的高低对政策推行的影响很大，因此，政府的作用是"调和公众多元利益取向与差异性价值偏好"[①]。

《广州市停车场条例》即属于这一政策类型（将在下一章专题讨论）。小区停车场收费管理政策的变化直接关系着一个地方所有居民的利益调整，因而备受关注。在价值主导型模式中，由于政策问题与每个人日常生活保持着高度紧密的联系，因而相关议题在各个网络社区一直保持着高热度的讨论状态，公众参与度非常高。正是各个居民住宅小区业主对政府放开价格行为造成影响的严重不满，带来了网络民意的汇集并引发了居民线下抗议行动，引起了政府部门的注意，促使相关政策问题强势进入公共政策议程。这是一种自下而上的方式。而到了政策方案形成和选择阶段，则是自上而下和自下而上两种方式的结合。一方面，政府主动征集民意和举行听证会，是一种自上而下的方式；另一方面，自政府提出将在一定时间内制定相关政策开始，公众便自发地在各个网络社区留言评论，发表对政策方案的意见和建议，这又是一种自下而上的方式。

2. 理性主导型政策与公民参与

理性主导型模式指政策具有低公众接受度和高专业性的特征，即这一

---

① 朱伟：《民意、知识与权力——政策制定过程中公众、专家与政府的互动模式研究》，南京大学出版社2014年版，第126页。

类政策与公众的利益联系并不明显，却对专业知识和技术的要求高。从政策形成的过程来看，首先，进入议程的问题与公众的关系不密切，这包括两种情况，一种是公众缺乏专业知识，对问题并不敏感；另一种是问题与公众的利益没有直接关系，公众缺乏参与的兴趣与热情。其次，政策的设计、选择和制定需要借助专家的知识、吸纳专家的意见。因此，公众在该过程中的作用很小，不影响政策的平衡性，政策的主体是官员与专家。在政策的制定中，专家设计政策，官员平衡政策。

产业政策、科技政策等类型的政策都属于理性主导型模式类型。例如2017年11月，乌鲁木齐市委办公厅、市政府办公厅联合印发《乌鲁木齐市振兴工业经济17项政策措施》，重点围绕扶持战略性新兴产业、高新技术产业、转型提升产业，以及智慧安防、石油化工、精细化工等绿色环保优势产业制定。工业经济存在的问题并未在短期内与公众有直接利益联系，公众由于缺乏专业知识，对问题并不敏感，也缺乏参与的兴趣，因此，这一系列问题进入政策议程是由政府自上而下的行为。在政策制定过程中，由于公众的参与度低，政策的制定是在官员把关、专家建议的形式下形成的。在政策的实施与评估中，其主体依然是专家与官员，政策的实施效果不会直接作用于公众，因此公众的参与度仍旧很低。

当然，某些公共政策在环境发生变化时，类型也会发生转变，例如核工业政策本与公众存在一定距离，但当自然灾害、核泄漏事故发生后，政策环境发生了变化，公众开始关注到这一问题对自身的影响，政策的关注度提高，类型发生转变。[①]

---

① 朱伟：《民意、知识与权力——政策制定过程中公众、专家与政府的互动模式研究》，南京大学出版社2014年版，第127页。

3. 多元平衡型政策与公民参与

多元平衡型模式指政策兼具高公众接受度和高专业性的特征，即这一类政策不但与公众的关系密切，需要考虑到民意的诉求，而且其设计、制定与评估需要依靠专业性的知识和技能。从政策形成的过程来看，首先，进入议程的问题与公众利益有关，多数议题是在政府、公众的共同作用下进入议程的，由于议题与公众的关系密切，因此公众具有较高的参与热情。在政策的设计、制定过程中，不但需要考虑到公众的利益诉求，还需要依据专业的知识，需要调和公众的偏好和技术的理性，政策需要在多元利益间求取平衡。在这个阶段，公众会积极寻求渠道发声，表达利益诉求，而政府官员需要采纳和均衡公众的意见，因此这一类政策的实施需要依靠公众的高接受度。在政策的实施和评估阶段，公众会基于自身利益判断和评价政策并汇集新的民意，专家则会从理性出发评价政策的效果，政府官员需要在公众和专家之间作出协调和均衡，因此，这种政策是公众、政府官员和专家三个主体的互动和博弈过程。

番禺垃圾焚烧厂选址、广州南大干线项目建设等都属于这一政策类型。以广州南大干线项目为例，平南高速项目规划始于 2004 年，用于连通番禺东西走向的城市主干道，该项目进入政策议程是政府和公众共同作用的结果。从政府层面看，平南高速从属于广州路网规划项目；从公众层面看，平南高速的建立可以解决公众长期反映的番禺区的交通不便问题。2006 年该政策进入设计、制定阶段时就因噪音、施工污染、道路走向、收费等问题遭到周围及沿线居民的强烈反对。公众的意见引发环评部门介入，由于环评报告亦迟迟未能通过，该项目就此一直在争议声中搁浅。2006 年 9 月，广州市政府决定停止并注销"平南高速"建设项目，将其原线路规划改为建设快速路"南大干线"，以解决公众提出的相关问题。2015 年 1 月，该项目进行第一次环评公示，专家提议建超短隧道来解决拥堵问题，但雅居乐路段附近业主认为这种方案不但不能缓解拥堵问题，还会带来噪音等污染，业主表示希望采用下沉式长隧道的方式。① 在这个政策的形成中，公众的利益诉求通过多种渠道进行表达，与专家主导的理性意见相互博弈，促使政府不断对政策进行调整，更好地满足公众的利益需求。

① 《南大干线二次环评 番禺业主盼建下沉式长隧道》，见 http://www.cccv.cn/article-10244-1.html。

第八章　价值主导型决策模式下
网络民意的参与机制

价值主导型决策模式具有高公众接受度与低专业技术要求的特征，它与公众利益密切相关、最易引起公众的关注和参与。该决策模式以公共利益为政策的主导，以实现公平为政策追求的目标，公众、政府官员、专家围绕利益和公平参与政策过程。其中，公众以诉求利益为目的参与政策过程，是政策过程的重要主体之一；政府官员作为另一重要主体，在政策过程中承担着汇集、吸取、引导民意、协调各方利益的责任；专家的主体作用主要体现在监督决策、保障政策的公平性、科学性等方面。随着网络的迅速发展，其便捷易操、传播迅速的特性使其迅速成为民意表达的重要渠道，当公众具有了网民的身份，在参与政策的过程中就会受到网络传播规律、作用的影响而具有新的特征。网民在价值主导型决策模式中参与意愿最强烈，意见表达最充分，因而与政府官员、专家的互动也最频繁。

第一节　价值主导型政策的核心诉求：公平性

不同类型的政策有不同的价值诉求。对于价值主导型政策而言，由于此类政策几乎与每个人的利益相关，人们对于此类政策的最大诉求就在于公共利益分配的公平性。公众、政府官员和专家的参与行为和关系构建都围绕于此而展开。

1. 公共利益与社会公平：价值主导型政策的目标

个人的意见表达往往是基于自身状况和价值偏好所提出的诉求，相同利益诉求者会形成利益群体，不同的利益诉求就构成了众多不同的利益群体。但"价值"并非指个体利益，也并非指群体利益，而是指"公共利益"。"公共利益不是个体利益和群体利益的简单相加，也不是超越于一切利益相关者的利益之上的某种神圣的利益，更不是一成不变的；公共利益所反映的是，在多元社会的治理过程中，政府与利益相关者在利益和利益分配问题上所达成的共识。"[①] 个体利益与公共利益、局部利益与社会整体利益将在协商中寻找到平衡、耦合。价值主导型政策在制定过程中需要平衡不同利益主体间的价值偏好和利益诉求，使所出台的政策具有相对的公平性，能够被不同主体所接受。政策的偏向会引起不同利益主体间的矛盾，带来政策推行的困难，引发社会矛盾。

美国学者 E. 彭德尔顿·赫林（E-Pendleton Herring）认为，"'公共利益'是指导行政管理者执行法律时的标准。这是一个词语性的符号，目的在于把统一、秩序和客观性引入行政管理之中"[②]。这一观点表明，公共利益应客观地体现公民个人权利，行政管理者应在法律程序下履行维护公共利益和保护公民个人权利的职能。"尽管任一政府、任一法律、任一政策都不可能满足所有人的利益，但是，在政府运用公权力对利益和利益分配问题做出权威性裁定之前，保证民众和利益相关者享有充分的知情权和话语权，并就相关问题达成共识，是公共利益得以确立的途径，"[③] 也是社会公平得以实

---

① 张成福、李丹婷：《公共利益与公共治理》，《中国人民大学学报》2012 年第 2 期。
② 彭和平等：《国外公共行政理论精选》，中共中央党校出版社 1997 年版，第 58 页。
③ 张成福、李丹婷：《公共利益与公共治理》，《中国人民大学学报》2012 年第 2 期。

现的保障。

美国学者 H. 乔治·弗雷德里克森（H.George Frederickson）提出："社会公平强调政府服务的平等，强调公共管理者决策和项目执行的责任，强调公共管理的变革，强调对公民需求而非公共组织需求的回应。"① 这一观点表明：公共利益不应是由公权力单向界定的，应该给予利益相关者充分的话语权，行政组织应具有开放性、公共性和参与性。在价值主导型政策的制定过程中，"公共政策的决定与执行必须建立在对话、交流、协商的基础之上，这样才能防止公共权力背离公共利益，防止公共利益在强权控制下演变成为特定人群的利益"②，同时也才能更好地体现出公共利益，实现社会公平，进而促进政策的顺利推行。

2. 利益优先：价值主导型政策制定过程中的主体特征

在价值主导型政策的决策过程中，利益是决定政策内容、影响政策制定的主要因素，公众、政府官员、专家三者围绕不同的利益诉求而具有不同的价值体现。其中，公众的价值体现为表达利益诉求，政府官员的价值体现为协调利益关系，专家的价值体现为评估利益分配。

（1）公众：表达利益诉求

在价值主导型政策过程中，公众是政策的重要主体之一，其价值体现为表达利益诉求。由于政策与公众的利益紧密相关且最终会直接实施于公众，因此，公众会积极参与到政策过程中，借助官方与非官方的渠道表达民意、提出诉求。这种意见表达既体现在政策问题形成阶段的利益表达，以期引起政府部门的重视，促使社会问题进入政策议程；也体现在政策方案设计阶段

---

① ［美］H. 乔治·弗雷德里克森：《新公共行政》，丁煌等译，中国人民大学出版社 2011 年版，第 4 页。

② 张成福、李丹婷：《公共利益与公共治理》，《中国人民大学学报》2012 年第 2 期。

的利益表达，以期在政府部门收集、整合和吸纳民意时影响政策方案内容；还体现在政策实施阶段的意见反馈，对政策偏差提出意见，以维护自身利益。

价值主导型政策与公众的利益密切相关，每一项政策的制定和调整都可能影响到公众的生活决策，因而公众对此类政策保持着高度的关注，希望政策制定能整合和兼顾各方利益，包括自己所处群体的利益。利益整合以利益表达为前提，只有便捷畅通的渠道保障了利益诉求的充分表达，多元利益诉求才能被倾听并整合和吸纳。随着社会的发展，新媒体技术手段的普及，公众表达利益诉求的渠道和方式呈现出新的变化。首先，随时随地地表达成为网民的一种生活方式，"有话就说，有意见就提"成为新媒体时代公众意见表达的写照。与以往公众意见表达渠道极为有限不同，互联网发展和新媒体应用为公众表达意见、提出利益诉求提供了新的渠道，官方或非官方论坛、贴吧、QQ群、微信朋友圈等都提供了能够随时表达民意的通道，它让利益诉求的及时表达成为人们日常政治生活的一种常态。凡是与公众利益相关的主题，只要不加限制，都会有网民意见或分散或集中的呈现。同时，新媒体大大加快了民意汇集的速度，使个体很容易在表达诉求的过程中找到具有同样利益诉求的个体并结成利益群体，规模效应使得群体利益表达更易引起官员的注意和重视。其次，随着社会整体知识水平的普遍提高，公众参与政策的有效性不断得到提升。这种有效性既指意见表达的质量，能准确并合理表达个人及群体利益诉求，尤其是基于公共利益审视个人利益诉求的有效表达，也指对政策方案提出建议的科学性。网民的意见表达并非仅限于提出个人利益诉求，而是常常突破个人诉求从公共利益的立场提出完善政策方案的建设性意见，这些建设性意见因其合理性而受到政府决策部门的重视，在很大程度上发挥着"民间智库"的作用。"民间智库"不但起到提供研究公共政策、提出专业性意见的功能，更重要的是它能够代表公众的呼声，促进公共政策的制定倾向于更广泛的普通公众，促进社会公平与正义的实现。

（2）官员：协调利益关系

在价值主导型政策过程中，官员的价值体现为鼓励民意表达和协调利益。官员代表着政府，其参与价值主导型政策的目的是为了让政策体现公共利益的权威性分配，实现社会公平。由于"公共利益是在公共政策和公共行政过程中实现的，体现为现实的利益和利益分配问题，涉及如何处理公私利益之间、不同利益相关者之间、不同群体之间、长中短期利益之间的关系，如何权衡公平与效率的关系"[①] 等，因此，官员需要在涉及公共利益的相关者之间进行取舍和均衡，即在个体、群体、社会、国家之间达到利益的均衡。这就需要官员及时而全面了解和掌握民意。一方面，政府官员要广开言路，让广阔的新媒体平台成为民意表达的平台，政府官员的职能就是及时而全面的搜集遍及网络各处的各类民意；另一方面，政府官员可以设置议题，引导公众集中表达相关意见，集中的时段和集中的平台，有助于不同意见的汇聚和交流，也便于官员收集相关议题的民意。在此基础上，政府官员才能在各不相同的利益诉求中寻找共同的诉求点，协调、平衡各方的利益，最终实现公共利益最大化。

（3）专家：评估利益分配

由于价值主导型政策对专业技术的要求不高，因此专家的作用并不体现在提供知识、技能上，而是更多地体现于运用政策分析和咨询方法辅助决策、监督官员在政策过程中对各方利益的平衡，以保证决策的公平性、合理性和科学性。

在社会问题积累阶段，专家的价值体现在利用自己特有的专业知识来弥补决策者的理性欠缺，协助官员提高对复杂政策问题的分析、理解和决断能力，及时发现、判断社会问题及其影响，为政府提供合理的应对策略，避

[①] 　张成福、李丹婷：《公共利益与公共治理》，《中国人民大学学报》2012 年第 2 期。

免由于对群体利益的忽视而导致社会矛盾激化。在公众的利益诉求得到充分表达之后，专家还协助政府官员对这些政策诉求进行分类，分析其合理性，为政府的政策方案提出设计建议。在政府官员设计出政策方案后，专家需进一步分析评估政策方案是否实现了公共利益的公平分配，以维护政策的权威性。这种评估也具有一定监督意义，"专家参与政策过程可以有效地防止行政决策为特定利益集团或特殊甚至不正当的利益偏好所俘获而无视科学理性"[①]，有助于监督并确保政策过程的科学性、合法性，防止官员滥用权力，避免决策的随意性，有效地阻止不科学、不合法的政策出台。

第二节　全程关注与有效互动：
网络民意的参与机制

在价值主导型决策模式中，公众成为重要的决策主体。由于这种类型的政策以公共利益的公平分配为原则，没有特别专业的技术壁垒，每个人都可能理解政策问题及政策制定和调整会给自己带来的利益变化，因而公众有全程参与的动力和能力。从参与动力来看，价值主导型政策一般与大多数人的利益相关，每个人的生活或工作都可能因政策而受到影响，这足以吸引公众对此类政策关注并参与意见表达。从参与能力来看，价值主导型政策属于高公众接受度而低专业技术要求的政策，对于公众而言，没有太大的理解难度，每个人都可以根据自己对于相关政策议题的理解、从自己的视角发表意见，表达诉求。无论是对现实利益分配不公的批判、对政策方案体现自身利益诉求的期待，还是对决策程序的监督、政策执行效果的评估，公众都有能力或独自发表意见，或参与意见交流，实现价值主导型政策的全程互动。

---

① 张忠：《专家参与行政决策的功能及其实现》，《理论月刊》2013 年第 2 期。

1. 网络民意表达与社会问题的发现和关注

在前互联网时代，社会问题的发现有很大程度上有赖于传统媒体记者的深入调查，记者的报道唤醒了由来已久的社会问题，引发了公众的广泛关注和讨论。人们对那些由来已久且司空见惯的社会问题习以为常，经由媒体报道后才被意识到确实是一个重要的社会问题；有些却是人们已感受到社会问题的存在及其带来的利益不公，但囿于意见表达渠道受限而让其"沉睡"，记者的报道与人们的感受和期待不谋而合，因而能很快得到公众的强烈反响。进入互联网时代，新媒体给每个人提供了主动表达意见的机会，每个人都可能成为社会问题的发现者。这种问题的发现可能是基于网民个体的生活经历和感受，带有一定的个性化色彩，一旦被公开呈现引起更多人的关注和共鸣，就可能成为一种普遍性的社会问题。所以，新媒体打开了社会问题被广泛发现和提出的通道，无论是个人生活遭遇（感受）还是群体面临困境，都可能因为有人主动披露事实和提出问题而进入公众视野，公众的集中关注使之成为一个显性的社会问题。

在新媒体条件下，社会问题进入网民视野、引起网民关注，通常包括以下几种情况：一是某一事件经过网络的传播、讨论逐渐成为引起众多网民关注的公共性事件，成为公众议题；二是公共问题的积累引起网民的不满，一旦有人在网上发文提出问题，迅速引起网民热议；三是政府信息的发布引发网民对公共问题的重视和讨论，通过网络迅速成为公众议题。舆论的压力推动社会问题转化为政策问题，因而无论是爆料事件，还是发表意见，都是网络民意参与的体现。在这一阶段，民意的表达呈现出"反沉默的螺旋"特征。按照德国学者伊丽莎白·诺依曼（Elisabeth Noelle-Neumann）的观点，公共舆论的形成过程具有"沉默螺旋"的特性。即对于有争议的议题，人们会依据自己身边的"意见气候"，判断自己的意见属于"多数意见"还是"少数意见"。若感觉自己的意见属于多数，就可能大胆地公开表达；若感觉自己的意见属于少数，就可能担心被孤立而保持沉默。越是沉默，就越有可能觉得自己的观点不为人接受，就越发保持沉默。几经反复，"优势"意见越发强大，"劣势"意见则越发弱小。然而，互联网改变了舆论的形成过程和特征。"在前网络时代，人们往往会受制于现实环境，如话语权的不平等、表达渠道的不通畅等原因而选择'沉默'，但网络带来更宽广、自由的交流与表达空间，其匿名性使网民在网上交流时很少顾及社会规范的约束以及所承担的心理压力有限，使得他们充分自由地表达自我。"① 在讨论公共议题时，网民通过跟帖、留言、转发等形式来表达自己的立场，由于网民的利益、偏好不同，民意呈现出多元化特征。

要形成有利于广泛发现和讨论社会问题的机制，就是要充分利用新媒体不设门槛的优势，让来自网民的事实信息和意见信息都能充分呈现。要建立和健全相关法规，对于事实的讨论也能理性充分表达，这样才能确保政府决策者对社会问题有一个全面而准确的认识和判断，以决定社会问题是否转化为政策问题、进入政策议程的进程。

2. 意见领袖引导民意汇聚并推动政策议程

在通过网络表达民意的过程中，网民会基于自身利益而形成不同的群体，各群体间通过网络进行观点的论辩。在论辩中，多元化的个体差异将转化为相互间的合作，具有相似利益诉求的观点会逐渐聚合，形成具有代表性的民意。这时，网络民意就具备了参与政策议程的条件和力量。在这一过程中，网络意见领袖发挥了重要的作用。网络意见领袖对社会公共问题的分析迅速引导民意汇聚并推进政策议程。

网络意见领袖往往是一些具有专业知识、信息获取能力和洞察能力的

---

① 王国华、戴雨露：《网络传播中的"反沉默螺旋"现象研究》，《北京理工大学学报》（社会科学版）2010 年第 10 期。

人，他们的意见对于普通网民而言具有引领性的作用。通常，能够提供公共事件发展变化信息与提供政府相关信息、对社会公共问题具有深刻洞见的网民，具备成为意见领袖的素质。在价值主导型决策模式中，虽然政府官员和公众都是政策的主体，公众的意见表达在一定程度上会影响到官员对社会问题的判断和政策方案的设计，但最终的决定权还是在政府官员手里，因此网民中对政府官员的相关态度及计划非常敏感而且能够获取并提供信息的人，就容易引导舆论、获取更多的网民关注，从而成为网络意见领袖。网络意见领袖洞察社会问题的能力，在政策问题上分析能力和与政府对话时的表达能力，使得他们的意见表达往往具有深透性、专业性和前瞻性，因而会获得大量网民信任和依附。

意见领袖往往代表着某一群体的利益，并会与其他利益群体在论坛、微博等互动性比较强的网络场域中展开论辩。在论辩过程中，意见领袖表达观点、提出具有代表性的意见，从而争取更多网民的支持。此时，多数网民处于围观和观望的态度，他们会根据自身利益衡量论辩双方的观点，选择加入的群体。持相似观点的群体会逐渐聚合，使观点间的差异增大。在民意聚合阶段，"沉默的螺旋"又开始发挥作用，使主流意见形成并聚合少数意见，明确了公共利益诉求的方向、强化了民意的力量，使网络民意引起政府官员的关注。

意见领袖凝聚了民意的力量，明确了利益诉求的目标，也对政府推进社会问题转化为政策问题进而推动政策问题进入政策制定的实质性议程形成了一定的压力。在这个阶段，"如果官员不对民意做出反应，民意则会在意见领袖的带动下围绕公共事件形成网络的'舆论场'，'舆论场'是舆论聚集的中心，它具有舆论汇聚、发酵、扩散的功能"[1]。当"舆论场"的功能开始发挥作用的时候，网络民意的影响力迅速增强，就能使官员感受到舆论的压

---

[1]　赵泽洪、陈侨予：《公共决策中网络民意影响力的生成与发展》，《探索》2010 年第 3 期。

力。当官员面对舆论压力仍旧不作出解释和回应时，意见领袖会通过官方或非官方的方式引起官员对社会议题的注意和重视，例如通过"向政府'喊话'"、组织集会等方式扩大影响力，从而促使议题进入议程设置。

公众在这个阶段的网络民意表达主要表现为通过讨论进行汇聚，形成一个个明确的"舆论中心"，虽然其中不乏分歧和冲突，但要求政府尽快制定政策解决相关社会问题的呼声却是一致的。此时的网络民意表达表面看起来是一种自然聚合，实际上意见领袖的引导作用是潜移默化的。如果政府部门有意担当意见领袖，具有天然的优势：掌握全面的社情民意信息、拥有专业人才进行释疑解惑、了解政府的政策安排等。对于来自民间的意见领袖，政府部门也应及时关注其意见表达及其对普通网民意见的汇聚状况，如果出现与事实不符的信息应及时予以纠正，以引导网络民意的理性表达。

3. 网民对政策设计和制定的建议和监督

当政策问题进入政策议程后，如何设计、制定政策成为网民关注和表达民意的焦点。进入政策制定阶段，网络民意的焦点便从引起官员关注、争取问题进入政策议程转变为针对政策的设计提出建议，希望出台的政策能体现自己的利益诉求，体现自己心中的公共利益的公平性分配。

价值主导型政策的低专业门槛为网络民意参与政策制定提供了便利。针对此种类型的公共政策，网络民意的表达有些是政府的政策动议提出之后网民的主动行为，有些则是政府发动意见征集令之后网民的受邀行为。政府拟制定某项公共政策时一般会提出政策动议，有时是表明政府对民意的回应，有时也是在试探民意。试探民意的做法往往是以非正式的方式透露给媒体，民意反对之声若很强烈，就表明了网络民意对政策动议内容的异议和反对，政府就可能以辟谣的方式收回动议。若试探民意时未招致强烈反对，公众发表意见和建议的热情较高，政府就正式发布政策动议。这期间，公众的意见表达主要围绕政策内容的设计如何才能满足自己的利益分配期待而展开，这种期待是基于公共利益的视角对个体或群体利益的合理审视，而不是只盯着自身利益的"漫天要价"。与此同时，伴随着利益诉求的表达，公众还对政策制定提出建设性意见，这些建议包含着丰富的群众智慧。如果政府一旦提出政策动议之后发动意见征集令，犹如决策者吹响了民意表达的"集结号"，公众意见表达的主动性就更为强烈，成为一种有组织的政策诉求表达。在普通公众看来，政府主动征集民意，意味着民意表达影响政策设计的可能性更大，合理建议被政策吸纳的效率更高。

政策设计阶段的网络民意更具理性的特征。与社会问题发现和关注、政策问题进入议程阶段相比，网民的意见已经过了最初的情绪化宣泄阶段而进入理性审视和表达阶段。在这个阶段，政策内容设计需要合理的利益诉求，任何不切实际的情绪宣泄都无助于政策对自身利益的倾斜和保护，唯有合理的利益诉求才能被倾听、被吸纳，进而体现在最终的政策方案中。而价值主导型政策的高公众接受度决定了公共利益易于理解，人们能够容易从公共利益的视角来审视个人和群体利益，因而利益诉求的表达也更合理。同时，因为价值主导型政策所涉利益与每个人的生活体验密切相关，丰富的生活体验和日常交流足以积累丰富的经验认知，找到打开问题症结的钥匙，因而关于此类政策方案设计的民间智慧也最为丰富。

在这个阶段中，网络意见领袖的作用同样不可忽视。当政策进入议程后，意见领袖所承担的责任也随之发生变化，转变为以提供民智支持为主。此时，网络意见领袖可能发生改变，而具备两类特征的人才可能成为这一阶段的意见领袖：一是具有相关专业知识和政策常识的人，相关专业知识能够为公共问题解决提供专业性的建议，政策常识能够使民意中的利益诉求合法、规范地转化为政策内容；二是具有一定现实社会影响力的人，现实社会影响力使得他们能够获得更多与政府对话的渠道，促进民意被采纳。因此，具有一定身份的专家、学者容易成为这个阶段的网络意见领袖。意见领袖的民智支持体现在宏观地考量问题、促使民意表达理性化、政策建议具有可行性、能够体现公共利益等方面，这是民意被官员采纳的前提条件。

在政策的制定阶段，网络民意的作用还体现在监督功能上。"权力和利益会导致腐败，而要加强对权力的监督，群众监督无疑是最有效的。这就为互联网监督权力提供了政治上的合法性和必要性。"[①] "网络因其具有监督主体的广泛性、监督方式的隐蔽性、监督工具的兼容性和监督空间无穷性而能够发挥舆论监督作用。"[②] 网络民意表达对政策制定的监督体现在几个方面：第一，对政策内容的监督，即评价政策方案是否基于公共利益的考量、对利益的分配是否公平等，来源于广泛的网民从不同的角度评价政府提出的政策草案，就是对其内容的合理性进行监督；第二，对决策者及其智库成员的主体身份进行监督，主要是监督其身份的独立性，即评价其与政策对象的利益关联，监督其是否有利用政策为自己谋利的情况。这种关键意见能够强化网络舆论监督的力度，成为政策形成和改变的关键力量。

4. 网民根据利益体验发表政策"民间评估"

在政策实施阶段，网民会依据自身的生活体验对政策进行评估、判断自身利益的得失。价值主导型政策与公众日常利益密切相关，一经执行，每个人的利益得失就能立即得以体现。无须等待官方评估，每个人都是最好的评估者。与官方评估相比，公众对政策效果的"自我评估"是最真实的生活体验，因此，政策一旦开始实施，公众便开始对此进行评价，无须动员，公众已纷纷通过新媒体平台发表因政策带来的生活感受，对政策进行点赞或吐槽。也许这种评估并不完全客观，因为个体的生活体验带有浓烈的个人色彩，个体差异也很明显，但既然此类政策直接作用于人们的日常生活，个人

---

① 纪红等：《互联网的民意表达与权力监督功能》，《湖北社会科学》2010 年第 3 期。
② 韩运荣、喻国明：《舆论学原理、方法与运用》，中国传媒大学出版社 2005 年版，第 93 页。

的生活感受就是重要的评估指标。

如果网民利益诉求未能在政策中得到体现，他们对政策的评估就是负面的，这种负面评价会通过各种新媒体平台得以呈现。此种情况下的网民评估有理性的声音，但更多的表现为负面情绪的宣泄。这与公众对政策制定从期待到失望的心理落差有关。此前的民意征集环节让意见参与者满怀期待，以为合理的诉求能被吸纳，结果最终公布的政策与自己的利益期待差距极大，失望和抱怨的情绪宣泄在所难免。这种对政策的负面评价作为一种反馈意见理应为决策者所重视，它至少表明了政策的接受主体存在着一些不同的评价，如果政策内容确实实现了公共利益的公平分配，理应对网民的意见进行解释和回应；如果政策内容的确存在网民指出的一些不足，理应在后续的修订中进行调整。

如果网民的利益诉求能够在政策中得到体现，他们对政策的评估就是正面的，这种正面评价也会通过各种新媒体平台得以呈现。持正面评价的网民会以理性的方式表达意见，主动阐释政策的正向效应。持这种意见的网民会将关注的重点转至政策实施的规范性和有效性上。一旦政策在执行中发生变形，网民同样会通过新媒体发表意见，以公开表达的方式实现对政策执行效果的反馈。将注意力置于监督政策的实施与考量政策实施效果上，民意的内容会集中在对政策实施过程的反馈和修改意见的提出上，网民会根据政策实行中的具体问题形成新的民意，促进政策的调整、修改。以《广州市停车场条例》政策过程为例，当《广州市停车场建设和管理规定》出台后，广州市人大法制委员会和常委会法制工作委员会通过《广州日报》、《南方都市报》等平面媒体和腾讯大粤网、市人大信息网、广州人大立法官方微信和微博等网络媒体发布公告向社会公开征集听证陈述人，在线观看现场辩论的网友近16万人次，点击量多达1508万，总投票数7.3万次，网友共发表评论1454条。听证会后，网友仍可通过法制工委的邮箱、市人大信息网的立法专版、人大立法官方微信、微博发表意见和评论。广州市政府对民意的引导和采纳使得网民继续将民意集中在理性地提出建议、诉求利益上，促使了《广州市停车场条例》平稳、顺利地出台。

第三节　参与案例分析：网络民意
《广州市停车场条例》制定过程

价值主导型政策类型广泛，城市拆迁、医疗制度、行政收费等均属此类。此类政策的设计并不对专业知识、技能有过高要求，而对公众的接受度有较高要求。在此类政策制定过程中，网络民意表达状况如何？如何影响公共政策？对其进行深入考察，有助于进一步认识此种政策类型和决策模式下网络民意的参与机制。我们选择《广州市停车场条例》，试图通过对此政策过程的剖析，探讨价值主导型政策中网络民意的功能和作用机制。

1. 政策背景

随着社会经济发展水平的提高，我国私家车数量快速增长，停车难成为大、中城市中日趋严重的社会问题。据 2017 年北京市发布的《停车资源普查报告》所统计的数据，北京市停车位总量 382 万个，停车缺口 129 万辆。北京市夜间停车矛盾突出，五环内，车位充足区占比 0%，严重缺位区占比 65%；三环内，车位充足区占比同样为 0%，严重缺位区占比高达 84%。[①] 据上海市 2016 年公布的《上海市小区停车难调查报告》数据显示：调查家庭总数 178987 户，其中，有车家庭数为 38492 户，占 21.5%，拥有的车位总数 32669 个，实际停车数 39917 辆。居民家庭车辆停在小区停车位的不到五成，41.7% 车辆停在小区内非停车位的空地，另有 10.8% 的车辆停在小区

---

① 《北京停车资源普查报告发布 本市停车位总量 382 万》，见 http://news.ynet.com/2017/08/30/429427t70.html。

外。调查对象反映"小区停车太乱，停车位不够用，尤其是晚上小区停车位全满，车子没地方停"[①]。

为了解决汽车增多所造成的小区停车困难的问题，北京、上海、广州等一线城市相继出台了有关停车收费的相关政策，试图以政策法规进行协调和管理，以解决停车难的社会问题。纵观近年来各大城市的相关政策，大都经历了"政府定价——市场定价——协调定价"的变迁。

由政策的变迁过程可以看出，当前各大城市的小区停车政策的设计与制定存在诸多问题。一方面，随着私家车数量上涨，小区停车管理混乱、服务差、车位少等问题不断加剧，公众利益诉求得不到满足，成为政府不得不面对的社会矛盾；另一方面，政府政策的变动不但没有使问题得到缓解，还引发了新的矛盾，公众对政策的不满影响了政策的实施和政府的公信力，使政府不得不恢复或调整政策。

2. 政策过程回顾

（1）政策问题的形成

国家发展改革委于 2014 年底发布的《关于放开部分服务价格意见的通知》中明确指出"住宅小区停车服务"不再实行政府定价，改为市场定价。其初衷是"使市场在资源配置中起决定性作用，促进相关服务行业发展"，吸引更多社会资本来建设、经营停车场，既可以缓解"停车难"问题，又可通过市场竞争促使价格回归合理水平。2015 年 8 月 15 日，广东省发展改革委下发的 483 号文《关于放开住宅小区、商业配套、露天停车场停车保管服务收费等有关问题的通知》，进一步明确广东省住宅小区机动车停放保管服务费收费实行市场调节价的原则。停车费价格放开，直接导致车位经营者和使用者（业主）的矛盾进一步激化。开发商和物业公司声称对车

---

① 齐艳华：《上海市小区停车难调查报告》，《统计科学与实践》2016 年第 5 期。

位拥有产权而借机涨价，小区业主则不满涨价，频频发生堵门、堵路及诉讼等极端事件。

城市停车难本是一个日渐积累并迅速加剧的社会问题，公众呼吁解决这一问题已久，但并未直接导致显性的规模性冲突事件发生。由一项政策调整引发的新的矛盾进一步暴露了社会问题，迅速点燃了公众长期积累的不满情绪，进而推动社会问题转化为政策问题，必须制定新的政策才能化解矛盾和冲突，解决社会问题。

（2）媒体关注和专家调研

各小区业主通过网络抗议开发商和物业单方面涨价，并通过联系媒体报道、在政府网站留言投诉等方式发表意见。由于矛盾不断激化，由线上发展到线下的集结、抗议等冲突事件愈演愈烈。社会舆论与社会矛盾引起了主流媒体的关注，人民网、新华网、网易、搜狐以及广州日报等媒体纷纷采用评论、调查问卷等形式予以关注和报道，进一步凸显了政策问题进入政策制定议程的紧迫性。

广东省发展改革委 483 号文发布后所引发的矛盾得到了专家的广泛关注。2015 年 11 月 12 日，省政府参事王某、省政协常委孟某以及知名律师赵某三人，调研了媒体曾集中报道过的广州中山三路金宝怡庭小区停车收费涨价问题，听取业主代表意见。

2016 年 7 月初，广州市交委开始公开招标停车管理政策研究项目，旨在为制定《广州市停车场建设和管理规定》提供决策参考。招标文件要求政策研究内容建立在对广州停车管理现状分析的基础上，提出的政策建议具有一定的可操作性，并征求政府部门、专家学者、行业协会、经营者、消费者、无车人士等社会各方面的意见。

2016 年 7—11 月，广东省消委会联合广州市消委会，共同推出《2016年广东省（广州市）消委会关于广州住宅小区停车场收费及服务调查问卷》，主要针对广州市内住宅小区停车场收费在执行省发改委 483 号文后产生的变化及引发的矛盾，向广大市民征集所在小区的真实情况和意见建议。省消委会称：调查结果将由法律人士和专家进行研究，形成报告供政府完善收费制度，缓解矛盾。①

在 2016 年年初的广州市两会上，市人大常委会曾表示，年内将制定停车场建设和管理规定。由此，政策进入议程设置阶段。

（3）政策方案的设计与选择

2016 年 11 月 30 日，广州政府网发布《广州市停车场建设和管理规定（草案）》并向全市人民征求意见。草案提出，停车费分别实行市场调节价、政府指导价或者政府定价管理。对于实行市场调节价管理但市场竞争不充分、交易双方地位不对等的停车场，价格行政管理部门有权按照议价规则来规范停车场收费，拒不遵守者可处 5 万元以上 20 万元以下的罚款。

此前的 2016 年 7 月 17 日至 7 月 24 日，广州市人大法制委员会和常委会法制工作委员召开了《广州市停车场建设和管理规定》听证会，并通过《广州日报》、《南方都市报》等传统媒体和腾讯大粤网、市人大信息网、广州人大官方微信和微博等网络媒体发布公告向社会公开征集听证陈述人，共有 158 位市民踊跃报名。法制工委按照代表性和报名先后顺序等原则，在报名人员中确定了 20 人作为听证陈述人，涵盖市人大代表、市政协委员、专家学者和行政管理部门、停车场企业、共享停车企业、物业服务企业、停车场行业协会、市民等方面的代表。

2017 年 8 月 1 日至 8 月 4 日，为期四天的网上立法听证会在腾讯大粤网上举行。听证会的重要听证事项之一是：市住宅区停车场的使用、管理情

---

① 《广州小区停车费被涨价了吗？省市消委喊你来调查！》，见 http://news.ycwb.com/2016–08/23/content_22842468.htm。

况如何？法规应当如何规范管理这类停车场？辩论事项之一是：住宅区机动车停放服务收费应当实行市场调节价，还是政府指导价？

市民通过电脑端和手机移动端收看辩论的整个过程，在线观看的网友近 16 万人次。由于规定涉及每一位业主的切身利益，听证会吸引了众多网友的参与。截至 8 月 4 日下午 5 时，立法听证会的点击量多达 1508 万，总投票数 7.3 万次，网友共发表评论 1454 条。"由于事关全市 200 多万车主的切身利益，各方意见一直针锋相对，住宅小区停车费怎么管，现场分成两派，一派主张完全采取市场定价，无论是开发商还是车位业主都有出租定价权，政府单方无权定价，否则就是违反了《中华人民共和国物权法》，这一派主要是停车场协会、物业公司和车辆保管单位等相关代表；另一派则坚持必须采取政府指导价或者业主指导价，强调在存在供需缺口的前提下，业主和开发商或者物管之间不是平等协商关系，由开发商说了算有违公平。这一派以政府部门代表为主，包括建委、发改委，还有律师和业主。"[1]

2017 年 8 月 29 日，广州市十五届人大常委会第七次会议上，正在制订中的《广州市停车场建设和管理规定》更名为《广州市停车场条例》提交二审。"相比起一审，这一条例草案有了较大改动，拟增加规定：住宅停车场的机动车停放服务收费实行政府指导价。待具备充分竞争条件后，经市人民政府同意，可以实行市场调节价。"[2] 广州市人大常委会经过四次审议，于 2017 年 12 月 27 日表决通过了条例，于 2018 年 3 月 30 日批准，条例将于 2018 年 10 月 1 日起施行。

---

① 《住宅小区停车费该怎么收"市场定价"还是"政府指导价"？》，见 http://money.163.com/17/0805/05/CR274M7V002580S6.html。

② 《〈广州市停车场条例（草案）〉提交二审 拟增加规定：住宅停车场收费 实行政府指导价》，见 http://www.nbd.com.cn/articles/2017-08-30/1143394.html。

3. 政策主体的特征与网络民意的表达

（1）政策特征分析

《广州市停车场条例》属于价值主导型公共政策，这一类政策与公众利益关系密切，政策能够顺利、有效的推行很大程度取决于公众的遵守与配合，因此，政策对公众的接受度要求很高。纵观整个政策过程，公众的利益诉求成为政策过程中的主要影响力，如果出台的政策不能体现公众的意愿与偏好，那么政策的实现就会落空，政策原初设计的目标也就无法达成。

停车费价格放开，这本是贯彻国家的价格调整政策，但迅速出现了开发商、物业公司抬高价格的普遍问题，业主利益受到损失，社会矛盾被激化，利益受损一方开始利用线上、线下的方式，体制内、外的渠道表达不满。价格放归市场的政策是政府的一次利益调整，但在利益调整时如果损害了一部分公众的利益，那么在政策执行过程中就会由于特定群体的相对剥夺感而受阻。政府的此次政策调整没有予以业主利益保障，也没有限制开发商和物业的权利，虽然政府及时出台了政策解释，但不具备法律效力，这使得民意迅速形成并通过网络进行扩散、汇集，对政府形成了压力，促使政策制定（修订）进入议程。

从提交二审的政策草案可以看出，政府利用网络征集民意、网络听证会等方式调整和平衡矛盾双方的利益、权利，使双方的利益诉求都能够得到部分满足，缓和了矛盾，促使民意回归理性，提高了民众对政策的接受度。

政策的专业技术性要求则体现在政策的合理性上。对于《广州市停车场条例》而言，专业技术性体现在政策的法律依据、政府的法律权限、小区停车位的法律归属判定等方面，以及从城市规划、管理等方面提供相关的建议和方案。在这一政策过程中，对于相关专业技术性知识的要求并不高，所涉及的知识大部分属于公众的常识性范畴。

（2）公众特征分析

这一公共问题的起因是公众反映广州市小区停车位紧张、开发商和物业公司的停车管理服务质量差，造成了停车困难，问题的主要矛盾是以业主为代表的公众与以开发商、物业公司为代表的小区停车位经营者之间的矛盾。由于停车难并不是突发问题，也不具备短期能够解决的可能性，因此，主要矛盾双方在这一时间段内相对理性地进行利益诉求和民意表达。

政府放开指导价后，所谓的住宅小区停车费由市场决定就变成了停车场经营者说了算，因为停车位不足导致供不应求，随意涨价成为其必然选择。政策并未对业主一方提供利益保护，因此，政策的不明朗和缺失造成了矛盾双方权利的失衡，开发商、物业公司的涨价行为引发业主群体的强烈不满，导致了矛盾的加剧。由于地方政府出台的这项政策是根据国家相关政策制定的，小区停车场经营者涨价有了"尚方宝剑"，无助的业主表达意见自然趋于情绪化，因而就爆发了激烈冲突。

值得讨论的是，住宅小区停车位属相对短缺的资源，而停车位的管理权限又缺乏明确限定，开发商理直气壮地声称其天然地拥有停车位的产权，而业主表示自己购买住宅是包含公摊面积的，这个公摊面积就包括小区的公共空间。在停车位权属不明确条件下，将相对短缺的资源定价权交由市场，冲突就在所难免。冲突双方不是公众与政府，而是同为政策接受主体的业主和开发商、物业公司，他们之间因为政策调整不仅成为利益博弈的双方，而且因为权利分配不公造成利益不公必然成为冲突的双方，而引发冲突的那项放开收费标准政策制定者的政府则成为旁观者。

（3）政府特征分析

回顾政策过程，当政府放开定价后，社会矛盾被激化，政府此时要干预或协商冲突显然无法可依。在这种状况下，促使公共问题进入政策议程是政府官员的最佳选择。首先，无法可依造成了政府行政力的削弱，进而导致政府公信力和形象受损，及时将问题引入政策议程，通过调整和制定政策重新确定目标对象管理的权责界限，才是解决一系列问题的最佳方式。其次，如果政府放任问题持续累积和发酵，社会矛盾会更加激化。当时广州一些小区业主已经出现了网上的非理性言论和线下的拥堵示威抗议等现象，主流媒体也已介入，如果不及时将问题提上议程，社会舆论的压力会使政府陷入更加被动的境地。最后，这一阶段中，主要矛盾是利益双方即业主和开发商、物业公司之间的矛盾，与政府部门并无直接的关系。如果放任矛盾继续发展，那么当一方利益诉求无法实现，或双方利益诉求都无法实现时，主次矛盾就会转化，利益无法实现的一方或两方与政府间的矛盾会被增强，不但政府的公信力会受损，还会引发更严重的社会问题。因此，在这一阶段中，政府及时关注舆情，采取消委会调查、网络征集民意、专家走访等形式疏导矛盾，引导民意，为政策问题尽快进入政策议程打下基础，这一系列措施使政府在公共问题的处理中又逐渐掌握了主动权。

在政策进入议程后，政府继续开通渠道，征集民意和方案，引导民意向着理性的方向转变，业主一方民意的焦点从"反对涨价"转变为"如何定价"，从感性转化为理性。

在政策的设计、制定过程中，政府开通线上、线下多种渠道征集民意，并通过网络听证会的形式引导双方表达意见、陈述利益诉求，引导民意继续朝着理性的方向发展，政策的制定参考并平衡了双方的利益诉求。由于政府对民意的重视和采纳在形式和政策内容上都得到了体现，因此作为利益主体的双方对政策的接受度都得到了提升，促进了政策制定过程的顺利推进，也为政策能够顺利实施奠定了基础。

（4）专家特征分析

在政策过程中，专家起到了专业知识辅助的作用，具体表现在三个方面：第一，专家为政策的制定提供了准确的调查结果和专业的数据分析，为政府官员对公共问题的判断、公共问题向政策问题转化和政策制定提供了依据。第二，专家为政策的制定和利益双方的权利判断提供了必要的法律知识辅助，促使政策的制定更加合理、合法。第三，专家的参与，尤其是公众身份的专家的参与，提升了民意表达中理性的成分，专家的专业知识和公共政策素养能够促使民意表达的重点进入理性的利益诉求和意见表达。虽然价值主导型政策对公众参与的专业性要求不高，但专家的作用也不可忽视。

（5）网络民意的特征分析

累积与爆发。表面看起来促进政府修订或制定政策的关键要素是作为触发点的某一事件，但问题出现非一朝一夕之功，民意形成自然也是长期累积所致。因停车位紧张导致住宅小区业主与车位经营者矛盾冲突不断，业主对车位管理的不满情绪持续累积，只要有一个触发点就可能演变为一定规模的冲突事件。而广州一些小区业主抗议行动的爆发，就是因为政府放开小区停车位收费的指导价导致开发商和物业公司乱涨价这一触发点。一旦有了一个触发点，网络民意便呈现出爆发之势。第一，迅速出现。2015年8月15日政府放开价格，随之开发商、物业公司实行涨价，引发民意沸腾，网易、新浪等大型网站开始介入报道，人民网等官方网站随后做了问卷调查。网络民意的出现、传播的迅速性远远超出了前网络时代现实民意的速度。第二，迅速汇聚。由于该案例中业主一方对利益的诉求相对简单即反对涨价，因此，民意的汇集更加迅速，很快，业主一方的民意就达成了统一，形成了强有力的力量。第三，迅速集结。新媒体的出现和社交平台的广泛应用使持同一观点的民众集结的速度更快，小区业主集结、小区间的集结使民意的扩散迅速增速，又出现了线上集结与线下集结相结合的特征，使民意表达的力度不断增强。

激进与理性。冲突性的利益抗争必然伴随着情绪化的非理性表达，尤其是在事件发生的初期。当政府出台放开价格的政策导致停车位经营者应声涨价之后，业主的情绪瞬间被点燃，各种声音迅速在网上出现，各小区的业主 QQ 群和微信群里汇聚着不同的意见，既有合理的诉求，也是情绪的宣泄。即使是表达诉求，也有各不相同的诉求点，甚至完全相反的态度指向。因为网络的匿名性，业主失去了顾虑，不管其意见指向是停车位经营者的开发商和物业公司，还是政策颁布者的政府部门，都会通过网络自由表达，呈现出"反沉默螺旋"的特征。然而，随着事件的推进，网络民意的表达又出现了一些变化。当激进的情绪化表达占据上风时，那些相对理性的网民选择了沉默。而当事件引发的相关问题进入政策议程、政府着手征集民意、组织听证会时，理性的声音则占据上风，建设性的意见表达成为网络民意的主流声音。这些建设性的意见直达问题实质，因而得到了决策部门的有效回应。

4. 网络民意进入政策方案

网络民意的充分表达得到了决策者的充分回应，广州市人大法制委员会和市人大常委会法制工委于 2017 年 8 月 1 日至 8 月 4 日在腾讯大粤网上举行了《广州市停车场条例》立法听证会，在制定条例的过程中，法制委员会对网友提出的 1454 条意见逐条进行了研究，采纳了其中的 1338 条（这些意见有部分重复，经汇总整理后归纳概括为 20 个方面的问题），未采纳的 60 条（归纳概括为 2 个方面的问题），采纳的比例为 92%。"广州人大立法"微信公众号 2018 年 7 月 6 日发布了名为"《广州市停车场条例》网上立法听证会 网友意见的采纳情况"的报告，对网友提出的意见和建议及采纳情况进行了详细的说明，对于一些意见和建议未采纳的情况及理由也做了说明。[1] 摘录几例如下——

---

[1]《广州市停车场条例》网上立法听证会网友意见的采纳情况，见 https://gd.qq.com/a/2018076/025242/htm。

问题 1："关于住宅区机动车停放服务收费应当实行市场调节价，还是政府指导价？"该报告清晰地记录了网民的态度和理由。

回应：

投票赞成实行政府指导价的网友有 1022956 人次，占总投票人次的 66%；赞成实行市场调节价的网友有 526433 人次，占总投票人次的 34%。

赞成实行政府指导价的网友的主要理由是：一是住宅区内的停车位属住宅区配套设施，具有垄断性、稀缺性、民生性等特征，有必要纳入政府定价。《中华人民共和国价格法》（以下简称《价格法》）第十八条规定："与国民经济发展和人民生活关系重大的极少数商品价格、资源稀缺的少数商品价格、自然垄断经营的商品价格、重要的公用事业价格和重要的公益性服务价格，政府在必要时可以实行政府指导价或者政府定价。"二是我市停车位配建指标偏低，住宅小区停车供给矛盾突出，中心城区车位供应严重不足，业主与开发商地位不平等，市场不具备充分竞争条件，缺乏实行市场调节价的基础。三是住宅停车位民生属性明显，实行市场调节价后社区矛盾激化，群体事件不少，已成为社会关注的焦点问题。群众认为政府在住宅停车收费管理上不作为，法规政策不仅要考虑经济效益，更要重视社会效益。四是大多数小区还未成立业委会，即使成立业委会，也未发展成熟，业主不具备与停车场经营者议价的能力。五是实行政府指导价不等于倒退，市场经济情况下有两只手，一只是无形的手，即市场调节，另一只手就是政府干预，当市场失灵时，应该实行政府干预。政府指导价可以是一个区间，可以根据不同地点、地段、时间来进行规定，这样能更好地满足各方面的利益需求。

赞成实行市场调节价的网友的主要理由是：一是停车场立法

应当遵循"市场是资源配置的决定性因素"这一原则，以符合市场经济价值规律的要求，应将住宅停车位作为商品，而不应作为生活必需品看待，住宅停车服务不属于《价格法》第十八条规定的实行政府指导价或者政府定价的范畴，政府指导价不能解决一切问题。《价格法》第三条规定："国家实行并逐步完善宏观经济调控下主要由市场形成价格的机制。价格的制定应当符合价值规律，大多数商品和服务价格实行市场调节价，极少数商品和服务价格实行政府指导价或者政府定价。"二是作为住宅区车位的产权人，无论是开发商还是车位业主都有出租定价权，政府无权定价。《中华人民共和国物权法》第七十四条规定："建筑区划内，规划用于停放汽车的车位、车库的归属，由当事人通过出售、附赠或者出租等方式约定。"三是中心城区价格上涨，是实行政府指导价13年后市场反弹的结果，有需求就有市场，这是市场经济规律决定的，也符合供给侧结构性改革的要求。价格放开近两年来，中心城区目前每月停车费均价为1200元，相对稳定。可见合理的市场价格是存在的，不会无限放任价格过高或过低。车位停车费定价受建设成本、市场供求、竞争状况、社会承受能力、服务水平等因素影响，需要权衡的方面众多。一方面过低的政府指导价会导致开发商不愿意多建车位，小车不断增多，造成供需矛盾尖锐；另一方面，过高的政府指导价会引起公众不满。

法制委员会认为，住宅小区内规划用于机动车停放的车位、车库属于住宅配套设施，具有稀缺性、垄断性和不可选择性等特征，这类住宅停车场的机动车停放服务收费不具备竞争条件，有必要对其实行政府指导价管理。立法过程中，市人大常委会法制工委积极与国家发改委、广东省发改委和市发改委进行沟通，期望在条例中明确住宅停车场的机动车停放服务收费实行政府指导价管理，广东省发改委和市发改委赞同市人大常委会法制工委的意见。2017 年 7 月，广东省发改委在修订《广东省定价目录》时，拟修改为：住宅小区机动车停放服务收费原则上实行市场调节价，市人民政府认为确有必要的可纳入政府定价，但国家发改委不同意广东省发改委的这一做法。根据《价格法》第十九条第三款关于"地方定价目录由省、自治区、直辖市人民政府价格主管部门按照中央定价目录规定的定价权限和具体适用范围制定，经本级人民政府审核同意，报国务院价格主管部门审定后公布"的规定，《广东省定价目录》必须经过国务院价格主管部门审定。在国家发改委不同意的情况下，综合考虑我市地方立法权限和对该收费行为进行规范的迫切需要，条例规定市价格行政管理部门应当会同有关部门制定住宅停车场议价规则，同时为反映广大市民群众的诉求和我市的实际情况，为今后我市住宅停车收费实行政府指导价管理预留了空间，条例第八条第三款规定："市价格行政管理部门应当会同有关部门制定住宅停车场议价规则，经市人民政府批准后公布。住宅停车场的机动车停放服务收费纳入《广东省定价目录》时，实行政府指导价管理。"

问题 2：有网友提出，要大力培育业主自治组织，建立业主与停车场经营者就住宅停车收费进行平等协商的机制，保障车位产权所有者、使用者、停车场经营者等利益相关方的话语权。

回应：

条例采纳了这一意见，在住宅小区机动车停放服务收费实行市场调节价的当下，对该类机动车停放服务收费行为作了规范，一是规定价格行政管理部门应当制定住宅停车场议价规则。条例第八条第三款规定："市价格行政管理部门应当会同有关部门制定住宅停车场议价规则，经市人民政府批准后公布。住宅停车场的机动车停放服务收费纳入《广东省定价目录》时，实行政府指导价管理。"二是对未按照住宅停车场议价规则进行协商议价行为的管理和规范。条例第三十四条第二款规定："未按照住宅停车场议价规则的规定进行协商议价的，建设单位、停车场经营者不得制定、提高机动车停放服务收费标准。所在地的街道办事处、镇人民政府应当对协商过程进行指导和协调。价格行政管理部门应当对未依法协商议价，擅自制定、提高机动车停放服务收费标准的行为进行查处。"三是规定利用住宅建筑区划内业主共有部分设置临时停车场的，设定机动车停放服务收费标准的程序性规定。条例第三十四条第三款规定："利用住宅建筑区划内业主共有部分设置临时停车场的，机动车停放服务收费标准应当经专有部分占建筑物总面积过半数的业主且占总人数过半数的业主同意。临时停车场所得收益应当主要用于补充专项维修资金，或者按照业主大会的决定使用。"四是对未按照规定制定、提高机动车停放服务收费标准的法律责任。条例第六十一条第二款规定："违反本条例第三十四条第二款、第三款规定，未按照规定制定、提高机动车停放服务收费标准的，由价格行政管理部门责令限期改正；逾期不改正的，处以十万元以上五十万元以下罚款，并纳入本市公共信用信息管理系统。"

价值主导型政策关乎其范围内的所有人，且与每个人的日常生活利益息息相关，每个人都有最真切的生活体验，他们通过网络表达的意见可能就是最真实的民意。网络民意的充分表达不仅能有效地推动公共问题进入政策议程，而且会被决策者有效吸纳，真正进入方案。《广州市停车场条例》有效地吸纳了网络民意，有些内容就是根据网民的意见和建议制定的。但是，由于国家发展改革委规定住宅停车收费实行市场调节价，广州市不能实行政府指导价，只能通过制定议价规则进行管理。同时广州市人大常委会法制工委强调，基于广州市的实际情况和回应市民群众的关切，法规还是有必要为住宅停车收费纳入《广东省定价目录》、实行政府指导价管理预留空间。最终表决通过的《广州市停车场条例》中，对住宅停车收费的规定为"市价格行政管理部门应当会同有关部门制定住宅停车场议价规则，经市人民政府批准后公布。住宅停车场的机动车停放服务收费纳入《广东省定价目录》时，实行政府指导价管理"。

第九章 理性主导型决策模式下
网络民意的参与机制

理性主导型公共政策多涉及较为专业的领域，具有专业性强、技术性强的特点。在政策的制定过程中，为了弥补政府独立决策的理性不足，专家论证机制常常被引入——专家使用专业知识和技术为公共决策提供咨询、论证及其他智力支持，以促进行政决策的科学化。所以，在理性主导决策模式下，政府官员占据主导地位，他们挑选、邀请相关领域的专家组成官方智库，由政府官员与官方智库共同组成决策主体。由于政策涉及专业知识较多，且政策不直接施行于公众，所以多数公众政策参与的能力不足、欲望不强；具备一定科学理论和专业技术知识但又没被官方智库吸纳的"库外专家"和部分具有参与热情的普通公众，通过新媒体表达自己的专业意见和情感诉求，形成理性主导型公共政策的网络民意，与决策主体进行互动，试图对政策决策施加影响，保证政策决策的科学性和公共性。

第一节 理性主导型政策的核心诉求：科学性

理性主导型政策类型具有明显的自身特点，科学性是核心诉求，政策执行过程中官员、专家、公众之间的权力配置、参与时机和手段，都围绕政策的科学性而展开。

1. 科学先导：理性主导型政策及其特点

总体说来，理性主导型政策以较高的专业技术要求和较低的公众接受度为主要特点。具体而言，理性主导型政策有以下几个特点。

（1）专业领域：政策的内容指向

理性主导型政策一般涉及较为广泛的专业领域，如能源、环境、通讯、科技、知识产权等，探讨的内容普遍带有强烈的专业技术色彩和技术理性属性。在现实的政策实践中，相关的行业政策或产业政策均属于理性主导型政策，如《中华人民共和国核安全法》《中华人民共和国标准化法》《三网融合实施方案》《中国制造2025》《知识产权认证管理办法》《中华人民共和国深海海底区域资源勘探开发法》和《中华人民共和国促进科技成果转化法》等。

（2）专业知识：政策制定的工具性条件

理性主导型政策涉及专业领域，需要大量科学理论的吸纳和运用，对专业技术性要求较高，科学理论和专业技术知识成为参与此类政策论证和制定的"入场券"和"工具"。囿于相关领域理论与实践的专业性和局限性，政策制定更多地依赖政府官员和专家学者共同完成——"在公共决策过程中往往要征召科学家，运用科学方法以实现政策考量的理性化、科学化和精确化。"[1] 科学性是此类政策的核心诉求。

（3）专业素养：普通公众政策参与的障碍

理性主导型政策的制定需要较多的科学理论与专业技术知识，这就从

---

[1] 刘永谋：《科学、技术与公共政策研究述评》，《中国人民大学学报》2013年第3期。

客观上提高了政策参与和讨论的门槛。普通公众对理性主导型政策所涉及的问题缺少必要的科学技术知识储备，与此类政策探讨的内容之间有着较大的知识鸿沟，导致参与话语不足，无法进入政策制定的"讨论圈"中，加之他们不是政策施行的直接对象，所以参与热情也不高。

理性主导型政策科学性的核心诉求决定了在此类政策的制定过程中必须以科学理性为先导，重点发挥专家学者的作用，广泛收集政策信息和理性知识，科学审慎提出政策规划、论证政策方案，保证政策制定的科学性，提高政策质量。

2. 专业优先：理性主导型决策模式及其特征

理性主导型决策模式，遵循专业优先的原则，由政府官员主导，在官方智库中选择、邀请部分行业专家进入决策平台，利用专家的科学理论和专业技术知识，充分发挥专家论证的作用，政府官员与官方专家智库共同组成决策主体，推动理性主导型公共政策的出台。未进入官方智库的具有一定科学理论和专业技术知识的专家处于政策制定主体的外围，被划入公众群体，他们会通过一定的渠道和途径，与决策主体（政府官员、官方智库）进行有限的互动，表达自己的意见、建议，争取自己的建议能够被决策主体重视和采纳，从而对公共决策施加自己的影响。而公众的意见是否被采纳往往缺乏必要的反馈，因而其对公共决策起着有限的参考意义（见图9-1）。

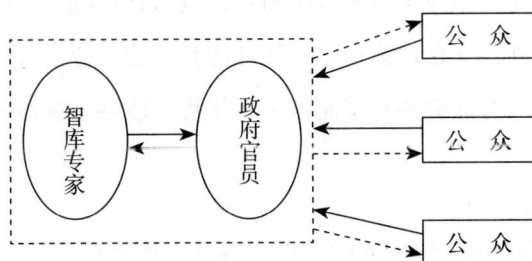

图9-1　理性主导型决策主体与公众的有限互动

（1）"合谋并进"：政府与专家智库的共同决策

美国学者赫伯特·西蒙在 20 世纪 40 年代提出了有限理性理论，其基本观点是人的信息加工和计算能力是有限的，因此由人组成的任何组织都无法按照完全理性的模式去行动，作为公共行政组织的政府也不例外。"那种认为政府完全理性、全知全能的观点，不仅误导了政府，也使公众对政府产生过高的期望。有限理性在政府管理领域主要体现在知识的不完备性、信息的不完全性、价值观的导向性以及官僚体制的科层性等方面。"[①]

随着社会、经济的高速发展，公共管理领域呈现出日益复杂化的特点，新情况、新议题层出不穷，特别是一些涉及专业领域的问题对公共决策的科学理性要求越来越高。在此情况下，政府的"有限理性"逐渐显露，具体表现为政府的专业知识储备和相关能力在各种复杂的政策议题面前捉襟见肘，这就要求政策制定过程必须吸收专家智库的参与。"在很大程度上，决策过程中的专家智库，其实是'技术理性'符号的人格化体现。"[②]专家智库作为某一领域的专业人士，其理性知识和技术优势可以弥补政府在政策分析和论证上的科学理性不足，为政策制定提供智力支持，保证政策方案的质量。但是，与政府官员相较，专家智库在管理和决策经验、政策信息掌握方面存在不足，这些因素成为制约专家智库参与政策决策功效的障碍。

理性主导型政策涉及法定程序、管理经验、专业技术、成本控制等多元知识的综合应用。相对于专家智库而言，政府官员既具有法定权力，保证出台政策的权威性，又在政策积累、管理经验、分析能力等方面相对于仅在某一特定专业领域有优势的专家而言更有优势，能够站在经济、社会发展全

---

① 江国华、梅扬：《论重大行政决策专家论证制度》，《当代法学》2017 年第 5 期。

② 王锡锌：《我国公共决策专家咨询制度的悖论及其克服——以美国〈联邦咨询委员会法〉为借鉴》，《法商研究》2007 年第 2 期。

局的高度，以战略眼光对政策制定作出判断。所以，在理性主导型决策模式中，政府官员的战略判断与专家智库的技术知识有机结合，公共权威和专业话语合谋并进，二者共同组成决策主体，推动理性主导型政策的出台。

（2）作为决策者的政府官员：战略规划、协调监督、最终决策

在理性主导型决策模式中，由于政策类型对科学理论和专业技术知识要求较高，政府官员需要引入专家参与机制来弥补自身在政策分析和论证时科学理性的不足，以此保证决策的合理性和科学性。但是，这并不代表政府官员必须依附于专家智库的意见，必然被专家智库的意见所左右。因为知识复杂性是一个相对概念，指的是某个政策变迁中政府官员和专家智库所掌握专业知识程度的相对比较。在决策者与专家之间的委托—代理关系中，决策者和专家都可能是掌握更多信息的一方。一方面，专家的科学理论和专业技术知识有助于决策者了解更多决策所需的关键技术信息，因此，当决策者不了解有关政策的专业技术知识时，希望从专家那里获得必要的知识与信息；但另一方面，政府决策信息不公开的制度安排也会导致政府外的专家很难了解政策的深层问题。[①]另外，不同的参与者都试图向政府提供知识，因而在理论上和实践中，政府更有可能获得关于事件和论题的更广泛的知识。同时，政府对其管制范围内的事项，具有系统化的知识，而这可能是专家所缺乏的。[②]所以，在理性主导型决策模式中，并非因为专家机制的引入而削弱政府官员的地位，政府官员仍需把握与权衡战略目标，指挥控制大局，在议题设置、专家智库选拔与邀请、政策方案协调、政策过程监督、政策决策等方面牵头推进，与各方面专家密切配合，维护公共利益，促进政策出台。

---

① 朱旭峰：《中国社会政策变迁中的专家参与模式研究》，《社会学研究》2011 年第 2 期。
② 王锡锌：《公共决策中的大众、专家与政府——以中国价格决策听证制度为个案的研究视角》，《中外法学》2006 年第 4 期。

① 政策目标的战略规划

在政策议程设置阶段，政府官员从经济、社会发展的全局高度进行战略规划：一方面主动发现社会问题，另一方面对于由相关专家提出的专业性较强的公共问题，结合自身的管理经验和政策经验，及时选拔和组织专家参与政策讨论，推动公共问题向政策问题的转化。

② 政策设计的协调监督

在政策方案的规划与设计阶段，政府官员在保证专家结构平衡性和利益平衡性的基础上，组织相关专家进行政策方案设计与论证，在此过程中重点进行两方面的工作：一是对多样化的利益诉求和政策方案进行协调，保障政策方案的公共性；二是对专家参与的权限和程序作出规范，做好监督，防止专家越权，更好地保证政策方案的科学性。

③ 政策方案的最终决策

在政策选择阶段，政府官员充当公共利益的中立仲裁者，仍处在决策的核心地位。政府官员在广泛征求专家意见与建议的基础上，合理考虑公众的价值和情感诉求，在对将来发展动向全面分析与掌控的基础上，综合权衡规划方案的得失利弊，选择并最终确定政策方案并付诸施行。

（3）作为咨询者的专家智库：发现问题、咨询论证、政策解读

"专家是指以中立的身份出现在公共决策过程中，以专业性知识和技术为公共决策提供咨询、论证以及其他知识支持的个体。专家通常也指拥有专业化、技术化的知识，掌握政策分析和咨询方法及工具的个体或者集团。"[①]科学决策理论认为：科学决策是指按照一定的科学理性程序，依靠认识意义上的权威（即专家）运用现代科学方法和先进技术进行决策。哈特（Anna

---

① 王锡锌：《公共决策中的大众、专家与政府——以中国价格决策听证制度为个案的研究视角》，《中外法学》2006年第4期。

Hart）描述了专家的三个特性和功能，即"效率、效能和通晓限制"的特性，"信息的提供者、问题的解释者和解决者"的功能。[①]

在理性主导型政策制定过程中，专家智库作为理性知识的代表，凭借其知识学术权威，运用与政策强相关的科学理论和专业技术知识，在政策制定体制内发挥着问题提出、咨询论证、监督控权的作用，在政策制定体制外发挥着政策解读与知识普及的作用。

① 政策议题的及时上传

在议程设置阶段，专家们立足各自不同的专业领域，及时发现行业或社会整体发展中的问题，并就此类问题进行充分调研，通过体制内途径（如政协大会提案、人代会提案、调查报告送批、内参报告上传等）进行议题上传，提醒政府官员关注问题，推动问题进入政策议程。在这一过程中，专家身份对议题推动的进程起着关键作用。专家地位越显著，其所关注和呈现的议题越受关注，进入政策议程的可能性越大。

② 政策制定的咨询论证

在政策规划与设计阶段，专家往往是以中立的咨询者身份出现。"专家在知识的认知和提供方法上，通常以可检验、甚至是可计算的方法而进行，因而对公众基于利益诉求和情感而提供的知识（特别是事实判断）可以提供一种校正机制。"[②]由于理性主导型政策的专业性较高，专家智库一方面对事实性、技术性问题具有精确的分析，并接受政府官员的咨询；另一方面受政府委托，对政策方案进行设计和论证。在政策选择阶段，专家智库对各种不同的政策方案进行科学、专业的可行性论证，辅助政府官员对政策方案进行优化选择，推动政策出台。同时，专家智库利用其特有的立场中立性和独立

---

① 胡肖华、龙亮:《行政决策专家论证制度的反思与重构》,《吉首大学学报》(社会科学版)2017年第9期。

② 王锡锌:《公共决策中的大众、专家与政府——以中国价格决策听证制度为个案的研究视角》,《中外法学》2006年第4期。

性，对行政决策权的行使进行监督控权，减少行政决策的随意性。

③ 政策内容的解读沟通

理性主导型政策虽然不直接施行于公众，但政策的实施仍会对公众的生活产生间接影响，政策的执行同样需要公众的理解、接受和认同，从而保证政策的顺利实施。如《中华人民共和国核安全法》的顺利施行，必然要求公众对核能有客观、理性的认识，对核能的开发利用具备正确的认知，只有这样才能避免核能开发时"邻避事件"的发生。所以，理性主导型决策模式下，专家智库还有一项重要职能，便是利用其学术权威及话语，通过相关媒体和其他适当的渠道对政策目的、过程和内容等进行解读，并与公众广泛、深入地交流，主动进行相关科学知识的普及，从而打消公众疑虑，增强政策的接受度和认同度，进而降低政策的执行成本。

第二节　知识赋权与辅助参与：
网络民意的参与机制

理性主导型决策模式下，由政府官员和官方智库组成的决策主体，支配着决策过程。"而'受过良好教育、见识广博的精英'，只要没有进入政策决策系统，就属于政府系统之外的公众，他们提供的信息往往集中了智慧的意见和建议，他们的声音同样属于公众的声音。"[①] 政策议题进入公众视野后，具备一定科学理论和专业技术知识的"库外专家"虽然未能进入政府的官方智库，但其拥有的专业知识和网络平台为参与政策讨论赋权，使他们具备了一定的政策话语权，他们提出的专业意见为理性主导型政策的制定提供了"场外援助"，推动着此类政策的科学性诉求的实现。这些"库外专家"成为理性主导型决策模式中网络民意的表达主体，他们在网络上撰文、跟

---

① 何志武：《大众媒介与公共政策》，武汉大学出版社 2008 年版，第 127 页。

帖、讨论、点赞、转发，让各种观点进行充分地碰撞和交锋，丰富了官方智库的专家意见，辅助参与着理性主导型政策的决策过程。

1. 理性主导型政策引起公众关注的核心动力

在现实社会中，公共利益是一种真实的利益，与社会的个体和群体都密切相关。"在公共治理领域，公共利益不是个体利益和群体利益的简单相加，也不是超越于一切利益相关者的利益之上的某种神圣的利益，更不是一成不变的。公共利益所反映的是，在多元社会的治理过程中，政府与利益相关者在利益和利益分配问题上所达成的共识。"① 公共利益直接关乎个体利益和群体利益。

虽然理性主导型政策主要面向专业领域，涉及的内容带有较强的专业性，但其实施必将对公众的生产、生活和利益产生一定的影响。如核安全法规定了核安全管理的基本制度，为安全使用核能、避免核材料泄漏、核废料污染等提供了法律层面的顶层设计，既关系到国家层面的核安全，也关系到百姓心理安全；《中国制造2025》提出实现制造强国的战略目标，加快实现中国由工业大国向工业强国的转变，既关系到国力强盛，也关系到人民生活水平的提高；《电子信息产业调整和振兴规划》使IPTV（即交互式网络电视）迎来了发展契机，既为三网融合发展提供了推力，也给公众带来了便捷的收视方式和丰富的影视资源。虽然普通公众因相关科学理论知识储备不足而无力参与政策内容讨论，但事实上，理性主导型政策与每个人的生产生活都直接或间接发生着关系，关系着社会的公共利益，关系着个人的实际利益。正是这种与政策紧密关联的实际利益，直接推动了公众对这类政策的关注，成为此类政策引起公众关注的核心动力。正是因为此类政策与公众的日常生活有着紧密的联系，因而针对政策内容的民意表达便有了基础。

① 张成福、李丹婷：《公共利益与公共治理》，《中国人民大学学报》2012年第2期。

2. 理性主导型决策模式下网络民意的表达主体

随着互联网通信技术的飞速进步和新媒体的蓬勃发展，"我们身体所处的地方不再决定我们在社会上的位置以及我们是谁"，媒介通过"改变地点的信息特征，重塑了社会场景和社会身份"①。新的媒介技术实现了场景重构并赋权于公众，使散布在各处的、具备相关科学理论和专业技术知识的"库外专家"可以突破地理和身份的限制，集结在互联网空间，以专业工作者的身份发表对政策方案的意见建议。这些基于专业知识的对政策问题的分析，对于缺乏专业知识的普通公众而言，即是专业知识的普及及政策问题的解读，因而也从一定程度上让普通公众有了对理性主导型政策发表意见的知识基础。不过，对于此类政策而言，"库外专家"仍是网络民意的表达主体。

（1）"理性"的忧虑：官方智库专家的"知识局限"

与政府的"有限理性"一样，专家智库也具有一定的知识局限。这种局限就智库里的专家个体而言，源于专家学科旨趣差异而引起的知识结构单一——对不是自己所擅长领域的专业知识关注较少，掌握有限；就专家智库群体而言，可能存在专家结构层次相对单一、专家规模不尽合理的问题。"对于某一具体问题，如果参与论证的专家知识背景过于单一、结构失衡，专家意见就可能失去其合理性。"②如核安全法的论证和起草，需由核工业、法律、地质、地震、国土规划、气象、水利电力、电网、农业、海洋、社会学、经济学、保险业、公安消防、军队、防恐、卫生防疫、医学、心理、应急救灾等专家共同参与，才能保证该部法律的科学性、系统性和全面性。

---

① ［美］约书亚·梅罗维茨：《消失的地域——电子媒介对社会行为的影响》，肖志军译，清华大学出版社 2002 年版，第 110—112 页。
② 胡肖华、龙亮：《行政决策专家论证制度的反思与重构》，《吉首大学学报》（社会科学版）2017 年第 9 期。

另外，在政策实践中，政府官员虽然在政策过程的各环节均引入了专家参与咨询和论证机制，但在专家智库的人员选拔和邀请时忽略了或故意拒绝某些方面专家的参与，导致专家智库中缺乏某些相关领域的专家或与政府官员明显持不同意见的专家，由此造成官方专家智库的知识结构失衡与利益失衡，从客观上造成了官方专家智库的知识局限与理性窘迫，限制了专家智库在决策中的科学理性能力，造成决策中的疏漏。

（2）"库外专家"的卓见：民间智库意见的专业性与多样性

美国学者约翰·托马斯曾指出："公众通常只有对某个问题有强烈兴趣或对一项政策有直接影响力时，他们才会参与到该项决策中。"[1] 在互联网上，活跃着一批"民间专家"，他们擅长于某一学科领域，具备相关的科学理论与专业技术知识，但并未被政府选拔或邀请到官方专家智库中。这些散布在各地的、有着不同学科背景和擅长领域的"库外专家"，因其专业背景而对相关的理性主导型政策问题有着强烈的兴趣、专业的经验和较高的热情，他们通过微博、微信、网络论坛、QQ群等工具和渠道表达、讨论，上传自己的专业意见，对政策制定施加自己的影响力以维护政策的科学性和公共利益的实现。

在互联网上，民间智库的组成范围较为广泛，组成形式较为开放，组成结构较为复杂，这样的结构化特点造成了专业意见的多样性和丰富性。密歇根大学学者斯科特·佩奇在其专著《差别》（*The Difference*）中讲到，"多样性胜过专业能力"[2]，基于不同学科、不同角度、不同诉求的多样而丰富的专业意见或通过新媒体传到决策平台，或被政府官员通过舆情工具收集，引

---

① ［美］约翰·克莱顿·托马斯：《公共决策中的公民参与》，孙柏瑛等译，中国人民大学出版社2014年版，第45页。

② ［美］贝丝·西蒙·诺维克：《维基政府——运用互联网技术提高政府管理能力》，李忠军等译，新华出版社2010年版，第13—14页。

起决策主体的关注、选择或者采纳。如是让政府获得了充足的信息，借助公众的智慧、知识和经验对公共问题形成正确的判断，[①] 这将有效避免政策制定出现疏漏，使公共决策中更为全面、科学，由此提高了决策质量。

还有一部分公众虽然对政策的制定缺乏必要的专业技术知识，但他们对自身利益和公共利益有着合理的需求和期待，通过表达价值偏好、情感诉求试图对政策施加影响，他们也理应成为民间智库的一分子，他们的意见同样为理性主导型政策的制定提供参考。这些民间智慧正是因为来源和视角的广泛性和差异性而尤显珍贵。

3. 专业意见与情感诉求：理性主导型模式下网络民意的构成要件

政策网络关注度的产生对理性主导型政策网络议题的形成起到了重要的推动作用。随着政策网络关注度的进一步提升，民间智库发表的专业意见在网络论坛中交流、碰撞，进一步推动着公众情感诉求的形成。专业意见和情感诉求成为理性主导型模式中网络民意的构成要件。

（1）专业意见：各路专家的交流交锋

"德国社会学家克劳斯·奥菲（Claus Offe）和奥瑞什·普罗伊斯（Ulrich Preuss）认为，在参与与理性之间不存在正相的线性关系。民主理论面临的挑战，既不是简单思考如何增加有权参与政治的人数，也不是简单考虑怎样扩大民主可以合法延伸的真正领域。而是要考虑导入一种程序，这种程序鼓励明确表达审慎思考的、连续一贯的、从具体情境中概括的、社会公认的和合理的各种偏好。"[②] 在理性主导型决策模式中，审慎思考的、连续一贯的、

---

① 叶长茂：《协商民主：后发国家政治可持续发展的优选路径》，《高校理论战线》2013 年第3 期。

② ［英］戴维·赫尔德：《民主的模式》，燕继荣译，中央编译出版社 2008 年版，第 267 页。

从具体情境中概括的专业意见是网络民意的主要构成部分，这些专业意见的表达、汇流、交锋及优势意见的浮现，对于保障理性主导型政策的科学性具有重要的参考意义。

在理性主导型政策制定的公共论坛（即互联网论坛）中，各领域的专业人士广泛地穿梭于论坛、贴吧等网络公共平台或 QQ 群、微信群等网络社群中，他们当中有军人、法学专家、科学家、工程师、律师、医生、教师、自由学者、新闻工作者等，具备相关领域的科学理论和专业技术知识，对相关政策制定与参与有着强烈的热情。这些专业人士有些进入了官方智库，更多人没有进入。他们一方面通过观点的交流交锋促进技术互补从而得出更为科学的专业意见，另一方面与政策决策主体进行沟通互动从而保障政策决策的科学化。

如在 2016 年 11 月 24 日，某网友在天涯论坛中发布网帖《对全国人大〈核安全法（草案）〉征求意见稿的几点建议》[1]，对草案进行了逐条分析并提出了详细的建议，这些建议具有非常强的专业理性，建议的内容阐释及其理由分析非常充分，也清晰明了，理应是专业人士深思熟虑的思想智慧，绝非出自普通网友之手。这些意见和建议引起了广泛的社会关注和讨论，从而进一步提高了核安全法立法进程的网络关注度，促进了网络民意的形成。

（2）情感诉求：普通公众的凝视讨论

普通公众虽然缺少理性主导型政策的相关专业知识，他们可能对具体的政策内容提不出专业意见，但是他们可以表达自己的价值偏好和情感诉求，"公众的心理认同的重要性、公众的主观幸福感也是公共利益的重要组成部分"[2]。普通公众的情感诉求为公共利益的实现提供了更为丰富的网

---

① 《对全国人大〈核安全法（草案）〉征求意见稿的几点建议》，见 http://BBS.tianya.cn/post-no110-15588727-1.shtml。

② 王锡锌：《当代行政的"民主赤字"及其克服》，《法商研究》2009 年第 1 期。

络民意。

官方智库与民间智库里的各路专家之间的讨论，专家与决策者之间的互动，都可能通过网络公共论坛以开放的形式进行，并利用新媒体工具（如论坛、贴吧、微博、微信公众号等）以网帖、评论等方式展示出来，通过网友的转发引起更大范围的关注与讨论，直接引起一部分普通公众对理性主导型政策话题的凝视与讨论，为此类政策的民意涌现提供了动力。部分普通公众接触到政策信息和相关专业知识后，通过互联网发出自己的声音，主动呈现自己的价值判断和情感诉求。多元的意见在网络空间汇聚，形成一定的政策舆论场域，公众情感诉求和价值取向的讨论有利于理性、真实民意的形成。

公众基于自身和公共利益的意见表达，是决策者制定此类政策必须考虑的重要因素。这些意见或建议，对于此类政策的完善必不可少，因为任何政策的影响都可能是全方位的，而不是单一的指向，每一个可能受其影响的个体都可能从另外一种视角给予意见和智慧的补充。

4. 理性主导型决策模式下网络民意的参与过程

科学理论与专业技术知识是官方智库和民间智库里的专家讨论理性主导型政策内容和政策方案的"文化资本"，为他们敏锐发现专业领域存在的相关问题注入洞察力，同时为他们表达和传播专业见解和意见提供智力支持和话语权力。专家对政策问题的敏锐洞察和意见表达点燃了理性主导型政策的网络关注度，从而使政策议题及其内容受到了普通公众的凝视与讨论，激发了普通公众的意见表达。这些基于互联网形成的民意智库即网络民意，它们全程参与理性主导型政策的过程，形成参与政策过程的机制。

（1）现象关注与问题讨论：政策议程设置阶段的间接推动

理性主导型决策模式下，政策议题的提出一般由政府官员和官方智库推动和主导。政府官员从经济、社会发展的战略视野发现社会问题，官方智库基于本学科的专业视野发现该领域的相关议题，并前瞻性地进行调查研究，积累第一手数据和资料，及时提醒政府官员关注，为政策议程的推进提供依据。政府官员和官方智库对政策议题的推动起着直接作用。

无论是否进入官方智库，总会有一些专家基于专业问题的社会化分析，发现专业性较强的社会问题，希望推动相关问题进入政策议程，促进问题的解决。这些专家的意见和建议除了通过向政府部门递交报告、人大议案或政协提案、官方智库会议等常规途径予以呈现外，也会通过网络平台进行无明确对象的呈现。与常规途径表达不同的是，这种借助网络的自我呈现一旦受到关注就可能迅速发酵，先是在专家之间进行讨论或争辩，然后扩展到社会公众并促使公众参与其中。一旦公众找到专业性问题与个人利益的相关性，就可能积极关注并迅速扩散相关话题，使之成为社会的公共问题。在这个过程中，部分意见完成了聚合，形成了优势意见；没有形成聚合的意见继续着彼此的辩论和交锋，不断加深着人们对政策议题的认知和判断。这种广泛的社会关注对于决策者而言，无疑是一种压力，一旦时机成熟，这些问题就可能成为政策问题，进入公共政策议程。

20 世纪 60 年代末以来的新社会运动将一些新论题引入了政治体系，其中许多是与简单的物质利益相对无关的。这些论题关心的是生活质量，包括全球环境状况，动物福利和动物权利、和平的能源生产、同性恋权利和残障人士运动有关的"身份认同政治"①。这些新论题的引入，极大地拓展了专业人士的兴趣范围，他们对专业领域问题的关注和讨论，大多以网帖、公众号文章、微博文章等方式呈现在网络贴吧、微信公众号、微博等互联网平台上，引发普通公众的阅读、评论、点赞和转发。公众的集中并持续关注，推动着社会问题成为公共问题并进而成为政策问题，加速推进政策议程。

---

① ［英］安东尼·吉登斯等：《社会学》，赵旭东等译，北京大学出版社 2015 年版，第 953 页。

当然，理性主导型决策模式下的政策议题的提出，除了政府主动设计之外，专家的意见表达大多还是依赖常规渠道，网络的公开表达对相关政策议程的推进也只能算是一种间接推动。

（2）智力支持：政策规划与设计阶段的建言献策

政府官员和官方智库在理性主导型政策的规划与设计阶段仍是决策主体，起着主导作用。政府官员与官方智库达成委托关系，由官方智库依靠其科学理论和专业技术知识对政策方案进行规划设计，并对相关政策方案进行可行性论证，最后协助政府官员完成政策方案选择，促成政策出台。由于官方智库专家的规模和学科结构的限制，其"技术理性"往往也具有一定的局限性，更加多样而丰富的专业意见、专业方案对于理性主导型政策的规划和设计具有重要的意义，可以有效促进此类政策"科学性"的实现，这就需要官方智库以外的"库外专家"凭借其拥有的文化资本参与其中。法国著名社会学家布尔迪厄认为："所谓的文化资本，并非先天具备的，而是通过后天教育获得的文化资源，它以作品、文凭、学衔为符号，以学位为制度化形式。"[①] 文化资本的实质是知识，知识为"库外专家"的政策参与行为赋权。

对于理性主导型政策而言，如果要实现政策规划和设计的科学性，就必须在方案设计中引入交往机制，实现理性的交往。这个机制包含三个层面的交往："库外专家"之间的交往、"库外专家"与普通公众的交往、民间智库与决策主体之间的交往，三个层面的交往中伴随着网络民意的生产、流动与互动（如图9-2）。

---

① ［法］布尔迪厄：《文化资本与社会炼金术——布尔迪厄访谈录》，包亚明译，上海人民出版社1997年版，第192—193页。

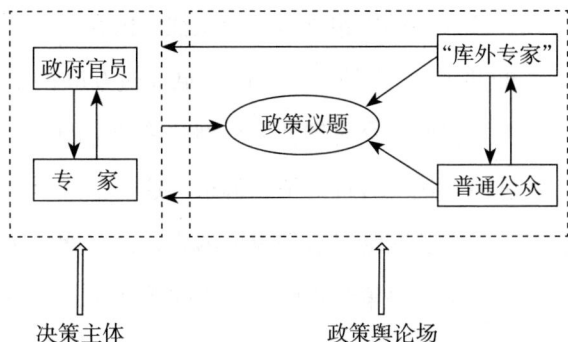

图 9-2　理性主导型决策模式网络民意的参与机制

　　"库外专家"之间交往表现为信息交换和技术互补。"库外专家"中聚集了大量异构的"不同领域的技术专家，（他们）具有不同的技术优势，互动过程带来了技术互补，而且通过技术集成能够产生技术创新。网络通过信息、技术的交流巩固了政策网络的知识基础，成为一种学习机制"。[①]这些专家的专业性、多样性的意见并不是以一种静止的、散点化的形态存在，而是在网络公共平台（如网络论坛、贴吧、微博等）或网络社群（如微信群、QQ群等）中进行交流、讨论和对话，以此进行信息交换、技术互补，"信息的交锋和综合，解决了个人认知的有限理性"[②]，最终引起理性优势意见的浮现，并通过一定的方式和端口（如网络撰文、转载、转发等）展现于网络公共平台或上传至决策机构内部，进而受到普通公众和决策者的关注和回应。

　　"库外专家"与普通公众之间的交往表现为公共利益的讨论与定位。公共利益是理性主导型政策方案设计的出发点和最终归宿。"公共利益是一个抽象的概念，也不可以还原成某种个人的利益，它的识别与取得只有经过民主的公共论坛才可以得到全体公民的认同。"[③]哈贝马斯的交往理论认为，"在理想的条件下，如果有足够长时间进行讨论，人们就会在道德和真理上

[①]　朱德米：《公共政策制定与公民参与研究》，同济大学出版社 2014 年版，第 50 页。
[②]　陈家刚主编：《协商与协商民主》，中央文献出版社 2015 年版，第 9—10 页。
[③]　李建华：《公共政策程序正义及其价值》，《中国社会科学》2009 年第 1 期。

达成共识"①。所以，公共利益中包含着社会交往的内在要求，没有交往，就没有对于公共利益的共识。"库外专家"的卓见通过互联网平台，深入浅出地普及于普通公众中，促使公众对理性主导型政策的主题、相关内容及方案有了自己的认知，进而表达出合理的情感诉求。这些情感诉求蕴含着实现公共利益的价值取向，构成了网络民意的重要内容，这些网络民意为决策带来更多的有效信息，可以拓宽决策者视野，对于完善政策规划方案，起到一定的辅助作用。

民间智库的主体与决策主体的交往表现为网络民意的呈现与上传。科学意见的充分表达和政策制定的科学性实现是公共利益的重要组成部分。在理性主导型政策规划与设计阶段，民间智库通过官方提供的渠道（如电子信箱、政策意见征询系统等）或利用其他网络技术工具（如网络论坛、微博等）展示与上传专业意见及情感诉求，提出合理应对专业问题的备选策略，为政策规划与设计建言献计，提供"民智"支持，由此实现民间智库与政策决策主体之间的流动与交互，以完善政府动议，进行辅助参与。

（3）公众围观：决策过程的监督限权

理性主导型决策模式下，官方智库作为决策主体的重要一方，凭借其科学理论与专业技术知识保证着公共政策的科学性诉求，在政策决策过程中具有充分的话语权，官方智库和政府官员"合谋并进"，推动政策的出台。但是官方智库与政府官员的"合谋"也具有一定的风险，如官方智库组成不合理、专业判断失误、"自利"决策等，这些风险的存在一方面对政策的科学性产生威胁，另一方面对公共利益的实现（公共性）形成破坏。民间智库作为理性主导型政策参与的公众代表，通过对决策主体的网络"围观"，使

---

① ［澳］约翰·S.德雷泽克：《协商民主及其超越：自由与批判的视角》，丁开杰译，中央编译出版社 2006 年版，第 40 页。

用网络民意表达的手段对决策主体行为和决策程序进行监督，以保证理性主导型政策的科学性和公共性。

"政府自身虽然是为实现公共利益而存在，但由于组成政府的自然人是经济人，他们也会追求自身利益的最大化，所以政府也就摆脱了经济人的特性。"[①] 程序正义是实体正义的保证。公共政策程序正义的工具性价值，指程序将应然的权利与义务转化为实然的权利与义务，将静态的宪法与行政法律制度转化为动态的政策过程，实现对公共权力的合理性限制，[②] 以确保公共政策不偏离公共性的目标取向。所以，民间智库除了通过网络民意为政策决策提供"民智"之外，还需要对决策程序及政府官员的行为进行监督，防止他们以各种名义滥用权力。

理性主导型政策的科学决策需要客观中立的专家，但也不排除专家为某一群体代言，从而消解公共政策的公共性。在理性公共政策决策过程中，专家既有可能为利益集团所雇用，成为在知识论意义上"俘获管制者"的工具；也有可能被政府所雇用，提供"政府定制的专家意见"，成为"论证"政府所欲求的决策方案的工具。[③] 而民间智库基于互联网而存在和显示其价值，其中汇聚了身处各地的、各行各业的大量民间专家及热心公众，他们有公共精神、有专业能力、有消息渠道，可以充分利用互联网和新媒体，对官方智库专家的组成、行为及其观点进行监督，并时刻保持应激反应，对不合理的官方智库组成（如直接利益相关方作为官方智库成员参与政策决策）和行为（如超出其专业特长，对公共决策的方案或后果进行个体化的价值判断）、观点（如违背科学性的事实性陈述与分析等）及时发声、传播与扩散，通过网络民意表达形成网络围观效应，从而引起决策主体的关注并促使其对

---

① 陈甦：《商法机制中政府与市场的功能定位》，《中国法学》2014 年第 5 期。

② 李建华：《公共政策程序正义及其价值》，《中国社会科学》2009 年第 1 期。

③ 王锡锌：《公共决策中的大众、专家与政府——以中国价格决策听证制度为个案的研究视角》，《中外法学》2006 年第 4 期。

相关问题进行完善和纠正。

综上，鉴于理性主导型决策主体在决策过程中的科学性和公共性风险，以民间智库为代表的社会公众充分利用互联网信息交流的便利性、交互性，对决策过程进行网络围观和监督，对发现的问题进行网络曝光，以此对政府官员的公权力进行合理的限制。具体形式为：将发现的科学性问题和程序性问题一方面通过官方公布的意见反映渠道及时传输进决策体制内部，另一方面通过网络论坛、微信、微博等新媒体工具，进行网络民意的转发、扩散，从而引发网络关注，形成网络舆论，给决策主体施加民意压力，促使理性主导型政策的科学性、公共性实现。

第三节 案例分析：网络民意参与《中华人民共和国核安全法》制定过程

《中华人民共和国核安全法》的制定是理性主导型的公共政策，网络民意在政策过程中发挥了怎样的作用？如何发挥作用？对其进行详细的考察，有助于我们进一步认识此类决策模式下网络民意的参与机制。

1. 核安全法制定的背景

国际上，有核国家和地区都通过制定国际公约和国内立法来引导和促进核能的健康发展，以保护资源、环境和公众的健康。美国 1946 年就颁布了核能基本法《原子能法》，并多次修订完善。日本 1955 年订立《核能基本法》，德国 1959 年订立《和平利用核能和防止其危害法》，其他有核国家也相继制定相关法律。[①]

在国内，自 1955 年 1 月 15 日毛泽东主持召开中共中央书记处扩大会议，

---

① 隗斌贤：《安全稳定有序发展核能的几点思考》，《中国科学报》2014 年 8 月 15 日。

作出建立和发展我国原子能事业的战略决策以来，我国的核事业经历了六十多年的发展史。在六十多年的历史中没有发生过重大核事故，具有较好的核安全业绩。近年来，我国民用领域核事业发展迅猛，已经具有一定规模，根据中国核能协会的数据显示，截至 2017 年 12 月 31 日，我国投入商业运行的核电机组共 37 台，装机容量达到 35807.16MWe（额定装机容量），累计发电量为 62758.20 亿千瓦时，商运核电机组累计发电量为 2474.69 亿千瓦时，约占全国累计发电量的 3.94%。与燃煤发电相比，核能发电相当于减少燃烧标准煤 7646.79 万吨，减少排放二氧化碳 20034.60 万吨，减少排放二氧化硫 65.00 万吨，减少排放氮氧化物 56.59 万吨。[①]按照"十三五"核工业发展规划，预计到 2020 年我国核电机组数量将跃居世界第二位，运行和在建装机容量将达到 8800 万千瓦。

发展核事业，必须完善核安全立法。《中华人民共和国核安全法》正式实施以前，我国已经制定了 10 部与核安全相关的条例，还有《中华人民共和国放射性污染防治法》和《中华人民共和国环境影响评价法》两部法律，但尚未制定一部有关核安全的专门法律，没能从法律层面明确核安全的概念，并提出监管的原则和违反规定的处罚措施。

2. 核安全法制定的过程

核安全法的制定过程包括议题的确立、政策方案的规划与设计、政策方案的出台等三个阶段。

（1）议题的确立

进入 21 世纪以来，作为世界第二大经济体，我国的资源消耗明显加速，

---

①《中国核能行业协会 2017 年 1—12 月全国核电运行情况》，见 http://www.china-nea.cn/html/2018-01/39914.html。

资源有限性与日趋旺盛的社会需求间矛盾加剧。在经历了三十多年的跨越式发展后，中国正面临两大发展困境：一是能源瓶颈，二是减排压力。近年来，鉴于核能在增加能源供给、保障能源安全、促进污染物减排等方面的明显优势，我国正努力发展核能产业，安全稳步发展核电。

2012 年 10 月，国务院通过《核电安全规划（2011—2020 年）》和《核电中长期发展规划（2011—2020 年）》，要求稳步有序推进核电事业的发展，到 2020 年中国核电装机容量将达到在运 5800 万千瓦，在建 3000 万千瓦。未来中国核电事业有望动摇火电的统治性地位，成为支柱性能源产业。[①] 但随着核事故在一些国家时有发生且出现严重后果，核安全问题也为社会公众所关注。

2012 年 3 月，全国两会期间，全国政协委员、天津大学法学院教授何悦递交了关于尽快制定核安全法的提案。提案得到环保部的高度重视，表示将其在提案中的具体建议作为核安全法立法工作的重要参考。[②]

党中央、全国人大常委会和国务院同样高度重视核安全立法工作。习近平总书记于 2014 年 3 月在第三届国际核安全峰会上指出："发展和安全并重、权利和义务并重、自主和协作并重、治标和治本并重"，呼吁国际社会携手合作，实现核能持久安全和发展。在 2016 年 4 月的第四届核安全峰会上，他又指出："我们要结合国情，从国家层面部署实施核安全战略，制定中长期核安全发展规划，完善核安全立法和监管机制。"[③]

而伴随着核事故在部分国家和地区的出现和带来的后果，社会公众近年来通过网络论坛、贴吧、微博、微信等新媒体渠道和工具，对切尔诺贝利核事故、福岛核事故的讨论愈加频繁，如《福岛核泄漏事件》《看了科普感

---

① 刘画洁：《我国核安全立法研究》，博士学位论文，复旦大学，2013 年。
② 于克建：《全国政协委员、天津大学教授何悦：建议尽快制定〈核安全法〉》，见 http://edu. ifeng.com/gaoxiao/detail_2012_03/13/13167433_0.shtml。
③ 《习近平在华盛顿核安全峰会上的讲话》，新华网，2016 年 4 月 2 日。

觉日本福岛核泄漏好严重》等网文引发广大网民的点击关注，对核电安全的焦虑情绪日益强烈。公众对使用核能的忧虑，对核能安全的期待，形成了"如何保障核安全"的核心诉求。

公共政策随着公共优先级和价值的转移而变化。[①]"在风险社会的背景下，频发的灾难与日益递增的公众忧虑使得'对风险的控制'渐被刻画成现代政治议程的核心，并成为重要的行政过程价值取向之一。"[②]根据专家的提案及公众的诉求，推动全国人大常委会于2013年9月把核安全立法纳入规划，交由全国人大环境与资源保护委员会牵头起草和提请审议，核安全法正式进入我国立法议程。

（2）政策方案的规划与设计

按照立法规划的相关要求，全国人大环境与资源保护委员会成立了主要由政府官员与专家团队构成的立法工作领导小组。立法工作领导小组具体就政策方案的规划与设计开展了以下工作。

一是研究了相关国内立法和国际立法的经验。

二是赴广东、浙江、江苏、北京、四川、山东、甘肃、新疆等省（区、市）调研，听取地方人大、政府部门、专家学者，特别是核电企业、科研单位一线员工和科学技术人员对核安全立法的意见和建议。

三是组织国务院有关部门、有关科研学术单位、有关企业和律师、学者等，研究法律草案中涉及的法律问题和实际问题。多次召开座谈会、研讨会，举办专题讲座，并开展了立法项目论证工作，如中国法学会立法专家咨询会等。

在以上工作的基础上，于2016年6月形成《中华人民共和国核安全法

---

① ［美］拉雷·N. 格斯顿：《公共政策的制定——程序和原理》，朱子文译，重庆出版社2001年版，第52页。

② 王虎：《风险社会中的行政约谈制度：因应、反思与完善》，《法商研究》2018年第1期。

（草案）》。分别就立法目的和适用范围、基本原则与方针、管理体制、核安全责任、制度措施、公众参与、监督检查等模块进行了方案规划与设计。

2016年10月31日，核安全法草案首次提请十二届全国人大常委会第二十四次会议审议。

2016年11月14日至2016年12月13日，草案在网络上全文公布，并在中国人大网公开征集各方面意见。此次意见征集参与人数485人，收到意见2762条。

2017年4月24日，核安全法草案二次审议稿在广泛寻求社会公众意见和补充调研后作出修正，提请第十二届全国人大常委会第二十七次会议审议。二次审议稿重点强化了核设施运营单位的安全责任、放射性废物处理处置问题，并增加了放射性废物运输安全管理的规定。

2017年5月16日至2017年6月14日，草案二次审议稿在中国人大网公开征集各方面意见。此次意见征集参与人数127人，收到意见409条。

2017年8月28日，草案三次审议稿提请第十二届全国人大常委会第二十九次会议审议。草案三次审议稿在从业人员安全与健康、放射性废物处置、核损害赔偿等多个方面进一步强化了核设施营运单位的责任。

（3）政策方案的出台

2017年9月1日，十二届全国人大常委会第二十九次会议以145票赞成、2票弃权的表决结果，通过了《中华人民共和国核安全法》。

2018年1月1日《中华人民共和国核安全法》正式施行。

3. 核安全法制定过程中网络民意的参与

核安全法的制定需要较高的科学理论与专业技术知识水平，且对公众接受度的要求较低，属于典型的理性主导型政策。普通公众因为此类政策的参与难度大且因不直接施行于己而参与热情低，但具备相关科学理论与专业技术知识的"库外专家"联合部分普通公众组成"民间智库",以政策的科学性和公共性为出发点,以互联网和新媒体为依托,通过网络民意的表达来助攻议程设置、助力政策规划与设计、敦促政策过程公开。

(1) 助攻:网络民意参与议程设置

由于能源瓶颈和减排压力等方面的原因,我国发展高效和可持续的核电产业已成为不可回避的能源选择,核电必将成为未来能源的重要支撑。核安全是核事业发展的前提、基础和生命线,而保障核安全必须在法律层面予以规范和约束。国家政府以全局眼光,站在能源和经济可持续发展的战略高度,结合官方智库专家的建议,将核安全法立法工作列入议程。政府和官方智库是核安全法进入议程的"主攻手"。

同时,部分国家和地区核安全事故的发生以及由此带来的严重后果,使核安全的议题进入公众视野。特别是 2011 年 3 月日本福岛核泄漏事故以来,社会公众对核安全的忧虑日益加剧,对核能相关知识的探讨也随之高涨起来。具备一定科学理论和专业技术知识的"库外专家"和具备较强公共精神的普通公众在论坛、贴吧、微博、微信等新媒体平台中发表文章、表达专业意见,引发公众讨论和学习,并通过跟帖、转发、分享等手段实现信息的扩散。这些网帖和讨论在一定程度上为社会公众普及了核电的相关技术知识,促进了知识的互补和交流,同时也进一步表达了公众对我国核电发展的安全性的忧虑,网络民意以"疑虑"和"诉求"的形式浮现出来:核电到底安不安全?公众如何对核电项目充分知情?如果出了问题能不能保证可控?如何预防与应对核事故?如何保护涉核人员和公众的安全与健康?是否应该立法,对核安全相关技术和责任作出法律层面的规范?……公众的广泛关注、讨论及担忧成为"核安全法"进入立法议题的"助攻手"。

（2）助力：网络民意参与政策规划与设计

核安全法主要由技术和专业标准所规定，需要大量的科学理论和专业技术知识的参与，这就决定了政策规划和设计主体是政府官员和官方智库。在政策规划过程中，由政府官员和官方智库组成的决策主体分赴多个省份调研，听取立法意见和建议，同时多次召开座谈会、研讨会，研究法律草案中涉及的专业问题、法律问题和实际问题，并开展了立法项目论证工作，进行了政策规划与设计，形成了相关法律草案。

草案公布后，全国人大常委会分别于 2016 年 11 月 14 日至 2016 年 12 月 13 日、2017 年 5 月 16 日至 2017 年 6 月 14 日，两次在中国人大网公开征集各方面意见，征集时长共计两个月，两次公开征集意见总共征集到各类意见和建议 3000 余条。这些意见和建议均构成了网络民意，为实现核安全法相关条款的完善提供了"民智"，从而辅助参与了政策方案的规划与设计。

除了官方指定的意见征集平台外，相关新媒体平台（如网络论坛、贴吧等）上也出现了专家对核安全法草案修改的专业意见，如人民网"强国论坛"和天涯论坛《对全国人大〈核安全法（草案）〉征求意见稿所提出的建议》等网帖[1]，对核安全的方针原则、核设施营运单位的资质要求、核设施的安全保卫、核废物的无害处理、核材料的安全运输、核安全信息公开、公众参与、违反规定的处罚等问题表达了看法，这些专业的意见和诉求对草案中相关条款的完善及最终法律版本的出台，起到了重要的推动作用，保证了政策法规的科学性和公共性。

（3）"助推"：网络民意"敦促"决策过程公开及后续完善

以"库外专家"和普通公众组成的民间智库作为社会公众的代表和理性

---

① 见 http://BBS.tianya.cn/post-no110-15588727-1.shtml。

主导型政策公共利益的现实行动者，对核安全法决策过程保持着凝视状态，时刻关注着决策的进展情况，收集着决策的相关信息，表达着专业意见和情感诉求，如网友在《对全国人大〈核安全法（草案）〉征求意见稿所提出的建议》网帖中，建议官方智库应"由法学专家、地质、地震、国土规划、运输、住房建设、气象、水利电力、电网、核工业、农业、海洋、社会学、经济学、保险业、公安消防、军队、防恐、卫生防疫、医学、心理、应急救灾等专家组成"，这样才能最大限度地保证政策制定的科学性。

为了回应公众诉求，及时公布决策信息，核安全法决策主体专门在中国人大网开辟"核安全法立法"专栏[①]，设置"最新动态""常委会审议""图片报道"等栏目，对核安全法的审议及制定过程进行相关报道，如《核安全法草案首次提请审议 规范核安全信息公开》《苏泽林作关于核安全法草案修改情况的汇报》《核安全法草案再次提请审议 将强化放射性废物处理处置》《核安全法草案三审 进一步强化核设施营运单位的责任》等，虽然没有对官方智库组成、审议流程、相关会议纪要等进行完整披露，但从一定程度上公开了核安全法的制定过程，回应了部分网络民意。

《中华人民共和国核安全法》于2018年1月1日起实施后，相关民间智库仍持续关注，并发表专业看法，为政策的进一步完善建言献策。

4. 理性主导型决策模式下决策主体对网络民意的回应与拓展

理性主导型决策模式下，网络民意主体因知识而被赋权，并通过辅助参与的方式与决策主体进行交往与互动。在交往与互动的过程中，决策主体对网络民意的积极回应，对网络民意参与的制度支持，在很大程度上激发了公众政策参与的主动性和积极性，使多样性、丰富性的民意顺利上传，从而保障了理性主导型政策的科学性和公共性。决策主体对网络民意的积极回应

---

① http://www.npc.gov.cn/npc/lfzt/rlyw/node_31534.htm。

和对网络民意参与决策过程广度与深度的支持，对于理性主导型政策的科学制定有着重要的意义，值得我们进一步思考。

（1）诚意的"在场"：决策主体对网络民意的积极回应

网络民意与公共决策互动的实质是"交往实践"，而交往实践是不同的个体或群体之间双向的行为，具有交互特性，反馈机制是交往实践的内在要求。在网络民意参与公共决策的过程中，网络民意的表达主体希望从决策主体方面得到相关的反馈。如网友在天涯论坛发表的网帖《〈对全国人大《核安全法（草案）》征求意见稿的几点建议》，该网帖中关于草案第十三条"国家加强对核设施、核材料的安全保卫工作"提出了"对核电站的保卫，必须有军队和国家安全部门参加"的建议，强调了对核设施和核材料的安全保卫。审议通过的核安全法中，专门增加了"国家组织开展与核安全有关的国际交流与合作，完善核安全国际合作机制，防范和应对核恐怖主义威胁，履行中华人民共和国缔结或者参加的国际公约所规定的义务"的条款，强化对核设施和核材料的安全保卫。虽然我们无法考证政府是否因为网友的意见而修改和完善了相关条款，但至少这种修改在事实上与网友的意见一致，在客观上起到了回应网络民意的作用，"当公民发现他们的意见与建议被国家（政府）所接受，他们就与国家（政府）有着共同的价值背景，从而增强了他们对国家（政府）的信心，参与政治的意愿会更强烈"①。

决策主体与民意主体之间的双向互动既是理性主导型政策科学性诉求实现的保证，又是建立政府与公众信任关系的重要手段。在理性主导型决策模式下，应"发展公民与政府及公共管理者之间的双向协商、沟通机制，促

---

① 李建华：《公共政策程序正义及其价值》，《中国社会科学》2009 年第 1 期。

使政府成为一个负责、透明、回应、民主的组织"。[①] 具体而言，就是让决策主体积极回应网络民意所表达的专业意见和情感诉求，并通过互联网和新媒体将相关反馈意见展示出来，形成一种"可视化的理性交往实践"，从而一方面保证理性主导型政策的科学制定，另一方面建立政府与公众之间的信任关系。

（2）空间的拓展：决策主体对网络民意参与广度与深度的机制探索

在理性主导型决策模式下，官方智库一般由政府官员在体制内"封闭"选拔而组建。组建完成的官方智库与政府官员共同成为决策团队，一般采取分组调研、听取行业人员意见、举办座谈会、研讨会等形式开展政策论证工作，完成政策规划与设计，形成政策草案，再通过网络征询等形式对政策草案进行意见征集及讨论，最后实现政策的出台。由此可以看出，在政策实践中，政策草案的形成是网络民意介入决策过程的一个关键节点。政策草案形成之前，决策主体根据自己的思路完全支配政策方案的规划设计；政策草案形成之后，决策主体将已结构化的政策方案（草案）通过互联网公开，使用征询意见的方式获取公众对该政策方案的评价，形成一种"告知—评价"的决策实践。在这种决策实践中，决策主体向公众的意见征询体现了对民意的尊重、对民智的渴求，可以有效提高理性主导型政策的科学性和公共性，但如果将网络民意参与的空间进一步拓展，效果会更加明显。"空间拓展"主要表现在两个方面：一是政策的科学制定过程中鼓励更为广泛、更为全面的理性讨论，由此拓展网络民意参与的广度；二是在政策决策的过程中利用基于互联网的社会网络让公众充分介入和深入合作，由此拓展网络民意参与的

---

① ［美］约翰·托马斯：《公共决策中的公民参与》，孙柏瑛等译，中国人民大学出版社2014年版，第1页。

深度。

"世界经济合作与发展组织（OECD）在《作为伙伴的公民》报告中把公民参与的主要形式概括为三种：告知（information）、咨询（consultation）和积极参与（active participation）。"[①]"告知"方式往往表现为决策主体对公众单向的决策过程性信息的传达，公众是政策信息的被动接收者。"咨询"方式契合"告知—评价"的决策实践，表现为决策主体主动向公众征询意见和建议，决策主体与公众之间开始有了双向关系，公众提供评价信息给决策主体，以此提高政策质量。"积极参与"方式表现为决策主体与公众之间的广泛合作和深入交流，鼓励公众深入参与到政策制定的各个环节中，以"分工""互助"和"协同"的方式进行决策实践，呈现出开放、合作的良性关系。

理性主导型政策的核心诉求是科学性，严谨、理性的政策规划与设计是科学性诉求的重要内容，而科学性的实现需要进行理性的交往，这就要求决策主体建立和完善保障民意充分表达的制度，鼓励和支持更广泛的网络民意参与，拓展网络民意参与的广度，让意见在充分交流中回归理性。对于决策主体而言，听取和吸纳民意的关键在于，"决策部门要善于搜集、捕捉和甄别不同意见，在审慎研判的基础上，以网民意见的丰富性扩大决策者认识问题的视野，以网民建议的科学性扩充公共政策的官方智库，以提高决策合理性"[②]。网络民意的广泛参与带来多样意见的协商与对话，从而让更为科学、更加理性的观点和方案浮现出来，以此保证政策方案的科学规划与设计。

除了拓展网络民意参与的广度外，决策主体应建立和完善政策决策协同合作的工作机制，充分利用基于互联网的社会网络，支持公众充分介入政

---

① 朱德米：《公共政策制定与公民参与研究》，同济大学出版社2014年版，第16—18页。
② 何志武、宋炫霖：《话语赋权与资本博弈：公共政策场域的网络民粹主义》，《当代传播》2017年第3期。

策制定的各环节，鼓励公众分工合作，协同参与政策决策过程，不只协商，还要合作；不只谈话，还要行动，以此加大网络民意参与的深度。

随着后真相时代的到来，部分公众对科学家、技术专家、甚至政府产生了不信任感。在这种不信任日益加剧的情况下，"一个风险社会达到合法化的唯一途径就是鼓励公众参与到风险的选择、分配和消除的过程中来"①。网络民意深度参与的具体机制包括基于互联网的专家自荐与互荐、相关政策任务的分解与协同等。贝丝·诺维克在《维基政府——运用互联网技术提高政府管理能力》一书中介绍了美国"同行专利审核"（Peer-to-Patent）的合作管理制度。通过互联网软件平台，创建一支自荐的科学和技术专家队伍，利用网络为专利局提供信息。如一个由企业的专利法专家组成的筹划指导委员会和一个由学者、记者和独立的专利专家组成的顾问委员会用六个月的时间制定政策，设计程序。美国国家专利和商标局组成了一个由8位行政长官组成的队伍管理这个项目。同行专业审核制度获得了很大成功，并把成功经验广泛地应用到环境、教育和其他政策领域。②只要参与者拥有专业知识、地域背景及不辞劳苦投身调研的意愿，都可以通过互联网自荐并投身到政策调研中去。由政府官员、学者、自荐专家组成的决策队伍通过互联网，科学、高效地为政策制定贡献着才智。

综上，网络民意深度参与的实质是公众通过互联网深入合作，与决策主体进行协同，形成"合作民主"，共同推动政策的出台，其核心是建立一种开放的外部参与机制，使"合作协同"在议程设置、政策规划与设计等阶段完全"现身"，在保证政策科学性的前提下，最大限度提高了政策决策的效率，同时促进了政府与公众的相互信任。同时，基于互联网的合作

---

① ［澳］约翰·S. 德雷泽克：《协商民主及其超越：自由与批判的视角》，丁开杰译，中央编译出版社 2006 年版，第 90—91 页。

② ［美］贝丝·西蒙·诺维克：《维基政府——运用互联网技术提高政府管理能力》，李忠军等译，新华出版社 2010 年版，第 13—14 页。

民主能激发网民的主人翁责任感和自豪感，"主动且免于恐惧地参与政治生活，防止参与政治生活的边缘化和被边缘化，防止人们沉迷于精致的功利主义经济生活，从而使人们过上公共的互惠的政治生活，增加参与公共生活的正义感"①。

———————
　　①　张爱军、秦小琪:《"网络后真相"与后政治冷淡主义及其矫治策略》,《学习与探索》2018年第2期。

第十章　多元平衡型决策模式下
网络民意的参与机制

多元平衡型政策对专业技术知识的要求较高，在政策制定过程中需要引入专家论证机制以弥补政府官员独立决策的理性不足，重视对官方智库专业知识的选择、吸纳与运用；同时此类政策与公众的直接利益紧密相关，政策的施行有赖于公众的理解、认同和配合，对公众接受度要求较高。因此，在多元平衡型决策模式下，决策主体由政府官员、官方智库和公众共同组成。在政策制定过程中，决策主体之间通过充分对话与协商，达成政策共识，实现政策科学性与公共性的均衡。在此过程中，公众基于互联网技术和新媒体手段表达自己的意见和建议，并通过与官方决策主体的协调及合作，介入政策议程，参与政策规划与设计，促进政策的顺利实施。

第一节　多元平衡型政策的核心诉求：均衡性

多元平衡型政策一般关乎民生，又涉及专业问题，并且往往直接施行于公众，所以这类政策的制定会引起公众的强烈关注。制定这类政策既要充分运用科学理论与专业技术知识保证决策的科学性，又要对政策涉及的公共利益进行充分协调，形成一致预期从而保证决策的公共性，政策方案的规划与设计需要通过充分的对话、协商，在科学性和公共性之间实现均衡。均衡性是多元平衡型政策的核心诉求，其政策过程中政府官员、智库专家、公众之间的权力配置、参与时机和手段，都需围绕政策的均衡性诉求而展开。

1. 多元平衡型政策及其特点

朱伟以政策的公众接受度和政策的专业技术要求为两个基准维度，把以高公众接受度和高专业技术要求为主要特点的公共政策界定为多元平衡型政策。[①] 多元平衡型政策内容重视科学性和公共性的均衡，具体而言，多元平衡型政策有如下几个特点。

（1）高公众接受度要求：政策内容与公众利益休戚相关

多元平衡型政策内容与公众的直接利益密切相关，政策方案的规划与设计直接关系到公众利益的获得或损失，会对公众的生产、生活产生重要的影响，而且政策的顺利施行有赖于公众的认同、接受和配合，否则容易遭到公众各种方式的抵制。对于公众而言，决策结果影响他们的切身利益，公众高度关注，表达价值偏好和情感诉求，并有较为强烈的参与欲望，试图通过参与政策过程影响政策内容，从而保障自身利益的实现。

在现实的政策实践中，多元平衡型政策的案例较多，如《国有土地上房屋征收与补偿条例》的制定、个人所得税起征点的调整、核电站选址、磁悬浮列车专线的修建、垃圾焚烧项目选址、地铁站的选址修建、"红旗河"西部调水方案的制定[②] 等。

---

① 朱伟：《民意、知识与权力——政策制定过程中公众、专家与政府的互动模式研究》，南京大学出版社 2014 年版，第 203 页。
② "红旗河"西部调水方案是通过沿青藏高原边缘绕行的调水线路，将青藏高原东南部丰沛的水资源，调往干旱的西北地区，全程自流，惠及甘陕宁蒙疆等省区，辐射影响全国 70% 以上的国土面积。

（2）高专业技术要求：政策决策需专业知识"保驾护航"

多元平衡性政策指涉的问题往往还带有强烈的专业技术色彩和技术理性属性，政策决策涉及大量专业知识的吸纳和运用，如核电站的选址涉及核物理、地质、水利、环保等多学科专业问题，磁悬浮列车专线的修建涉及电磁悬浮系统、电力悬浮系统、高温超导磁悬浮等专业技术知识，专业知识与技术为政策决策保驾护航，以保证政策制定的科学性。即使是个人所得税起征点的调整也涉及科学性问题，其背后有着严谨的数学模型测算。而普通公众对于政策制定过程中所需要的专业知识较为匮乏，公众的价值偏好与情感诉求不能保证政策制定科学性，更不能成为政策决策的唯一依据。

多元平衡型政策既要充分考虑公共利益，实现政策公共性，又要重视专家专业知识的运用，保证政策方案的科学性。在政策制定过程中，决策主体既不能为了公共性而失去科学性，也不能为了科学性而失去公共性，而要在政策的公共性和科学性之间充分协调、寻求平衡，以此提高政策质量，降低政策执行成本。所以，均衡性是多元平衡型政策的核心诉求。

2. 多元平衡型决策模式的主体及其职责

多元平衡型决策模式既对决策的专业技术性有较高要求，要充分发挥智库专家作用，又对公共利益的平衡协商有较高要求，要充分吸收公众的意见和建议，因此，此类政策的制定既要考虑公众偏好与技术理性间的协调，又要注意多元利益间的平衡。

（1）多元主体：政府官员、官方智库和公众的共同决策

多元平衡型决策模式下，由政府官员、官方智库和公众组成多元决策主体，通过对话、博弈、协商、合作，最终达成共识，实现政策权威性、科学性和公共性的均衡。政府官员作为政策权威性的代言人，发挥着仲裁者的

作用，对政策的公共性和科学性进行协调，对政策方案进行最终选择；官方智库作为政策"科学性"的代言人，利用其学术权威的身份和掌握的科学理论、专业技术知识为政策制定提供智力支持；公众作为政策公共性的代言人，通过充分表达价值偏好、情感诉求和专业意见，保障着政策公共利益的实现。多元平衡型政策"权威性"科学性和公共性的均衡要求决定了政府官员、官方智库和公众在政策制定过程中必须进行自由、平等的表达和充分的对话与协调，最终平衡各方利益和诉求，实现政策公共性、科学性、权威性的均衡，从而达成政策共识，促进政策的顺利出台与实施。

（2）仲裁者：政府官员的战略规划、程序设置、平衡决策

在多元平衡型决策模式下，政府官员负责整个政策过程的资源整合、组织协调、进程推动，扮演着仲裁者的角色。

① 战略规划

韦伯把政府描述为"一个引导社会的政治生活的正式组织"[①]。政府肩负着政策议程的设置和推进、政策方案的总体规划设计等任务，无论何种类型的政策，政府的任务都是如此。在多元平衡型政策中，政府同样要分析此类政策的特点和要求，制定政策过程和政策内容的总体战略规划。在议程设置阶段，政府官员要站在全局高度，以战略眼光及时洞察社会公共问题，通过专家咨询、实地调研等方式，推动公共问题向政策问题转化。在政策规划与设计阶段，政府官员通过充分了解和分析多元利益主体的要求和偏好，从整体和长远目标出发，提出政策的战略目标与方向，并组织官方智库对公共问题进行政策方案的规划与设计。

② 程序设置

多元平衡型决策模式下，为了保证政策公共性的实现，政府官员需要

---

① ［英］安东尼·吉登斯等：《社会学》，赵旭东等译，北京大学出版社 2015 年版，第 926 页。

在政策制定过程中引入公众参与机制，通过设置一定的参与程序（如政策草案征询意见等），采用相应的参与方式（如公众听证、公众座谈、设置意见征询系统等），保障公众的有序参与，组织并引导多元主体积极参与政策过程。"程序本身就是一种民主的方式，它开放性的结构要求公民广泛参与其中，有助于克服理性不及的弊端，从而使选择的结果更具有合理性。"程序之所以具有保证选择的合理性的功能，是因为"程序创造了一个自由平等对话的条件与氛围，使得各方的意见都得到充分的考虑，以优化选择的合理性"①。政府官员通过公众参与程序的设置，广泛收集民意、吸收民智，并通过协调公众的价值偏好、情感诉求形成政策的一致预期和政策共识，从而保证政策制定的公共性。针对多元平衡型决策模式，这种程序设置还包括保证专家参与的程序，确保此类政策的科学性。

③ 平衡决策

政府官员作为权威性主体，要协调不同的利益主体的要求，起到利益平衡与知识权衡的作用，并以"仲裁者"身份进行最终的决策。

在决策过程中，政府官员在各种相互竞争的利益要求中保持中立的态势，平等对待各种利益要求，不有意偏向任何一种价值取向。作为利益平衡者，政府官员站在全局的高度，结合对政治、经济、社会发展规律以及趋势的把握，对多元主体的利益诉求进行平衡与协调，对官方智库的专家意见和公众意见进行分析与权衡，以此来保障政策公共性和科学性的均衡。政府官员"在广泛征求多元主体意见与建议的基础上，根据公众利益偏好、专家合理建议，并在对社会问题发生机制以及将来发展动向全面分析与掌控的基础上，综合权衡规划方案的得失利弊，选择并最终确定政策方案并付诸施行"②。

---

① 李建华：《公共政策程序正义及其价值》，《中国社会科学》2009 年第 1 期。
② 朱伟：《民意、知识与权力——政策制定过程中公众、专家与政府的互动模式研究》，南京大学出版社 2014 年版，第 207 页。

（3）沟通者：官方智库的议程提议、规划设计、政策答疑

从知识论的视角看，专家在技术化、专业化知识方面日益增强的比较优势，从决策理性化角度获得了参与决策过程的、可正当化的"入场券"①。在多元平衡型决策模式下，官方智库是专业知识的代表，凭借自身的专业知识所获得的文化资本和学术权威，作为知识精英的官方智库发挥着沟通者的作用，具体表现为政策议程提议、政策规划设计、政策宣传答疑，其适时参与有效保证了政策科学性的实现。

① 政策议程提议

在议程设置阶段，官方智库专家立足专业领域，聚焦专业问题，敏锐洞察社会政治、经济发展中存在的公共问题，及时进行一线调研和专业分析，形成调研报告，通过官方渠道呈送政府官员并及时沟通，推动社会问题进入政策议程。

② 政策规划设计

由于多元平衡型政策所涉及的问题具有专业性，官方智库基于其所具备专业知识的丰富性，对政策规划当中的专业问题进行讨论、分析和判断，与政府官员充分沟通，并接受政府官员的咨询；根据学科差异进行专业分工，论证、起草政策方案，为政策决策提供智力支持。在政策选择阶段，官方智库对各种不同的政策方案进行科学、专业的可行性论证，辅助政府官员对政策方案进行优化选择，推动政策出台。同时，官方智库还可以利用其特有的立场中立性和独立性，对行政决策权的行使进行监督，从客观上减少了行政决策的随意性。

③ 政策宣传答疑

多元平衡型政策内容关乎公众的切身利益，政策的顺利施行依赖于公众对政策的高接受度，而政策的高接受度又与公众对政策的了解和认同紧密

---

① 李亚、李习彬：《从专家公众参与缺陷看公共决策失灵》，《学习时报》2013 年 7 月 29 日。

相关。官方智库是政策制定体制内部的直接参与者，是政策科学性的代言人，同时也是政府官员与公众沟通的桥梁和纽带。官方智库利用其丰富的政策信息和充实的专业知识储备，利用互联网技术和新媒体手段，通过微信公众号、微博、网站等，广泛传播政策的设计思想、实施目的、政策内容和操作规程，帮助公众了解政策问题，引导公众理性表达诉求，耐心回答公众疑虑，以此促进公众对政策的理解和认同。除此之外，官方智库要发挥好沟通的桥梁作用，对于公众集中提出的诉求要及时上传到政府官员，帮助政府官员优化政策方案，改善政策实施效果。

（4）行动者：公众的诉求表达、建言献计、有序参与

多元平衡型决策模式下，公众因利益相关性而密切关注政策制定过程，并参与意见表达。在此模式下，公众可以表征为"行动者"——一部分"行动者"通过价值偏好、情感诉求的表达追求政策的公共性，另一部分"行动者"通过建言献计力求政策的科学性，而价值偏好、情感诉求的表达以及对政策方案的建言献计，都是通过有序参与的方式而进行的。

① 诉求表达

"公众的心理认同和公众的主观幸福感也是公共利益的重要组成部分"[①]。公众的偏好与诉求理应成为政策公共性的重要方面。对于与自身利益紧密相关的公共政策，因缺乏政策制定的相关专业知识储备，大多数普通公众往往只能通过表达价值偏好和情感诉求的方式对政策决策施加影响。"与程序的结果有利害关系或者可能因该结果而蒙受不利影响的人，都有权提出有利于自己的主张和证据以及反驳对方提出之主张和证据的机会。"[②]如核电站选址过程中，当地的普通民众因惧怕核辐射及核泄漏给自己的居住环境带

---

① 王锡锌：《当代行政的"民主赤字"及其克服》，《法商研究》2009 年第 1 期。
② 陈瑞华：《通过法律程序正义——萨默斯程序价值理论评析》，法律出版社 2000 年版，第 188 页。

来不利影响，于是，"我不喜欢核电站""不要在我家门口建核电站""我们不允许自己的家园受到核辐射的威胁"就成了大多数相关普通公众的价值偏好和情感诉求。而基于互联网、新媒体的偏好与诉求的表达在客观上起到了集体动员的作用，进而引发更多的关注和更充分的讨论。意见主体的规模效应促进其诉求表达受到决策者的关注和重视。

② 建言献计

普通公众除了表达利益诉求，还要为政策方案的合理化和科学化提供建议。普通公众中有一部分人，他们学历层次较高，职业分布较为广泛，有律师、教师、科学家、工程师、新闻工作者等，他们专注于各自擅长的领域，具备一定的科学理论与专业技术知识但并未进入官方智库。这部分公众对于特定领域的专业问题具有知识储备和话语能力，往往能从科学的角度出发，用专业视角审视政策问题，提出意见和建议。

③ 有序参与

"民主是一种价值追求，同时也是一个学习过程。只有通过协商民主的实践锻炼，个体公民才能克服个人知识贫乏、言辞表达不佳、理性思维欠缺、协商和审议能力不足等缺点，进一步加强参政议政的能力，同时也进一步扩大视野，学会集思广益，学会谨慎对待他人观点，学会与他人进行沟通和让步的技巧。"[1] 多元平衡型决策模式下，虽然公众也是决策主体的重要一方，但人数多、分布广，且专业层次、文化水平和情感诉求差异较大，相关诉求和意见的收集、整理、筛选和吸纳必须采取一定的程序和手段，从技术操作层面来看，公众必须实施有序参与，即公众通过一定的程序和方式，有序、理性地上传情感诉求和专业意见，这样才能保证参与的有效性，进而保证政策的科学性和公共性。因此，对于公众而言，有一个学习有序参与的过程。

---

① 莫吉武等：《协商民主与有序参与》，中国社会科学出版社 2009 年版，第 109 页。

3. 多元平衡型决策模式中多元主体的交往与互动

法国历史学家和哲学家米歇尔·福柯认为，"权力运作在所有层面的社会互动中，在所有的社会机构中，并和每个人有关"①。公共政策制定过程中的多元主体互动指的是在政策制定过程中，体制内参与者就正式进入或即将进入政策议程中的议题进行商讨，并在政策制定的各个环节广泛征询体制外参与者的各方意见、建议与主张，从而制定出符合公共性、科学性和权威性的公共政策。由于决策主体价值偏好与利益诉求存在异质性特点，所以多元平衡型政策的制定需要在政府官员、官方智库与公众之间建立平等、畅通的交流平台，让多元主体在这个平台上充分表达各自的诉求、意见和建议，并通过协调、博弈及合作一起对各种建议、方案进行审视、分析、讨论，最终达成共识。

这个过程具体表现为政府官员、官方智库与公众的循环的、双向激荡的交往、互动与协调（见图10-1）。

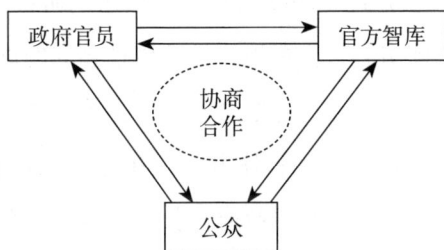

图 10-1　多元主体之间的交互与协调

----

① ［英］安东尼·吉登斯等：《社会学》，赵旭东等译，北京大学出版社 2015 年版，第926—927 页。

（1）政府官员和官方智库之间的交往和互动

① 主动咨询，理性吸纳

在议程设置方面，政府官员站在战略高度，及时洞察专业技术性要求高且与公众利益高度关联的社会问题，协调与平衡公众间的诉求差异，通过一定范围的专家咨询，推动社会问题进入政策议程。在政策设计制定阶段，政府官员委托相关部门起草政策方案，并听取官方智库专家的意见和建议，协调专家之间认识分歧，在政治与科学间寻求平衡之策。方案拟定后，政府官员通过专家论证的方式，对方案的可行性进行重点论证，继续为方案的选择积累理性智慧，最终完成政策选择和政策制定。在政策执行和评估阶段，政府官员和官方智库加强沟通和联系，一方面，委托官方智库对政策进行科学解读，帮助公众理解政策的设计理念，了解政策的具体操作规程，推动公共政策的顺利实施；另一方面，委托官方智库对政策执行的情况进行调研，为政策的修订完善提供依据。

② 主动建议，智力支持

在议程设置方面，官方智库及时发现本专业领域的相关政策问题或社会问题，通过多渠道和方式（如联名写信、呈送调研报告等），将问题及时反映给政府官员，以此引起官员重视，推动该社会问题进入政策议程。在政策设计制定阶段，官方智库通过课题会、研讨会等方式，充分探讨、广泛碰撞，制定出解决社会问题的多种具体方案，并对政策方案进行可行性论证，最后将方案通过多种渠道，递交给政府官员，帮助官员深入了解政策的专业技术问题，进行合理的判断，为公共政策的制定提供智力支持，帮助政策的设计与制定顺利完成。在政策执行和评估阶段，官方智库在学术界以课题研究、政策研讨的方式对政策的制定过程、实施效果等进行调研，形成大量的调研报告，为政策的修订完善提供参考。

（2）政府官员和公众的交往和互动

① 意见征询，利益协调

决策者必须考虑公众所提供的大量的社会知识，比如他们的利益诉求、价值偏好，甚至是对问题的主观感受。而所有这些都是值得决策者尊重的知识，离开了这些知识，决策的理性化程度将大打折扣。[①] 在议程设置方面，政府官员畅通公众参与渠道，创新公众参与方式，通过网络问政等方式，及时了解公众普遍反映的社会问题，协调公众间的利益平衡，通过专门机构对公众意见进行分类整理，按照社会问题的性质、公众反映的频次和热度等进行结构化处理和科学论证，为议程设置提供"问题库"。"政府机构不应该只是发布一个起草好的法规，而理应在告知人们立法提案的同时设计并公布质询的问题。"[②] 在政策设计制定阶段，官员通过网络意见征询等方式，充分听取公众意见和建议，协调公共性和科学性之间的矛盾，调和公众之间不同的利益诉求之间的矛盾，为政策设计制定参考。在政策执行和评估阶段，政府官员与公众的交往和互动主要体现在听取来自民间的政策体验。政府官员可以通过主动深入基层听取人们在政策执行过程中的感受和体会，也可以通过网络收集网民以各种方式表达的对政策支持或反对态度，他们的生活体验就是对政策的最直接的评估。比如，2017—2018 年，各地频频出台调控房价的政策，应属于多元平衡型政策，它既事关公共利益，具有很高的公众关注度，又具有很强的科学性，关系到政治、经济、文化、社会各个方面。对这一政策的评估，公众有深切的生活体验，公众不满意调控结果表明政策执行效果差，没有达到政策目标。作为决策者的政府部门应该通过各种渠道和方式，听取公众的意见和建议，让政策执行的效果得到最真切的反映，让政策

---

① 李亚、李习彬：《从专家公众参与缺陷看公共决策失灵》，《学习时报》2013 年 7 月 29 日。
② ［美］贝丝·西蒙·诺维克：《维基政府——运用互联网技术提高政府管理能力》，李忠军等译，新华出版社 2010 年版，第 203 页。

接受主体用生活体验对政策进行评估。

② **有效参与，监督执行**

公众以主动参与实现跟政府官员的交往和互动。在议程设置方面，快速发展的网络通信技术赋权让公众提出议题的渠道得到了拓展，提出议题的方式得到了创新。公众通过网络论坛、网络贴吧、微博、微信等方式将其关注和关心的议题表达出来，政治主张、价值偏好和情感诉求一旦得到其他广大社会成员的认同，便会形成巨大的号召力和汹涌的网络民意，以此与政府官员互动，有效影响政策议程。在政策设计制定阶段，公众通过听证会、群众座谈会等方式，了解政策制定进度和政策方案设计，并充分表达自己的意见和诉求，同时监督政府官员的公共行为是否偏离公共性目标。政策的征求意见稿或草案出台后，公众通过政府官员指定的参与渠道或非官方渠道（如网络社群发文发帖等），发表意见和建议，为政策设计制定参考。在政策执行和评估阶段，不管政府部门有没有主动征集公众的反馈意见，公众都会主动表达自己对政策的感受和意见。他们或者表达对政策让自己生活更美好的喜悦，或者表达对政策让自己生活变得更糟糕的不满，或者表达对政策执行不力或变形的无奈，或者对政策的不完善之处提出批评并发表建设性意见。这些民间智慧就是公众主动与政府官员交往的成果。

（3）**官方智库和公众的交往和互动**

① **知识传播，政策解释**

在议程设置方面，官方智库与公众的交往和互动较少。在政策设计制定阶段，官方智库向公众普及政策技术知识及程序知识，使公众的参与更有理性和针对性，促成共识达成，推动政策出台。在政策执行和评估阶段，专家对公众就政策制定的基本诉求、规程、操作等方面进行政策解释，有利于政策公众接受度的提升和政策的有效施行，同时，官方智库以学术研究、政策调研的方式对政策的实施效果等进行调研，这个过程需要与公众进行深入交流（如访谈等）和紧密互动（如问卷调查、投票等），以此形成调研报告，为政策的修订完善提供参考。

② 知识咨询，充分讨论

在议程设置方面，公众就洞察到的、与自身利益紧密相关的社会问题和技术问题通过电子邮件、微博留言等手段向官方智库进行咨询，寻求专业角度的解决途径。在政策设计制定阶段，有专业背景的公众（主要是库外专家）听取官方智库对政策方案的解读，并对政策方案的改进意见提出自己的看法，通过观点交流和探讨，相互交换理性，促成科学方案的出炉，推动政策出台；普通公众对于政策方案方面的疑惑，寻求专家的理性解释。在政策执行和评估阶段，公众一方面就政策执行中发现的问题和遇到的困惑，寻求官方智库的释疑和帮助；另一方面将自己对政策修订方面的意见和建议与专家进行交流，以期专家将这些意见和建议经过汇总提炼后与政府官员再次互动，最终促进政策的完善、优化和顺利施行。

（4）政府官员、官方智库和公众的协商合作

"协商不同于对话、讨论和一般的交流，协商是一种更为平等的交流形式，它强调理性的观点和说服，而不是操纵、强迫和欺骗。参与者倾听、响应并接纳他人的观点，在决策作出之前，协商能够赋予参与者对各种建议或方案的审视、检查和批判的权利。"[①]

公共政策的制定就是对公共利益进行重新分配，任何一项政策的变化（制定或中止）都会使不同利益主体的利益产生一定程度的变动。多元平衡型公共政策的制定，需要政府官员、官方智库和公众充分发挥民主协商与合作的机制，在政策制定过程中相互沟通与合作，均衡各方利益，最终达成共

---

① 陈家刚：《协商民主》，上海三联书店 2004 年版，第 69 页。

识。政府官员发挥主导作用，在决策过程中保持中立，平等对待各种利益要求，为不同利益要求与价值取向提供平等协商的机会，"合法性的源泉不是个人先定的意志，而是它的形成过程，即协商本身"，人们为了形成一种明智且理性的政治判断，在相互理解的一系列问题上达成了一致的意见，[①]从而实现政策的公共性、科学性和权威性的均衡。

第二节　协调、平衡与合作：
网络民意的参与机制

随着网络技术的迅猛发展和基于数字化的各种新兴媒体的异军突起，传统的传播生态秩序被解构，基于新媒体的传播景观正在形成。多元平衡型决策模式下，公众利用互联网及新媒体工具，对与自身利益及公共利益密切相关的社会问题发表看法、发起讨论、转发扩散，从而影响政策决策。公众通过网络动员积累社会资本，以"利益共同体"引发网络推动型的集体行动，用影响来与政府官员和官方智库进行博弈、协调与合作，最终达成共识，实现公共政策公共性、科学性和权威性的均衡。

1. 公众参与的动因及网络民意的形成

"公众参与是信息时代政治社会生活不可或缺的一部分，将公众积极参与的热情和行动与有效的公共管理过程有机平衡或结合起来，在公共政策制定与执行中融入积极、有效和有序的公民参与"[②]，对于多元平衡型政策的顺利出台和实施有着重要的意义。那么，公众参与多元平衡型决策过程的动因是什么？网络民意又是如何形成的呢？

---

① ［英］戴维·赫尔德：《民主的模式》，燕继荣译，中央编译出版社 2008 年版，第 267 页。
② ［美］约翰·克莱顿·托马斯：《公共决策中的公民参与》，孙柏瑛等译，中国人民大学出版社 2014 年版，第 1 页。

（1）公众参与的动因：社会不安及对公共利益的追逐

美国社会学家赫伯特·布鲁默提出了社会不安（Social Unrest）理论来解释社会运动。他认为，"所有形式的社会运动从根本上说都是由人们对现在社会某些方面的不满驱动的，他们试图做出改变"①。

社会发展的转型期必然会出现这样或那样的社会问题，这些问题往往与公众自身利益紧密关联，如地区间教育资源不平等、城乡差距、稀缺资源垄断、环境问题等，这些问题激发了公众的不满情绪，从客观上促成了公众的社会不安，由此驱动公众关注相关社会问题，并积极推动这些问题进入政策议程，促进问题的解决或改善。在多元平衡型决策模式下，虽然公众参与的基本宗旨是追求公共利益，但并非一开始就出于公共利益，而是尽可能争取或捍卫自身利益，"我参与是为了使我偏好的政策得到采纳，如果我退出，可能得不偿失"②。如在厦门PX事件中，有关学者经过调查与数据分析发现，公众参与的主要动机为自利动机和厦门环保动机，环境意识则具有明显的抑制作用。其中，自利动机表现为居民经济利益受到PX项目的波及（因在厦门海沧区拥有房产）和主观上的相对剥夺感。环境意识的负向影响和厦门环保动机的正向影响则表明，公众的诉求性参与是以保护自己所在生活区域的环境质量为目的的。③"主观上的相对剥夺感"直接造成了公众的社会不安，社会不安点燃了公众参与的热情。

"理性选择理论认为公众参与的动力来自与自己利益关联的程度、自身的行动能力和占有社会资源的状况，而共和主义理论则认为公众参与的动力来源于公众对美德、公共性、共同的善（common good）、公民权的追求，公众参与公共事务是一种责任和崇高的使命。"④后者是一种公共精神的体现。

---

① ［英］安东尼·吉登斯等：《社会学》，赵旭东等译，北京大学出版社2015年版，第948页。
② 张凤阳：《政治哲学关键词》，江苏人民出版社2006年版，第248页。
③ 周志家：《环境保护、群体压力还是利益波及》，《社会》2011年第1期。
④ 朱德米：《公共政策制定与公民参与研究》，同济大学出版社2014年版，第34页。

"公共精神作为个体精神样态的表征，是指生发于公共生活领域，在正确认识个人权利和个人利益的基础上，以公共性为特征，以追求公共善为目标的态度、情感和行为方式。"[①] 随着经济的高度发展和后物质主义思潮悄然而至，公众的公共精神正在逐渐培养，促使独立自由的个体对私人领域的超越和对公共议题的积极参与。在多元平衡型决策模式下，部分政策议题引发公众的关注和参与，并不一定是因为该议题与公众自身利益有直接关系，而是因为公共精神的驱使及其对公共利益（如公民权利）的追求。如网民因大学生孙志刚被殴打致死案而对收容遣送制度进行强烈谴责，要求对此制度进行违宪审查，并非因为它与自身利益密切相关，而是因为此制度与公共利益（公民权）紧密相连。对公平法治的捍卫和对公共利益的追求，成为公众进行决策参与的巨大动力。

（2）网络民意的形成：意见与诉求的表达与扩散

网络民意就是人们借助互联网对公共事务自由发表评论和意见聚合而形成的公开的意见表达，是现实生活中公众对公共事务的意见和建议的网络表达。多元平衡型政策往往与公众的个人利益和公共利益密切相关，相关议题更易受到公众的关注与讨论。公众借助新媒体围绕政策议题发表个人意见、表达情感诉求，试图在政策的科学性和公共性上施加自己的影响，争取更多的个人利益和公共利益。这些意见与诉求的表达和扩散，促发了网络民意的形成。具体来说，网络民意的形成过程主要有三个阶段。

第一，现实社会议题产生。伴随着社会变动和相关社会事件的发生，公众的社会不安和公共精神被激发，主动提出社会议题或对某项社会议题进行关注和讨论，促使现实议题产生。契合社会矛盾、社会热点、社会思潮、公众心理的议题，能够获得公众的广泛关注和讨论，如个人所得税修正案。

---

① 何齐宗、苏兰：《我国公共精神研究的回顾与前瞻》，《江西社会科学》2018 年第 1 期。

第二，社会议题的网络讨论与扩散。公众利用互联网就社会议题以原子化的方式，通过新闻评论、论坛发帖跟帖、QQ／微信群讨论、博客发文、微博／微信留言转发等形式阐述观点，发表意见，表达诉求，这些意见和诉求在网络空间中汇聚，从而形成强大舆论场。

第三，网络意见的汇聚及网络民意的形成。网民在网络舆论场中观点和看法是原子化的、分散的、异质的，这些意见和诉求会在网络空间中、在网民与网民之间充分互动，从而使公众形成认知、作出判断。在网络意见互动过程中，形成意见聚合态势，进而产生优势意见（主流意见逐渐聚合少数意见、少数意见逐渐趋同主流意见）——在网络空间，社会孤立的动机并没有消失，网络从众心理的动因继续存在，从众现象依旧普遍。① 由此，聚合的网络优势意见上升为网络民意。

2. 意见表达与决策监督：多元平衡型政策网络民意的参与空间

多元平衡型决策模式下，网络民意参与决策过程主要有两大作用：一是充当"民间智力团"的角色，既向决策者表达情感和价值诉求，又向决策者提供专业化的建议，提高政策的公共性和科学性；二是充当"民间监察团"的角色，监督决策程序及过程，保证政策的公共性和公正性。

（1）"民间智力团"：建言献计、平衡利益

公共决策的公共性要求决策应该以民主价值为依归，以公民参与为核心，以社会公正为目标。② "对于高品质的政策而言，有几种信息是必须的：第一，管理者需要有关政策在其作用范围内运转状况的信息；第二，管理者

---

① 谢新洲：《"沉默的螺旋"假说在互联网环境下的实证研究》，《现代传播》2003 年第 6 期。
② 莫吉武等：《协商民主与有序参与》，中国社会科学出版社 2009 年版，第 187 页。

需要有关公众偏好的信息，这可以防止管理者提供不必要或者公民不接受的公共服务；第三，管理者需要关于某个问题或者其解决方案的技术信息。"①多元平衡型决策模式下，政府官员和官方智库在立场、知识能力上的具有一定的局限性，如所获政策信息和公众偏好信息不充分、专业理性能力有限等。这些局限对政策的科学性和公共性产生了威胁，影响决策质量和政策的顺利实施。而网络民意可以充当"民间智力团"的角色，为政策制定提供更为充足的政策信息、偏好信息和技术解决方案，推动高品质政策的出台。

首先，网络民意中一部分是专业意见，这些专业意见由"库外专家"依靠其掌握的相关领域的科学理论和专业技术知识，基于科学判断而提出，对于补充"关于某个问题或者其解决方案的技术信息"尤为重要，可以与官方智库一道保障政策的科学性，提高决策的品质。

其次，公共政策的制定需要的不仅是严格意义上的科学知识，"一切重大的政策，无论涉及个人或政府，都需要道德和价值判断"②，而网络民意中很大一部分便是公众的价值偏好和情感诉求，这些信息对于完善政策规划方案，优化政策设计具有重要的参考价值。决策者只有了解多元利益的分布及运行状况，才能准确地认识公共利益并据之作出决策。

最后，因为资源是有限的，所以要对不同目的的冲突进行平衡，而这种平衡不是靠专业知识所能解决的，③公众在新媒体平台上发表观点，表达诉求，相互辩论，实质就是协商机制的充分发挥，而协商"并不以不同价值的一致为先决条件，毋宁说，它只是为把价值相互联系起来并把解决价值冲突放在公开参与公共过程之中提供一种方法，并被用来为这一过程本身的形式提供特定的保护"④，通过协商对话、讨论和辩论，公众的价值偏好和情感

---

① ［美］约翰·克莱顿·托马斯：《公共决策中的公民参与》，孙柏瑛等译，中国人民大学出版社 2014 年版，第 36 页。
② 莫吉武等：《协商民主与有序参与》，中国社会科学出版社 2009 年版，第 187 页。
③ 莫吉武等：《协商民主与有序参与》，中国社会科学出版社 2009 年版，第 187 页。
④ ［英］戴维·赫尔德：《民主的模式》，燕继荣译，中央编译出版社 2008 年版，第 297 页。

诉求才能平衡，重叠共识才能达成，公共利益才能定位，从而为政策公共性的实现提供对象化依据。

（2）"民间监察团"：监督揭发、对话交流

参与制定公共政策的政府官员和官方智库成员会有"经济人"的一面，而政府机构也不是一个超利益组织。一些研究表明，政府官员和政府机构在政策制定过程中都存在着不同程度的自利倾向。在多元平衡型决策模式中，公众作为决策主体之一，除了发挥民间智库作用，为政策制定建言献计外，在政策制定阶段的另外一个任务是时刻保护政策的公共利益诉求，对官方智库进行咨询和质疑，对政策制定过程进行监督，对政策制定中的不公平现象及有关"内幕"进行揭发。如2009年广东番禺区会江垃圾焚烧项目决策过程中，网友通过天涯论坛爆料某坚决要求垃圾焚烧的广州市某领导与垃圾焚烧利益集团有密切联系，四位环评专家也与该项目具有利益上的关联，实际上是想做垃圾焚烧生意，[1] 把网络舆论推向了风口浪尖，引起公众更大规模的关注和讨论，这就从客观上促使政府部门对垃圾焚烧项目的决策进行更进一步的审视，特别是对该项政策的公共性和合法性进行更广泛的论证。

"民间监察团"监督揭发作用的产生往往伴随着网络关键意见的出现。"舆论中的关键意见是在观点互动的过程中影响舆论发生转变的意见。关键意见的类型包括爆料与内幕揭示、相关政府部门回应、舆论当事人的态度等。"[2] 在多元平衡型决策模式中，公众有时会被官员通过电话、私信、留言等方式从线上（Online）请到线下（Offline），通过参与意见征询会或座谈会的方式进行互动。这些网络民意的现实代表往往具备一定的问题认知能力和

---

① 《最新消息！CCTV昨晚揭露广州市政府副秘书长吕志毅与垃圾焚烧利益链的关系》（转载），见 http://BBS.tianya.cn/post-329-167212-1.shtml。

② 谢新洲等：《互联网等新媒体对社会舆论影响与利用研究》，经济科学出版社2013年版，第119页。

网络话语权，这些网络民意代表一方面将网络民意带入决策系统，影响政策方案的设计与选择；另一方面决策程序与过程通过这些代表向广大网民传递相关信息，这样就打造了一辆政策决策系统到民间的"网络直通车"。网络关键意见的及时出现，又一次对网络舆论进行了引导，掀起网民的讨论和广泛传播，形成更强烈的网络民意，再一次影响政策设计与制定。

3. 多元平衡型决策模式下网络民意的参与过程

多元平衡型决策模式下，网络民意经过网络集体动员积累社会资本，形成利益共同体，有效介入政策议题设置阶段，并通过专业意见和情感诉求的充分表达、协调、博弈和合作，形成重叠共识，在均衡公共性和科学性的基础上参与政策规划与设计，试图达到公共资源最优化配置的效果。在政策决策与实施阶段，网络民意继续发挥"围观凝视"的作用，对决策过程进行监督，对政策的执行情况进行意见反馈，以期不断修正完善政策方案，实现政策公共性和科学性的持续动态平衡。

（1）集体动员的力量：政策议程设置阶段的有效介入

公共政策是对经济社会问题的反应，因此政策制定需要一定的触发机制。媒体的报道、舆论压力、民意诉求、社会运动等都对政策制定产生了相当大的影响。[①] 在我国，"现实中容纳民意表达、并将民意反映到公共政策和公共事务的决策和判断中去的机制尚不健全"[②]，但"网络民意的表达改变了中国社会中的政治沟通，主要表现在影响政府决策议程、影响政府常规决策过程两个方面"[③]。虽然网络民意能够改变决策议程，但并非所有的社会问

---

① 朱德米：《公共政策制定与公民参与研究》，同济大学出版社 2014 年版，第 51 页。

② 胡泳：《众声喧哗——网络时代的个人表达与公共讨论》，广西师范大学出版社 2008 年版，第 307—312 页。

③ 谢新洲等：《互联网等新媒体对社会舆论影响与利用研究》，经济科学出版社 2013 年版，第 119—124 页。

题都能进入政府决策议程，只有一小部分被公共决策者所关注，而那些被决策者选中或者决策者感到必须对之采取行动的要求进入了政策议程。[①]

网络民意对推动社会问题进入政策议程的方式有两种。

第一，网络民意被官员及时监控，被认可为"有影响"的现实民意并主动纳入政策议程。某个社会问题关系到公众的切身利益，并已引起公众的广泛关注和网络讨论，相关诉求已通过网络民意的方式"浮现"出来。政府官员及时关注舆情并进行分析研判，将影响较大的网络民意认可为现实民意，推动多元平衡型政策的制定。政府官员通过网络在线调查、网络舆情监测来主动回应网络民意的行为均属于此方式，表现为政府官员与公众的自上而下的互动。如孙志刚事件通过互联网传播后，许多来自不同地方网民在互联网上张贴他们的故事，或相互交流观点，倾诉他们在收容遣送中心里的噩梦般的经历。"调查并公布事件真相""对收容遣送制度进行审查"成为主流的网络民意。伴随着政府部门对孙志刚死因的调查，收容遣送制度的修订和论证也直接进入政策议程。事件发生三个月后，政府部门废止了《城市流浪乞讨人员收容遣送办法》，颁布了《城市生活无着落的流浪乞讨人员救助管理办法》。

第二，网络民意没有被政府官员及时回应，经过"社会发酵""大众兴奋"后，通过网络社会动员，形成社会资本，引发"有许多个体参加的、具有很大自发性的制度外政治行为"[②]，即集体行动，产生重大"影响"，"公民社会的抗议活动会引发当局对政治稳定的忧虑，进而促使当局作出反应"[③]，从而引起政府官员重视，由此实现网络民意的政策议题介入。这个过程表现为公众与政府官员自下而上的互动。

---

① ［美］詹姆斯·E.安德森：《公共决策》，唐亮译，华夏出版社1990年版，第69页。

② 赵鼎新：《社会与政治运动讲义》（第二版），社会科学文献出版社2012年版，第2页。

③ ［澳］约翰·S.德雷泽克：《协商民主及其超越：自由与批判的视角》，丁开杰译，中央编译出版社2006年版，第94页。

互联网的高社会接受度增强了数字信任，而数字信任为分散的个体获取了社会资本，帮助个人克服其原子化状态，并为集体行动提供了条件。"互联网的技术本质使得威权主义国家很难干预和控制信息的自由流动。""政府对网络空间讨论的控制遇到了越来越大的困难，这些讨论推动了公共意识以及随之而来的集体行动。在许多方面，互联网确实为自由讨论建立起了一个公共空间。"① 在"国家与社会"的理论架构中，处于政治国家与市民社会之间权力博弈中间地带的公共空间，其背后的互动机制是公共意见的充分表达。但是，真正通过公共意见实现二者交往并取得实质成效的符号形式是"影响"。

当网络民意没有及时被政府官员关注并回应时，密集而广泛的数字化的公民参与，如网络讨论、短信群发、微信微博转发等，导致网络民意的进一步升温。互联网把不同的群体联结起来，"提供了一种共享的经验，强调了集体主义的价值观，实现了利益聚合，从而促进了社会的团结"②。基于网络的快速社会动员对网络民意进行赋权，导致基于互联网的集体行动，网络民意强势进入议程，开始与政府进行互动。这样的方式被有些学者定义为"运动式政策参与"。③

（2）"帕累托最优"的实现：政策规划与设计阶段的协调平衡

帕累托最优，又叫作帕累托效率，是指资源分配的一种理想状态。帕累托最优就是不可能再有更多的帕累托改进的状态；换句话说，不可能再改善任何人的境况，而不使其他人受损，④ 即最优化、最均衡的资源配置状态。在多元平衡型决策模式下，政策的规划与设计必须遵循均衡性的核心诉求与

① 郑永年：《技术赋权：中国的互联网、国家与社会》，东方出版社 2014 年版，第 125 页。
② ［英］詹姆斯·卡伦：《媒体与权力》，史安斌等译，清华大学出版社 2006 年版，第 91 页。
③ 龚志文：《运动式政策参与：公民与政府的理性互动——基于广州番禺反焚运动的分析》，《吉首大学学报》（社会科学版）2015 年第 1 期。
④ 安宇宏：《帕累托改进与帕累托最优》，《宏观经济管理》2013 年第 3 期。

原则，以公众利益诉求的平衡保证政策的公共性，以官方智库与库外专家意见的平衡保证政策的科学性，以公众与官方智库诉求的平衡保证政策的权威性，从而实现有限公共资源的配置最优化，达到帕累托最优状态。政策均衡性的实现和多元主体之间的平衡需要引入民主协商、协调合作的相关机制，在此过程中，网络民意对政策公共性、科学性和权威性的实现都起到重要作用。

① 公共利益的定位："巴尔干化"的网络民意的自我调适

网络巴尔干化指互联网将社会大众分裂成有特定利益的不同子群，而后真相（Post-truth）是《牛津词典》选中的 2016 年度词汇，有关学者认为，目前已经到了后真相时代。后真相使得传统信息传播格局发生了根本性变化——社会群体被分裂成有特定利益的不同子群，网络社群巴尔干化（Cyber-Balkanization）愈发明显，公众的话语表达机制从"广场式的众声喧哗"到"客厅式的窃窃私语"[①]，网络民意的表达因此也呈现出"巴尔干化"的特点，即网络民意的表达更多立足于子群的情感和立场，而不是公共利益，而且网络民意的表达更多的时候限于在各子群内部。多元子群客观上造成了多元利益格局及多元利益诉求，然而，不同的子群之间并没有泾渭分明的边界，某个成员往往同时置身于多个不同的子群，这就从客观上为子群之间的信息流动提供了条件，使得子群之间的观点表达和交锋成为可能，这也为公共利益的平衡、调适和定位提供了机制保证，同时为多元平衡型政策的公共性实现创造了条件。

博曼认为，"公共理性本身也是多元的而非单一的，它不预设唯一公共或公正的观点。多元的公共理性观意味着公共立场的多元性，这为协商民主提供了空间"[②]。互联网成为实践协商民主的重要平台，在这个平台上，不同

---

① 李彪：《后真相时代的网络舆论场：话语空间与治理范式新转向》，《新闻记者》2018 年第
5 期。
② 陈家刚主编：《协商与协商民主》，中央文献出版社 2015 年版，第 61 页。

子群和个人基于自身价值情感表达利益诉求，这些利益诉求基点不同、立场各异，甚至一开始表现出不可调和性。但是"个人偏好不是一种固定不变的选择，而是要随着争论过程中所'发现的普遍利益'的变化而不断加以修正"①。"达至心中至善的最好方式，是不同思想的自由交流。"②不同子群及其成员在互联网公共空间里的观点交锋、价值争辩可以逐渐让优势意见浮出水面，通过协商来形成审慎的偏好，从而呈现、修正了个人利益，让不同的利益诉求之间形成了围绕"普遍利益"的平衡，这个过程就是网络民意的调适过程。很显然，网络民意的调适让公众对于政策预期目标的一致性有了较为统一的认知，实现了重叠共识（即不同的立场导致的相似的政治判断）的达成和公共利益的定位，为政策规划与设计提供了基本遵循，保障了多元平衡型政策的公共性。

② 科学方案的协调：网络民意对政策科学性的追求

多元平衡型政策一般涉及专业领域，试图解决专业问题，所以，政策方案的规划与设计必须体现科学性原则。在现实的政策实践中，政策科学性的达成往往由官方智库主导和负责。但是，在中国的政治和政策过程中，由政治系统内的权力精英所主导的"内输入"决策模式已难以适应社会治理变迁的要求，也不符合民主决策、科学决策的内在精神，政策的制定越来越需要更多自由、平等、公开和理性的协商、对话和讨论。③"讨论是消除有限理性影响的一种方式，面对复杂的问题，每个人都希望通过讨论而集中其有限能力，并增加做出最佳选择的几率。"④

网络民意主体中的一部分是未进入官方智库的"库外专家"，他们职业

---

① ［英］戴维·赫尔德：《民主的模式》，燕继荣译，中央编译出版社 2008 年版，第 270 页。
② ［美］安东尼·刘易斯：《批评官员的尺度——〈纽约时报〉诉警察局长沙利文案》，何帆译，北京大学出版社 2011 年版，第 181—182 页。
③ 李强彬：《协商民主与公共政策前决策过程优化——中国的视角》，四川大学出版社 2013 年版，第 5、115 页。
④ 陈家刚：《协商民主》，上海三联书店 2004 年版，第 7 页。

分布广泛，具备一定的科学理论和专业技术知识，对各自领域中的相关专业问题有着深入的认知和独到的见解，他们表达的意见往往是对于政策方案规划与设计的专业意见。库外专家可以平衡官方智库的学科构成，他们的专业意见可以弥补官方智库的理性有限。库外专家通过互联网，在政策规划与设计阶段（如草案征询意见阶段），使用专业意见的网络表达（如微博私信、贴吧发文等）与官方智库互动，双方就政策专业问题进行有见地的辩论、对话和协商，促成意义构建（sense-making）（通过参与者的对话和谈判来相互影响，从而形成新的知识和产生新的意义）和问题解决（problem-solving）（促进问题定义和方案制定），[1]最终用"最理性的方案"平衡双方的意见，这样的协商和对话有助于最佳科学政策方案的制定，为多元平衡型政策科学性的实现提供了保障。

③ 公共利益的实现：网络民意对政府"权威仲裁"的期待

"公共政策决定了一定时期公共管理的价值取向，但公共价值的取向并不是由政府随意决定的，它是公民理性协商的结果。在决策过程中，政府只有保持价值中立，才能为不同利益要求与价值取向提供平等协商的机会。"[2]

在多元平衡型决策模式下，公众之间通过辩论和协商的形式，实现了利益诉求的平衡和公共利益的定位，为多元平衡型政策的公共性打下了基础；公众与官方智库通过协商和对话实现了理性意见的平衡，为多元平衡型政策的科学性提供了条件。但是，多元平衡型政策的规划与设计，还需要在公共性与科学性之间实现平衡，让政策既符合公共利益，又符合科学原则，从而保证政策质量。

网络民意在政策规划与设计阶段和政府官员的互动表现为与政府官员

---

① 朱德米：《公共政策制定与公民参与研究》，同济大学出版社 2014 年版，第 38 页。
② 李建华：《公共政策程序正义及其价值》，《中国社会科学》2009 年第 1 期。

的协商、博弈和合作，其本质是对政府"权威仲裁"的期待，即期待或要求政府官员在政策公共性和科学性之间进行权威仲裁，实现二者的平衡。这种"权威仲裁"也可以有效保障政策的权威性。在现实的政策实践中，当政策的公共性受到威胁时，汹涌的网络民意表达会激发公众的集体情感，通过网络动员，与政府官员和官方智库博弈。所以，政府官员需要通过民主协商程序组织公众有序参与政策规划，"程序没有预定的真理标准，程序通过促进意见疏通、加强理性思考、扩大选择范围、排除外部干扰来保证决定的成立和正确性"[①]。政府官员作为中立的仲裁者，主导多元主体之间的协商和对话，使相关各方利益诉求得到充分表达和讨论，并对相关诉求进行协调，促成合作——协调解决的是预设目标的一致性问题，即政策目标（公共性）的讨论与确认，合作解决的是政策行动的一致性问题，即基于共同目标的协商与行动，如政策方案的合作设计。通过协调和合作机制的发挥，政策方案有了更大的选择范围。但是，有时"为了效率的需要，必须形成一个程序的真空，排除杂多信息的干扰"[②]。保证政府官员对众多政策方案的冷静权衡和高效选择，而政策方案的选择成效（被选的方案是否实现了政策公共性和科学性的平衡）便是衡量政府官员"权威仲裁"的重要标准。

为了保证政策有较高的可接受度，政府官员应将被选择的政策方案通过一定的方式交由公众审视，鼓励更大范围的民意表达，再通过数据挖掘与分析技术对网络民意进行收集和研判，以此获取公众有关政策方案的满意度信息、方案设计方面更有价值的专业意见和更丰富的情感诉求，更进一步完善政策公共性和科学性的均衡性，以更节约资金、更高效的方式提供公共服务。

---

① 季卫东：《法律程序的意义——对中国法制建设的另一种思考》，《中国社会科学》1993 年第 1 期。

② 李建华：《公共政策程序正义及其价值》，《中国社会科学》2009 年第 1 期。

（3）公众围观凝视：决策与实施过程的监督反馈

"全景监狱"是一种少数人监视多数人的机制，这是福柯所注意到的。但在现代的权力格局之中，另外一种新的权力格局，即多数人观看少数人的权力机制也在形成，这一现象被称为是"对视监狱"[①]。在多元平衡型决策模式下，因政策与公众利益紧密相关，公众往往对决策过程充满兴趣，并通过互联网围观的方式，对政策的决策程序及政策内容实行"多数人观看少数人"的"对视监狱"型的凝视与监督，对有违公共性和科学性的决策行为通过网络予以曝光，并形成网络民意对决策主体施压，促使政府官员将决策过程置于阳光之下，以此方式来防止政府官员与官方智库合谋而产生自利性行为，从而损害公众利益。

政策规划与设计阶段的协商过程所达成的意见需要不断地接受批判和检验，相关政策方案需要在实践中不断地检验和修正。而网络民意的表达除了可以对政策决策的过程进行监督外，还能对政策的实施效果进行反馈，促进政策的不断修订和完善。一项政策制定出来之后，必然要在执行中接受检验，只有政策接受主体才能发现其是否符合实际的需要，是否需要作进一步的调整。公共政策在执行阶段，政策的公众接受度如何？政策推行是否顺畅？政策效果是否明显？政策实施有无漏洞？……这些问题考验着公共政策的质量。

公共政策实施后的民意表达实际上是政策接受主体感受政策、评估政策、反馈政策效果的过程。网民来源于普通公众，他们是公共政策的受益者，也是公共政策的执行者。对于公共政策的执行效果，他们最有发言权，对于公共政策执行中的问题，他们切身感受。在政策执行阶段，公众一方面就政策执行中发现的问题和改进的措施，通过电子邮箱或者微博私信等方式与政府官员、智库专家进行反馈沟通；另一方面就政策执行当中存在的突出

[①]　刘拥华：《空间、权力与寻找政治——以鲍曼为中心的考察》，《人文杂志》2014 年第 7 期。

问题，发起网络主题讨论，并通过网络征集类似问题的相关案例，引发网络关注，促使政府官员对政策进行修订。

第三节　案例分析：网络民意参与厦门 PX 项目选址的决策过程

厦门 PX 项目牵涉到大量的、多学科的专业技术知识，而且该项目的上马会对厦门公众的利益产生直接影响，所以，该项目属于多元平衡型公共政策。在此案例中，网络民意在政策过程如何与政府官员和官方智库交往互动的？网络民意对政府决策发挥了怎样的作用？如何发挥作用？对其进行详细的考察，有助于我们进一步认识此类决策模式下网络民意的参与机制。

1. 案例背景介绍

PX 是英文 P-Xylene 的简写，即对二甲苯，是化工生产中非常重要的原料之一，广泛应用于生产衣服、饮料瓶、食用油瓶等，各国都在积极扩大产能，而在我国属紧缺产品，大量依赖进口。在世界卫生组织旗下的国际癌症研究机构（IARC）的可能致癌因素分类中，PX 被归为第三类致癌物，即现有的证据不能证明其对人类致癌。而在《国际通用的化学品安全说明书》中，PX 的危险级别为第三类易燃液体，与汽油相当，毒性属于低毒类化学物质。在全球的许多国家，PX 并不属于"危险有害化学品"，也有一些国家将 PX 认定为"危险有害化学品"。中国国家安全生产监督管理总局等 10 部门联合发布的《危险化学品目录（2015 版）》，将对二甲苯列为"危险化学品"名单。

2006 年 11 月，厦门市引进了 PX 项目并正式开工，计划用两年时间建成并投产，投产后此项目将为厦门市每年创造产值 800 亿元，项目受到厦门市委、市政府的高度重视和支持。然而，不曾想到的是，在此后长达一年的时间，围绕该项目存废问题，厦门市掀起了一场前有未有的民意风波，最终导致项目中止并迁址。

2. 政策过程回顾

（1）议题的确立：闭门运作、隐秘不发

2001 年初，厦门市政府收到富能控股有限公司和华利财务有限公司"年产 80 万吨 PX 项目"的建设申请。同年 5 月，厦门市政府向国家有关部门上报"PX 项目建议书"。

2001 年 6 月，国家有关部门委托相关资讯机构评估该项目，项目顺利通过专家评审。2002 年 11 月，国家有关部门将厦门 PX 项目列入"全国 PX 项目总体布局和建设安排"中。

2006 年 7 月，国家发改委批准厦门 PX 项目在海沧落地建设。[①]

同年 11 月 17 日，厦门 PX 项目正式开工。

（2）政策方案的规划与设计

① 政策的"现形"及"一号提案"

2006 年 11 月，中科院院士赵玉芬从厦门本地媒体上看到 PX 项目开工的新闻。她凭借自身的化学及环保知识，认为"属危险经学品和高致癌物"的 PX 项目落户距离主城区如此之近的海沧，将极有可能污染环境，危害民众健康。她随即就此问题跟同在厦门大学的其他几位科学家作了沟通。随后，赵玉芬等六位院士联名写信给厦门市领导，从专业角度力陈项目弊端。

2007 年 3 月的全国两会上，赵玉芬联合 105 名政协委员，向大会提交了"关于厦门海沧 PX 项目迁址建议的提案"，该提案被列为"一号提案"。提案指出，厦门 PX 项目中心地区距离国家级风景名胜区鼓浪屿只有 7 公里，

---

① 张晓娟：《厦门 PX 危机中的新媒体力量》，《国际公关》2007 年第 10 期。

距离厦门外国语学校和北师大厦门海沧附属学校仅 4 公里。不仅如此，项目 5 公里半径范围内的海沧区人口超过 10 万，居民区与厂区最近处不足 1.5 公里。而项目的专用码头，就在厦门海洋珍稀物种国家级自然保护区，该保护区的珍稀物种包括中华白海豚、白鹭、文昌鱼。

赵玉芬等百名委员建议，暂缓厦门海沧 PX 项目的建设，重新进行选址勘察论证，将该项目迁到一个人口密度较低、相对偏僻的地区，既充分发挥其经济效益，又尽量减少对百姓生活的影响。[①]

"一号提案"经媒体曝光后，厦门广大公众的情绪被点燃，政府的决策引发了公众不满和社会不安。

在网络社区"小鱼社区"、厦门大学的 BBS 上，有关 PX 项目的话题受到广大民众的强烈关注，"保卫厦门""还我蓝天"成为广大民众的集体诉求。5 月 28 日晚间，一位网友在南方报业的奥一网（http://baoliao.oeeee.com）发表《反污染！厦门"百万"市民同传一条短信》的网帖引发网民广泛关注。"据后台统计，半小时内 13 万网友点击了该稿件，留言 600 多条"。

公众在互联网上或基于专业角度，或基于情感偏好来探讨 PX 项目对自己及周围环境的影响，并通过网络互动与他人讨论，获知他人对事件的意见和看法，逐步加深对该项目的认识。通过意见交互和观点交锋，网络上的多种声音、多种观点得到了聚合，形成较为一致的网络民意：阻止 PX 项目在厦门的建设。

② 集体运动与项目缓建

2007 年 5 月 28 日，厦门市环保局局长在《厦门日报》上以答记者问的形式对 PX 项目的环保问题进行了解答，以此回应网络民意对 PX 项目的种种质疑。

5 月 29 日，厦门市向福建省领导汇报了 PX 项目进展及公众反应，福建

---

① 涂超华、赵玉芬：《最先站出来反对 PX 项目》，《中国青年报》2007 年 12 月 28 日。

省委就此召开紧急会议进行专门研究。"5月30日上午，厦门市政府召开第五次常务会议，决定暂缓建设海沧PX项目。随后，厦门市政府宣布，缓建PX化工项目，市政府已委托新的权威环评机构在原先的基础上扩大环评范围，进行整个化工区区域性的规划环评。"①

6月1日下午，厦门市政府召开新闻发布会，向新闻界发布有关PX项目暂缓建设的有关情况，并开通短信、电话、电子邮件、来信等渠道，倾听市民意见。6月3日下午，厦门再次召开新闻发布会，通报近期有关广大市民的意见和建议的征求情况。6月7—8日，25万册图文并茂的科普读物《PX知多少》免费发放到市民手中。6月13日，国家环保总局表示将根据规划环评结论，协助国家发改委对PX项目是否继续进行建设作出决定。②

（3）政策出台：官员与公众的"握手合作"，项目迁址

6月7日，厦门市政府宣布，将根据全区域总体规划环评结论来决定PX项目是否继续建设。随后，厦门市委市政府在第一时间响应环保总局要求，启动规划环评程序。

"12月5日，厦门市政府发布环评报告简本，并启动公众参与程序，其间许多细节设置令市民逐渐打消'政府会暗箱操作'的疑虑，包括现场电视直播摇号过程、邀请反对代表现场监督，座谈会对媒体全程开放，网络社区和博客也安然无恙。"③

12月13日，厦门市政府召开PX项目区域环评公众座谈会，向106名参会市民代表征求项目建设意见，经过表决，绝大多数市民代表反对PX项

① 《为在更大范围内进行环评论证，我市决定暂缓建设海沧PX项目》，《厦门日报》2007年5月31日。
② 朱红军：《厦门PX事件始末》，《半月选读》2007年第14期。
③ 朱红军：《"公众参与"背后的政府考量》，《南方周末》2007年12月20日。

目落户厦门。

12 月 15 日，福建省委形成一致意见：决定将 PX 项目迁往漳州市东北湾北岸的漳浦县古雷半岛。[①]

3. 厦门 PX 事件中网络民意的参与

在厦门 PX 事件中，随着"一号提案"的报道，有关 PX 项目的公共政策议程现形于公众视野，并引起了公众的社会不安和基于新媒体的民意表达和讨论。网络民意推动了网络集体动员，引发了集体行动，进而强势介入政策议程，就政策方案的规划与设计、政策方案的选择与政府官员、官方智库进行了充分的协商、对话与合作，最终影响了政府决策。

（1）缺席与应激：网络民意强势介入 PX 项目的政策议程

多元平衡型政策与公众的利益相关度很高，所以任何一个步骤与环节都应该允许公众参与其中，表达利益诉求，参与政策规划。

"公众参与渠道的不通畅致使矛盾化解场域的缺失，迫使社会的利益冲突转移到非制度化平台，增加了社会系统的复杂性和社会运行成本。"[②]公众从自身利益和公共利益来考量 PX 项目，认为该项目侵害其生活的私域并且可能会带来严重的环境污染，由此引发了社会不安。共同的利益诉求成为公众彼此团结和凝聚的基础，他们以原子化的形态行动起来，以网络论坛为讨论的公共空间，通过跟帖、评论、QQ 群／短信消息转发等手段进行社会动员，引发集体行动，网络民意显现并上升为社会民意。在意识到问题的严重性后，政府官员直接将网络民意的诉求上升为政策议题，提上问题解决的议事日程，网络民意介入政策议程。

[①] 苏永通：《厦门 PX 后传"隐姓埋名"进漳州》，《南方周末》2009 年 2 月 5 日。
[②] 龚志文：《运动式政策参与：公民与政府的理性互动——基于广州番禺反焚运动的分析》，《吉首大学学报》（社会科学版）2015 年第 1 期。

（2）动员与行动：网络民意促使程序正义

"程序的本质是过程性和交涉性，程序是决定的决定，它所决定的并不是结果而是作为结果的决定是如何产生的。程序正义决定实质正义，程序本身就是一种民主的方式。"[1]

在此案例中，从政策设计和制定的主体来看，PX项目仅由政府相关部门单方面进行方案规划和制定，没有充分征询公众的意见，也没有设置公众意见表达的合法渠道，更没有对公众的利益诉求进行协调。在强大的网络民意诉求出现后，政府试图采取专家论证的方式以技术理性"征服"公众理性，采取行政吸纳的方式将公众诉求内部化。但很显然，公众并不这样认为，他们通过网络动员引发集体行动与政府博弈，促使政府官员打开公众参与的窗口，通过程序设计弥补前期程序正当性不足的缺陷。

（3）协调与合作：网络民意参与政策规划与选择

政府部门迅速召开新闻发布会，会上宣布缓建PX项目，并委托新的权威环评机构在整个化工区进行区域性的规划环评。同时，政府部门启动公众参与程序，引入公众参与的程序技术。

与此同时，政府部门促使网络民意表达由线上转为线下，邀请公众代表参加PX项目区域环评公众座谈会，共同审议环评报告简本，并通过电视直播公众代表摇号产生的过程。两天的座谈会里，超过200位参会者，包括106位市民代表、近百名人大代表和政协委员，环评报告出具方中国环科院的专家在侧旁听。[2]两天的座谈会共耗时8个多小时，气氛热烈而不乏理性，广大市民比较成熟、理性地表达了自己的情感诉求，提出了有关政策方案的

---

① 李建华：《公共政策程序正义及其价值》，《中国社会科学》2009年第1期。

② 朱红军：《"我誓死捍卫你说话的权利"——厦门PX项目区域环评公众座谈会全记录》，《南方周末》2007年12月20日。

意见，并与政府官员、智库专家进行了观点交锋和协商对话。最终，近九成市民代表反对 PX 项目落户厦门，政府部门均衡了政策的公共性和科学性，认为"将 PX 项目实施的预选地设在漳州市东北湾北岸的古雷半岛"更为合理，从结果上接纳了民意，改变了政策规划，从而维护了市民的公共利益。

4. 多元平衡型决策模式下网络民意与公共决策互动机制的思考

厦门 PX 项目事件从博弈到妥协，再到充分合作，留下了政府和公众互动的经典范例，体现了一种行政决策模式的转向：从政府与专家的封闭式决策模式转向对社会公众的开放式决策模式。虽然厦门 PX 项目最后以中止迁建而告终，该项政策未达到预期效果，但在政策的事实层面和价值层面听取了民意，民意诉求得到回应，公共危机得到解决，政府权威没有损伤反而增强，并且还开启了公共政策制定多元主体参与的一种新模式。多元平衡型决策模式下网络民意与公共决策的互动过程留给我们深刻而丰富的反思。

（1）多元与多数：对网络民意核心信息的认知

网络民意的调适运用的是公共协商机制。在公共协商机制的框架下，网络民意除了自我调适以外，还与决策的多元主体在议程设置、政策规划与设计和政策决策阶段进行充分互动。在多元平衡型决策模式下，要求政府官员打开公众参与的窗口，利用互联网及新媒体工具，促进网络民意的输入。来源广泛、内容丰富而多元的网络民意既有利益诉求，又有专业意见，为政府官员对此类政策公共性和科学性的权威仲裁提供了基础。

但是，多元的网络民意并不可与"代表多数"的网络民意相提并论。制定公共政策需要吸纳网络民意，但不是要看持有某种意见的网民数量，而是要看网民对某一政策问题有哪些意见，以及意见的针对性和建议的合理性。"网民意见的人数优势，不能自证其对制定公共政策具有参考价值，有些观点即使得到大量网民支持，那也未必具有准确性和科学性，未必呈现网络民意的真实状态。有些网民的观点，尽管支持人数较少，甚至被非理性的声浪所淹没，但却蕴含着丰富智慧和独到见解。"①

因此，在多元平衡型决策实践中，应充分研判不同网络民意所代表的不同立场，其意见和诉求是否基于公共利益，是否富含科学精神，通过数据收集、数据挖掘和语义分析等手段，对网络民意的核心信息进行研判，以此指导决策过程。不能因为持某种网络民意的人数众多，就迎合公众诉求，削弱或放弃政策的科学性原则。

（2）理性与理解：网络民意的参与和合作

网络民意作为社会民意的重要组成部分，在多元平衡型政策的议程设置、政策规划与设计、政策选择和政策评估阶段均需有效参与，应充分实现官员、专家和公众三者的多元互动，通过公共协商的理性合作治理模式，促进相互理解和相互妥协，从而达成重叠共识。公共协商是一种带有特定目标的对话，即解决问题或消除冲突，是一种合作性的活动，它要求"那些有着不同视角和利益的人们一起来解决某个问题，这是一个必须以对问题的一致理性为起点的过程"②。所以，在多元平衡型决策模式下，多元主体通过理性协商和对话，促进理解和妥协，实现政策公共性、科学性和权威性的均衡，而这个过程便是网络民意有序参与和积极合作的过程。

在此模式下，政府官员不只是一个仲裁者的角色，而是根据事项的性质，扮演多种角色，如议程的提出者、协商的召集人和主持人、冲突的斡旋者等。多元主体通过多轮的博弈与合作实现公共协商，加深各方对政策的认

---

① 何志武、宋炫霖：《话语赋权与资本博弈：公共政策场域的网络民粹主义》，《当代传播》2017年第3期。
② ［美］詹姆斯·博曼：《公共协商：多元主义、复杂性与民主》，黄相怀译，中央编译出版社2006年版，第154—159页。

知，寻求政策制定的"最大公约数"，让利益相关方就政策内容达成共识，推动政策的落地与实施。

罗伯特·古丁（Robert Goodin）提出："倡导民主就是倡导程序。"[①]"在社会演变过程中，复杂的价值问题可以借助于程序加以化解，实体规范也可以通过公正的程序来形成"[②]，通过公正的政策程序的设置，实现政府权力的回归与下放和公众的热情参与和积极合作，发挥民主协商机制，通过公众的有序参与积极合作，实现整个社会公共利益最大化，从而实现整个社会的善治。

网络民意的有序参与和积极合作将逐渐成为一种生活方式，一种在对世界理性的多元诠释中实现理解和动态妥协的方式，在这样的治理方式下，公众不再盲从能力治理和技术权威，而是与决策者充分协商和对话，直至达成某种关于公共利益的共识，从而实现公共资源分配的"帕累托最优"。

---

① ［澳］约翰·S. 德雷泽克：《协商民主及其超越：自由与批判的视角》，丁开杰译，中央编译出版社 2006 年版，第 132 页。

② 季卫东：《法律程序的意义——对中国法制建设的另一种思考》，《中国社会科学》1993 年第 1 期。

第四篇

策略篇

4

第十一章　网络民意的收集

收集、分析并回应网络民意是评估政府决策能力的重要指标。收集网络民意是政府进行科学民主决策的前提和基础。不同政策议程模式下，网民关注的内容指向和表达的时间节点都有所不同，当然网络民意呈现的密度也各不相同。政府在收集网民民意时，面对不同的政策议程模式，其收集方法和手段应根据情况不同有所调整和侧重。

第一节　不同政策议程模式下的民意表达特征

政策议程一直是政策研究的重要内容，政策议程不同，公众关注的焦点、意见表达的主题及方式都会有所不同，因而不同政策议程模式中的民意表达也呈现不同的特征。

1. 不同政策议程模式的特点

政策议程是公共政策研究的重要内容。与其他学科考察政策议程主要审视政策议程是怎样设置的、谁参与了政策议程的设置等问题不同，本研究重点考察不同议程模式下公众意见表达的内容和方式特征。

（1）政策议程的内涵

关于政策议程的内涵，学者的总结不尽相同，分别从不同的角度来分析和界定政策议程。这些界定大体可以归纳为以下两种：

其一，将政策议程界定为决策者决定把公共问题纳入政策制定范围（日程）的过程。在这些研究者看来，政策议程应该从决策者决定要制定政策解决某个公共问题的时候算起。"这部分学者大都认为政策议程创建过程是由执政当局与权力精英进行问题的体察和认定等一系列活动构成的。"[①] 我国学者曾峻认为，政策议程就是公共决策机构决定是否允许某一公共问题进入议程并优先加以解决的过程。[②] 胡平仁也指出，"社会问题被认定为政策问题，并被纳入到决策机构的议事日程或行动计划的过程，就是政策议程"[③]。这种界定与传统的政策范式理论所使用的"社会问题——公共问题——政策问题"的过程模型是一致的。简单地说，这一类界定就是把政策议程限定为政府议程。

其二，将政策议程界定为从公众议程到政府议程的过程。科布和埃尔德将政策议程划分为公众议程（系统议程）和政府议程（正式议程），前者指某个社会问题已经引起公众和社会团体的普遍关注，并向政府部门提出政策诉求，要求采取措施加以解决；后者是指一些社会问题引起了决策者的关注，决策者感到有必要对这些社会问题采取一定的行动，并将其列入政策范围。[④] 与前者相比，此界定突出了公众议程的重要性。随着公民社会的发展，社会公众及利益团体开始借助各种正式、非正式的渠道和途径来影响公共政策的过程和结果。在许多研究者看来，公共政策的形成很大程度上源于社会

---

① 刘伟：《当代中国政策议程创建模式发展研究——探寻一种政治社会学的分析框架》，国家行政学院出版社 2012 年版，第 2 页。

② 曾峻：《公共管理新论——体系、价值与工具》，人民出版社 2006 年版，第 304 页。

③ 胡平仁：《政策问题与政策议题》，《湘潭大学社会科学学报》2001 年第 1 期。

④ 陈庆云：《公共政策分析》，北京大学出版社 2005 年版，第 106 页。

公众的利益表达和政治参与，公众的参与会影响和制约决策者对特定社会问题的体察和轻重缓急的认定。拉雷·N.格斯顿指出，公众议程是最敏感问题的晴雨表，公众议程中的问题随着公共优先级的提升会引起相关政策制定者的注意，与一般问题相比它们更容易进入决策者的议事程序。[①] 该研究视角侧重于从体制外部寻找政策议程产生和发展的动力，认为政策议程的形成和发展是体制外公众和利益团体利用多种途径进行政治参与和利益表达的结果。

本研究涉及的政策议程，主要是基于前一种界定。即"政策议程创建就是在多元利益相关者互动的基础上，公共权威（特别是执政党与政府）通过一定的选择与过滤机制确定社会问题的轻重缓急，并将其提上政府议事日程、纳入决策领域的过程"[②]。

（2）几种政策议程模式

1972 年，麦库姆斯和肖提出的议程设置理论成为大众传播效果研究的重要理论。自 20 世纪 80 年代开始，学者们在麦库姆斯和肖的研究基础上进一步延伸，取得了不少有价值的后续研究成果。Desring 和 Rogers 在传统议程设置理论基础上做了扩展，将"媒体议程"（The Media Agenda）、"公众议程"（The Public Agenda）、"政策议程"（The Policy Agenda）纳入"议程设置过程"这一统一的框架中进行研究。[③]

香港中文大学王绍光教授依据议程提出者的身份和民众参与程度区分出六种政策议程设置的模式，即关门模式、动员模式、内参模式、借力模式、上书模式、外压模式。其中，关门模式和动员模式指向决策者，内参

---

① ［美］拉雷·N.格斯顿：《公共政策的制定：程序和原理》，朱子文译，重庆出版社 2001 年版，第 52 页。

② 刘伟：《当代中国政策议程创建模式嬗变分析》，《公共管理学报》2008 年第 3 期。

③ James W.Desring, Everett M.Rogers：*Agenda-Setting*, Sage Pubications, Inc.1996, pp.5-6.

模式和借力模式指向智囊团，上书模式和外压模式指向社会公众。关门模式是最传统的议程设置模式，议程的提出者是决策者自身；动员模式中，议程也是由决策者提出，但决策者会设法争取公众的支持，即先有政策议程，后有公众议程；内参模式中，议程是由政府智囊团提出，没有公众与决策者的互动；借力模式中，政府智囊团希望与公众联手，借助舆论的压力来扫除决策者接受自己建议的障碍；上书模式中的"上书"是给决策者写信，提出政策建议，建言人往往是具有一定社会地位和话语权的人；外压模式的议程发展动力也是来自体制之外，但它更注重诉诸舆论、争取民意支持，从而对决策者形成强大的压力，迫使其改变已有议程，接受新的议程。[①] 上述六种模式的划分较为全面地概括了中国政策议程形成的过程和类型。

在前互联网时代，由于公众意见表达不充分，公众议程直接对政策议程产生影响较弱，往往通过媒体议程这一中介。同样，政策议程对公众议程产生影响，也是通过媒体议程这一中介。在互联网时代，传统的政策议程设置模式发生了变化，媒体、公众和决策者作为议程设置的主体，既相互独立又彼此影响。"政策议程、媒体议程和公众议程密切联系，互相影响，政策——媒体议程、政策——公众议程和媒体——公众议程的作用方式是双向趋势，并且'自下而上'方式逐步显示出强大力量。"[②] 公众议程、媒体议程与政策议程之间不是简单的因果关系，互联网的出现更是加深了它们之间的复杂关系，公众议程、媒体议程和政策议程借助网络平台可以实现相互转化。在这三者之间，媒体议程往往扮演着中介作用，媒体通过议程设置可以把社会问题聚焦升温，转化为公众议程，然后将公众的声音汇集到一起反映给政府部门，或者通过新闻报道将政府部门的政策议程告知公众。"媒体能

---

① 王绍光：《中国公共政策议程设置的模式》，《中国社会科学》2006 年第 5 期。
② 陈姣娥：《网络时代政策议程设置机制研究》，《中国行政管理》2013 年第 1 期。

量的主要来源在于其沟通传达政策议事日程表——即告知当选的官员们，他们必须解决哪些问题，同时要告知受众哪些问题与他们息息相关。"①媒体充当了政府和公众之间交流联系的桥梁。据此，我们可以总结概括出两种传统的政策议程模式，即"媒体议程——公众议程——政策议程"模式和"政策议程——媒体议程——公众议程"模式。随着网络自媒体的发展，传统的媒体议程能力开始下降，公众借助网络自媒体发声形成的公众议程越来越具有主导地位，公众议程一旦形成，其强大的社会影响力和公众注意力必然会吸引媒体跟进报道，媒体议程与公众议程的同频共振则会进一步影响公共政策的形成。这种公众议程源自公众的自发行为，体现的是公众的自主意志和主动性。我们可以将这种由社会公众主导的政策议程模式归纳为"公众议程——媒体议程——政策议程"模式。

2. 网络民意表达的特征：动力机制与过程考察

在官方主导话语权的时代，传统媒体提供给民意表达的空间很有限，公众的意见表达多数只能停留在茶馆式的窃窃私语和街头巷尾的议论之中。进入网络时代，公众借助互联网实现意见表达成为主流，网络成为民意汇聚的主阵地，每一个公共话题都会引来充分的讨论。当然，不同政策议程模式下，网络民意的表达也呈现出一定的差异。我们可以通过对网络民意表达的动力机制和民意形成过程的考察，来分析上述三种政策议程模式下网络民意表达的特征。

（1）"政策议程——媒体议程——公众议程"模式下的网络民意表达

"政策议程——媒体议程——公众议程"模式与王绍光的"动员模式"

---

① ［美］托马斯·戴伊：《自上而下的政策制定》，鞠方安等译，中国人民大学出版社 2002 年版，第 8 页。

有很大的相似之处。在这种模式中，政府占主导地位，政策议程是由政府来制定，并且在确定一项政策议程后，政府会借助媒体来进行宣传报道，试图通过媒体议程来影响公众议程。在这一过程中，政府千方百计地动员公众参与其中，"政府通过媒介公布政策动议吸引公众参与，不仅使政府决策获得了充分的民意基础，而且公众通过媒介建言献策又使决策过程得到了'民智'支持"①。政府之所以想吸引公众参与政策议程，是出于政策合法化的需要。"政策合法化不仅要求政策制定主体、政策出台程序以及公共政策内容合乎法律规定，同时也要求将公共政策实施的过程内化为政策主客体的自觉行动，即获取社会的普遍认同。"②而实现政策合法化过程的关键，"就是要将整个政策制定过程演绎为一场自主式的公共意志表达活动"③。这种模式中的网络民意表达，主要是针对政策议程确立后的意见反馈，它可以反映政策的实际效果和影响。

在这种模式中，网络民意的对象是经由媒体报道、传播的政策议程。民意表达的动力在于对政策议程的价值判断，包括对政策方案的意见和建议、政策制定程序规范与否的评价。政策议程的发布意味着政府将着手解决某一公共问题，无论是政府主动提出政策动议还是回应公众诉求中制定政策，公众都会表达对政策议程的期待，会表达对政策议程的意见和建议。由于已有政策议程作为先导，公众的意见主要集中于政策内容是否公平和科学、政策程序是否规范和公正。虽然其中不乏站在自身立场考量政策内容与个人和群体利益一致性的情况，但也必然以公共利益的面目实现意见的表达。

网络民意的表达意在影响政策内容。若是政策议程尚处于政府提出动

---

① 何志武：《网络民意与公共政策的"民间智库"》，《现代传播》2012年第11期。

② 张则行、陶庆：《论法治政府的价值内核渗透与实践机制重建——以公共政策过程为观察领域》，《广东行政学院学报》2016年第1期。

③ 张则行、陶庆：《论法治政府的价值内核渗透与实践机制重建——以公共政策过程为观察领域》，《广东行政学院学报》2016年第1期。

议征集民意阶段，民意表达的目标在于意见和建议能影响到即将出台的政策，最好能体现在政策方案之中；若是政策方案已定，人们则更关注政策是否满足了自身的利益期待，民意表达的目标在于意见和建议能影响到政策的修订和完善。在这一过程中，公共政策传递质量的好坏会直接影响网络民意的表达和走向。衡量公共政策传递质量好坏的标准，可以借用政策传递过程中是否有"衰变"以及"衰变"的程度来衡量。公共政策传递过程中的衰变，是指"公共政策在传递过程中，由于受到各种影响因素的干扰而出现了衰减和变异的状态"①。公共政策传递过程中的衰变现象主要体现在传递过程中的两个阶段：首先，在决策者内部的政策传递过程衰变；其次，在媒体传递中出现的衰变。在决策者内部的政策衰变主要表现为政策截留、政策曲解、政策附加和政策迟滞。②从内容上看，就是指政策在传递过程中渐渐失去了自己本来的面目，比如在传递过程中被不同层次的部门和管理机构"层层截留""各取所需"；或者出于本地区和本部门的利益考虑对政策作出符合自身利益的解释，甚至是附加性地增加了一些原政策没有的内容，使政策走样甚至面目全非。在媒体传递中的政策衰变，主要是因为媒体的把关效应。在新闻媒体对政策议程进行报道时，不可避免地会带有媒体把关人的二次编码和加工，在这一过程中，必然会带有媒体工作者的主观价值和情感因素。从时间上看，政策衰变则表现为政策迟滞，由于传递速度太慢而导致政策实施错过最佳时机。公共政策传递引起的"衰变"，最直接的影响就是政策原有的内容和精神不能完整、及时地传达到目标群体和利益相关人群中，出现同一政策下达到不同地区的时间不一样，呈现出的面貌也不一样，公众针对公共政策的网络表达也会呈现出地域差异和民意爆发的时间节点差异。政策传递中衰变程度高会容易产生理解的歧义和公众的怀疑，网络民意表达可能会

---

① 唐任伍、佟健：《公共政策意愿、传递"衰变"和监督体系催生》，《改革》2013年第5期。
② 唐任伍、佟健：《公共政策意愿、传递"衰变"和监督体系催生》，《改革》2013年第5期。

杂乱无序，甚至是言辞激烈。我们常常看到政策制定者宣称某项政策被"误读"，表面看起来是公众对政策的理解出现了偏差，实际上，政策传递过程中出现"衰变"是重要原因之一。

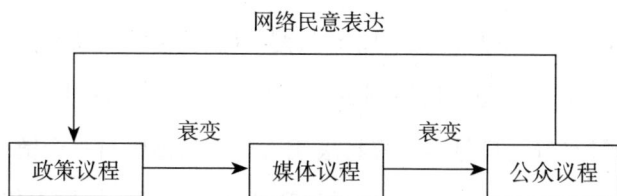

图 11-1

网络民意表达也是对公共政策的效果检验。无论政府制定政策是否进行了充分的民意沟通，公布的政策方案都会招致各方评说。这些意见既有对方案合理性的赞许，也有对方案不合理之处提出意见和建议。这些意见和建议就是政策过程的必要环节——反馈。这种反馈信息的获取，既可以是政策制定主体的主动收集，也可以是政策接受主体的主动表达。那些散见于各种网络平台的网民言论，包括集中于政府网站和政务新媒体平台的留言，都是政策接受主体对政策议程的主动反馈。

（2）"媒体议程——公众议程——政策议程"模式下的网络民意表达

"媒体议程——公众议程——政策议程"模式中，政策议程的产生是由媒体动议，然后影响公众议程，进而对政策制定者形成压力和影响促进政策议程的形成。当然，不是所有的媒体议程都能对政策议程产生影响，媒体议程要得到政府的认可还需具备一定的条件：一方面，媒体的报道能够引发强烈的社会关注，对政府决策系统形成压力，从而使媒体报道的议题进入到政策议程之中；另一方面，公众对媒体的依赖程度和信任程度较高，媒体在公众中具有较强的社会影响力，决策者在制定政策议程时不得不考虑媒体议程的变化。"媒体在公共政策议程中的作用已经成为政府决策者在制定公共政策过程中必须面对的考量因素。"①

媒体通过报道事实，促使社会问题开始进入公众视野。这些社会问题有些是公众反映给媒体的，更多的是由记者深入调查发现的，这就是罗杰·柯比（Roger Cobb）和查尔斯·艾德（Charles Elder）所说的"唤醒"："拜传媒之赐，将（问题）传播到更广大的公众之中，使冲突的范围变得更广。……'唤醒'本身是自足的，容易滚成雪球。当传媒对一个情况感兴趣时，它们通常盯住不放，使越来越多的重视和关注产生。"②媒体不仅可以通过选择性报道告诉公众发生了什么，还可以对报道的事件进行有倾向的排序和阐释，来影响公众在某一社会问题上的立场和看法。社会问题尤其是重大的社会问题被发现和报道之后，媒体常常会集中进行系列报道，使其成为社会关注的焦点。媒体对某一社会问题的高度关注，往往会唤起公众的情绪，媒体又进一步传播公众情绪和制造公众压力，进而对政府形成压力。加拿大学者迈克尔·豪利特指出，"不可否认媒体是国家和社会之间的关键连接，这一角色使得他们能够强烈影响着政府和社会在公共问题及其解决方案方面的偏好"③。随着市场经济的进一步深入，大部分传统媒体已经逐渐转变成为独立的、半独立的市场主体，"中国很多传统媒体（如南方报系）的市场化、社会化和公共性程度已经相当可观，并在继续加深"④，"以都市报为代表的公共媒体开始成长为社会议题传播的重要力量"和"各种利益相关者围绕公共

---

① 邝艳华等：《政策议程与媒体议程关系研究——基于 1982 至 2006 年农业政策和媒体报道的实证分析》，《公共管理学报》2015 年第 10 期。

② ［美］拉雷·N.格斯顿：《公共政策的制定——程序和原理》，朱子文译，重庆出版社 2001 年版，第 60 页。

③ ［加］迈克尔·豪利特：《公共政策研究：政策循环与政策子系统》，庞诗译，上海三联书店 2006 年版，第 102 页。

④ 费久浩：《政策议程设置中网民触发模式的基本要素分析》，《四川师范大学学报》2015 年第 5 期。

议题表达意见和聚集声音的平台"①。

　　媒体设置的议程对于公众具有"渗透性"的影响力。媒体机构在新闻报道和议题生产上具备专业优势，可以动员多方资源，对庞杂无序的碎片化信息进行筛选、整合。媒体工作者可以对捕捉到的新闻线索进行持续跟进，也可以借助其敏锐的新闻嗅觉探测社会公众的关注点，对一些存在已久的社会问题进行深度挖掘。大众媒体深谙公众的兴趣倾向，常常能够把那些重要的、迫切需要解决的社会问题，以能够引起公众兴趣的方式报道出来，进而引导公众关注和讨论这些重要的社会问题，引导公众议程。公众对媒体报道的议题处于持续不断的互动过程，形成"你中有我，我中有你"的互嵌格局。媒体发现和报道社会问题，引起公众讨论，公众的意见表达又成为媒体报道的内容，又引起公众进一步讨论。尤其是新媒体广泛使用之后，公众参与公共话题讨论的平台大为拓宽，网络民意表达的充分性和丰富性为媒体议程的设置和推进、媒体议程与公众议程的互动，提供了强有力的支撑。由媒体主动发起的媒体议程，往往凝聚了较为真实和具体的民意诉求，并且具备一定的事实基础，也更容易影响决策者的议事日程。

　　（3）"公众议程——媒体议程——政策议程"模式下的网络民意表达

　　"公众议程——媒体议程——政策议程"模式是一种自下而上发起的政策议程，与科布的"外在创始型"和王绍光的"外压模式"有很多类似之处。科布根据政策诉求主体的不同，提出了政策议程建立的三种模型：内在创始型、政治动员型、外在创始型。内在创始型是由政府系统内的个人或团体提出政策问题，限于体制内扩散并直接晋升为政府议程，最后列为政策问题，

---

　　① 朱亚鹏、肖棣文：《谁在影响中国的媒体议程：基于两份报纸报道立场的分析》，《公共行政评论》2012 年第 4 期。

期间没有经历公众议程的过程。政治动员型是由政治领导人提出政策意向并使其进入政府议程。外在动员型是指政策诉求由政府系统以外的个人和社会团体提出，经阐释和扩散进入公众议程，然后通过对政府施压的手段使之进入政策议程。① 王绍光在分析我国现阶段议程建构模式时指出，随着专家、传媒、利益群体和公众的影响力越来越大，传统的"关门模式"和"动员模式"逐渐式微，"内参模式"成为常态，"上书模式"和"借力模式"时有所闻，"外压模式"频繁出现。② 王绍光所说的"外压模式"与科布所说的外在创始型模式在本质上是一致的，都是自下而上，先民间启动后政府确认。我国政策议程设置模式正处于由内在创始型或政治动员型为主向以外在创始型为主的转型时期。外在创始型政策议程强调公众参与，更能体现民主性和公共性，最终也有利于公共政策的执行。

在上述"公众议程——媒体议程——政策议程"模式中，其实还隐藏了一个"微议程"，它是公众议程的萌芽状态。微议程概念的提出，可以很好地解释公众议程的形成和其中的网络民意表达机制。微议程是指"特定个体和社群通过新媒介技术平台传播、扩散形成的对特定事件、人物等较为一致的意见倾向，这种个体和社群互动过程中形成的倾向体现出其内在的特征，它是新媒介嵌入人们日常生活后产生的融合了虚拟和真实个体及社群混合意见倾向的议程"③。微议程往往是特定个体和群体的立场、态度和利益的表达，其形成也会受到个体情感和社会群体心理的影响，当然微议程也只有在数字媒体技术建构的新媒介环境下，才有可能对公众议程产生影响，甚至制约媒体议程和政策议程的发展。微议程的激发是由网民个体或网络社群来完成的，比如网民个体通过上传信息可以直接激发微议程，或者是信息在特定

---

① ［美］罗杰·W. 科布：《比较政治过程的议程制定》，《美国政治学评论》1976 年第 70 期。
② 王绍光：《中国公共政策议程设置的模式》，《中国社会科学》2006 年第 5 期。
③ 高宪春：《微议程、媒体议程与公众议程——论新媒介环境下议程设置理论研究重点的转向》，《南京社会科学》2013 年第 1 期。

网络社群里经过加工整合后再形成微议程。微议程还只是小范围内网民关注的事件和焦点，尚没有引起大范围的网络围观，而要想使"一个国家里有大批的民众沿着某些共同的路线思考"，还必须满足一个重要的前提，即"该事件能迅速有效、恰到好处地激起作为普通民众的网民的情感共鸣和共同体验，挑拨他们脆弱敏感的神经和心智，并将隐藏于他们内心深处的社会记忆和集体意识唤醒和提取起来"[①]。如此，原本小范围的微议程很快就会以星火燎原之势发展成广受关注的公众议程，社会公众的共同体验被激活，社会情绪被调动。

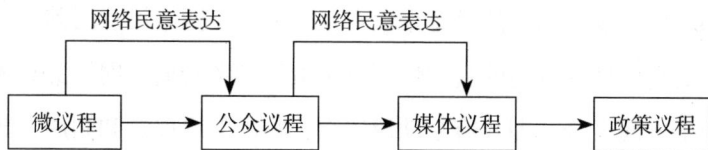

图 11-3

　　一般来说，微议程更偏向于传统媒体议程忽略的社会问题，当微议程发展成公众议程时，大众媒体又不得不跟进报道，争夺公众的注意力资源，这样一来，由底层社会发起的政策诉求，经过层层扩展，就可能会发展成为制衡媒体议程并最终影响政策议程的重要力量。在上述议程模式中，社会公众居于主导地位，从网络民意表达和参与机制来看，"公众更倾向于自发参与以生活经验为表达基础的议程；以情感认同为传播策略通常更能迅速地放大议程影响力"[②]。

　　① 费久浩：《政策议程设置中网民触发模式的基本要素分析》，《四川师范大学学报》2015年第5期。
　　② 万方：《自媒体议程设置的行动特征与政府角色定位——基于整体性视角的分析》，《中国行政管理》2017年第10期。

第二节　网络民意收集的主要方式

获取民意、分析民意和回应民意是政府执政能力的重要体现，而获取民意既是基础又是关键。传统的民意收集方式可以称为"打捞民意"，官方主导了话语权，传统媒体提供民意表达的空间有限，公众的观点多数只能停留在茶馆式的窃窃私语和街头巷尾的议论之中。政府官员、人大代表、政协委员、专家学者等主持或参加的民意调研和座谈会成为政府收集民意的主要渠道。对于公众而言，这种民意收集方式既不便捷，又不能全面、真实地反映民意。在新媒体时代，网络技术改变了民意主体的地位，民意主体成了民意表达的主体，越来越多的民意聚集在互联网上，网络民意因其来源的广泛性、内容的多样性、表达的真实性更具决策的参考价值。网络民意收集主要可以从两个方面展开，即政府主动设置平台收集网络民意和利用大数据方法收集网络民意。政府主动设置平台收集网络民意的方式，是政府有针对性和选择性地来收集网络民意，政府通过主动设置网络表达平台、发出相关议题讨论、开展网络意见征集活动等，鼓励引导网民积极发言，以此来收集相关民意信息，为决策者制定和完善相关公共政策服务。与政府有选择性地收集网络民意的方式不同，利用大数据方法收集网络民意的方式是一种广泛地全网式搜索，主要是面向网民自发的网络话语表达，通过大数据技术来抓取和爬梳散落于互联网各个角落的民意碎片，同时大数据技术还可以对网络民意发展趋势进行提前预判，利用大数据方法来收集网络民意不仅可以获得海量的网络民意信息，还可以对网络民意的总体态势和发展变化有更全面的把握。由于不同议程模式下网络民意的表达机制和特点不同，网络民意收集的方式方法也会有所侧重和不同。在网络民意收集过程中，可以根据不同议程模式的特点，合理使用上述两种网络民意收集方式，必要的时候可以同时使用以上两种方式，点面结合，确保网络民意收集的全面性和针对性。

1. 主动设置平台收集民意

主动设置平台就是决策者主动设立公众参与的网络平台和渠道，供网民发表意见和建议。如各级政府网站、网络问政平台、政务论坛、政务微博微信等。政府通过设置网络互动平台，公开政务信息，鼓励公众评论跟帖；公开领导电子邮箱，倡导公众积极建言；开通网上咨询投诉平台，受理公众咨询投诉；开设电子民意调查，定期征集网络民意，等。决策者通过这些权威、正规的平台可以快速高效地收集网络民意。这种由政府主动设置平台的方式，更契合"政策议程——媒体议程——公众议程"模式下的网络民意收集，由政府动议的政策议程，其网络民意表达也往往较为集中，通过制度化的信息传输渠道能够收集到更有价值和针对性的网民建议和反馈。

政府主动设置网络平台的方式可以让决策者掌握政策信息传播的主导权和网络民意收集的主动权。首先，要确保网络互动平台的效用得到充分的发挥，最关键的是要及时回应和回复公众的诉求，只有这样才能吸引公众的积极参与，平台才会有人气。其次，政府回应要有质量，对于公众反映的情况要给出具体的处理意见，对于不能及时处理的情况也需要有详细的解释和说明，如此才能得到公众的信任，平台才会有影响力。最后，要做好相应的民意处置渠道，必要时做好资源下沉和权力下放，设立考核机制督促平台的正常运营，以此来保障平台的持久生命力。

（1）政府网站：公民参与的常设平台

政府网站是一级政府在各部门的信息化建设基础之上，建立起的跨部门、综合性的业务应用系统，是各级政府机关履行职能、面向社会提供服务的官方网站，是政府机关实现政务信息公开、服务社会公众、互动交流的重要渠道。各级党政机关都在不断探索通过政府网站了解舆情、收集民意、汇聚民智的方法和途径。政府网站不但提供了民意表达的有效途径，而且可以让公众直接介入公共政策过程，推动政策议程发展。2015 年国务院出台了《关于积极推进"互联网"行动的指导意见》《促进大数据发展行动纲要》等一系列重要文件，各级党政部门不断创新服务手段，不断探索服务型政府建设的新思路、新模式。自 2015 年始，开启了全国政府网站"大体检"工作，针对各级政府网站的运行情况进行评估，首次评估显示，全国各级政府网站信息不更新、内容严重错误、咨询信件长期不回复、服务不实用等问题明显减少，其中超九成政府网站达标，省部级政府网站百分百达标。报告评选出了 2015 年度中国最具影响力、最给力、最具创新力、最具动员力党务政务网站、最具影响力政务新媒体等成果。① 在最具影响力的地方政府网站评选中，"中国上海"位列前茅，以下就以"中国上海"为例进行分析。

"中国上海"是上海市政府门户网站，2002 年 1 月 1 日正式开通，是上海市人民政府各部门发布政务信息和提供在线服务的总平台，是上海市政府和区县政府子网站与公众互动交流的总窗口。"中国上海"政府网站的主要板块有：网上政务大厅，为市民、企业、投资者提供办事指南、网上行政事务办理、办事状态查询、办事结果反馈等一体化服务；政务信息公开，发布政府重大决策和行政规章、规范性文件及权威信息；政民互动，提供市长信箱、在线访谈、民意调查、在线咨询与投诉等与政府互动的渠道；公众服务，提供与生活工作密切相关的各类公共服务和使用信息查询；导航链接，提供市政府各部门网站和区县政府网站；等等。收集网络民意的平台主要集中在政民互动板块，该板块包括市委领导、各部门领导及下级政府领导信箱，市长之窗，人大代表建议和政协提案办理，人民建议征集信箱，市委、市政府网上信访受理（投诉）中心，在线访谈，政府规章草案民意征询，公众参与等，共计 10 个栏目。

"市委领导信箱"栏目有四个子项目，包括我的信箱、情况反馈、办理

---

① http://www.gov.cn/xinwen/2015-12/25/content_5027760.htm。

查询、用户中心，网民注册后登陆可以给市委领导发邮件，也可以随时查看事情的办理进展。其中情况反馈项是对外公开无需登录即可查看，主要是刊登市民来信并选登回复。截至 2017 年 6 月 16 日，共计来信 53995 封，回复 11209 封。比如，2017 年 4 月 23 日市民来信陈述"关于非机动车道与机动车道减速带安全问题"（图 11-4），2017 年 6 月 15 日上海市松江区交通委员会回复处理情况：市民反映的问题已交由相关部门妥善解决，并对问题形成原因进行了详细的说明和解释，6 月 12 日 15 时经电话确认，市民表示不要邮寄答复意见书。① 网民可以根据政府部门的处理情况进行评价，所有访客均可参与评价，评价结果会以好评率形式显示在页面上。

"市长之窗"栏目主要是选登市民来信及回复。截至 2017 年 6 月 16 日，来信共计 31152，回复 9575 封，市民来信多涉及教育、住房、医疗、健康等与公众生活息息相关的问题。"人大代表建议和政协提案办理"栏目主要包括两个方面内容，一是代表建议办理链接，网民通过注册可登录市人大代表建议处理系统；二是政协提案办理链接，政协委员可以在政协网上实现提案递交、预审、分理、办理和查询，市民也可以查询提案的相关情况。"人民建议征集信箱"可以使网民登录后写信给政府表达意见提供建议，也可以查询建议办理情况，其页面还选登了市民建议和典型案例。

"网上信访中心"栏目下设上海市 16 个区的投诉受理信箱，并刊登各区网上信访办理情况，选登信访来件及回复。"政府规章草案民意征询"栏目主要是就政府最新的规章草案征询公众意见，包括草案内容、背景介绍，公众意见与建议、公众意见采纳情况反馈、我要发表意见六个子项目。"公众参与"栏目包括三个子项目：网上征集，就政府管理、行政方案设计等公开征求网民意见；网上评议，主要是评议上海市政府的各项实施项目；网上公

---

① http://wsxf.sh.gov.cn/xf_swldxx/feedback_show.aspx?State=C4AD4221A364E620&LetterID=51AA7433906F79AC。

最新回复选登

信件标题： 关于 非机动车道与机动车道减速带 安全问题

来信日期： 2017/4/23 18:15:47

信件内容： 泗泾镇这段的沪松公路，非机动车道好多段都是断头，在这些地方非机动车要绕一段机动车车道才能进入下一段非机动车道，现在这些部位都安装了减速带，但是在下雨天 下雪天，减速带非常滑，骑自行车 电动车在这地方非常容易摔倒，现在需要明确一下，如果骑非机动车在这地方摔倒受伤，哪个单位负责任。

发布日期： 2017/6/15 16:08:17

回复单位： 上海市松江区交通委员会

处理情况： 答复意见书 刘润丰： 您来信反映沪松公路泗泾段非机动车道减速带影响安全的信访事项本机关已受理。经研究，现答复如下： 经查，您反映的情况属实，负责沪松公路拓宽改建工程的松江区公路（市政）建设项目办公室（以下简称项目办）已要求施工单位将非机动车道上的减速带拆除，现已完成。另，泗泾段非机动车道断头原因主要涉及小区围墙、供电变压器站等因素无法贯通，项目办曾多次督促相关街镇加大协调力度，尽快完成动迁工作，让施工单位及时完成项目，还居民一个舒适的通行环境。 感谢您对松江交通的关注与支持！ 上海市松江区交通委员会 2017年6月12日 编号：网[2017]000041927 姓名：刘润丰 联系地址：2017年6月12日15时经电话确认，市民表示不要邮寄答复意见书，未提供邮寄地址。 邮编：

图 11–4　2017 年 4 月 23 日一市民来信及政府部门的回复

示，公示各项规划方案和人事安排等。

（2）体制性论坛：协商民主的新尝试

论坛是网络上的一种电子信息服务系统，它提供一块公共电子白板，网民登录后可以在上面发帖回帖参与讨论，具有交互性强、内容丰富及时的特点。网络公共论坛是公共领域概念的具体化形式之一，也是协商民主的新空间。协商是一种开放透明的政治过程，不同的利益主体可以通过对话来取得理解和达成共识，最终形成关于公共决策的合意。民主是一种“包容性”制度，公民可以通过投票来表达自己的利益诉求。政府也需要协商来加强决策的合法性，虽然政策议程的最终决定权掌握在政府手中，但是决策过程引入公众参与，使政策制定、执行变得透明和开放，地方政府更可能发掘出真实的民意，提高决策效率和质量。

论坛的类型大致可以划分为以下几种：一是依托商业门户网站，如天涯社区、新浪论坛、百度贴吧等；二是具有党政背景的主流媒体开设的，如新华网的发展论坛、人民网的强国论坛等；三是由网民自己创设的论坛、

"自由开版、自主管理"的开放式网络社区，如西祠胡同；四是由政府行政机构直接主持创建和管理的，如苏州的"寒山闻钟"论坛、广东第一政民互动平台。由政府直接搭建的论坛，其组织架构延伸了政府行政机构的线下系统，它和另外三种论坛不同，是从属于政府体制的，可称其为体制性论坛。体制性论坛是政府运用公权力，通过行政手段推动论坛的日常运营和维护，是网络时代提升政府执政能力和创新执政手段的需要。一方面政府通过网络论坛广泛收集民意，听取公众意见，提升政府公共服务效能；另一方面政府试图将线下的执政模式延伸至线上，实现对网络民意的统一监管和控制。体制性论坛既是政府倾听民意、接受公众监督的工具，也是政府引导舆论和监管民意的手段，体制性论坛身兼二职，在互斥和关联之间摇摆，成为协商民主的新渠道。

我们以"广东第一政民互动平台"为例，分析体制性论坛的网络民意收集情况。"广东第一政民互动平台"（BBS.southcn.com）是由原南方网广东发展留言板（广东省网络问政平台）和南方论坛整合而成，于2015年12月正式上线运营。平台是由广东省委办公厅网络信息资源处负责，网民能够在此向广东省各级领导反映问题、提出建议。南方网将定期整理留言内容，转呈省委办公厅信息综合室，省委、省政府相关部门也可以在平台主动发起问计于民、问需于民的活动。

该平台主要包含网络问政和论坛互动两大主体功能。网络问政板块主要是由"政民互动""问政排行""记者追踪"三个子栏目组成，"政民互动"栏目包括"建言献策""投诉建议""咨询求助""问政于民"四个子栏目，网民可以通过这些栏目与广东省各级政府相关负责人直接对话交流，反映诉求、建言献计。例如，"问政于民"栏目下设给省委书记、省长、常委等省级领导及辖区各市领导的留言板块（见图11-5），单就"给李希书记留言"板块每日的留言条数就达到3000多条，留言根据内容分为建议、投诉、咨询三类，然后针对网民留言进行分类回复并选登在网站上。"问政排行"是

图 11–5　2018 年 8 月 1 日"问政于民"栏目"书记留言"板块截图

平台利用数据分析结果生成各类排行榜，对问政高发地区、部门进行实时预警，并对广东整体政民互动情况进行梳理，形成阶段报告。其中"地市问政力度榜"可以直观地显示广东各地市的网民留言数量，以及领导回复数量，能较好地督促各地政府重视网络民意，加强官民交流，使之成为政府工作和社会生活的新常态。

论坛互动主要由"广东省人民政府政务论坛""岭南茶馆"两个论坛组成。"广东省人民政府政务论坛"又名"广东发展论坛"，提倡开放包容，鼓励理性讨论。论坛主题主要是围绕广东发展，鼓励网民贡献智慧，主要板块有"为珠三角发展建言献策""为振兴粤东西北建言献策""高铁布局"等。"岭南茶馆"是南方论坛时政、人文、民生话题讨论区，为网民交流、探讨相关领域话题而设。茶馆宗旨，唯"民智、民意、民生"，兼收并蓄，"键"议天下。相比前者，"岭南茶馆"主题更多样，讨论热点新闻、吐槽政府政策、关注社会现象等，内容更贴近普通公众日常生活，也更能体现社情民意。

（3）政务新媒体：政民互动新载体

2017 年 3 月，国务院办公厅发布《2017 年政务公开工作要点》，首次提出对政务新媒体的要求，即利用新媒体主动推送、加强政策宣讲等工作。同年，国务院发出了《关于进一步做好政务新媒体工作的通知》，要求建立网民留言审看、处理和反馈机制，有序开展互动回应，充分吸收网民意见建议，更好地听民意、汇民智。国务院办公厅《2018 年政务公开工作要点》中进一步指出，充分发挥政务微博、微信、移动客户端灵活便捷的优势，做好信息发布、政策解读和办事服务工作，进一步增强公开实效，提升服务水平。

政务新媒体比政府网站更易于与公众直接沟通，因此发展迅速，应用广泛。政务微博与政务微信是政务新媒体的两大公共服务手段，也是政府借助新媒体收集民意的主要渠道和方式，二者既有共性，又有差异。"所谓政务微博，即政府部门及其官员开设的主要用于倾听人民心声、诉求，排解与政府管理有关的实际问题，传达党和政府的声音、及时公布相关数据和事件，从而进行网上知晓、网下解决问题的相关微博。"[①] 政务微博同时发挥宣传、服务和问政三大功能，其中问政功能主要是广泛收集民众对政策议程的意见与建议，提高政府执政的透明性。"政务微信是政府利用微信平台，向公众提供信息公开、政务互动、实时管理和服务的一种电子政务手段，是目前微信公众号的一种特殊类型。"[②] 政务微信丰富了政府信息的传播方式，扩展了政民互动的平台。

政务新媒体在网络民意收集方面，可以充分发挥议程设置功能，有针对性地吸引和引导网民的意见表达。有研究发现，微博对公共议题的讨论呈

---

① 崔学敬：《我国政务微博的现状、问题和对策》，《党政干部学刊》2011 年第 11 期。

② 王芳、张璐阳：《中国政务微信的功能定位及公众利用情况调查研究》，《电子政务》2014 年第 10 期。

现出"分散"和"短暂"的特点：网民的注意力既被各种议题不等量地切割，又总是"喜新厌旧"且"浅尝辄止"。[①] 政务新媒体可设置议程，积极引导网络议题讨论，将公众的注意力转移到社会问题和公共议题上来，吸引公众广泛参与和讨论。与此同时，政府部门还需加强政务新媒体的运营管理，加强政务新媒体矩阵建设和运营团队建设，特别是要设立专职人员来收集网民意见和诉求，及时作出回应。例如，"@问政银川"作为银川市政务微博的总领，以"@银川发布"为纽带，以银川市各级政府部门微博为支撑的银川市政务微博矩阵，已经成为当地政府了解社情民意的新渠道和民众表达意见和诉求的新途径，其中具备转办督办职能的"@问政银川"账号，在2016年1月1日至2016年12月31日共受理网民有效事项25196件，办结23936件，办结率95%，很好地发挥了政务新媒体"问计于民、问需于民、问政于民、问效于民"的作用。[②]

2. 利用大数据广泛收集

利用大数据进行网络民意收集有别于上述民意收集方式，政府搭建政民互动平台的方式更适于由政府动议的政策议程模式下的网络民意收集，而利用大数据方法收集网络民意则更适用于由公众主动发起的政策议程模式和媒体动议的政策议程模式。在"媒体议程——公众议程——政策议程"与"公众议程——媒体议程——政策议程"两种模式中，主要推动力量是聚合成公众议程的网络民意，在这一过程中，网络民意散布于互联网的各个角落，传统的人工收集方式显然已不可能，而大数据技术可以很好地解决这一难题。利用大数据可以进行广泛的网络民意收集，其信息采集的渠道包括门户网

[①] 胡雨濛：《公共议题微博的"分散"与"短暂"：集中度与持续性的实证研究》，《西南大学学报》（社会科学版）2014年第4期。

[②] 《@问政银川："互联网＋社会治理"方法论的实践者》，2017年5月16日，见 https://weibo.com/ttarticle/p/show?id=2309404108084875294980。

站、行业网站、社交媒体、搜索引擎等，所采集到的信息也更接近原生态的网络民意，在问题的萌芽阶段即可察觉。网络民意按照呈现方式可以分为显性网络民意与隐性网络民意，相对应地，有两种大数据网络民意挖掘方法，即网络爬虫抓取法和网站日志分析法。

（1）大数据网络民意监测系统

被称为"大数据之父"的舍恩伯格在《大数据时代》一书中指出："大数据并非一个确切的概念。最初，这个概念是指需要处理的信息量过大，已经超出了一般电脑在处理数据时所能使用的内存量，因此工程师们必须改进处理数据的工具。"由此发展而来的大数据技术"使得人们可以处理的数据量大大增加。"① 大数据的主要技术手段就是数据挖掘，即从数据库的大量数据中揭示出隐含的、具有潜在价值的信息的提炼过程。大数据可以使对网络民意的监测达到个体级水平，不再仅限于整体性的描述，更加细节化和即时化。大数据技术不仅可以收集到网络民意的内容，还可以网罗人们的社会关系。传统的民意监测只注重网民说的内容，而忽视了网民之间关系，往往只能抓住比较浅层的社会语义，知其然不知其所以然，网络民意背后的社会心理无法洞察。

在大数据背景下开展网络民意收集、研判和预警工作，主要是以数据挖掘、语义分析、情感识别等技术为手段，建立起高效的网络民意信息系统。目前，我国网络民意信息工作体系由政府职能机构、高校民意研究机构、主流新闻媒体、商业门户网站、社交网站等组成，此外还包括网络民意采集监测系统研发机构和第三方数据调查中心。高校民意研究机构包括中国人民大学舆论研究所、天津社会科学院民意研究所、中国科技大学知识管理

---

① ［英］维克托·迈尔－舍恩伯格、肯尼恩·库克耶：《大数据时代》，盛杨燕等译，浙江人民出版社 2013 年版，第 8 页。

研究所民意管理研究中心等，媒体类民意信息分析机构主要有人民网民意监测室、新华网民意监测分析中心等，市场民意研发软件中较有代表性的有惠科搜索、方正电子政务、谷尼分析等。

网络民意监测系统一般具有以下几种功能：一是自动采集功能，系统可以全天候24小时自动搜索并采集互联网上的相关民意信息，并对信息进行自动分类、自动获取关键词、自动建立索引等。二是定向追踪功能，可以实现对某一民意源的重点检测和追踪。三是分析处理功能，主要是对网络民意传播路径、网络民意演化、情感情绪倾向等内容的分析，具体到信息过滤、话题发现、倾向性分析、多维度关联等子功能。四是网络民意预警功能，突发性事件发生后，系统通过分析可以预测网络民意热点，并以短信、邮件等方式及时通知相关部门和人员，实现快速处理。五是统计报表功能，能够将分析与统计结果以报表或图表等可视化的方式呈现，例如网络民意简报、网络民意趋势图等。

（2）大数据网络民意收集原则

网络民意收集系统能否科学、准确地收集到网络民意信息，是整个网络民意分析系统的关键所在，大数据时代网络民意采集系统的设计应遵循一定的原则。

首先，扩大信息源。目前的网络民意采集主要是基于各大网站和社会化媒体的信息，对于其他网上购物平台、旅游平台、休闲娱乐平台等关注较少。数据源的多寡决定了网络民意监测的精准度，目前的网络民意监测多是以样本库作为数据搜索源，并非基于全网进行的民意信息采集，可能存在数据源不全面而造成民意信息的缺失。未来的网络民意信息采集要更加多元化，不仅要收集上述网络平台的信息，还要加强对物联网等新兴领域的信息采集。要尽可能地收集异质性、异构性以及异源性的数据。

其次，重点监测。人们使用互联网所产生的数据量惊人，面对海量的数据信息，必须挑选出最具代表性的有限数据集。"大数据处理的一个重要逻辑就是将价值含量较低的海量数据进行价值凝练和萃取，在不失代表性的前提下进行数据简化处理。"① 网络民意收集所关注的是社会民意的基本面貌，对于不涉及基本面的分散数据的收集处理不仅会增加数据收集的成本和难度，而且还会在一定程度上干扰对基本面貌的判断。在网络民意的生成和传播过程中，各个领域的意见领袖起到了关键的作用，因此，要敏锐地鉴别各个领域的意见领袖，密切观察和收集意见领袖的意见以及意见的扩散传递路径。此外，还要对一些重要的门户网站、社交媒体等网络民意的聚集场进行重点监测。

最后，人机结合。目前的网络民意监测软件都可以做到 7×24 小时实时监测、采集信息，对获取的信息进行自动检索和消重，进行主题演化分析、话题传播路径分析等。但在消重聚合环节，计算机智能暂时还无法取代人工。基于网络信息的更新速率和网络流行语的层出不穷，计算机软件对信息的处理能力存在一定的滞后性，对于诸如情感判断、影响力评估等方面的信息处理还得依赖于人工。

（3）网络爬虫技术与网站日志挖掘

网络民意按照呈现方式可以分为显性民意与隐性民意。网民通过互联网对公共事件、社会事务所发表的意见、看法和建议，这些信息以文字、图片、视频等方式呈现，可以直接和直观地反映网民的态度和情绪，可以称之为显性民意。还有一些信息并不是直接的民意内容，但从侧面反映了网民的关注点以及网民之间的社会关系等，这些信息可以称之为隐性民意。例如，网民在上网冲浪时，网站服务器的日志记录了网页的 URL 等数据，网民在

---

① 喻国明：《大数据分析下的中国社会舆情：总体态势与结构性特征——基于百度热搜词（2009—2012）的舆情模型构建》，《中国人民大学学报》2013 年第 5 期。

搜索信息时，搜索引擎服务器会记录搜索关键词等信息。同时，通过监测网络社区用户间的好友、互粉、加关注等关系，服务器可以描画出用户真实世界的人际网络。

网络民意的收集技术方法主要有两大类，分别针对上述两种网络民意类型。一是网络爬虫抓取法。网络爬虫是一种按照一定的规则、自动抓取网络信息的程序或脚本，这是目前最主要的民意收集方法。它通过网络爬虫软件对网络信息进行抓取、归并，其信息源主要是各大网站、论坛、社交媒体等网络平台上所呈现的显性民意。二是网站日志分析。网站日志又称服务器日志，是记录 Web 服务器接受处理请求以及运行时各种原始数据的文件，通过网站日志可以查看到用户访问某网站的 IP 地址、访问时间、浏览时长等信息。网站日志分析法最大的优点是可以捕捉某段网络内产生的所有信息，缺点是需要采用高性能、大容量的网络设备和系统进行信息的过滤筛选。

目前，已经有一些互联网公司开始研发网站日志挖掘技术，以此来发现和预测网络民意。借助网站日志挖掘技术来分析预测网络民意是基于大数据的逻辑思维，网站日志和网络民意是具有相互关系的关联物，而大数据预测的关键就是相关性。"相关关系的核心是量化两个数据值之间的数理关系。相关关系强是指当一个数据值增加时，另一个数据值很有可能也会随之增加。""相反，相关关系弱就意味着当一个数据值增加时，另一个数据值几乎不会发生变化。"①

大数据中不仅保留了网民的话语表达，还记录了网民之间的社会交往和互动，通过一定的数据挖掘，可以清楚地展现出网民的社会关系和心理文化地图。大数据的核心是预测，它是把数学算法运用到海量数据上来预测事

---

① ［英］维克托·迈尔－舍恩伯格、肯尼恩·库克耶：《大数据时代》，盛杨燕等译，浙江人民出版社 2013 年版，第 71 页。

件发生的可能性。大数据的预测性弥补了目前网络民意研究的不足。现有的
大部分网络民意监测是对已发生事件或已存在的社情民意的影响力和扩散
范围的量化描述，基本不能够做到对民意的预警。大数据在网络民意预警
方面具有很大的潜力，例如，美国麻省理工学院副教授德瓦乌兰特·沙阿
（Devavrat Shah）和学生斯坦尼斯拉夫·尼科洛夫发明的新算法在预测 Twitter
热门话题时准确率在 95% 以上，并且比 Twitter 官方热门话题出来平均早 90
分钟，甚至有些话题能提前 5 个小时预测出来。[①] 大数据的网络民意预测功
能可以有效解决当前网络民意和舆情研究的不足，可以将网民潜在的社会心
理状态描摹出来，让政府决策部分提前感知到网络民意的态度倾向和发展走
势，从而更加科学有效地收集和吸纳网络民意。

---

① 李彪：《大数据视域下社会舆情研究的新境界》，《编辑之友》2013 年第 6 期。

第十二章　网络民意的分析

对于转型期的中国而言，社会分层、群体分化已是大势所趋，社会群体间异质性愈发突出，群体利益诉求呈现多元化和差异化，公众对公共政策的偏好不免众口难调，社会民意也随之呈现多样化和易变性。网络民意很大程度上是现实民意的反映，同时又比现实民意更加复杂和难以捉摸。因民意代表公共利益，管理者在公共政策制定中合理吸纳民意是对决策公共性的保障。如何合理吸纳民意就成为管理者必须面对的问题。网络上的民意表达是否就是公共利益的代表？事实上，"并不存在一种全体一致同意的利益诉求，民意总是多元易变及以个人或某群体利益取向为主的"[1]。网络民意作为当下最广泛的民意聚合体，集合了最多样化的利益诉求，也蕴含了最丰富的民间智慧，是政府部门进行公共管理和公共决策最有参考价值的宝库。合理利用和吸纳网络民意的价值，必须对网络民意进行充分的分析和甄别，把网络民意中最有价值的东西提炼出来。对网络民意的分析可以从以下三个方面进行：一是网络民意的主体分析，审视网络民意主体的代表性，分析网络民意主体的不同类型；二是网络民意的倾向分析，探究网络民意的态度倾向和价值指向，以及这种倾向

---

[1]　张宇：《公共政策制定视阈中民意有效聚合探究》，《贵州社会科学》2013 年第 9 期。

性背后的动因；三是网络民意的科学分析，考察网络民意表达的科学性、合理性、专业性等。

第一节　网络民意的主体分析

任何公共政策的制定都是始于政策议程的创建，"某些问题和议程先于其他问题和议程出现正是特定主体推动的结果"[①]。网络民意的主体是最广泛的社会成员，它基本上涵盖了社会上各个领域和层次的人群，由网络上发起的公众议程最后影响政策议程的情况屡见不鲜，网络民意的主体无疑也是推动政策议程创建的重要主体。对网络民意主体进行分析，可以更好地把握政策议程创建的内在逻辑。我们可以从网络民意主体的构成和不同类型主体的特征、行动逻辑及话语表达方面来分析。

1. 政策公共性对网络民意主体的审视

决策者在分析网络民意时，首先需要判断谁在为公共利益说话，或者说谁在代表谁的利益。在某个特定的公共议题上，决策者不仅要考虑到那些大声疾呼者，也要照顾到那些喁喁细语者，以及在政策问题上有利害关系的沉默人群，同时还要判断以客观性、专业性为代表的专家意见和以利益多元性为代表的普通网络民意主体之间的差异。这就需要决策者对网络民意主体有准确的把握。

（1）代表性与公共性

政策的公共性要求公共政策在制定和执行过程中都能保持广泛的公众参与，吸纳大多数人的意见和建议，符合社会上多数人的利益。"网络民意

---

① 刘伟：《当代中国政策议程创建模式发展研究——探寻一种政治社会学的分析框架》，国家行政学院出版社 2012 年版，第 13 页。

表达主体是否具有普遍性和代表性决定了网络民意能在多大程度上左右公共决策。"[①] 截至 2018 年 12 月，我国网民规模达 8.29 亿，普及率达到 59.6%，其中以 10—39 岁年龄段的青少年网民为主，接受过高中专教育的网民群体规模最大。而实际上，经常活跃于互联网并积极参与公共议题和政策议程讨论的并不是上述占据网络群体大多数的人员。虽然互联网赋予了人们充分的表达自由，人人都有麦克风，但是具体到网民个体，能否清晰完整地表达自己对政策问题的判断和偏好很大程度上取决于其话语表达的能力和策略。"公众言说能力差异往往导致：言说能力强的人或群体能够通过重复的表达行为强化自己的诉求，让政策主体感知并及时回应；言说能力较弱的个人或群体因其无力和无声的表达则逐渐在公共声音中被忽略，并逐渐被排斥在主流民意之外。"[②] 网民中具有较强言说能力的人群，通常是具有较高学历和社会地位的人士，他们虽然在数量上不占据优势，但是在现实社会和网络空间都具有一定的话语权。在网络空间，也不乏少数个体或小团体企图通过高声呐喊来表达诉求，但可能仅仅代表少数孤立的意见，同样也有一些因为呼声不够或沉默不语而没有被听到的声音，有时可能代表的是大多数人的想法。对于网络民意主体，决策者需要分析他们是代表公众利益在发言，还是出于其自身及所在群体的特殊利益考量，同时还需要考虑应该怎样对待这些言论和诉求以及如何兼顾那些言说能力较弱的群体。

（2）代言与被代言

在政策议程的创建过程中，有利害关系的不同群体会通过网络等各种途径表达诉求，期望最后的政策能满足自身的利益。当然，在这其中，还有一部分群体因为不具备基本的上网技能或是缺乏一定的表达能力往往只能通

---

① 刘波亚、陈新汉：《公共决策视阈下的网络民意表达》，《贵州社会科学》2015 年第 9 期。
② 张宇：《公共政策制定视阈中民意有效聚合探究》，《贵州社会科学》2013 年第 9 期。

过被代言的方式来表达诉求。主动代言者除了政府管理者以外，主要是一些公共知识分子、公益律师、媒体记者等。这种代言方式在一定程度上协助弱势群体发声，为其争取相关权益，有利于公共性在政策议程中的体现。但由于代言人群体与当事群体的经历不同，代言人往往会以自身的价值判断对信息进行加工，所以网络代言人的表达有可能偏离被代言人的实际情况和真实想法。例如，我国有 600 万尘肺病患者，其中绝大部分都是常年从事挖煤采矿工作的农民工群体，因接触大量粉尘患上了尘肺病。2011 年，著名记者王克勤开始在微博上发起"大爱清尘"公益活动，呼吁社会关注尘肺病群体，寻救尘肺病农民工。作为网络意见领袖，王克勤凭借自身的社会资源和网络号召力，使"大爱清尘"活动得到了迅速而广泛的传播。从表面上看，尘肺病农民工群体的利益诉求通过王克勤等代言人得到了有效表达，引起了社会关注，并且成立了专项基金用于救治尘肺病患者，但进一步分析就会发现，尘肺病并非遗传病，而是恶劣的工作环境所致，所以尘肺病患者群体的核心利益诉求除了疾病得到救治外，还包括确保工作环境的安全达标，避免更多从事此类工作的人再患此病。而这些核心利益诉求，代言人发起的"大爱清尘"行动并没有提及，也很难去推行。因此，决策者需要认真分析代言主体的话语表达，看其意见是否能够或是在何种程度上代表了被代言群体的真实诉求。

（3）技术性与公共性

20 世纪 70 年代，丹尼尔·贝尔提出后工业社会的来临，技术性决策将在社会中发挥重要作用，"科学家、专业人员、技术人员和技术官员在社会的政治生活中起到主导作用"[①]，"专家治国"的口号也被广泛传播。这里，"专家"通常指受过专业训练、具有某方面专业技能和专业知识，从事需要

---

① ［美］丹尼尔·贝尔:《后工业社会的来临》，高铦等译，商务印书馆 1984 年版，第 91 页。

某种专业性的研究工作，并且与特定政策问题没有直接利害关系的人员。已有研究显示，新闻报道中的专家意见一直占据着重要篇幅，并且专家意见越来越备受重视。[①] 在互联网领域，以微博为代表的社交媒体上，具有加 V 认证的专家学者也是自媒体大户，其粉丝数量也是数以万计的，在网络空间具有很大的影响力。专家意见之所以重要，往往是因为专家群体所具有的技术权威性，对特定专业问题的看法具有相对客观性。实际上，专家理念和普通公众的利益诉求往往不是一回事。"一般大众所追求的直接的、能够支持他们生存和日常生活的经济利益，往往和某些专业人士所追求的社会理想有一定的差距。"[②] 例如，在对古村镇等旅游地开发效果评估的研究中，居民感知和专家意见呈现出一定的差异。专家首先考虑的可能是古村镇的历史文化遗产保护、旅游开发可能造成的环境污染等问题，而普通居民更关心旅游开发能否增加经济收入、能否改善当地的基础设施、能否增加就业岗位等与切身利益相关的问题，专家不是切身利益相关者，因此对于居民的需要特别是经济利益诉求感受不是那么深。[③] 专家意见往往是来自技术层面的看法，可以为决策者提供多学科多领域的专业支持，但专家意见不能代表社会多元群体的利益，不能以技术性取代公共性。决策者在分析网络民意时，要特别注意区别专家型网络民意主体与普通网络民意主体之间的意见差异性，平衡好技术性与公共性。

2. 网络民意主体的类型及其行动逻辑

对网络民意主体的分析研究，其落脚点应该是网络民意主体的行为。

---

① 孔祥武：《新闻报道中的专家图像——对〈中国青年报〉专家意见报道的内容分析》，《新闻与传播研究》2006 年第 4 期。

② 蔡强：《守望家园：城市规划中的公众参与》，转引自蔡定剑主编：《公众参与：风险社会的制度建设》，法律出版社 2009 年版，第 146 页。

③ 宋子千、宋瑞：《古村镇旅游开发效果评价：居民感知、专家意见及其对比》，《旅游学刊》2010 年第 5 期。

这里我们借用马克思·韦伯的社会行动理论来对网民的行为逻辑进行分析，探究网民的行为动机。根据网络民意主体行为动机偏向的不同，我们将网络主体大致划分为三种类型，并依据社会行动理论来具体分析其网络民意表达和行动的内在依据。

（1）网络民意主体的行动逻辑

在社会唯名论者看来，个体及其行动是实际存在的，社会只是单纯的概念，其代表性学者马克斯·韦伯认为，社会现象是不同行动个体之间的互动结果，而个体的社会行动是社会学分析的最基本单位，即社会行动而非社会现象才是社会学研究的对象和落脚点。韦伯提出了社会行动理论，强调人的行动的主观方面，"行动个体对其行为赋予主观意义——不论是外显或内隐、不作为或容忍默认"[①]，借助社会行动来使个体与社会发生联系。该理论在理解人类社会行动方面显示出独特的魅力和强大的解释力。韦伯设计了一个"理想类型"，来解释个体社会行动这个微观基础如何对宏观的社会结构、社会制度以及政治秩序等产生影响。该模型是由韦伯主观建构的，是对现实复杂经验事务的简化和高度概括，"作为纯粹逻辑上的概念构造，其独特之处在于通过考察经验现实对理想类型的偏离，来分析和解释经验现象"[②]。韦伯将社会行动分为四类：目的合乎理性的，即通过对外界事物的情况和其他人的举止的期待，并将这种期待作为"条件"或"手段"，以期实现自己合乎理性所争取和考虑的作为成果的目的；价值合乎理性的，即有意识地对一个特定的举止的——伦理的、美学的、宗教的或作任何其他阐释的——无条件的固有价值的纯粹信仰，不管是否取得成就；情绪的，尤其是感情的，即

---

① ［德］马克斯·韦伯：《社会学的基本概念：经济行动与社会团体》，顾中华译，广西师范大学出版社 2011 年版，第 20 页。

② 刘正强：《中国访民的理想类型——立基于韦伯社会行动理论的本土解释》，《学术月刊》2018 年第 2 期。

合乎现时的情绪或感情状况；传统的，合乎约定俗成的习惯。①

目的合理性行动又称工具合理性行动，是一种功利主义的行动。行动者通过对目标的精确计算和充分考虑，进而在诸多可能选项中选择一种最有益的方法和手段，这是一种精心算计的结果。"目的合理性的行动，是把对外界对象以及他人行为的期待作为达到目的的手段，并以最为有效的途径达到目的和取得效果。"② 人类进入现代社会以后，社会生活的诸多领域都越来越依赖于效率计算，通过对目的、手段和可能结果的比较权衡，来做出合乎理性的行动。价值合理性行动表现为对某种绝对价值和信仰的自觉坚守，这种绝对的价值和信仰可以是宗教、美学、伦理等方面。价值合理性行为的目标是先于行动者而存在的，不是基于行动者的特殊利益和个性偏好，是去功利化和不考虑现实成效的。情感式行动是因现实的情感状态而引发的行动，通常行动者无法理性地计算情感对行动的影响。"情感式行动是为了满足那些直接的报复、享受、热爱、喜乐和对抒发直接感情的需要——无论它们是以何种被动或升华的方式出现——做出反应的行动。"③ 传统行动是借助习惯而进行的行动，这些习惯往往源自已有的实践和代代相传的习俗，传统式行动沿袭历史，超越功利考量，也无需理性思考。

网络民意主体也是现实社会中的行动主体，其网络民意表达和网络行动逻辑也符合韦伯所提出的"理想类型"模型。网民针对特定社会问题或公共政策发表意见，首先是出于自身利益的考虑，希望最终的政策能实现自己的效用最大化，此类网络表达属于目的合理性行为。也有一些网民是受某种价值观的驱使，比如，追求社会公平、正义等理想信念，在网络上对社会议

---

① ［德］马克斯·韦伯：《社会学的基本概念：经济行动与社会团体》，顾中华译，广西师范大学出版社 2011 年版，第 51 页。

② 曾燕波：《社会行动理论视野下的当代青年价值观研究》，《当代青年研究》2009 年第 8 期。

③ ［德］马克斯·韦伯：《社会学的基本概念：经济行动与社会团体》，顾中华译，广西师范大学出版社 2011 年版，第 53 页。

题积极发言、为推动某种政策议程而奔走行动，努力践行这种理想，这类网络民意主体的行动属于价值合理性行为。此外，还有相当一部分网民是因为情感动机而进行的网络民意表达，比如，因同情心理而产生对弱势群体的关怀，因社会贫富分化和官员腐败而产生的仇富仇官心理，这类情感性的言论极具感染性，能在一段时间内形成舆情聚合，对决策者的决策行为形成巨大压力。

（2）网络民意主体的类型

网络民意主体一般指所有通过网络发表言论的社会成员，从这个层面上看，在网络上发表意见的体制内权力精英也可以被称为网络民意主体。在本研究中，我们所说的网络民意主体是相对于决策者而言的，所以指涉的对象主要是非官方主体，通过网络民意表达直接或间接地参与影响公共政策活动的个体和组织。根据上述网络民意主体行为模式的不同，我们将网络民意主体划分为以下几种类型：普通公众、利益集团和公共知识分子。

① 普通公众

网络民意主体中占比最大的是作为个体行动者存在的普通社会公众。社会公众积极介入政策议程，形成公众之间以及决策主体与公众之间的互动，以此维持和获取公共利益，保障政府决策的公共性。理查德·C. 博克斯依据公民对政策参与的积极性不同，沿着公民期望影响地方公共政策过程的连续谱，将公民资格概念化。公民资格这一连续谱的一端是"搭便车者"，指那些很少关心社区事务的人，他们让别人来行使公民资格的职责，这一职责包括研究、讨论公共问题，帮助制定地方公共政策；另一端是"积极参与者"，是指那些积极参与到各种各样社区事务和社区组织中的公民，他们关心社区发展，希望自己在社区事务中发挥积极、持续的影响；位于连续谱中间的是"看门人"，这些人想要参与社区事务，但他们往往只参与少数直接关系其切身利益的关键议题。[①] 参考理查德·C.博克斯对公民角色的划分，我们也可根据社会公众在参与公共政策中的网络行为的积极程度将其划分为上述三种类型。在公共政策参与中发挥主要作用的是公众中的"积极参与者"，他们是高质量的公共管理活动的合作伙伴，关心社会问题、积极参与公共议题的讨论，在各大网络论坛和政府网站留言板上经常能看到他们的身影，虽然人数较少，但参与质量高。"积极参与者"的网络表达既有对自身利益的诉求也有对公共性、公平性等价值理念的追求。政府管理者应特别重视这部分人群，充分利用他们网络参与的作用和价值。"看门人"群体一般只关注与他们特殊利益相关的公共事务，他们的公共参与往往是带有防御性的，用于保护现有群体的利益不受损。例如，过去甚少介入时政议题的中等收入阶层自温州动车追尾事故后也走上了网络民意表达平台，作为动车乘客的主体，他们认为铁道部在事故处置上的不当，侵犯了中等收入阶层的安全感和尊严感，所以他们积极发表意见来影响政府后续处理决策。[②] "搭便车者"在普通公众中占有很大比重，在网络空间里，他们基本上处于"潜水"状态，对公共议题漠不关心，更不会主动参与到与管理者的交流互动中，但

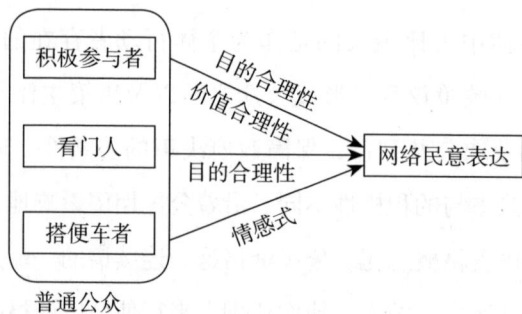

图 12-1　普通公众主体类型

---

① ［美］理查德·C.博克斯：《公民治理：引领 21 世纪的美国社区》，孙柏瑛译，中国人民大学出版社 2005 年版，第 47 页。
② 刘波亚、陈新汉：《公共决策视阈下的网络民意表达》，《贵州社会科学》2015 年第 9 期。

是面对网络上的争议性话题和焦点事件又很容易被情绪化的观点影响，成为网络口水战的主力军。这三种类型的公众，管理者应区别分析对待，对"积极参与者"要重视并保持持续的联系，对"看门人"和"搭便车者"要鼓励其参与公共生活，为其网络参与创造多样化的途径和机会，积极引导网络民意表达的理性化。

② 利益集团

在众多的意见表达主体中，利益集团一直是影响政策议程的重要力量。"利益集团是指为实现和维护特定目标或共同利益，在政治过程中采取集体行动的组织化群体，他们利用自身的资源最大限度地参与政治过程，影响政府公共政策，以实现团体成员的最大利益。"[①] 改革开放以来，伴随着我国政治经济体制改革的不断深化，出现了多样化的职业选择和日益多元的分配方式，社会利益结构不断重组，为利益集团的形成提供了经济基础。社会开放带来了价值多元化，人们开始为各种共同理念和目标努力，形成团体和同盟。社交网络的发展，也为志同道合的人群提供了便捷的组织联络手段。与此同时，政治制度的鼓励和相关政策的出台也促进了利益集团的产生和发展。从功能上看，利益集团整合了大量特定阶层和团体的利益，为决策者提供了一种意见表达和综合机制，同时还可以在众多的利益表达中起到多元平衡的作用。但是利益集团的参与活动也可能会绑架政府，使决策偏向于某些利益团体。"强势利益集团更能凭借所拥有的丰富资源和社会资本，通过集团活动影响公共政策而收获超额租金。"[②]

不同利益集团对公共政策的影响和作用也呈现出很大的差异。根据利益集团追求的目标不同，我们将利益集团划分为两大类：经济型利益团体和公益型利益团体。经济型利益团体追求的是某些特定群体的经济利益，它可

---

① 陈水生：《中国公共政策模式的变迁——基于利益集团的分析视角》，《社会科学》2012年第8期。

② 张成福、李丹婷：《公共利益与公共治理》，《中国人民大学学报》2012年第2期。

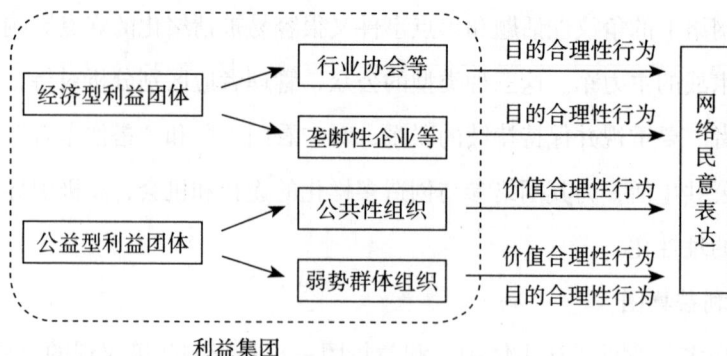

图 12-2　利益集团型主体类型

分为两种，一是为表达特定群体的利益诉求而组织起来的团体，像各种行业协会、经济团体等；二是一些垄断性企业和商业团体，它们是既得利益团体，其话语表达更多是为了维护已有利益和特权。公益性型利益团体追求的是公共利益，"公共利益集团是一种寻求集体利益的组织，而取得集体利益并不会有权责地给这个组织或其积极分子带来物质上的好处"①。公益型利益集团也可分为两种，一是完全以公共性为行动目标，追求集体利益最大化，考虑社会的长远发展，比如，环境保护组织、未成年人保护组织、消费者协会等；二是为社会上的弱势群体和边缘群体表达权益诉求，为弱势群体争取合法权益和社会公平、公正对待，例如艾滋病防治协会、乙肝公益组织、同性恋组织等。因为动机不同，不同类型利益集团的行动逻辑也各异。经济型利益集团一般具有雄厚的经济实力，能为决策者提供技术、资金、人力等多方面的支持，对相关政策问题有明确的立场和态度，并且有能力在网络平台上组织大规模的宣传造势，其网络话语表达是一种目的合理性行动。公益型利益集团中完全以公共性和集体性为准则的组织团体，其行动逻辑是为了践行某种理念和价值，是一种价值合理性行动；而为弱势群体发声、倡导多元价值的公益型团体多为民间组织，组织形式往往较为松散，在网络上有相关

① 转引自：程浩等：《中国社会利益集团研究》，《战略管理》2003 年第 4 期。

的网站、论坛供群体成员交流，有时它们也会发动一些线上线下的团体活动，他们的行动中既有价值合理性行为也有因同情等心理因素而产生的情感式行为。

③ 公共知识分子

在过去的十几年时间里，中国的公众参与呈现出一个特殊的现象，就是公共知识分子作为重要主体参与公共政策议程中，对诸多领域的公众参与和政策制定产生了很大的影响，引起了社会和政府的广泛关注。"公共知识分子"这一概念，最早是由美国学者拉塞尔·雅各比在《最后的知识分子》一书中提出的，他认为公共知识分子最重要的特质是面向大众，致力于公开讨论，将"普通人或有教养的人当作听众"[①]。公共知识分子作为一个独立的名词受到国人关注始于 2002 年的"公共知识分子与现代中国"国际研讨会，与会者编撰了《公共性与公共知识分子》一书。[②] 学者们对公共知识分子的定义各异，但通常都包含以下三个维度：其一，公共知识分子必须具备相关领域的专业知识和素养，即首先要是知识分子；其二，公共知识分子还需要就公共事务面向公众言说并积极参与其中；其三，公共知识分子必须具有独立的批判精神和追求理想的信念。公共知识分子的概念就决定了这个群体的特殊性，他们以价值理性为行动准则，以公共性为追求，关心社会问题并身体力行，是社会航船的瞭望者。

当下中国的公共知识分子可以大致划分为三大类：媒体类公共知识分子、人文社科类公共知识分子和公益律师群体。媒体类知识分子指的是从事过新闻媒体类工作、熟知媒体传播规律或是与媒体有密切联系的那些公共知识分子，他们中大部分人都做过记者、编辑、主持人等媒体职业，有的仍从事媒体工作，有的转向网络开设独立的自媒体账号，成为网络公众议程的发

---

① ［美］拉塞尔·雅各比：《最后的知识分子》，洪洁译，江苏人民出版社 2006 年版，第 4 页。
② 文军、罗峰：《公共知识分子的污名化：一个消费社会学的解释视角》，《学术月刊》2014 年第 4 期。

起者和推动者。媒体类公共知识分子的网络表达多是借助微博等社交媒体，其微博内容多围绕公益主题，更新速度快，与粉丝互动积极，"他们善于掌握媒介传播技能和传播规律，转向互联网之后，信息的发布和大规模的转载为社会公益行动的动员奠定了基础"①。人文社科类公共知识分子主要是一些比较活跃的人文社会科学的学者，他们通常在网络上有自己的个人网页、博客、微博等，关注社会问题和热点事件，并积极通过各种网络平台发表意见和看法。此外，他们具有较高的专业素养，在学术领域有较高的认同度，还经常在一些报纸、杂志上发表一些学术随笔和时评短文，发挥着一般社会监督和传播知识的功能。公共知识分子中还有一类是公益律师群体，指的是"那些关心公益事业并以某种方式参与或介入公益诉讼，以及那些非以营利为目的参与或介入影响性诉讼或个案的律师"②，他们关注民生问题，捍卫民间立场，维护公民权利，并积极参与一些有影响力的个案或代理公益诉讼。公益律师群体在网络上也很活跃，他们进行网络行动的主要方式就是公开发表言论向决策者进言，或是发表倡议书、公开信等号召公众参与其中，"通过呼吁个案的公正处理或者妥善解决某个影响性事件，提出具体的制度变革要求"，"运用严密的法律推理，摆事实讲道理，使维权理性化，并提出具有可操作性的改革方案"③。公共知识分子作为网络民意主体，在网络民意表达上有其独特之处，他们可以将环境中的"个体困扰"上升为社会结构中的"公众议题"。美国学者米尔斯将这种能力称为"社会学的想象力"，并认为这是为少数公共知识分子所掌握的心智品质，是一种思考能力，是知识分子为公众服务的智力工具。④

---

① 张爱凤：《微博空间的媒体知识分子与社会公益行动动员》，《南京社会科学》2012 年第 5 期。

② 王曦：《论公益律师的崛起》，《法治研究》2007 年第 11 期。

③ 王建勋：《公众参与：知识分子和律师的角色》，转引自蔡定剑主编《公众参与：风险社会的制度建设》，法律出版社 2009 年版，第 319 页。

④ 时立荣、王安岩：《米尔斯的公共知识分子问题研究》，《社会科学战线》2011 年第 3 期。

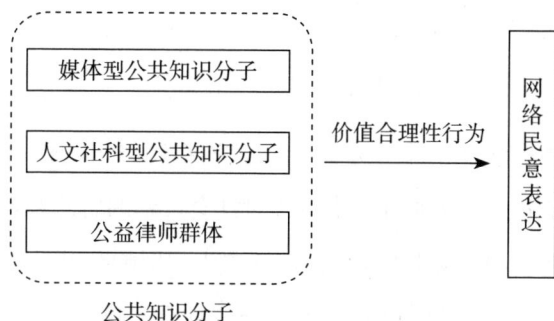

图 12-3　公众知识分子主体类型

第二节　网络民意的倾向分析

网络民意的倾向性实际上指的是网民的态度倾向。"态度研究一直以来都是社会心理学研究的重点，其中非常重要的一个方面就是把态度与对行为的预测直接联系起来，从而能使我们对行为预测有一个大体的把握，它的实践意义和理论意义都是非常重要的。"① 政府管理者通过分析网络民意的倾向性，来把握网民的态度倾向和预测公众的行为意向，一方面可以及时诊断公众的情绪脉搏；另一方面可以根据网民对公共政策和社会问题的态度，来及时调整和辅助政府决策。

1. 网络民意倾向性的内涵及其影响因素

网络民意倾向性的内涵基于对态度概念的解析，通过对态度的构成要素及其相互间的作用关系的分析发现，影响态度倾向的主要因素是主体的认知和情感，由此，可以总结出影响网络民意倾向性的两大因素，即网络意见

---

① 张红涛、王二平：《态度与行为关系研究现状及发展趋势》，《心理科学进展》2007 年第 1 期。

领袖对网民认知的影响和群体极化现象对网民情感的影响。

（1）网络民意倾向性的内涵

网络民意是现实生活中公众态度和意见在网络上的综合反映。在当代中国的政治环境中，公众通过网络表达对社会议题的看法和意见，由此而形成的"社会态度"和"公共民意"，日益成为"影响公共政策问题"的关键性因素。[①] 网络民意中的"公众态度"或"社会态度"，实际上就是一种网络民意的心理倾向性。我们可以把网络民意的倾向性理解为网民对特定社会问题和政策议题的态度倾向。

态度研究一直是社会心理学关注的重点，随着跨学科研究的发展，社会学、公共行政学、决策科学等也都开始关注态度研究，并从不同的角度探索态度的形成与改变。态度通常表达的是主体对客体的认知和情感倾向，是一种心理的准备状态。罗伯特·A.巴伦（Robert A.Baron）提到态度的 ABC 模型，认为态度包含情感（Affective）、行为（Behavior）、认知（Cognitive）3 种成分，这里的行为成分指的是行动或行为的意图这种心理倾向，而不是真正的行为。[②] 认知成分是态度形成的基础，是主体在直接或间接的经验基础上形成的对态度客体的知觉、观念和判断。情感成分是指态度主体对态度客体的一种情绪反映，表现为情感体验的程度。行为成分主要指态度主体对态度客体的一种行为倾向，一种潜在的行为准备状态。

态度的三种成分有趋于一致的时候，也存在不统一的情况。首先，关于认知与态度，丰富的知识储备有助于主体对新信息的理解和获取，增进对客体判断的效率，但若缺乏足够的动机，其作用也很有限。已有研究表明，熟知政治知识的人也能更好地认识各种政策立场的意识形态基础，并更可能

---

① 张玉：《民意调查中真实性"公共民意"获取的方法论路径》，《社会科学》2011 年第 11 期。

② 转引自：张红涛、王二平：《态度与行为关系研究现状及发展趋势》，《心理科学进展》2007 年第 1 期。

采纳与其意识形态一致的态度。[①] 也就是说，政治知识较多的人，能够更好地整合相关政策议题，权衡各种政策的利弊，形成明确的态度倾向。知识赋予人们特定的认知能力和行为能力，但是知识本身还不足以改变态度和行为，"如果没有足够的动机，即便有足够的知识，对判断或行为的作用也十分有限"[②]。其次，关于行为与态度，有研究表明态度与行为具有一致性，态度可以预测行为，也有研究显示态度与行为并不一致。态度与行为之间的关系，一方面取决于态度的强度，同样的态度，强度越大越可能引发相应的行为反应；另一方面取决于社会情境的影响，当个体身处一个特定的社会情境并感受到来自周围群体的心理压力时，个体很可能会选择与感受到的群体态度相一致的行为，此时态度与行为的一致性可能会降低。最后，关于情感与态度，有研究表明，情感指导下的态度与行为比认知指导下的态度与行为的相关度高。[③] 在态度的认知成分和情感成分不一致的情况下，主体的行为更有可能受情感成分的影响。

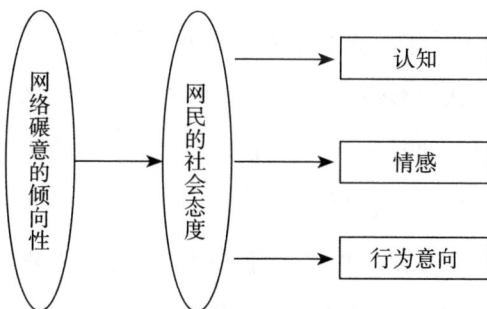

图 12-4　网络民意的倾向性内涵

①　转引自方建移：《民意研究：理论、方法与应用》，中国社会科学出版社 2015 年版，第 35 页。

②　方建移：《民意研究：理论、方法与应用》，中国社会科学出版社 2015 年版，第 36 页。

③　转引自：张红涛、王二平：《态度与行为关系研究现状及发展趋势》，《心理科学进展》2007 年第 1 期。

由以上分析，可以进一步总结出网络民意倾向性的内涵。网络民意的倾向性主要表现为网民对特定社会问题和政策议题的态度倾向，通常包括三个方面的要素，即认知、情感和行为意向。其中，认知、情感要素对网民态度和网民行为意向的形成具有不同的作用方式，并最终表现在网络民意的总体倾向性上。

（2）影响网络民意倾向性的因素

网络民意的倾向性也就是网络民意所呈现出的社会态度，主要由三个要素构成，认知要素、情感要素和行为意向。认知可以为主体对客体的判断提供知识和信息的帮助，在不涉及情感因素的情况下，知识可以提高判断的效率和理性程度。而在认知因素和情感因素不一致的情况下，情感因素发挥的作用往往更大，"在没有支持性的认知的情况下，也可出现情感性的评价，这类认知缺失的态度缘于经典条件反射或反复暴露于某潜意识刺激等过程"[①]。影响网络民意倾向性的因素，可以从网民的认知特点及其影响因素和网民的情感特点及其影响因素两个方面来进行分析。

① 意见领袖与认知影响

意见领袖概念最初起源于拉扎斯菲尔德和卡茨的两级传播理论，是指在人际传播中经常为他人提供信息，同时对他人施加影响的活跃分子。在网络中，意见领袖已然存在，相比于普通网民，意见领袖接触媒介的机会更多，拥有的信息源更广，擅于对各类信息进行解读和分析，热衷于分享自己的观点和立场。网络意见领袖在整个网络民意主体中所占比重很小，但却能在很大程度上影响网民的态度和立场。网络意见领袖主要分布于传媒、教育、财经、IT通讯、房地产、娱乐等领域，有三分之一的网络意见领袖有

① 转引自方建移：《民意研究：理论、方法与应用》，中国社会科学出版社2015年版，第32页。

过体制内从业经历[①]，其核心群体以媒体人、学者、律师、企业家为主。网络意见领袖还可以分为显性和隐性两类，显性网络意见领袖是指，通过在网络上公开自己的真实身份，借助现实生活中已有的社会资源获取网络话语权和注意力资源，直接晋升为意见领袖阶层。例如微博中的大 V，即是通过加 V 身份认证的网络意见领袖，以及微信中由个人运营的阅读量可观、影响力大的公众号。隐性网络意见领袖是指，在网络中刻意隐藏自己的真实身份，使用网名活跃在各大论坛、社交媒体上。他们关注社会热点、追求公平正义，以自己的判断力对社会问题和疑点事件进行发掘，往往能发现不为人知的事件，引爆网络舆论，成为意见领袖，这类人也被称为"网络侦探""网上纪委"[②]。

　　网络意见领袖主要活跃于社交媒体平台，信息的传递具有强辐射力、高到达率、广覆盖率的特点。随着社交媒体的发展，网络意见领袖也越来越呈现出跨界化、立体化的特征，是网络传播中"弱关系"的维系者，一定程度上具有公共知识分子的特质，当然，现实中许多公共知识分子在网络空间里也往往扮演者意见领袖的角色。网络意见领袖所发出的议题能及时得到网民的关注，在议题传播的过程中，大量对此议题有兴趣的网民聚集到一起，形成一个流动的虚拟社会网络。虚拟社会网络借助信息的流动，建构了一种相互关系，加速了议题的扩散，连接了网民的公共参与，成为推动政策变迁的重要力量，在一定程度上形成了政府与社会互动的新模式。网络意见领袖"这一社区对于转型中国的公共议题形成，底层民意表达以及政策变迁具有十分显著的作用"。[③] 网络意见领袖群体普遍表现出博学多识、思想自由、成熟理智的个性特点，在其所处的行业位于中高阶层。他们有较强的媒介话

---

①　喻国明、李彪:《社交网络时代的舆情管理》，江苏人民出版社 2015 年版，第 127 页。
②　喻国明、李彪:《社交网络时代的舆情管理》，江苏人民出版社 2015 年版，第 128 页。
③　曾繁旭、黄广生:《网络意见领袖社区的构成、联动及其政策影响：以微博为例》，《开放时代》2012 年第 4 期。

语权，是网络传播中重要的节点，其话语表达往往能左右网民的态度倾向。在网络虚拟空间中，网络意见领袖通过传播信息、提供观点、参与公益活动等方式与网民和粉丝形成互动，进而影响网民的认知和态度倾向。中国社会的公共议题大多是由意见领袖群体发起和推动的，因此，在公共政策过程中，决策者应重点关注网络意见领袖群体的态度倾向，及其对普通网民的认知和态度形成所产生的影响。

② 群体极化与情感影响

群体极化理论最初源于群体研究，勒庞的《乌合之众》一书对群体心理有较为深入的研究。他指出，有教养有理性的个人，一旦成为群体的一员，便会成为一个野蛮人，行为不能自控，群体的思想便会占据统治地位。勒庞强调了群体心理与群体极化的关系，群体成员的个性在群体行动中会消失，群体的行为也会表现出排他性、极端化、情绪化等特点。在网络环境中，群体极化现象日益明显，有研究发现，"在互联网的条件下，团体的两极分化会增加"[①]。最早研究互联网视域下群体极化现象的是美国学者凯斯·桑斯坦，他认为，"在网络和新的传播技术的领域里，志同道合的团体会彼此进行沟通讨论，到最后他们的想法和原先一样，只是形式上变得更极端了"[②]。

网民在自然状态下是无序和散乱的分布，某一特定事件的触发使得网民拥有共同的目标和利益取向，分散无序的网民就会聚合成一个个具有凝聚力的群体。身处网络群体中的网民，在对某一事件的价值评判和取向上也常常因为网络情绪的相互感染而自觉不自觉地接受了大多数人的价值取向，某些情况下还会形成极端和偏狭的情感判断，也即极化现象。网络极化对社会而言，具有正负双向的效应。群体极化形成的前提是在交流中达成共识，某

---

① ［美］帕持·华莱士：《互联网心理学》，谢影、苟建新译，中国轻工业出版社 2001 年版，第 88 页。

② ［美］凯斯·R.桑斯坦：《网络共和国：网络社会中的民主问题》，黄维明译，上海人民出版社 2003 年版，第 47 页。

些公共议题借助网络得以发酵和膨胀，可能最终促成该社会问题的解决。这种以个案解决促进体制性改革的方式，在一定程度上也加速了我国政治民主化进程，但群体极化中所展现的群体智力低下、缺乏判断，极易被操控和左右，以及由此带来的不宽容、非理性与网络民意的真实性和科学性是背道而驰的，这也是需要引起注意的。网络群体极化实际上也是网络民意态度倾向的一种极端表现。在网络传播环境中，网民的情感判断很容易被群体情绪所感染，加上网络中"沉默的螺旋"现象依然存在，网民个体往往也会迫于其所感知的情境压力而选择与群体趋同的态度和行为意向。决策者在对网络民意的态度倾向进行分析时，要注意哪些是网络民意真实的情感态度，哪些是由于群体性的情绪感染而引发的群体极化和网络民意的非理性倾向。

2. 网络民意的倾向性分析

根据网络民意倾向性的内涵，可以总结概括出网络民意倾向性分析的框架，包括态度对象、情感倾向和语义指向三个方面。结合网络民意语义分析技术，从以上三个方面来具体分析网络民意的倾向性。

（1）网络民意倾向性分析框架

历来政府管理者都非常重视民意调查和民意分析，传统的民意调查方法，包括问卷调查、关键群体接触、抽样分析以及借助大众传播媒介进行民调。网络的发展和技术的进步带来了民意表达生态的变革，民意表达日益呈现出复杂性和不确定性，传统的民意调查方法已无法有效地捕捉到真实的网络民意倾向。有学者认为，可以通过定期统计"网络社会议题"的修辞框架，来把握民意真实性诉求的内涵，并提出了分析网络媒介话语空间的修辞框架，即从信息来源、修辞倾向和话语形态等方面入手。其中，信息来源主要是指社会议题所影响到的利益相关群体与分布格局；修辞倾向主是指利益相关者在评述社会议题时所采用的修辞基调，包括：褒义、中立和批评；而话语形态则是指参与媒介表述的个体对社会议题的语义指向，如提出政策建议或观点、明显情绪化的意见和对自身利益受伤害后的诉求表达等。[①] 上述研究是根据戈夫曼的框架分析理论，依据主题类目、信息来源、修辞基调等因素，来对网络民意文本进行分析，探究公众对社会议题的态度倾向。借鉴上述研究方法并结合网络民意倾向性的内涵，网络民意倾向性的分析框架也可以归结为三个方面：态度对象与政策议题的选择；网络民意表达的情感倾向分析，包括赞成、反对、中立等；网络民意表达的认知判断，也即语义指向分析，包括建设性意见、情绪化观点、利益受损的诉求表达等。下面我们根据以上分析框架，利用智能语义分析技术和方法，来探讨如何对网络民意倾向性作具体分析研究。

（2）语义分析技术与网络民意监测系统

语义分析技术是将计算机技术、语言学和网络技术融合，研究如何训练计算机快速准确理解人类自然语言的技术。语义分析技术的基础是语义搜索技术，传统的搜索引擎技术包括抓取、索引和搜索三个主要组成部分，语义搜索是在传统搜索引擎技术上嵌套语言学的各类语料库，运用各种语言处理技术，来对数据信息进行分析挖掘。除了搜索引擎技术，语义分析还需要利用语料库作为研究工具，在微观层面对文本内容进行分析。语料库是应用语言学的概念，是按照一定的语言规则收集起来的语言知识库，是承载语言知识的基础资源。在计算机发明以前，语料库主要是依赖人工标注，总体容量和更新速度有限，计算机发明以后，可以对网络上的语言文字进行动态追踪，对互联网上出现的新词汇自动捕捉和添加，实现语料库的实时更新，形成大型电子文本库。"在语料处理方面要注意两点：一是小型基础语料库的

---

① 张玉：《民意调查中真实性"公共民意"获取的方法论路径》，《社会科学》2011年第11期。

支撑和建设，大数据库作为信息母体，需要若干小型数据库作为检索源；二是中心度和关联度结构化的算法，大数据库作为一种非结构化的数据，需要进行一些结构化的解读和梳理，这就需要相关的数据结构化算法，这种算法可称之为数据模型。"[1] 随着搜索引擎技术的发展和云计算、大数据技术的进步，语义分析技术也在不断地优化升级。

语义分析技术已广泛应用于各个领域，其中基于语义分析的网络民意监测系统在政府公共管理中的应用将越来越广泛。网络民意监测系统可以对网民关注度高的一些网页、论坛、新闻网站、微博、微信等进行 24 小时监测，随时抓取最新的网络评论和民意表达，并对抓取的数据信息进行初步过滤和格式处理，然后再结合各种语料库数据进行语义分析，最后将结果以报告、报表、图表等形式呈现，可供政府不同职能部门决策参考。网络民意监测系统一般由信息采集系统和语义分析系统两个子系统组成，信息采集系统主要负责信息抓取、关键词识别、全文索引、自动过滤和消重、区分储存数据。语义分析系统是主要是对采集到信息进行深层加工，包括自动分类、自动聚类、情感倾向分析、热点识别与追踪以及网络民意发展趋向分析：自动分类，是将原始的非结构化数据信息按照给定的分类体系，根据文本内容特征分到指定的类别中去；自动聚类，是将集中的数据划分为若干个子集，每个子集对应一些特定的意义和概念，同时，每个子集之间要互斥不相交；情感倾向分析，是依据基础语义库和语义规则算法，对目标文本进行的自动态度分析，包括区分正面、中性、负面的基本情感类型以及根据基本类型之间的程度不同进行赋值计算；趋势分析，是从大量的数据信息中挖掘出关联规则，并据此分析网络舆论随时间的发展趋势。[2]

---

[1]　喻国明、李慧娟：《大数据时代传播研究中语料库分析方法的价值》，《传媒》2014 年第 2 期。

[2]　方建移：《民意研究：理论、方法与应用》，中国社会科学出版社 2015 年版，第 242 页。

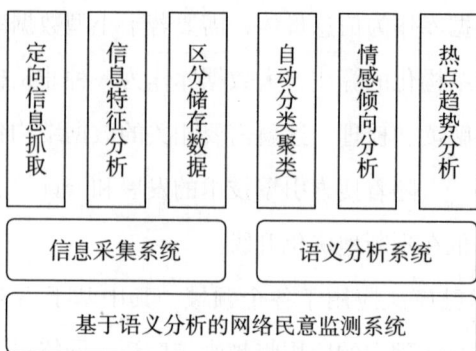

图 12-5　网络民意监测系统

（3）基于语义分析的网络民意倾向性分析

网络民意监测系统中的热点话题和敏感话题识别、话题追踪技术、情感分析等，为网络热点事件和突发性事件的监测预警，提供了很好的技术手段。"然而，政府公共决策领域中的一篇网络帖子涉及多个主题，并且也不是对主题本身表达情感倾向，而是对主题中所包含的相关利益群体的利益分配表达意见。因此，用于监控突发事件和热点事件的舆情分析工具很难直接应用于对政府公共决策领域中网络民意建模的研究中。"① 根据有关公共议题和政策议程的网络民意表达的特殊性，可以在已有网络民意监测系统的基础上，结合网络民意倾向性的分析框架，具体分析网络民意的倾向性。

① 态度对象与议题选择

分析网络民意的态度倾向，首先需要确定态度的对象。态度都是有对象的，可以是人或物，也可以是某个社会事件、某种社会现象、某些政策决定等，态度的对象也是态度的客体，任何态度都具有主客体的对应关

---

① 邓莎莎等：《政府公共决策领域中网络民意建模方法研究》，《现代图书情报技术》2012 年第 9 期。

系，如公众对延迟退休政策的态度，居民对小区附近建垃圾焚烧厂的态度等。在分析之前，需要确定具体的研究问题，然后将这些具体问题转换成分析的对象。在确定了网络民意关注的某个政策议题后，先要对政策文件的主题进行解析，设定关键词或关键词组合，并且根据与政策主题的相关性来确定相关利益群体。其次，设定时间段，对时效性要求比较高的政策问题，可以精确到"小时"甚至"分钟"。最后，选择好需要采集的文本数据类型和范围，可以选择微博、微信、博客、论坛、新闻网站等类型中的一种或几种。设定好主题关键词、时间段及分析范围后，再利用信息采集系统，从互联网中抓取与公共政策主题相关的网络帖文及网络评论，形成原始数据池。

② 网络民意的情感倾向分析

情感倾向分析是对目标文本中的自然语言的提炼，将文本中包含的文字、图片、表情等信息进行量化处理。目前，基于语义的文本情感倾向性分析方法，主要有3种，第一种是以现有的词典来建构情感倾向词典，运用词汇提取等技术来提取目标文本中的关键词，对所提取的关键词与所建立的情感倾向词典进行对照，通过二者的语义相似度得出关键词的情感倾向，然后，综合分析全文关键词的情感倾向，进而得出目标文本的情感倾向性；第二种是建立语义模式库并运用语义分析技术来分析文本的情感倾向，这种分析方法的设计可以解决传统词典方式忽略特征之间关系而造成的大量误差问题；第三种是基于 SVM 的分类方法，一般采用有监督的或者半监督的机器学习的方式。[①] 目前，运用最广泛的是第二种基于语义分析技术的语义库模式。语义模式库包含若干个丰富完备的情感词库，不仅是已有的一些基础情感词典，还包括研究者根据研究主题的不同，设计出相应的情感词库。有学者结合微博的结构特点，建构了表情符词典和网络用语情感词典，来增强微

---

① 黄薇等：《网络舆情信息语义识别关键技术分析》，《图书情报工作》2015 年第 21 期。

博情感分类的效果。[①] 也有学者在研究话题性微博语言特点及其情感分析策略时，在基本情感词典的基础上，用人工方式增加了情感短语，构建了一部基于短语的情感词典，将明确表达观点的情感短语甚至短句都收录其中。[②] 在对网络民意情感倾向分析的过程中要联系具体的政策议题，设计好有针对性的多元化情感词典，对网络民意的情感倾向做出更精准的判断。倾向性的观点设置上，需要注意两个方面。一是明确针对倾向性的 4 种最基本的态度，"支持""反对""中立""不关心"。其中任何一种基本态度倾向，在具体的网络言论中都是不一样的，可以表现为多种观点项。所以，要针对某一种基本态度，设置更为具体的观点项。再者，在设置具体观点项的时候，要避免出现观点内涵和外延上交叉的现象。

③ 网络民意的语义指向分析

语义指向其实就是文中信息的主题指向，主要基于分析文本的内容和意义指向。网络民意的语义指向分析，主要是分析网民对相关政策议题话语表达的主题内容，是赞成某项政策还是反对，抑或是部分赞成、部分反对等具体的文本意义指向。"对舆情信息进行主题挖掘时，系统首先提取中间数据库中经过预处理的网络信息，然后调用算法对信息的特征进行提取，现在通常使用 LDA（Latent Dirichlet Allocation）非监督算法来对其主题进行挖掘"，此外，还有"基于 K-means 算法的主题词聚类技术，将舆情信息主题抽取出来之后，应将所抽取的信息进行适当的聚类以识别舆情动态"[③]。利用智能语义识别技术对网络民意文本的主题进行分析识别，可以得出具有实际意义的网络民意语义指向。网络话题识别、目标文本主题识别、情感倾向性分析等各类算法技术的运用都需要词典和语义库，而网络民意的态度倾向分析，

---

① 杨佳能等：《基于语义分析的中文微博情感分类方法》，《山东大学学报》（理学版）2014 年第 11 期。

② 侯敏等：《话题型微博语言特点及其情感分析策略研究》，《语言文字应用》2013 年第 2 期。

③ 黄薇等：《网络舆情信息语义识别关键技术分析》，《图书情报工作》2015 年第 21 期。

大部分都是和特定领域或议题相关的。面对网络信息的瞬息万变，现有的这些分析技术可能缺乏一定的针对性和适应性。这就需要对现有的技术方法进行不断优化，开发一些具有特殊功能的针对性强的网络民意倾向性分析技术和方法。

第三节　网络民意的科学分析

网络民意通常是未经加工的原始民意诉求，一方面更加贴近真实民意，另一方面网络民意纷繁复杂，其意见表达的质量也就难免参差不齐、泥沙俱下，这就需要决策者对网络民意进行科学分析，从中找出对政府科学决策有价值的民意信息。

1. 政策质量对网络民意科学性的考察

网络民意中蕴含有丰富的民间智慧和治理之道，但也有一些掺杂了非理性的情绪表达，如何区分出网络民意中科学合理的意见和不合理的言论，这就需要对网络民意的科学性进行界定，什么样的网络民意是科学的、合理的，哪些网络表达是不科学的、不可取的。对网络民意的科学性进行分析，是为了辅助政府决策，提高决策质量，因此，可以从政策质量的标准来推演出网络民意科学性的内涵，可以借鉴多源流理论模式来进一步构建网络民意科学性分析的框架。

（1）网络民意的科学价值

2014年复旦大学传播与国家治理研究中心发布了"中国网络社会心态调查"，有别于传统民意调查聚焦"事件/议题"的研究路径，该研究关注网民个体的长期的网络表达，力求从宏观层面洞察网络民意。研究发现，网民建设性诉求明显高于破坏性诉求，"沉默的大多数"仍然追求"秩序"和"稳定"①，网民的理性表达依然占据主流。随着网络用户数量的不断增长，网民结构的不断优化，在互联网平台上多元利益的博弈和多元意见的碰撞中，网络民意最终会趋向理性的方向。我国网络民意发展的总体态势，将会是"具有偏执倾向的极端派正成为少数派，而大多数人则显得更为成熟和理性，同时也逐步成为网络的中坚力量"②。网络民意的理性与成熟促进了网络生态环境的正常化，也使得网络民意的科学价值得到进一步提高。

我国网民基本上涵盖了社会的各个阶层、各个领域、各个群体的人员，既有普通网民，也有政府官员、专家学者以及各行各业的精英。网民来源的广泛性确保了网络民意主体的多元化和网络民意表达的多样性。网络上的声音虽然嘈杂，但却有很多散落于民间的草根智慧和体制外的有识之士的真知灼见。在公共问题的讨论中，一些有切身经历和深入研究的网民所发表的意见和看法，具有很高的专业性和科学性。传统的政府决策系统是由政府官员和专家团队组成的官方智库，而网络民意所形成的"民间智库"以其内容的丰富性，选择的多元性，正成为官方智库的有效补充。网民群体中有一些与公共政策有直接利害关系的人群，他们的网络参与和讨论也更有针对性，能直指问题要害，所提建议也更有操作性和可行性。网络民意的多元表达已成为富有批判性和建设性的体制外声音。

（2）政策质量与网络民意科学性

公共政策本质上是政府管理者对社会资源和社会价值的权威性分配，它不仅直接影响到与政策有利害关系的群体，也会间接影响到整个社会系统的运行与稳定，同时公共政策的好坏也会成为社会公众对执政者评价的依

---

① 郑雯、桂勇：《网络舆情不等于网络民意——基于"中国网络社会心态调（2014）"的思考》，《新闻记者》2014 年第 12 期。

② 郑雯、桂勇：《网络舆情不等于网络民意——基于"中国网络社会心态调（2014）"的思考》，《新闻记者》2014 年第 12 期。

据，直接关系到公众对政府执政能力和合法性的认同。在实际的政策制定中，要特别注重公共政策的质量，因为政策质量往往决定了政策的最终命运。"质量不高的公共政策，由于其社会认同度低而增加政策损耗，从而影响公共行政和公共管理的质量，降低执政绩效，甚至危及公共权威的合法性基础。"① 政府管理者在吸纳网络民意时，必须对网络民意进行科学分析，确保网络民意不会对政策质量造成威胁。普通网民对一些政策质量标准中包含的知识并不熟悉，比如核能资源管理、交通工程建设、医疗体制改革等，因此，网络民意时常会表现出对专业领域或科学界认定的政策质量标准提出质疑。倘若政府管理者在吸纳网络民意时，忽略了这些质量标准，就可能会威胁到最终的政策质量。正是看到了公众参与可能对决策质量的干扰，一些科学家呼吁："科学和医学是专业化程度极高的领域，因此，只有科学家才有资格和能力做出相应的判断和决定。"②

① 网络民意科学性内涵

对网络民意进行科学性分析是出于对政策质量的要求，因此，网络民意科学性的内涵可以参考政策质量的要求来界定。关于政策质量的定义，有学者从效率和公平角度出发，认为政策质量是政策价值的合法性和政策效率的合理性③；有学者从管理层面指出，质量要求是指任何与最终决策本质相关的政策或管理上的约束④；也有学者通过"质量"概念在公共政策上的延伸，指出公共政策质量是指公共政策的合理程度，具体包括政策是否合情合法、

① 秦德君：《公共政策的国家产出：质量与绩效》，《社会科学》2007年第3期。
② Dutton D.，（1984）"The Impact of Public Participation in Biomedical policy: Evidence from four Case Studies". In J. C. Petersen（Ed），*Citizen Participation in Science Policy*（147—181）. Amherst: University of Massachusetts Press, p.170.
③ 曹堂哲、张再林：《话语理论视角中的公共政策质量问题——提升公共政策质量的第三条道路及其对当代中国的借鉴》，《武汉大学学报》（哲学社会科学版）2005年第6期。
④ Vroom V.H. & Yetton P.，（1973），*Leadership and Decision Making*. Pittsburgh:University of Pittsburgh Press, pp.21—22.

是否具有可行性以及是否体现了利益相关者的利益诉求三个方面①。综合以上观点，我们认为最后一种提法较为清晰地描绘出政策质量的构成要素以及政策质量在政策过程中的作用。首先，要看公共政策是否合情合法，符合国家法律和社会伦理道德是高质量公共政策的前提和基础；其次，要考察公共政策是否体现利益相关者的利益诉求，一项公共政策的出台必然有其明确的目标群体，公共政策能否解决特定的社会问题体现目标群体的利益诉求，能否实现社会利益的最大化，是判断其质量高低的重要标准；最后，要论证公共政策是否具有可行性，也即政策的具体操作单位能否有效执行政策，政策能否运用到现实公共生活中。②

参考以上关于政策质量的标准，我们来进一步考察网络民意科学性的内涵。首先，可以直观地判断网络民意是否合法合情，是理性发言还是情绪宣泄，如果网民的话语表达触犯了法律，违背了社会伦理，或者是随波逐流式地跟风表达，那么必然是不科学、不理性的。其次，要分析网络民意中的利益诉求是否合理，是直接利害相关者的利益诉求还是关涉公共利益的表达，科学理性的网络民意应当既能体现利益相关者的需求也能兼顾社会其他群体的利益，能够平衡好个体性与公共性之间的关系。最后，我们还要考察网络民意中的意见话语是否具有可行性，即是否满足一定的技术约束，比如特定政策议题所需要的专业素养、政策制定过程所涉及的法定因素以及解决相关问题的预算花费等，只有满足特定技术约束的网络民意才具有可行性和科学性。综上所述，网络民意的科学性内涵可以概括为，公共政策质量约束下网络民意内容表达的合理程度，具体包括网络民意表达是否是理性的，网络民意内容是否体现了合理、均衡的利益诉求以及网络民意是否满足特定的

---

① 范柏乃、张茜蓉：《公共政策质量的概念构思、测量指标与实际测量》，《北京行政学院学报》2014年第6期。

② 范柏乃、张茜蓉：《公共政策质量的概念构思、测量指标与实际测量》，《北京行政学院学报》2014年第6期。

技术约束。

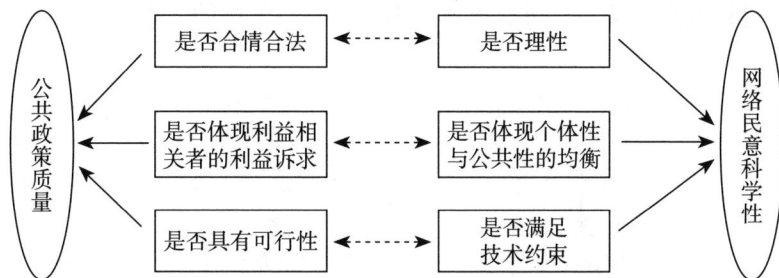

图 12-6 网络民意科学性的内涵

② 网络民意科学性的分析框架

由网络民意科学性的内涵可知，对网络民意科学性分析是以政策质量为基础来判断网络民意内容的合理程度。网络民意表达的合理程度主要体现在公共政策的制定过程中，也即从问题提出到政策方案确定的一系列环节之中。美国著名政策科学家约翰·W.金登对公共政策过程的核心环节，政策议程的建立和公共政策的形成进行了深入研究，提出了多源流理论模型。该模型由问题源流、政策源流和政治源流三个独立的方面构成，问题源流考察政府管理者为什么会关注这些问题而不关注另外一些问题，"各种机制——指标、焦点事件和反馈——使问题引起他们的注意"[①]；政策源流主要涉及政策方案的规划和设计，某一政策问题的产生总会伴随着诸多解决方案和意见主张，这些意见和想法要想"幸存"，必须满足—定的标准，"例如技术可行性和价值可接受性"，技术可行性涉及大量的具体执行环节，价值可接受性包括政策方案中所体现的价值观是否符合公共政策的本质，即追求社会效益的最大化；政治源流是由"诸如公众情绪，压力集团间的竞争、选举结果、

---

① ［美］约翰·W.金登:《议程、备选方案与公共政策》，丁煌等译，中国人民大学出版社2017 年版，第 107 页。

政党或意识形态在国会中的分布状况以及政府的变更等因素构成"[1]。根据多源流理论模型对公共政策过程的分析，借鉴其中问题源流和政策源流对于政策制定过程方面的探讨，可以推演出网络民意科学性的分析框架。

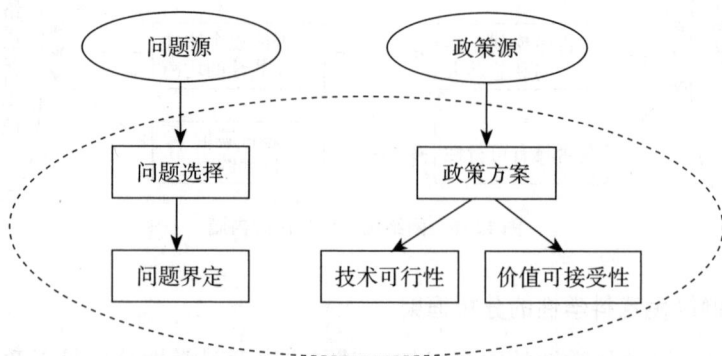

图 12-7　网络民意科学性分析框架

　　在公共政策制定过程中，问题源流往往对应问题的选择，在对网络民意进行科学性分析时，可以先从网络民意所关注的问题入手，这些问题是否是亟待解决的，问题如果找准了，那么问题进入政府议程的可能性就大大增加。"利益表达的无限性与利益选择的有限性决定了公共政策问题的稀缺性。"[2] 网民对问题的选择一般有以下几种途径，首先，根据个人经验和经历来提出问题，比如公众在日常就医中所遇到的各种看病难、看病贵等问题，由此便会关注卫生医疗领域的问题，提出一些医疗改革的意见建议等。其次，一些社会热点事件和突发性危机事件也常常会引发公众关注，比如因校车事故频现引发关注农村儿童的教育和安全问题，航空灾难促使人们关注空中安全问题等。最后，一些专业领域的科研人员可以根据一些数据指标和研

---

　　① ［美］约翰·W.金登:《议程、备选方案与公共政策》，丁煌等译，中国人民大学出版社 2017 年版，第 137 页。

　　② 刘倩:《公共政策问题确认中政府行为研究的前在预设》，《西北农林科技大学学报》（社会科学版）2011 年第 1 期。

究成果来判断某些问题的变化程度和重要性，进而提出一些有价值的问题。对网络民意中所反映的问题，要分析其问题界定是否科学。先分析这些问题可能来源于哪种途径，然后再判断所反映的问题是不是重要的社会问题，以及是否应该由政府来解决的问题。

政策源流主要是涉及解决问题的政策方案，如何从众多意见和备选方案中选出最终的政策方案。与此相对应，需要分析网络民意中的具体内容，即所含政策方案的设计规划是否科学合理。我们可以根据金登"思想幸存的标准"来分析判断网民提出的政策方案的科学性。金登将政策共同体中备选方案和政策建议的产生过程类比成一种生物自然选择的过程，正如生命诞生之前分子在生物学家所谓的"原汤"中四处漂浮一样，思想也在这些共同体中四处漂浮，它们相互碰撞，彼此结合，有些幸存，有些消失，而思想的幸存并非偶然，而是存在一定的标准。[①]首先要满足技术可行性，"一项政策建议的倡导者必须深入探究细节，逐渐消除不一致性，注意执行的可行性，以及阐明一种思想将会得以实际运用的现实机制"[②]。技术可行性关注的不是原则性的报告和总的建议是否可行，它强调的是真正详细的政策建议需要的所有技术性工作是否可行，包括所涉及的专业技术知识和水平能否达到规划要求，现有的政府预算能否支持方案的实施等。其次要满足价值可接受性，"在政策共同体中幸存下来的政策建议往往都符合那些专业人员的价值观"，"包括诸如'效率'和'公平'这样一些概念"[③]。"公平"是公共政策的永恒主题，一项公共政策方案的设计理念应当考虑到社会公平和消除不平衡等问题；同时，政策方案的规划还需要兼顾"效率"原则，注重公共政策的成本

---

① ［美］约翰·W.金登：《议程、备选方案与公共政策》，丁煌等译，中国人民大学出版社2017年版，第111、124页。

② ［美］约翰·W.金登：《议程、备选方案与公共政策》，丁煌等译，中国人民大学出版社2017年版，第124页。

③ ［美］约翰·W.金登：《议程、备选方案与公共政策》，丁煌等译，中国人民大学出版社2017年版，第125—126页。

投入和效益产出是否合理，能否以更低的成本来获得更多的收益。对网络民意的具体内容进行分析，一方面要分析其意见方案在实际的技术操作上是否可行，另一方面也要分析其意见方案中的价值理念是否具备可接受性。

2. 不同决策模式下网络民意科学性分析

上文对网络民意的科学性内涵进行了界定，并概括出网络民意科学性分析的基本框架，那么在实际的公共政策过程中，如何对网络民意进行科学性分析呢？前文已根据公众接受度要求和专业技术性要求的不同，划分出了三种决策模式，即价值主导性、理性主导型和多元平衡型。下面我们将围绕三种决策模式中公众接受度要求和专业技术性要求的不同，来具体分析网络民意的科学性，考察不同决策模式中网络民意科学性的侧重维度和关注点的差异。

（1）价值主导型模式下网络民意科学性分析

价值主导型模式的政策，对专业技术性要求不是很高，但在政策的施行中需要较高的公众接受度，在政策制定过程中需要更多地关注公众的意见和态度。价值主导型政策不涉及一些专业领域的知识和技术，其关注的重点是公众接受的主观意愿，决策者不能以传统的闭门造车式的决策方式来对待这类政策问题。随着公民意识的提升，公众参与公共政策的能力和积极性不断上升，公众对公共政策有自己的认知和判断，一些与公众利益密切相关的决策方案如果没有经过公众的参与讨论，很可能在后续的执行环节会遭遇各种阻碍。反之，公众的积极参与可以让许多潜在的问题提前暴露，在公众互动讨论中不断趋向共识。"如果公众能够实质性地参与相关的决策过程，通过公众的参与有效协调各种利益关系，这样的政策就容易为公众所接受，民众对公共政策就会有更多的共识，公众之间以及公民与政府之间就容易和睦相处。"①

价值主导政策类型需要最大限度的公众参与，公众参与可以有效提高公众对政策的可接受度，但是并不意味着政府管理者要将所有权力让渡给公众，管理者应该合理安排公众参与程序，并对公众的意见表达进行科学性分析。首先要明确价值主导型政策的一般议题有哪些，然后分析网络民意关注的诸多议题有哪些是符合价值主导型政策类型的。比如一些涉及百姓衣食住行的民生问题，这些问题与公众的生活高度相关，对普通公众而言，也不会存在技术和认知方面的盲点，比较适合发动广大公众积极参与政策过程。价值主导型决策模式下，对网民提供的具体政策建议进行分析时，应更多地关注政策建议中的价值理念是否具有可接受性。比如，政策方案是否体现了公正、公平的原则，意见诉求是否代表了公共利益等。以 2015 年的"网约车"改革方案为例，从 2014 年 6 月开始，快的、滴滴、优步等相继推出了专车服务，从一开始只在一线城市运营，后逐渐在全国各大城市推广。2015年专车和出租车的博弈越演越烈，半年不到的时间全国就有十几个城市先后出现了不同规模的出租车停运事件以及出租车和专车对峙冲突事件。由此引发了微博、知乎、各大论坛等网络热议。其中有影响的网络言论有新浪博文《天津政府切莫错失出租车行业改革良机》、腾讯《出租车改革切勿一刀切》、天涯论坛《天津出租车专业群体事件频发，到底出租车行业该如何改革？》等。借助这些广为流传和转发的网络博文热帖，决策者和网络民意已经有了多次接触。网络民意中最关键的争议点在于"网约车是否合法"的价值争议上。从出租车司机和出租车公司的角度看，网约车没有运营执照，属于非法营运，但是从网约车司机和普通公众角度看，网约车模式是利用网络平台进行的一种资源合理分配，对司机和乘客而言是双赢互利的，也有利于缓解城市交通压力、解决出行难的问题，符合公共性标准，理应具有合法性。关于

---

① 俞可平：《公民参与的几个理论问题》，《学习时报》2006 年 12 月 18 日。

网约车的网络意见表达，决策者更应该注重其意见诉求的价值可接受性，是代表小团体的特殊利益还是代表社会的公共利益。只有体现公共性和公共利益的网约车政策才能最终得到社会公众的认可和支持，进而保障政策的顺利实施。

（2）理性主导型模式下的网络民意科学性分析

理性主导型模式对专业技术性要求较高，在政策实施过程中对公众接受度要求较低，涉及的利益关系较为简单明晰，不需要平衡诸多复杂的利益诉求，但此类政策具有较高的技术性约束，需要更多地吸纳相关领域专家的理性知识和专业技术来辅助政府决策。理性主导类型的政策主要包括一些具体的产业政策、科技政策、医学政策，以及一些关涉地区经济社会发展规划和改革开放中的一些全局性、长远性的战略问题等。这类政策问题与普通公众距离较远，一方面普通公众不具备参与政策问题的专业技术知识，认知上的障碍造成了客观上的参与困难；另一方面这些政策所涉及的领域要么是小范围的专业领域，要么是宏观上的大政方针，与公众的日常生活和感受很少发生直接的密切联系，因此，公众对这方面的关注度相对来说较低，参与的积极性也不高。理性主导型模式中公众参与度较低，利益冲突较小，也不存在过多的价值争论，容易在价值可接受性上达成共识，但管理者在决策过程中需要运用大量的专业技术性知识，这就需要发挥专家团队和科研技术群体在其中的重要作用。

理性主导型决策模式下，政府决策者在分析借鉴网络民意时，首先要对网络民意主体的类型进行区分，由于政策类型的特点，对参与主体的专业性有一定的要求，不仅要关注一些普通公众的意见表达，更要注重特定领域专家的意见建言以及民间智库的一些研究报告和政策建议。温州市政府在一些专业性要求较高的决策中，曾积极引入民间智库和专家参与其中，通过开展高校智库论坛、帕累托沙龙、课题申报等形式来鼓励和吸引专业领域的有识之士参与，为政府决策建言献策。理性主导型决策模式，采取重专家轻公众的参与方式，可以有效提高决策效率，同时"避免参与者缺乏专业知识或不能理解政策质量标准知识而影响决策质量的问题"[1]。对网络民意的意见内容进行分析，要特别注意其提供的政策方案的可行性，比如，现有技术水平下是否具有实际可操作性，方案设计是否符合既定的法律规章，以及解决某种问题的方案所需花费是否符合政府预算要求等。

这其中有一个非常重要的问题值得注意，即网络民意主体中有一部分未进入官方智库的专家和公共知识分子，我们称之为"库外专家"。他们的意见同样具有专业知识的支撑，具有较强的科学性。同时，他们可能作为意见领袖而引发更多人发表意见，这些意见中也不乏民间智慧的科学性。因此，对于决策者而言，同样必须重视理性主导型模式下的网络民意的科学性分析。

（3）多元平衡型模式下的网络民意科学性分析

多元平衡型政策，在政策制定过程中对专业技术性要求较高，同时，在政策推行过程中对公众接受度要求也很高。政府管理者在政策过程中会面对公众偏好和技术理性的双重约束，一方面要通过公众参与获得公众认可和支持；另一方面又要通过吸纳专家进入政策议程来获取更多的专业知识和理性思维，辅助政府决策。此类政策的制定，需要在多元利益间寻找平衡，需要全面吸纳公众、专家参与政策过程，形成官员、公众和专家三者的互动。"官员、专家与公众分别体现政策的三个基本属性：权威性、合理性与公共性。"[2] 官员是决策者，代表公共权力，具有政策优先权；专家代表特定领域

---

[1]　钟裕民、陈宝胜：《地方公共决策的有效参与：基于温州民间智库的经验研究》，《中国行政管理》2015 年第 8 期。

[2]　朱伟：《民意、知识与权力——政策制定过程中公众、专家与政府的互动模式研究》，南京大学出版社 2014 年版，第 205 页。

的专业水准，是政策合理性的体现；公众代表公共利益，公众可接受性要求政策必须体现公共性。多元平衡型决策模式，需要决策者、公众和专家的共同出席，但是三者对问题的认知立场和利益考量的角度必然会存在一定的差异，这就需要在交流互动中达成某种共识，才能继续推进政策制定和实施。

在政策实践中，多元平衡型政策涉及的常见议题有道路交通的规划调整、核电站建设、PX 项目选址、化工企业污染防治等。这类政策议题对公众而言，既陌生又熟悉，虽然政策涉及的相关专业知识和技术对普通公众来说并不熟悉，但政策制定的结果很可能会直接影响到公众的日常生活和切身利益，公众对政策过程会密切关注，并积极参与。多元平衡型政策，在政策过程中还需要引入专家的理性知识与技术，决策者需要在公共利益与专业知识之间作好协调和平衡。所以，该决策模式下对网络民意的科学性分析要同时关注技术可行性和价值可接受性，对于普通网民的意见表达，重点关注其中价值理念是否具备公共性，是否体现公共利益；对专家的网络民意表达，重点关注其中政策方案的可行性。

第十三章　网络民意的回应

网民的意见、诉求和建议是政府进行社会治理和实施公共政策的晴雨表和风向标。面对混杂多元的网络民意，面对或是揭短亮丑，或是讽刺批评的各种声音，还有呈现民间智慧的政策建议，决策者是沉下身子、静下心来寻找"沉默的大多数"，倾听"大多数"和"少部分"的声音与诉求，还是视网络民意为噪音和杂音，轻视或畏惧其存在，反映出决策者对待新时代民意的态度，也成为评估政府决策能力的重要指标。然而，网络民意是一把双刃剑，它具有双重效应，既能挑战政府决策，又能助力政府决策。公共政策为何要主动回应网络民意？应当如何回应？在实际生活中，为何总是出现对网络民意的"傲慢和偏见"？网络民粹主义有哪些隐忧？又当如何规避？

第一节　应然：公共政策主动回应网络民意

《荀子·王制》有言，"君者，舟也；庶人者，水也。水则载舟，水则覆舟"，说的是民意在政府统治中的重要性。当今时代，互联网的普及和政治民主化的推进激发了公众对参与、表达和监督的渴望，互联网也成为公众自由讨论、议事谏言的自由场域。公众的态度和意见在网络上汇聚发酵，形成了强大的网络民意并对公共政策产生深远影响。

1. 公共政策回应网络民意的价值

建立"深入了解民情、充分反映民意、广泛集中民智的决策机制"，回应民意是其必然的内涵。在公共政策的制定、调整和实施过程中，唯有积极回应网络民意，包括吸纳和解释，才能确保公共政策的权威性，提高公共政策的科学性，才能赢得公众的理解、信任和支持。

（1）回应网络民意是激发真实民意表达的前提

"现代化政府能使所有的公民均在某种程度上参与……公共政策的全过程。"[①] 在公众利益诉求表达意识和民主参与意识不断高涨的背景下，建立回应型政府已成为大势所趋。回应型政府要求政府面对公众的诉求和提出的问题，及时反应和回复，包括采取实际行动。而政府决策回应机制是回应型政府的重要机制，也是现代化政府的有机组成部分。公共政策的公共性、公平性和公正性决定了公共政策必须要充分反映民意，广泛集中民智，其前提是必须能保障民意的充分表达，而要激发民意主体主动表达意见和建议，就必然要求公共政策对网络民意进行回应。

网络民意的表达实际上是公众在寻求与作为决策者的政府之间的协商对话。任何对话都必须有倾听和回应，唯有回应才会形成真正的对话关系。只有保持良好的互动，表达才有动力，对话才能延续。民意主体的表达和讨论虽然始于自我表达和网络社群的交流，但目标绝不止于此，而是与决策者形成对话，以期影响公共政策。决策者能够倾听网络民意，让民意得以充分表达，且适时地对民意进行回应，如吸纳民意中的合理成分，对不合理或暂时无条件实施的内容进行解释和说明，都是对意见主体的尊重，都会进一

---

① ［美］C·G. 布莱克：《现代化的动力》，段小光译，四川人民出版社1988年版，第21—22页。

步激发公众表达意见和建议的热情。如果决策者对网络民意熟视无睹，不闻不问，就会使民意与公共政策之间无法形成对话，交流不复存在，表达也就失去了动力。对网络民意不予回复，是对民意的轻慢和漠视，不仅阻滞民意的表达，造成公共政策与真实民意之间的疏离，而且加大公众的不满心理，使公众的失望、怨恨情绪不断积压，长此以往还将导致群体意见的极化。因为理性的声音得不到正视，衰减真实民意的表达动力，而不满情绪的宣泄并未停止且互相影响，久而久之，就可能出现情绪化表达日盛而理性表达日衰的状况。

"公共决策回应程度如何不仅体现了一个民主参与、民主监督和民主决策的国家民主化程度，而且也是政府公共管理高效率运作的重要内容。"[1]民主化是现代政府管理的趋势，它要求加强政府与公民的合作，形成善治，即权力向社会回归的过程。而构成善治的基本要素包括合法性、透明性、责任性、法治性、回应性和有效性。[2]其中，回应是一项重要指标。唯有对网络民意进行积极回应，才能缩小公共政策与公众之间的距离，有效激发公众的参与兴趣和表达动力。同时，唯有积极回应网络民意，才能促使理性表达的力量得以增强，促进网络民意的质量不断优化，促进公共政策与网络民意的良性互动。

（2）回应网络民意是实现公共政策价值向度的保障

"只有将民意作为公共政策制定的逻辑起点，才能对公共政策过程起到指针和监督的作用，也才能保证合民意性的公共政策从政策系统输出，使公共政策走向公平与正义。"[3]在公共政策的制定中，公平的核心价值向度主要表现在公共政策的公共性、合法性、权威性和民主性四个层面。民意是公共政策制定的起点，对网络民意的回应才能实现网络民意的价值，而这些价值正是实现公共政策价值向度的重要保障。首先，对网络民意的回应能够维护

---

① 李伟权：《"互动决策"：政府公共决策回应机制建设》，《探索》2002 年第 3 期。
② 俞可平：《治理与善治》，社会科学文献出版社 2000 年版，第 9 页。
③ 张宇：《公共政策制定的民意向度》，《江海学刊》2008 年第 6 期。

公共政策的公共性。在公共政策的动议、执行和评估等环节中，公共政策本身的疏漏或错误可能导致一些群体利益被忽视或侵占，损害政策的公共性，而网络民意则能就政策的短板和错误提出主张见解，对网络民意的回应就有助于将网民的意见和建议吸纳到政策设计中，突破政策的局限，填补政策的漏洞，保护公共利益。其次，对网络民意的回应能够保证公共政策的合法性。公共政策的合法性体现为公众的认可度。这种认可源于民意对政策的真正理解和认同。对网络民意的视而不见、充耳不闻将无法体现公众所需，淹没网络民意的价值，致使政策遭到社会各阶层潜在或显在的抵制，无法获得民意的真心拥护。只有对网络民意进行回应，各阶层的利益诉求才能被政策制定者所了解和重视，网络民意的价值才能得以彰显，才能促进民意对政策的支持和认同。再次，对网络民意的回应能够保障公共政策的权威性。公共政策的权威性既需要获得民众的认可，也需要公共政策自身的公平性、科学性来维持。公共政策对网络民意的回应，除可获得公众的认可外，还可通过回应网络民意，不断汲取民间智慧来进一步优化公共政策，修订或终止偏离目标的政策，端正公共政策的价值取向，维护政策的公平性和科学性。最后，对网络民意的回应可以保证公共政策的民主性。网络为社会各阶层提供了利益表达的平台，也为其提供了参与政策决策的渠道，只有对网络民意进行回应，才能将多元的声音反馈到公共政策的动议、执行和评估等环节，更好地观照社会各群体的利益，实现决策程序正当合理，民意的价值才能得到真正体现。

（3）回应网络民意是确保公共政策有效实施的依据

"地方政府出台的公共政策能否取得应有的政策效果，实现预期的价值目标，应由社会公众进行评判。因为公众是公共政策作用的对象（客体），所以他们最有资格对政策效果提出自己的评估意见。"[①] 民意的接受程度直接

---

① 罗依平：《地方政府公共政策制定中的民意表达问题研究》，《政治学研究》2012 年第3 期。

关系到公共政策的实施效果。在网络时代，公共政策的制定与出台需要得到网络民意的支持与认同，而公共政策的有效实施也需要网络民意的评判和认可。由于编码者和译码者所持立场不同，出于各自利益考量，对公共政策的理解和评判也会有不同的侧重，因而会产生一定的偏差。同时，公共政策制定过程中的民意表达并非统一发声，多元主体的多元观点是民意表达的常态，有时甚至出现相互对立的意见，因而最终的方案也不可能满足所有人的诉求和期待。基于这些原因，如果在公共政策的制定实施过程中罔顾网络民意，就有可能使公共政策招致公众的批评和误解，导致政策无法被社会真心拥护，造成公共政策的偏离，其实施效果也无法满足政策制定者和社会公众的预期。而如果强制执行，还有可能激发公众的抵触情绪，导致政策失效。鉴于此，为了确保公共政策的顺利实施，减少摩擦和阻力，就必须积极回应网络民意。无论是网民自发就政策问题表达意见还是决策者主动公开征集民意，决策者在设计政策方案时都应及时对网络民意进行回应。要向社会说明有哪些意见被采纳，采纳的依据是什么，也必须向公众解释哪些意见未被采纳，未被采纳的理由是什么。这种解释性回应能让公众了解政策制定的细节，理解政策的科学性和合理性，减少政府与公众之间的龃龉，增强编码者与译码者对政策理解的共识，使公共政策获得更多支持和信任，从而确保公共政策的有效实施。

2. 公共政策回应网络民意的内涵

随着公民权利意识的兴起，公民对于知情权和表达权的要求逐步提高，与此同时，网络技术的交互性和开放性拓宽了网络民意的表达渠道，调动了公民的积极性和主动性，提升了网民的权利地位，点燃了网民的参政议政热情，这使得网络民意能够快速生成并产生强大的能量，因而，在互联网时代必须提高对民意的尊重和重视。"有求必应"是对民意最大的尊重和重视。这里的"应"，不是"答应"，而是"回应"。回应网络民意不应仅仅作为形式上的点缀，而是应该切实被纳入并在实际行动中履行，做到及时回应和有效回应。

（1）及时回应

对网络民意的尊重不只是强调其重要性，更应是对网络民意的及时回应。民意表达不只是图情绪宣泄的一时之快，而是有着明确的利益诉求，这些诉求无论是否合理和科学，都应得到及时的回应。没有及时的回应，公共政策对网络民意的尊重和重视都只能是空谈，还可能使政策制定者陷入被动局面。及时回应网络民意即在回应的有效期内对民意进行回应。这包含着两层含义，一是对于民意有政策诉求的议题，及时告知政府在一个时期内的政策规划。当民意对社会问题进入政策议程有强烈期待时，政府的政策规划回应包括告知即将制定某项政策，方便公众了解哪些问题纳入政府的政策议程，有望在近期通过制定政策得以解决。这种规划的公布是对公众政策期待的回应，有助于公众及时对纳入政策规划的政策问题进一步表达意见和建议。当制定政策的时机不成熟时，民意诉求也不应简单被搁置，而是要向公众及时反馈，向社会说明社会问题未进入政策议程的具体缘由，以便及时安抚社会情绪，赢得理解。二是对于政策过程不同阶段的网络民意进行及时梳理和回应。在公共政策征集民意的信息发布时，及时回应民意表现为告知公众政策草案的设计经过了前期的哪些调研，过程如何，理由何在。当征集民意告一段落，理应对征集的民意进行梳理和分析，并将结果告知公众，让公众了解社会关注点在哪里、主要诉求有哪些，以便自己调整思路。在政策选择阶段，则要向公众说明最终决策对民意的采纳内容和吸纳程度，及时回应为何有些民意被纳入政策，而有些则被排除在外，以便为公众答疑解惑。无论是政府的政策规划，还是政策制定的不同阶段，公共政策对网络民意的及时回应能够使公众与政策之间形成有效互动，促使公共政策能在第一时间倾听社会声音，反馈社会诉求，释放社会不良情绪。同时，公共政策的及时回应还能使政府调整姿态，改变社会舆论突然而至的被动局面，积极应对可能到来的紧急状况，为政策制定者更好地推进社会治理，检验公共政策的施行效果提供了便利。

（2）有效回应

公共政策对网络民意的回应，不应仅仅是浅层的及时回应，更应当是深层的有效回应。没有有效的回应，奢谈公共政策对网络民意的尊重和重视也是没有价值的。公共政策的有效回应包含着对政策的解释和对民意的吸纳两个层次。没有解释就没有回应。所谓公共政策的解释，即当公众对公共政策的制定、操作和实施等环节有不满或质疑时，决策者需要向社会说明公共政策制定的理念，回答公众的疑问，向社会详细说明当前民意对公共政策的理解是否存有偏差，这种偏差究竟是政策本身的问题，还是公众理解有误所致，特别是需要向社会解释为何某些民意诉求未被纳入公共政策、有的公共政策没有覆盖到所有社会群体，这既是公共政策公共性与公开性的本质要求，也是网络时代公众参与权和知情权的体现。对公众疑问的解释是更深层次的告知，因而也是对公众知情权的更高层次的满足。当然，仅靠解释是不够的，最有力的回应是公共政策对民意的吸纳。公共政策在与网络民意的互动过程中主动吸纳民意表达中的合理成分，积极采纳网民的合理意见和建议，其中既包括吸纳网民对公共政策公平性缺失等意见，又包括吸纳网民对公共政策科学化等建议，不断完善公共政策。需要明确的是，由于网民本身鱼龙混杂，网络民意的表达也难免泥沙俱下，因此在公共政策吸纳网络民意时，都要始终确保公共政策在方向上遵循社会公共意志，在内容上符合社会公共利益，在价值上恪守社会公共价值。

3. 公共政策回应网络民意的机制

公共政策对网络民意的回应应当按照一定的机制进行。有研究者将网络公共事件的政府回应划分为话语性回应、行动性回应和制度性回应三个方面，其中话语回应是指最基本的信息公开，行动性回应则是采取实际措施解决问题，而制度性回应则意味着将回应程序制度化、规范化和程序化。[①] 参照上述标准，可以将公共政策回应网络民意的机制划分为话语性回应、行动性回应和制度性回应。

（1）话语性回应：尊重民意表达的自主与自由，做好信息公开

信息即权力。互联网时代传—受关系的颠覆使网民拥有了自主表达的渠道，其话语地位得到迅速提升，网民以此能够自我设置议程并与政府一起成为新传播链条中的重要环节。公共政策对网络民意的回应，首要的便是尊重网民的表达自主和表达自由，做好信息公开，这必然要求政府在公共政策的回应上适应互联网时代的传播特征，认真倾听网络民意，提高对网络民意价值的认知。

一方面，必须尊重网民的主体地位，以平等的态度善待网络民意。网络新技术的发展打破了政府对信息的垄断，网民拥有了获取信息、发表意见的自主渠道，他们分享了政府和传统媒体的话语权，其主体性得到迅速提高。"由于传统的政府和大众媒体的话语权以及自上而下的单向议程设置被网络传播的非中心化结构所解构，逐渐为草根民众的话语权和自上而下、自下而上的双重议程设置所取代"[②]，互联网的"去中心化"意味着网络空间内是一种没有强权、没有中心、相互平等的场域，这意味着"官本位"的传统模式已经在网络时代失效，对网络民意的俯瞰心态除了可能让公共政策的制定陷入决策者自说自话的窘境外，还有可能使政府陷入信任

---

① 李放、韩志明：《政府回应中的紧张性及其解析——以网络公共事件为视角分析》，《东北师大学报》（哲学社会科学版）2014 年第 1 期。

② 杨嵘均：《论网络空间草根民主与权力监督和政策制定的互逆作用及其治理》，《政治学研究》2015 年第 3 期。

危机。

另一方面，必须认识到网络民意的主动性增强，维护网络民意的表达自由。随着经济的发展和社会的转型，公民的权利意识不断发展，网民参政议政的意愿不断提高，网络民意的表达也越来越自由，其爆发的能量也越来越有力度，无论是什么内容，公共政策在回应网络民意时都应该公开政策信息，正视民意表达，耐心倾听网民声音，克服对"不受欢迎的话"的偏见，畅通民意表达渠道。有了表达的自由，才有真实民意的各抒己见和民间智慧的竞相呈现。

（2）行动性回应：主动及时回应，认真吸纳网民意见和建议

"回应型政府要求政府对于社会诉求，不能不（回）应，也不可久拖不（回）应，而必须及时、有效地予以回应。"[①]公共政策的回应上仅允许网络民意表达的自主和自由是远远不够的，还必须在行动上主动而有效地回应网络民意。因此，公共政策在回应网络民意时，必须做到及时回应和有效回应。

一方面，在行动上必须主动回应网络民意，做好双向沟通。在传统媒体日渐式微而新媒体快速发展的新传播环境下，政府在公共事件中的信息优势地位遭到了挑战，其主动地位也时常陷入被动，影响了自身的权威。"权威不是靠强权维持的，只有及时而准确地发布信息，才能获得公众的信赖。政府部门不能及时发布信息，又阻止不了别人传播信息，就等于自己放弃了发布信息的主动权。"[②]为重塑自身的权威，公共政策制定者在回应网络民意时就必须主动发布信息，及时进行回应。政府可通过新闻发布会、官方网站、新闻媒体等渠道向社会详细阐释公共政策的初衷、理念和目的，积极回

---

① 卢坤建：《回应型政府：理论基础、内涵与特征》，《学术研究》2009 年第 7 期。

② 魏永征、代雅静：《融合媒体时代突发事件的信息传播模式嬗变——以天津港 8·12 爆炸事故为例》，《新闻界》2015 年第 18 期。

应公众对政策的关切和疑问。当公共政策遭遇不解或反对时，还要通过各种制度化和非制度化的渠道第一时间向社会澄清事实原委，通过官员访谈、专家解释等还原真相，利用"首因效应"防止有关公共政策的谣言滋生和流传，安抚社会情绪，以实际行动回应网络民意。

另一方面，在行动上还必须有效回应网络民意，吸纳合理诉求。回应包含着对他者的回馈，没有回应的表达属无效的表达。"如何引起那些沉默的理性思考者的共鸣、获取他们的支持，已成为争夺网络民意的关键。"[1] 事实上，每一项公共政策之所以能引起网民热议，其背后都暗含着网民对政策的自我诉求、集体期待和群体智慧。因而，公共政策在回应民意时也必须收集网民反馈，准确问诊把脉，细心对症下药。有效回应网络民意，首先，即通过网民的发帖、留言等方式了解不同网民的自我诉求，发现他们公共生活中的难点和痛点，以便在建构公共政策问题时能将他们的期待囊括其中。其次，有效回应网络民意还包括在网民评论、讽刺或戏谑中察觉网民的集体期待，通过网民对时下社会问题的热议探寻他们对生活的憧憬，以便在公共政策的设计环节能够将他们的期盼纳入其中。最后，有效回应网络民意还包括通过收集网民的理性声音和各种合理建议来吸纳网民的群体智慧，将网民的群体智慧融入到公共政策选择和公共政策评估，使公共政策能够最大而有效地满足公共利益。

（3）制度性回应：推进法制建设，建立解决问题的长效机制

网络民意的爆发和持续发展往往有着一个共同的期待，即制度化地解决事件及其所反映的社会问题。面对汹涌沸腾的网络民意，话语性和行动性回应的目的主要在于短期内收集网民意见，响应社会需求，而制度性回应则

---

① 郑雯、桂勇：《网络舆情不等于网络民意——基于"中国网络社会心态调查（2014）"的思考》，《新闻记者》2014 年第 12 期。

主要致力于长久而有效地解决社会问题，因此需要花费较长的时间进行酝酿和整合。为做好制度性回应，政府需要进一步推进制度建设，建立解决问题的长效机制。

一方面，需要将回应的流程规范化，提高回应质量。有研究者通过梳理 2007—2014 年间的 102 个网络公共事件后发现，政府在回应中存在着责任主体不明确，回应随机性较强，缺乏规范等问题[①]。例如，在天津爆炸案中，天津新闻发布会上新闻发言人就多次更换，言辞不一。因此，为建立长久有效机制，在回应网络民意时就需要对回应的主体、回应的时机和回应的目的进行规范。回应的主体需要明确为一个统一、权威而稳定的政府部门，由其来统领各责任方，回应的负责人最好由专业的和高素质的人才担任，各责任方之间应加强协作；在回应的动机上则需要减少答非所问、避重就轻或宣传政绩的情况，坦诚与网民交流，真诚向民众学习，在沟通方式上也要由单向灌输转为双向互动。除此之外，还要与新闻媒体、高校科研院所、网络意见领袖等建立合作友好关系，增强回应的科学性、权威性和公信力，不断提高回应质量。

另一方面，还需要推进回应制度建设，建立长效机制。制度性回应的最主要目的在于根本性地解决问题，减少社会伤害和损失，为此，就需要推进系统性的制度建设，不断完善法律法规，建立事前咨询——事中调整——事后完善的责任制度。如同 2018 年，长春长生不合格疫苗事件引爆舆论，公众的诉求除了解决此次疫苗事件所涉及的责任追究、受害人的利益补偿等问题，更重要的是制定药品生产和管理的政策法规确保药品使用安全。因为 2010 年、2016 年已相继发生过山西疫苗事件、山东疫苗事件，此类问题并未从根本上得到解决，所以 2018 年疫苗事件所激起的舆论风暴更强烈。在

---

① 徐鑫：《网络公共事件政府回应的现状、问题与策略——基于 2007—2014 年 102 个案例的实证分析》，《情报杂志》2016 年第 7 期。

建构公共问题、动议公共政策前后，要常设民意表达平台，疏通参与渠道，健全信息公开和社会听证制度，将网络民意表达的互动和反馈制度化；在评估公共政策前后，还要总结经验，吸取教训，建立投诉举报平台，启动问错追究制，以此建立回应网络民意的良性循环制度，为公共政策回应网络民意提供系统化、制度化的支持和保障。

4. 公共政策应对网络民意之成功案例

个税起征点的调整属于此类案例。

我国个人所得税制度建立于1980年。当年，第五届全国人大三次会议通过了《中华人民共和国个人所得税法》，决定征收个人所得税并制定了800元的起征点。2005年个税草案修改原拟定起征点，调整为1500元，但在听证会民意代表的强烈反对下，最终第十届全国人大常委会第十八次会议通过了修改个人所得税的决定，将起征点调整至1600元。起征点虽然只提高了100元，其背后却代表着公共政策对民意的回应和吸纳。2007年12月，经第十届全国人大常委会第三十一次会议通过，个人所得税起征点从2008年3月1日起提高至2000元。2011年4月，全国人大常委会公布了个税修改草案并向社会征求意见，草案中原计划将起征点由2000元提高至3000元，但这项草案旋即点燃了网民空前的参与热情，在23.7万条意见中，83%的意见对3000元的起征点表示不满。2011年6月30日，个税修改草案获得通过，3000元最终被3500元的个税起征点所替代，同时还将9级超额累进税率改为7级。可以说，近几次我国个税起征点政策的变化，几乎都是公共政策回应网络民意的结果。

自2011年个税调整之后，我国的个税起征点已7年未动。随着国家经济的发展，国民收入不断提高，与此同时，居民生活负担也在加重，因而社会上关于提高个税起征点的讨论越来越多。从2011年至2017年，社会上关于对个税进行调整修改的呼声一直高涨。几乎每年的两会代表和委员的议案和提案中也都有个税改革的相关内容，这些议案和提案来自民意。

2018年3月5日，第十三届全国人民代表大会第一次会议召开，李克强总理在政府工作报告中承诺，"提高个人所得税起征点，增加子女教育、大病医疗等专项费用扣除，合理减负，鼓励人民群众通过劳动增加收入、迈向富裕"。可以说，此举正是对多年来要求提高个税起征点、改革个税结构等民意的有力回应，也预示着个税起征点即将迎来新一次修改。

李克强总理的承诺立即在社会上引起了热议。在新浪微博、百度贴吧等网络社区内，网民对个税改革表示出很多期待，很多网民就个税起征点、专项扣除费、多头征税等议题提出了意见。在这些意见中，网民的讨论不止于个税起征点的修改，还聚焦于如何在收入和负担的平衡中更合理地改进税收方案等。如5月31日，财政部、税务总局和科技部联合下发《关于科技人员取得职务科技成果转化现金奖励有关个人所得税政策的通知》，明确指出将于7月1日降低科技人员的税费，以促进国家对科技成果转化的支持。这项政策的发布，一定程度上回应了社会对科技人员降低税费的期待。

6月19日，《中华人民共和国个人所得税法修正案（草案）》提请十三届全国人大常委会第三次会议审议，其中个税起征点拟从每月3500元提高至5000元，这标志着这项公共政策开始进入政策议程。在个税修改草案中，还将子女教育支出、继续教育支出、大病医疗支出、住房贷款利息和住房租金等与人民群众生活密切相关的专项附加扣除。财政部部长刘昆表示，按此标准，总体上税负都将有不同程度的下降，特别是中等以下收入群体税负下降明显，有利于增加居民收入，增强消费能力。[①]事实上，这正是公共政策对网络民意关于负担过重与实际收入较低的回应，也是个税草案对网民合理

---

① 《十三届全国人大常委会第三次会议审议多部法律草案》，《人民日报》2018年6月20日。

意见的吸纳。

但是，草案中 5000 元的扣税标准并没有满足社会期待，在新浪、搜狐等网络投票中，很多网民认为 5000 元起征点过低，一些网民也就 5000 元的扣税标准如何制定提出了质疑。网民对这项政策的疑问引起了政策制定者的关注和及时回应。

十三届全国人大常委会第三次会议对草案进行了分组审议，但个税修改草案并未提请会议表决，这表明个税法修正草案修改后或将再审，一定意义上也是对认为个税起征点太低的民众呼声进行回应。这次会议上，常委会委员们还根据网络民意的反映，对"提高起征点考虑了哪方面的增长因素？""5000 元是怎么计算出来的？为什么不是 4000 元或 6000 元"[①] 等问题进行了追问并提出了征税标准偏低、税收标准不能一刀切等诸多意见。可以看出，代表委员们的追问和意见正是对网络民意关于个税起征点如何制定等诉求和疑问的有效回应。

6 月 29 日，中国人大网公布了个税草案并向社会公开征求意见。草案公布后，很多网民和专家表示支持，也有很多网民认为税率才是个税改革的关键，还有专家认为应该关注劳务报酬、住房贷款利息等专项扣除内容。向社会公开征求意见，反映了个税草案这一事关全民的公共政策对民意的了解和倾听。为保证公共政策的公共性、公开性和公正性，吸纳网民意见，该草案除公布政策内容外，还向社会公开征求意见，任何公民可通过网站和信件等方式自主、自由地发表意见和建议，以查漏补缺，获取民意对这项公共政策支持。7 月 28 日，公开征求意见截止。根据中国人大网统计，在为期一个月时间内，该草案公众参与人数达到了 67291 人，获得意见 131207 条，关注度远超同期征求意见的其他三部法律。这显示出公众对这项政策巨大的参与热情和积极响应。

---

① 《常委会委员呼吁应对个税起征点进行科学测算》，《法制日报》2018 年 6 月 26 日。

8月27日，个人所得税法修正案草案提交十三届全国人大常委会第五次会议二次审议，二审稿对个税起征点仍维持5000元不变，45%的最高边际税率也未动，但增加了一条重要内容即赡养老人的支出也予以税前扣除，这样税前扣除的支出项目就由草案中的四项增至五项。全国人大宪法和法律委员会副主任委员徐辉在报告中指出："这次改革，通过提高基本减除费用标准，增加专项附加扣除，优化调整税率结构、扩大低档税率的级距等方式，减轻了广大纳税人的税收负担，使个人所得税税负水平更趋合理，实现了从分类税制向综合与分类相结合的个人所得税制的重大转变，个人所得税制改革迈出了关键一步。"① 这实际上已从总体上回应了公众的疑问。相关负责人通过媒体采访所作的进一步解释，则更细致地回应了公众的疑问。例如，《人民日报》于二审结果公布的第二天就刊登了记者采写的新闻《个税改革迈出关键一步——个人所得税法修改五问》，就公众关注的焦点问题如"为什么要由分类税制向综合税制转变""基本减除费用标准为什么确定在5000元""最高档税率45%是否高了""为什么要新增专项附加扣除的规定""费用扣除标准为什么要'一刀切'"等采访了权威人士和专家。对这些问题的阐释实际上就是对公众疑惑的进一步回应。

第二节　实然：公共政策回应网络民意未成常态

从应然的层面看，民意不可违的道理不应停留在口头上，而应体现于国家和社会治理的实践中。但从实然的层面看，征集民意并未成为公共政策制定的制度化常设环节，征集和回应网络民意的时有时无成为一种常态，一些政府部门在制定公共政策时无视网络民意的态度和做法常常发生。究其原

---

① 《个税法二审：起征点调至每月5000元不变》，见 http://BBS1.people.com.cn/post/129/1/2/168838610.html。

因，既有无视网络民意的消极认知，也有逃避网络民意的消极作为。

1. 消极认知：无视网络民意的傲慢与偏见

在中国传统的政治文化中，政府一直居于强势地位，对民意或多或少的关注更多地是从强调君主仁德重要性的角度出发，很少对民意给予真正重视。中华人民共和国成立初期，实行计划经济制度，国家权力高度集中，政府权力深入渗透到社会生活领域，对民意则不够重视。改革开放以来，特别是自 2000 年中国共产党明确提出实现"公民有序参与政治"后，国家对于民意的重视才真正提上日程。但是，由于长期的强势地位与优越心态，一些政府部门和官员在看待和处理网络民意时仍然保持着消极傲慢心态，并未真正予以重视。

（1）将网民视为"乌合之众"的傲慢心态

在传统的臣属文化中，政府官员常常高高在上，而普通民众则处在社会的最底层。尽管中国社会已发生重大转型，但在长期的官本位文化浸润下，一些政府官员习惯于以精英人士自居，而将民众尤其是分散甚至隐藏在各处的网民视为缺乏组织的"乌合之众"。诚然，网络民意主体与现实民意主体在结构上存在一定的差异，据第 41 次《中国互联网络发展状况统计报告》提供的数据（截至 2017 年 12 月），从年龄结构来看，10—39 岁群体占整体网民的 73.0%。其中 20—29 岁年龄段的网民占比最高，达 30.0%；10—19 岁、30—39 岁群体占比分别为 19.6%、23.5%。从学历结构来看，网民中具备中等教育水平的群体规模最大，初中、高中 / 中专 / 技校学历的网民占比分别为 37.9%、25.4%。如果单从统计学意义看，年轻群体的确是网络意见表达的主要发声群体，但如果将年轻和学历偏低等同于心智不成熟、不具备理性看待和分析问题的能力，就显得有些傲慢了。网上言论的理性与否不能仅看哪一类型人数多少，以对话和讨论为典型特征的网络表达克服了自言自语的弊病，理性的声音会引导理性的讨论和理性的表达。然而，在一些官员看来，隐蔽在网络背后的网民大多以匿名的方式发言，不公开自己的身份，也不知其态度是否稳定，因而常常被判定为自利倾向严重、态度摇摆不定的人。一些围绕公共事件的网民言论呈现出非理性、跟风型、暴力化等特点，更加深了这种认识，似乎网民就是不动脑子、自我中心、立场不坚定的素质低下的人，也不可能有真正有价值的民间智慧。他们还常常从精英主义的立场出发，将发表一些"出格"言论的网民笼统视作"网络暴民"，对这些"网络暴民"则施以抨击和贬抑，无视网络民意中的合理成分。在这种心态驱使下，以网络民意不等于现实民意为借口，不愿倾听网民意见，也就不主动回应网络民意。一些地方政府无视网络民意，强行出台自利倾向严重的政策即属此类。

（2）将网络民意污名为"别有用心"的偏见心态

由于所处立场不同，政府官员与普通网民在许多问题上出现意见分歧实属正常，况且庞大的网民群体也并非意见一致，正是因为有差异甚至相反的观点才有了讨论和辩论的必要。有研究者从心理特征出发将公民通过网络表达民意分为三种类型：理性思考型、情绪宣泄型和舆论煽动型。理性思考型是用事实的根据、数据的统计、逻辑的推理、理论的分析来表达自己的态度和立场。情绪宣泄型是一种心理形式上的表现，其诉求有合理与不合理之分。舆论煽动型的"直接目的并不在于自己意愿和诉求的表达，而是旨在造成网络舆论空间的波澜，导致某种舆论倾向的迅速扩散"，"'煽动'并不一定意味着事实上的无中生有、夸大其词，也不意味着动机上的破坏和谐、制造混乱。"[1]网络民意的本意就是公民通过网络表达对社会现象、社会问题的看法和个人的利益诉求，其间包括参与政治问题的讨论、对政府官员进行监督等，其内容广涉各个领域，表达形式也多种多样。然而，傲慢往往与偏见

---

[1]　沈晓阳：《网络民意表达的政治学分析》，《求实》2012 年第 2 期。

紧密相连。由于网络民意引发的网络集合行为对政府工作和社会秩序形成了挑战，在网络集合行为中部分网民甚至出现了偏激与非理性等越轨言行，因而会被一些政府官员认为是少数"别有用心"之人煽动网民情绪，多数"不明真相的群众"受到怂恿挑拨而跟风行事。因此各级政府官员对网络民意不应有偏见，而应该重视，主动出击，取得主动权。

2. 消极作为：逃避和监控网络民意

尽管我国古代思想家就提出了"民贵君轻"的政治思想，但在传统政治文化中，民意表达的主体是官，民意实现的主体是君，而民意的主体民众却基本被排斥在统治之外。[①] 因而，传统政治文化中对待民意的态度主要从统治者的角度出发，在对待民意的行为上也主要以驾驭与管理模式为主，民意在传统文化中是消极和被动的。在当代，公民自身成为民意表达的主体，而网络则成为公民进行民意表达的新渠道。由于长期傲慢与偏见的心态主导了一些政府官员的认知，在行为上常常表现出无视网络民意，漠视网民利益，"鸵鸟式"逃避网络民意和粗暴式回应的消极作为。

（1）"鸵鸟式"逃避网络民意

在傲慢与偏见心态的主导下，面对因社会热点事件或公共话题而迅起的网络民意，一些政府部门常常未给予足够重视，也不愿花足够的精力研究应对策略。政府部门在回应网络民意时常常动作迟缓，往往以"鸵鸟式"的方式或充耳不闻、闭口不言，等待社会热点被网民自然遗忘，或避重就轻、推诿回避，这种"犹抱琵琶"的处理方式反而给网民留下想象空间，进一步推动了网络民意的高涨。美国政治学家托马斯·戴伊指出，公共政策就是政府决定去做或者决定不去做的所有事情。就政策问题而言，必须有体现民意

---

① 唐克军：《论中国古代民意的表达与实现》，《学术月刊》1999 年第 1 期。

的政策出台方能有效地回应民意，任何躲避都会导致更强烈的民意表达，甚至可能延伸为线下行动，致使局面失控。近年来一系列环境冲突事件表明，一些涉及公共利益的公共政策从动议到调研、设计方案都未经过与公众"见面"，公众被视为纯粹的政策接受者，他们有没有意见都可以视而不见、充耳不闻。一旦政策公布之后民意反应强烈，政府起初仍授意传统媒体刊发新闻称其为"民心工程"，当政策招致强烈的抵抗行动时，政府又不知所措，匆忙应对。

无论倾听还是逃避，网络民意都在那里。它不是静静地躺在那里，而是处于动态增量的过程。政府决策无视网络民意是一种不作回应的逃避，这种态度只会招致更强烈的批评，给决策者带来更大的民意压力。

（2）严厉监控网络民意

新兴的网络民意表达渠道对政府的强势地位构成了严峻挑战，但一些政府部门仍习惯于传统思维，动辄以监控和封堵的方式对待网民的意见表达。网络民意表达常常与公共事件联系在一起，当某起公共事件发生后，政府的舆情监控部门会严阵以待，这本属于正常之举，因为舆情监控可以用于有效掌握舆情动向，通过合理处置事件引导舆论。然而，这种监控目的一旦发生偏离，就会走向它的反面。很多时候，一些公共事件发生之后，官方渠道失声，民间渠道也会被封堵。当网络上传播着一些与政府部门发布不一致的信息时，就有可能被斥为网络谣言，相关信息可能会被删除，对发布信息的主体可能进行封号。尽管网络上传播的内容确实存在着一些不实信息，甚至有人故意散播一些谣言，混淆视听，但并非所有与官方发布不完全一致的信息都是谣言，都应一封了之。虽然这种封堵会在一定程度上减少相关事实和观点的传播，但互联网的"去中心化"则使封堵无法做到全覆盖，总有一些信息渠道被遗漏，致使相关事实和意见信息被传播。况且，封堵总是比发布滞后一步的举措，先行一步的事实信息发布和意见表达通过新媒体渠道已然得到广泛传播，公众获知的信息和表达的意见往往会比官方以为的要多很多，导致公众对政策的反应超出了政府预期，使得政府部门疲于应对，造成政策失效。

第三节　争论：网络民粹主义的隐忧与规避

公共政策是政府对社会价值进行权威性分配的重要方式，也是决策者对当前社会生活中面临的各种现实问题解决方案的功能性产出。"公共政策作为管理不安全性以及保障公共利益的风险控制工具，任何公共决策上的失误都可能导致社会性后果，而这种后果反过来又可能触发一系列问题和一连串风险。"[①] 政府管理者积极吸纳网络民意，有助于提高公共政策的科学性，但网络民意中的民粹主义倾向也对公共政策形成较大的负面影响。"网络民粹主义已经成为制定公共政策的隐忧，应当寻找消解这种隐忧的合理路径，避免公共政策的制定被民粹主义者所绑架。"[②]

公共政策作为对社会价值的权威性分配，其制定过程必然伴随着社会各方利益的斗争和妥协，并非所有存在于现实社会中的公共问题都能得到政府的关注和及时回应。公共政策是一个多方力量博弈的场域，"大众希望借助民粹主义在政策制定中寻求话语权，以此来体现自己的利益"[③]。美国政治学家约翰·W.金登在对公共政策的核心环节进行深入研究的基础上，提出了多源流理论模型，其中政策源流主要涉及政策方案的规划和设计，某一政策问题的产生总会伴随着诸多解决方案和意见主张，这些意见和想法要想

① 曾志敏、李乐：《论公共理性决策模型的理论构建》，《公共管理学报》2014年第2期。
② 何志武、宋炫霖：《话语赋权与资本博弈：公共政策场域的网络民粹主义》，《当代传播》2017年第3期。
③ 李金龙、欧阳果华：《网络民粹主义：我国当前政策制定过程中不容忽视的因素》，《青海社会科学》2013年第6期。

"幸存"，必须满足一定的标准，"例如技术可行性和价值可接受性"，技术可行性涉及大量的具体执行环节，价值可接受性包括政策方案中所体现的价值观是否符合公共政策的本质，即追求社会效益的最大化。[①] 技术可行性强调公共政策的制定必须具备专业性，价值可接受性则突出公众参与和公众态度的重要性，据此，我们可以将公共政策的内在价值概括为专业性与民主性的兼容与协调。专业性要求政策制定仅限于特定的技术专家群体，而民主性则要求社会公众的广泛参与，二者的价值向度不同，专业性本质上是排斥大众化和平民化的，而民主性则与之相反，强调普通公众的政策参与，并且以公众参与的广泛程度为依据来审视公共政策的合法性。倘若将民主性的要求发展至极端，就极有可能出现民粹主义倾向，进而威胁到公共政策科学性。说到底，民粹主义对公共政策的影响是源于公共政策内在价值中对民主性要求的极端化。

1. 网络民粹主义的隐忧

在公共政策过程中，对民主性的过分崇拜也会带来"多数人的暴政"，将民主主义转化为民粹主义。民粹主义作为一个概念，具有尴尬的不确定性，其最主要的特征是推崇平民主义的思潮和观念。民粹主义者认为，在一个民主国家里，政府应该遵循全体公民的意愿而不是受技术专家的控制。"民粹主义者认为风险的特点不在于它是什么简单的'事实'，而在于它是一系列的价值判断。如果专家们的判断不可避免地涉及价值判断的话，应当将大众的观念作为法律和政策的主要标准。在民粹主义者看来，普通人的直觉具有规范性的力量，在民主国家中是很有意义的。"[②] 借助于互联网特有的传播

---

① ［美］约翰・W. 金登：《议程、备选方案与公共政策》，丁煌等译，中国人民大学出版社2017 年版，第 124—131 页。

② ［美］凯斯・R. 孙斯坦：《风险与理性——安全、法律及环境》，师帅译，中国政法大学出版社 2005 年版，第 67 页。

力和舆论聚合力，网络空间日益成为民粹主义者进行政治动员、宣泄不满和影响公权力运行的斗争场域。网络民粹主义是民粹主义在网络世界的延伸，是民粹主义的一种新的表现形态，无疑会对网络民意的理性表达和公共政策合理吸纳民意造成严重的负面影响，应当引起政府管理者的高度警惕。

（1）网络民意表达的民粹主义隐忧

民粹主义作为一个被广泛运用的术语，其概念内涵却是含混不清的。民粹主义既是一种社会思潮，又是一种政治运动，还是一种政治策略。"与其他可以称之为'主义'的思想、思潮相比，它从未形成自己的概念体系和理论形态，它内涵的价值诉求和心理愿望总是以情绪性的方式隐含在某些特定的理论、主义或其他貌似理论的言说之中。"[①] 网络民粹主义是民粹主义在网络空间里的延伸和扩展，主要表现为一种极端平民化的观念和思潮，其非理性的话语言论借助网络传播方式，易在短时间内形成群体极化和舆论风暴，从而给社会治理带来巨大的风险和压力。网络民意表达中的民粹主义隐忧主要表现在以下三个方面，即以"人民"的名义排斥异质性意见、以二元对立论来框限复杂的社会现实、以直接民主来反对代议制政治。

① 以"人民"的名义排斥异质性意见

民粹主义者推崇"主权在民"思想和"人民主权"原则，将人民群众视为一切政治行为合法性的基础和来源。网络民粹主义者往往以"人民"自居，宣扬为人民服务，认为政府应该服务于全体人民。在网络民粹主义者那里，"人民"是一种信念，是一个易于变通和富有灵活性的工具。由于"人民"这一概念的灵活性和变通性，对于哪些是人民，哪些不是人民，网络民粹主义者往往通过身份界定的方式来认定和划分。在网络民粹主义者看来，弱者和弱势群体天然地属于人民的一边，而拥有一定财富、知识和政治、经济权

---

① 杨阳：《民粹主义情绪热度与价值诉求》，《人民论坛》2014 年第 4 期。

力的人群则属于人民的对立面，他们通过妖魔化精英阶层和利益集团来为自己树立敌人，同时也在建构其自身。"作为一种社会思潮，民粹主义的基本含义是它的极端平民化倾向，即极端强调平民群众的价值和理想，把平民化和大众化作为所有政治运动和政治制度合法性的最终来源，以此，来评判社会历史的发展。"[①] 网络民粹主义者通过"人民"的名义来将自己的话语和行为合法化，即便这些话语和行为是有违公德甚至违反法律法规的，倘若有人质疑或反对其言论和行径，便会被扣上"反人民"的帽子。

② 以二元对立论来框限复杂的社会现实

网络民粹主义在看待社会问题时一贯坚持二元对立论，其思维方式就是二分法，将复杂的社会问题和政治现象简单化，从整体上将社会成员划分为人民大众和精英团体，并将二者视为相互对抗的存在。网络民粹主义者将当前中国社会的各种矛盾和层出不穷的社会问题归结于现行社会制度的不公平，将弱势群体和底层民众的生活窘境归咎于当局政府的腐败无能和政治权力的不当行使，将社会贫富分化和阶层固化归罪于精英阶层对社会资源和权力的控制，希望通过动员民众起来反抗现存的社会制度和权力结构，改变社会不公现状，构建一个鸡犬相闻、守望相助的乌托邦式的理想社会。在涉及价值判断的问题上，网络民粹主义坚持善恶、美丑的两极化，通过二元对立的话语策略来强占民意[②]，抑或是借助于已有的模式化的叙事策略，比如英雄主义、悲情叙事等模式进行话语建构，来唤醒集体记忆，引发社会共鸣，其本质上依然是"用二元对立思维框限了转型期中国的复杂关系，助长社会仇恨、阻碍社会共识的形成"[③]。

③ 以直接民主来反对代议制政治

民粹主义政治与自由主义民主政治有共通的思想来源，即"主权在民"

---

① 俞可平：《现代化进程中的民粹主义》，《战略与管理》1997年第1期。
② 陈龙：《话语强占：网络民粹主义的传播实践》，《国际新闻界》2011年第10期。
③ 汤景泰：《偏向于隐喻：论民粹主义舆论的原型叙事》，《国际新闻界》2015年第9期。

思想。"主权在民"思想最初是由法国启蒙运动的思想家提出，后来被资产阶级革命家作为重要的思想武器，成为现代自由主义民主的思想源泉和重要组成部分，同时也催生出民粹主义民主。民粹主义民主是将"主权在民"的民主思想发挥到极致，可以说是一种极端主义的民主，认为任何政治行为和政府决策都要经过民众的直接认可才具有正当性和合法性。自由主义民主政治的实践形式是代议制政治，它是由一系列的程序所构成的完整体系，包括定期选举、政党政治、公开辩论等，并把公共政策的制定建立在一系列的程序之内。代议制政治支持观点的多元性和异质性，希望通过对不同观点之间的辩论来彰显各自的优缺点，并把它作为制定公共政策的机制。

民粹主义则反对代议制，主张直接民主，认为代议制政治制度是精英阶层谋取特殊利益和控制民众的工具。在公共政策过程中，网络民粹主义者常常以网络签名、网络动员等形式来煽动网民情绪，左右网络民意走向，主张以互联网作为媒介和平台的直接民主，企图以"多数人"的意见来裹挟公共政策的制定，无视公共政策制定的程序性。网络民粹主义要求绝对的民主和政治平等，倡导的是一种不经中介的直接民主，在"民意即法"的政治逻辑下，极易发展成"暴民政治"。

（2）政府吸纳网络民意的民粹主义隐忧

"互联网为公民个体就关涉自身利益的公共事务平等地、充分地讨论，直接参与现实政治生活突破了时间和空间限制的同时，也使民粹主义相应价值诉求的实现具备了技术上的可能性。"[1]网络民粹主义在一定程度上反映了中国社会转型期平民大众和社会底层弱势群体的不满和诉求，也是对权力腐败、经济发展不平衡以及文化信仰缺失等社会问题的抗争与批判，其

---

① 史献芝、滕祥：《网络民意双重面相的政治学审视》，《行政论坛》2010 年第 6 期。

目的是希望借助"民意"影响政府决策，来解决当下的种种问题。网络民粹主义极力推崇平民大众，反对代议制、否定精英群体在社会政治变迁中的作用，并且在政治活动中体现出非理性和情绪化的倾向，这必然会对公共决策的科学性和民主性造成很大的负面影响。综合来看，网络民意中蕴含了许多真实的民意诉求和丰富的民间智慧，应当合理吸纳，使之成为政府制定公共政策的参考和依据，同时也要时刻警惕网络民意表达中存在的民粹主义倾向。

① 网络民粹主义镜像中的社会心理

网络民粹主义在一定程度上反映了平民大众的呼声，因而具有一定的号召力。尽管其意见表达具有典型的情绪化和煽动性，但反映的社会问题的确存在，有时也确实推动了政策问题的建构。政策问题的构建一般要遵循一定的逻辑次序，比如"问题→社会问题→社会公共问题→公共政策问题"①。纵观近几年来的热点公共政策事件，在将一般问题演变成社会公共问题上，网民群体无疑发挥了巨大的作用。很多公共政策事件最开始只是一些小范围内甚至是私人间的矛盾和冲突，却最终能以星星之火形成燎原之势，归结起来有两个方面的原因：一是这些看似普通的小问题实际上具有很大的普遍性和共通性，关涉千万普通民众的切身利益，这些偶然发生的小范围事件就像是导火索，可以引爆蛰伏已久的矛盾和情绪；二是网络民粹主义借助互联网进行的各种网络动员行动，进一步加剧了事件的升级和舆情的发酵，可以在短时间内让某些问题演变成公众议程，再由公众议程发展成媒体议程直至政策议程。网络民粹主义特别强调社会平等，认为政府制定公共政策应当追求和体现社会平等，这与公共政策对公共利益的追求和坚持具有内在的一致性。从这个层面上讲，网络民粹主义可以让政府管理者时刻警醒，积极吸纳网络民意，将公共利益作为政府决策的出发点和落脚点。

---

① 严强、王强：《公共政策学》，南京大学出版社 2002 年版，第 223 页。

② 网络民粹主义裹挟公共政策制定

网络民粹主义在一定程度上反映了平民大众和弱势群体的社会心理，包含着某些合理的利益诉求和愿望，如果这些诉求和愿望不能通过现实中的制度途径得以实现，那么，这些合理的价值愿望就会转变成对现存社会制度和政治秩序的质疑和仇视，不断培植以敌对、阴谋为核心的社会心理和政治文化，无疑会增加社会运行的风险。若网络民粹主义仅仅是一种社会心理和政治文化其实并不可怕，令人忧虑的是，当其"强占民意"转化成汹涌的网络舆论时，就有可能形成"多数人暴政"，裹挟公共政策制定。网络民粹主义通过特定的话语策略和政治动员，可以将大量的网民纳入预先设定好的话语框架之中，对网民从整体上实施有效的控制和操纵。网络民粹主义的言论具有很强的排他性，常常以"人民"的名义挤占其他异质意见的表达，缺乏对多元利益诉求的包容。这种人数规模的优势和强势的话语表达方式，在决策者征集民意时易于被关注，其意见也易于被吸纳。这种被操控的网络民意一旦受到重视，就让不同的意见受到抑制，影响公共政策的公共性和科学性。

2. 如何规避网络民粹主义

从网络民粹主义产生的原因来看，主要有三个方面的因素：一是网络话语空间和新兴传播技术给网络民粹主义提供了可乘之机；二是公民个体的政治参与能力不强，易受网络民粹主义的影响；三是源于公共政策内在价值的民主性要求，对民主性认识的偏颇易于被网络民粹主义裹挟。基于此，我们可以从以下三个方面着手分析网络民粹主义的规避策略：首先，开放公共信息鼓励公众讨论，用阳光行政和透明政府来消解网络民粹主义的话语空间；其次，重视公民教育，提升公民的政策参与能力；最后，在具体的政策制定过程中，协调公共政策民主性与科学性的关系。

（1）开放信息鼓励讨论：消解网络民粹主义话语空间

网络民粹主义之所以能轻易诱导网民言论，在一定程度上是公众对公共信息的极大需求和公共信息供给相对不足之间的矛盾所致。政府权威信息的缺失，迫使人们去追逐各种小道消息，无疑给网络民粹主义留下了充足的话语空间。传统的政策制定很多都是在政府决策部门中完成的，很少对外界公布具体的决策过程信息，民众不免对这种政策制定的"黑箱"操作心存质疑，没有人知道政策目标是如何确立的、利益划分的依据何在以及最终方案选择的理由。网络民粹主义往往会将这类公共政策的制定斥为精英与官僚的合谋，是将平民大众的利益弃之不顾的阴谋。要想消解网络民粹主义话语空间，必须从源头抓起，公开公共政策制定的过程，确保政府行政的透明化。在面对公共问题和政策议题时，公众只有充分掌握了相关信息，才可能克服个体的认知局限和偏颇，并据此作出理智的判断。除了开放公共信息之外，政府还要鼓励公众就社会问题和公共政策发表意见、参与讨论，支持网络话语空间百花齐放百家争鸣。"讨论具有教育的效果，能够提升公民的知能，使公民们超越私人的自利立场，而导向于关注公共利益。"[①] 鼓励公众讨论不仅可以增加个体之间以及群体之间的交流，促进不同群体之间的理解和认同，还可以激发多元意见的竞争，有效防止网络民粹主义言论的一枝独秀。

（2）开展公民教育：增强公民的政策参与能力

公共政策的制定是一个多方力量博弈的结果，参与博弈是需要一定的能力作支撑的，如对信息的识别和判断能力、对个体利益和公共利益的比较和认识能力、对政策意见和建议的理性表达能力。对信息的识别和判断能力不足，易于出现跟风和盲从；囿于自身利益而无视公共利益，易于滋生自私自利的极端化意见；对政策的建设性意见匮乏或非理性表达，不利于多元意

---

① 詹中原：《公共政策问题建构过程中的公共性研究》，《公共管理学报》2006 年第 4 期。

见的交流和沟通，也不利于意见的被理解和接受。开展公民教育，增强公民的政策参与能力，也是规避网络民粹主义的有效方法。在古希腊时期，政治哲学家们普遍把公民的德性与城邦政治的稳定和政治共同体的命运相联系，并把公民的德性教育视为城邦政治的重要任务，柏拉图和亚里士多德的著作中都有关于如何培养公民德性的论述。在亚里士多德看来，人的德性是"使人成为善良，并获得优秀成果的品质"①，公民的德性就是公民参与政治活动时应具有的品质和能力。面对公民政治参与的高度热情，政府应该重视对公民德性的培育，而公民自身也应该自觉地追求高尚的伦理德性，不断提高理性的政治判断力。②公民德性的培养主要是通过公民教育来实现。公民教育最重要的内容就是教育公民如何在制度内活动，如何处理与制度的关系等，通过教育活动"使公民了解某些政府活动的必要性，消除公民抵抗政府的不良情绪，真诚地寻找行之有效的与公民开展合作的方式"③。在互联网时代，公民教育还应该增加一个新的内容，即公民媒介素养教育。彭兰指出，社会化媒体时代公众的媒介素养应该包括媒介使用素养、信息生产素养、信息消费素养、社会交往素养、社会写作素养、社会参与素养等。④公民媒介素养教育就是培养公民对各种媒介的使用能力、对媒介信息的解读批判能力以及使用媒介信息为个人生活和政治参与服务的能力。通过媒介素养教育，一方面可以使公民尽可能减少媒介信息的负面影响，降低网络民粹主义对公民参与的干扰；另一方面可以提升公民获取信息和筛选信息的能力，增强公民的政治参与能力。具备良好政治参与能力的公民群体，"可以对高度争议的复杂议题，作知情的、理性的、高品质的讨论，来形成集体意见，

---

① 苗力田主编：《亚里士多德全集》（第九卷），中国人民大学出版社1992年版，第34页。
② 孟锐峰：《论公民政治参与中的德性——基于对亚里士多德政治哲学的探析》，《学术交流》2016年第6期。
③ 王巍、牛美丽编译：《公民参与》，中国人民大学出版社2009年版，第63页。
④ 彭兰：《社会化媒体时代的三种媒介素养及其关系》，《上海师范大学学报》（哲学社会科学版）2013年第3期。

政策如能反映公民们真诚地沟通所形成的共识，这正是民主与'民粹'的区别"①。

（3）公共政策过程：协调民主性与科学性关系

公共政策的制定主要涉及两个方面的认定和判断，即事实判断和价值判断，事实判断主要指向公共政策的科学性，而价值判断则指向公共政策的民主性。"在公共决策中，若过分强调和依赖其科学性或民主性，就有出现专家政治的体制化或民粹主义的极端化的可能。"② 政府决策部门必须协调好科学性与民主性的冲突问题，规避民粹主义和专家政治的影响。事实判断和价值判断是基于不同的认知逻辑，事实判断追求的是科学、理性和事实的真相，需要依赖于专家知识的分析判断，而价值判断重视的是公众的态度和评价，期望得到公众的认可和接受。过于偏重某一主体而忽视另一主体，都可能出现科学性与民主性的冲突，导致公共政策出现结构性偏差。

"当要进行价值判断的时候，应当由全体公民而不是专家来作出。"③ 作为决策者的政府部门要通过各种网络平台收集公众的意见，但不是全盘吸纳，应将收集到的网络民意作进一步筛选和分析，有针对性地分析网络民意内容的科学性和网络民意态度的倾向性，将其中科学合理的意见和代表公共利益的诉求吸纳进政策方案中。这里，进行分析的主体就包括专家。"专家拥有更多的信息，关注有争议的产品和活动带来的危险的同时，也关注它们带来的收益。普通人的判断经常是基于迅速的直觉的评估，情感在其中起到了很大的作用。"④

---

① 詹中原：《公共政策问题建构过程中的公共性研究》，《公共管理学报》2006 年第 4 期。

② 曾志敏、李乐：《论公共理性决策模型的理论构建》，《公共管理学报》2014 年第 2 期。

③ ［美］凯斯·R.孙斯坦：《风险与理性——安全、法律及环境》，师帅译，中国政法大学出版社 2005 年版，第 368 页。

④ ［美］凯斯·R 孙斯坦：《风险与理性——安全、法律及环境》，师帅译，中国政法大学出版社 2005 年版，第 94 页。

　　特别需要注意的是，公共政策最终产出不能按照"少数服从多数"的简单多数原则，而是以是否符合公共性和科学性为最终依据。网络民意对于公共政策的价值，不在于赞成或反对某种意见的人数有多少，而在于有价值的多元声音都能得到呈现，决策者通过分析网络民意，综合决定吸纳其中合理的内容，以确保公共政策的公共性和科学性。这也正是规避网络民粹主义的关键所在。

参考文献

中文著作类参考文献：

［澳］约翰·S.德雷泽克：《协商民主及其超越：自由与批判的视角》，丁开杰译，中央编译出版社 2006 年版。

［德］哈贝马斯：《公共领域的结构转型》，曹卫东译，学林出版社 1999 年版。

［德］马克斯·韦伯：《社会学的基本概念：经济行动与社会团体》，顾中华译，广西师范大学出版社 2011 年版。

［德］沃尔夫冈：《重构美学》，张岩冰译，上海译文出版社 2002 年版。

［法］布尔迪厄：《文化资本与社会炼金术——布尔迪厄访谈录》，包亚明译，上海人民出版社 1997 年版。

［法］古斯塔夫·勒庞：《乌合之众：大众心理研究》，冯克利译，中央编译出版社 2014 年版。

［法］卢梭：《社会契约论》，何兆武译，商务印书馆 2005 年版。

［加］马歇尔·麦克卢汉：《理解媒介——论人的延伸》，何道宽译，商务印书馆 2000 年版。

［加］迈克尔·豪利特：《公共政策研究：政策循环与政策子系统》，庞诗译，上海三联书店 2006 年版。

〔美〕凯斯·R.孙斯坦：《风险与理性——安全、法律及环境》，师帅译，中国政法大学出版社 2005 年版。

〔美〕马克斯韦尔·麦库姆斯：《议程设置：大众媒介与舆论》，郭镇之等译，北京大学出版社 2008 年版。

〔美〕C·G.布莱克：《现代化的动力》，段小光译，四川人民出版社 1988 年版。

〔美〕H·乔治·弗雷德里克森：《新公共行政》，丁煌等译，中国人民大学出版社 2011 年版。

〔美〕帕特丽夏·华莱士：《互联网心理学》，谢影、苟建新译，中国轻工业出版社 2001 年版。

〔美〕阿尔蒙德等：《比较政治学：体系、过程和政策》，曹沛霖等译，上海译文出版社 1987 年版。

〔美〕安东尼·刘易斯：《批评官员的尺度——〈纽约时报〉诉警察局长沙利文案》，何帆译，北京大学出版社 2011 年版。

〔美〕贝丝·西蒙·诺维克：《维基政府——运用互联网技术提高政府管理能力》，李忠军等译，新华出版社 2010 年版。

〔美〕丹尼尔·贝尔：《后工业社会的来临》，高铦等译，商务印书馆 1984 年版。

〔美〕加布里埃尔·A.阿尔蒙德、西德尼·维巴：《公民文化——五个国家的政治态度和民主制》，徐湘林等译，东方出版社 2008 年版。

〔美〕凯斯·桑斯坦：《网络共和国：网络社会中的民主问题》，黄维明译，上海人民出版社 2003 年版。

〔美〕科恩：《论民主》，李伯光等译，商务印书馆 2005 年版。

〔美〕拉雷·N.格斯顿：《公共政策的制定——程序和原理》，朱子文译，重庆出版社 2001 年版。

〔美〕拉塞尔·雅各比：《最后的知识分子》，洪洁译，江苏人民出版社 2006 年版。

〔美〕理查德·C.博克斯：《公民治理：引领 21 世纪的美国社区》，孙柏瑛译，中国人民大学出版社 2005 年版。

　　〔美〕罗伯特 D. 帕特南:《使民主运转起来》,王列等译,江西人民出版社 2001 年版。

　　〔美〕塞缪尔·亨廷顿:《第三波:20 世纪后期民主化浪潮》,刘军宁译,上海三联书店 1998 年版。

　　〔美〕塞缪尔·亨廷顿:《文明的冲突与世界秩序的重建》,周琪等译,新华出版社 2010 年版;《现代化:理论与历史经验的再探讨》,罗荣渠主编,上海译文出版社 1993 年版。

　　〔美〕托马斯·戴伊:《自上而下的政策制定》,鞠方安等译,中国人民大学出版社 2002 年版。

　　〔美〕提姆·鲁克:《应对数字鸿沟——计算机世界里的严峻现实》,梁枫译,广西师范大学出版社 2003 年版。

　　〔美〕希尔斯曼:《美国是如何治理的》,曹大鹏译,商务印书馆 1986 年版。

　　〔美〕约翰·W.金登:《议程、备选方案与公共政策》,丁煌等译,中国人民大学出版社 2004 年版。

　　〔美〕约翰·克莱顿·托马斯:《公共决策中的公民参与》,孙柏英等译,中国人民大学出版社 2014 年版。

　　〔美〕约翰·罗尔斯:《正义论》,何怀宏等译,中国社会科学出版社 1988 年版。

　　〔美〕约翰·托马斯:《公共决策中的公民参与》,孙柏瑛等译,中国人民大学出版社 2014 年版。

　　〔美〕约瑟夫·熊彼特:《资本主义、社会主义与民主》,吴良健译,商务印书馆 1999 年版。

　　〔美〕詹姆斯·E.安德森:《公共决策》,唐亮译,华夏出版社 1990 年版。

　　〔美〕詹姆斯·M.伯恩斯等:《美国式民主》,谭君久等译,中国社会科学出版社 1993 年版。

　　〔美〕詹姆斯·博曼:《公共协商:多元主义、复杂性与民主》,黄相怀译,中央编译出版社 2006 年版。

　　[美]约书亚·梅罗维茨：《消失的地域——电子媒介对社会行为的影响》，肖志军译，清华大学出版社 2002 年版。

　　[意]加埃塔诺·莫斯卡：《政治科学要义》，任军锋等译，上海世纪出版集团 2005 年版。

　　[英]安东尼·吉登斯等：《社会学》，赵旭东等译，北京大学出版社 2015 年版。

　　[英]布赖恩·麦克奈尔：《政治传播学引论》，殷祺译，新华出版社 2005 年版。

　　[英]戴维·赫尔德：《民主的模式》，燕继荣译，中央编译出版社 2008 年版。

　　[英]戴维·米勒等：《布莱尔政治学百科全书》，邓正来译，中国政法大学出版社 1992 年版。

　　[英]维克托·迈尔－舍恩伯格、肯尼思·库克耶：《大数据时代》，盛杨燕等译，浙江人民出版社 2013 年版。

　　[英]詹姆斯·卡伦：《媒体与权力》，史安斌等译，清华大学出版社 2006 年版。

　　《马克思恩格斯全集》第 1 卷，人民出版社 1956 年版。

　　蔡强：《守望家园：城市规划中的公众参与》，转引自蔡定剑主编：《公众参与：风险社会的制度建设》，法律出版社 2009 年版。

　　曾峻：《公共管理新论——体系、价值与工具》，人民出版社 2006 年版。

　　陈家刚：《协商民主》，上海三联书店 2004 年版。

　　陈家刚主编：《协商与协商民主》，中央文献出版社 2015 年版。

　　陈力丹：《舆论学——舆论导向研究》，中国广播电视出版社 1999 年版。

　　陈庆云：《公共政策分析》，北京大学出版社 2005 年版。

　　陈瑞华：《通过法律程序正义——萨默斯程序价值理论评析》，法律出版社 2000 年版。

　　陈世香：《公共政策案例分析》，武汉大学出版社 2011 年版。

　　程世寿：《公共舆论学》，华中科技大学出版社 2003 年版。

　　丛日云：《当代世界民主化浪潮》，天津人民出版社 1999 年版。

地方政府智库建设研究课题组：《地方政府智库建设研究》，中国发展出版社2015年版。

方建移：《民意研究：理论、方法与应用》，中国社会科学出版社2015年版。

高建生：《民意表达：基层社会治理意义上的解读》，中国社会出版社2014年版。

高奇琦等：《"互联网+"政治：大数据时代的国家治理》，上海人民出版社2017年版。

郭彦军：《近代上海社团发展及其社会管理意义研究》，上海交通大学出版社2017年版。

韩运荣、喻国明：《舆论学原理、方法与运用》，中国传媒大学出版社2005年版。

何志武：《大众媒介与公共政策》，武汉大学出版社2008年版。

胡泳：《众声喧哗——网络时代的个人表达与公共讨论》，广西师范大学出版社2008年版。

柯惠新：《民意调查实务》，中国经济出版社1996年版。

李强彬：《协商民主与公共政策前决策过程优化——中国的视角》，四川大学出版社2013年版。

李永刚：《我们的防火墙：网络时代的表达和监管》，广西师范大学出版社2009年版。

刘朝霞：《转型期网络舆论生态：动因、机制与模型》，中国社会科学出版社2016年版。

刘建明：《穿越舆论隧道——社会力学的若干定律》，中共中央党校出版社2000年版。

刘基明：《基础舆论学》，中国人民大学出版社1998年版。

刘伟：《当代中国政策议程创建模式发展研究——探寻一种政治社会学的分析框架》，国家行政学院出版社2012年版。

刘毅：《网络舆情研究概论》，天津人民出版社2007年版。

苗力田主编：《亚里士多德全集》（第九卷），中国人民大学出版社 1992 年版。

莫吉武等：《协商民主与有序参与》，中国社会科学出版社 2009 年版。

宁骚：《公共政策学》，高等教育出版社 2003 年版。

彭和平等：《国外公共行政理论精选》，中共中央党校出版社 1997 年版。

彭兰：《社会化媒体：理论与实践解析》，中国人民大学出版社 2015 年版。

彭宗超等：《听证制度》，清华大学出版社 2004 年版。

浦兴祖：《中华人民共和国政治制度》，上海人民出版社 2005 年版。

邵培仁等：《媒介舆论学——通向和谐社会的舆论传播研究》，中国传媒大学出版社 2009 年版。

孙旭培：《当代中国新闻改革》，人民出版社 2004 年版。

陶文昭：《电子政府研究》，商务印书馆 2005 年版。

王法硕：《公民网络参与公共政策过程研究》，上海交通大学出版社 2013 年版。

王嘉：《网络意见领袖研究——基于思想政治教育视域》，中国文史出版社 2014 年版。

王建芹等：《从自愿到自由——近现代社团组织的发展演进》，群言出版社 2007 年版。

王建勋：《公众参与：知识分子和律师的角色》，转引自蔡定剑主编：《公众参与：风险社会的制度建设》，法律出版社 2009 年版。

王来华：《舆情研究概论：理论、方法和现实热点》，天津社会科学院出版社 2003 年版。

王名：《中国民间组织 30 年——走向公民社会 1978—2009》，社会科学文献出版社 2008 年版。

王骚：《政策原理与政策分析》，天津大学出版社 2003 年版。

王石番：《民意理论与实务》，黎明文化专业公司 1995 年版。

王石泉：《信息时代的民意表达、甄别与吸纳》，上海人民出版社 2015 年版。

王巍等编译：《公民参与》，中国人民大学出版社 2009 年版。

王雄：《新闻舆论研究》，新华出版社 2002 年版。

吴顺长等：《民意学》，天津人民出版社 1991 年版。

伍华军等：《我国公民意识及其培植研究》，武汉大学出版社 2014 年版。

谢新洲等：《互联网等新媒体对社会舆论影响与利用研究》，经济科学出版社 2013 年版。

严强等：《公共政策学》，南京大学出版社 2002 年版。

杨异：《网络环境下的公民权利意识》，知识产权出版社 2016 年版。

于家琦：《舆情调查与公共政策——评价、过程和议题》，天津社会科学院出版社 2012 年版。

余秀才：《网络舆论：起因、流变与引导》，中国社会科学出版社 2012 年版。

俞可平：《治理与善治》，社会科学文献出版社 2000 年版。

喻国明等：《社交网络时代的舆情管理》，江苏人民出版社 2015 年版。

喻国明：《解构民意——一个舆论学者的实证研究》，华夏出版社 2001 年版。

张凤阳：《政治哲学关键词》，江苏人民出版社 2006 年版。

张云筜：《民意观与民意的实现》，对外经济贸易大学出版社 2015 年版。

赵鼎新：《社会与政治运动讲义》（第二版），社会科学文献出版社 2012 年版。

郑永年：《技术赋权：中国的互联网、国家与社会》，东方出版社 2014 年版。

周菁编著：《与民意面对面：网络问政新方向》，研究出版社 2011 年版。

周蔚华等：《网络舆情概论》，中国人民大学出版社 2016 年版。

朱德米：《公共政策制定与公民参与研究》，同济大学出版社 2014 年版。

朱伟：《民意、知识与权力——政策制定过程中公众、专家与政府的互动模式研究》，南京大学出版社 2014 年版。

［美］罗杰·W 科布：《比较政治过程的议程制定》，《美国政治学评论》1976 年第 70 期。

［英］希瑟·萨维尼：《公共舆论、政治传播与互联网》，《国外理论动态》2004 年第 9 期。

安彩英：《试析民意与公共政策的关系》，《人民论坛》2013 年第 2 期。

安宇宏：《帕累托改进与帕累托最优》，《宏观经济管理》2013 年第 3 期。

曹堂哲等：《话语理论视角中的公共政策质量问题——提升公共政策质量的第三条道路及其对当代中国的借鉴》，《武汉大学学报》（哲学社会科学版）2005 年第 6 期。

陈芳：《西方公民参与策略的模型及其检验》，《东南传播》2011 年第 3 期。

陈姣娥：《网络时代政策议程设置机制研究》，《中国行政管理》2013 年第 1 期。

陈龙：《话语强占：网络民粹主义的传播实践》，《国际新闻界》2011 年第 10 期。

陈水生：《中国公共政策模式的变迁——基于利益集团的分析视角》《社会科学》2012 年第 8 期。

陈堂发：《公共政策的完善机制：大众传媒》，《江淮论坛》2006 年第 6 期。

陈新：《民主视阈中的政府回应：内涵、困境及实践路径》，《兰州学刊》2012 年第 3 期。

程浩等：《中国社会利益集团研究》，《战略管理》2003 年第 4 期。

崔学敬：《我国政务微博的现状、问题和对策》，《党政干部学刊》2011 年第 11 期。

单之卉：《民意何来，民意何去——点击民意研究关键话题》，《数据》2006 年第 9 期。

邓莎莎等：《政府公共决策领域中网络民意建模方法研究》，《现代图书情报技术》2012 年第 9 期。

邓喆：《网络民意表达模式辨析》，《华中科技大学学报》（社会科学版）2014 年第 3 期。

董海军等：《我国民意调查的机构类型、问题与发展建议》，《中国国情国力》2011 年第 7 期。

范柏乃等：《公共政策质量的概念构思、测量指标与实际测量》，《北京行政学院学报》2014 年第 6 期。

费久浩：《政策议程设置中网民触发模式的基本要素分析》，《四川师范大学学报》2015 年第 5 期。

冯泽杰：《网络问政：政治民主与社会和谐的选择》，《成都行政学院学报》2010 年第 10 期。

高宪春：《微议程、媒体议程与公众议程——论新媒介环境下议程设置理论研究重点的转向》，《南京社会科学》2013 年第 1 期。

郜书锴：《"公共舆论"还是"公众意见"》，《国际新闻界》2009 年第 10 期。

龚志文：《运动式政策参与：公民与政府的理性互动——基于广州番禺反焚运动的分析》，《吉首大学学报》（社会科学版）2015 年第 1 期。

郭昱妤：《公共性视野下网络舆论参与公共政策制定的利弊分析》，《四川行政学院学报》2012 年第 2 期。

韩未明：《全球背景的官方智库特点、效用与发展前瞻》，《重庆社会科学》2013 年第 9 期。

何齐宗等：《我国公共精神研究的回顾与前瞻》，《江西社会科学》2018 年第 1 期。

何志武等：《话语赋权与资本博弈：公共政策场域的网络民粹主义》，《当代传播》2017 年第 3 期。

何志武：《网络民意与公共政策的"民间智库"》，《现代传播》2012 年第 11 期。

赫泉玲等：《网络民意的形成机制及其理性表达的引导策略》，《情报科学》，2013 年第 4 期。

洪长晖等：《"互联网中辍者"产生原因与理论阐释》，《东南传播》2016 年第 7 期。

侯敏等：《话题型微博语言特点及其情感分析策略研究》，《语言文字应用》2013 年第 2 期。

胡平仁：《政策问题与政策议题》，《湘潭大学社会科学学报》2001 年第 1 期。

胡润忠：《美国政治学"政策决定政治"的代表性理论比较》，《国外理论动态》2013 年第 2 期。

胡肖华等：《行政决策专家论证制度的反思与重构》，《吉首大学学报》（社会科学版）2017 年第 9 期。

胡雨濛：《公共议题微博的"分散"与"短暂"：集中度与持续性的实证研究》，《西南大学学报》（社会科学版）2014 年第 4 期。

黄薇等：《网络舆情信息语义识别关键技术分析》，《图书情报工作》2015 年第 21 期。

纪红等：《互联网的民意表达与权力监督功能》，《湖北社会科学》2010 年第 3 期。

季卫东：《法律程序的意义——对中国法制建设的另一种思考》，《中国社会科学》1993 年第 1 期。

贾哲敏：《解析网络空间的公众环境诉求：议题、策略及影响》，《武汉大学学报》2016 年第 2 期。

江国华等：《论重大行政决策专家论证制度》，《当代法学》2017 年第 5 期。

姜胜洪：《透视我国网络民意表达的主流态势》，《红旗文稿》2011 年第 3 期。

金家厚：《民间智库发展：现状、逻辑与机制》，《行政论坛》2014 年第 1 期。

孔祥武：《新闻报道中的专家图像——对〈中国青年报〉专家意见报道的内容分析》，《新闻与传播研究》2006 年第 4 期。

邝艳华等：《政策议程与媒体议程关系研究——基于 1982 至 2006 年农业政策和媒体报道的实证分析》，《公共管理学报》2015 年第 10 期。

李彪：《大数据视域下社会舆情研究的新境界》，《编辑之友》2013 年第 6 期；《后真相时代的网络舆论场：话语空间与治理范式新转向》，《新闻记者》2018 年第 5 期。

李放等：《政府回应中的紧张性及其解析——以网络公共事件为视角分析》，《东北师大学报》（哲学社会科学版）2014 年第 1 期。

李建华：《公共政策程序正义及其价值》，《中国社会科学》2009 年第 1 期。

李金龙等：《网络民粹主义：我国当前政策制定过程中不容忽视的因素》，《青海社会科学》2013 年第 6 期。

李礼：《批判的公共组织观——简评登哈特的〈公共组织理论〉》，《东南学术》

2009 年第 6 期。

李良荣等:《新意见领袖论——"新传播革命"研究之四》,《现代传播》2012年第 6 期。

李伟权:《"互动决策":政府公共决策回应机制建设》,《探索》2002 年第 3 期。

李学举:《我国基层群众自治制度地位的重大提升》,《求是》2008 年第 3 期。

李亚等:《从专家公众参与缺陷看公共决策失灵》,《学习时报》2013 年 7 月29 日。

刘波亚等:《公共决策视阈下的网络民意表达》,《贵州社会科学》2015年第9期。

刘君等:《手机传播、公众参与和电子政务》,《电子政务》2010 年第 10 期。

刘力锐:《论网络民意调查的政治作用》,《东北大学学报》(社会科学版) 2009年第 5 期。

刘琦琳:《网络民意变迁》,《互联网周刊》2010 年第 3 期。

刘倩:《公共政策问题确认中政府行为研究的前在预设》,《西北农林科技大学学报》(社会科学版) 2011 年第 1 期。

刘然:《网络舆论触发政策议程机制探讨——在对三起网络公共事件的比较中质疑多源流模型》,《理论与改革》2017 年第 2 期。

刘伟:《当代中国政策议程创建模式嬗变分析》,《公共管理学报》2008年第3期。

刘学申:《社会治理:中国共产党执政理念的创新》,《湖北省社会主义学院学报》2016 年第 2 期。

刘拥华:《空间、权力与寻找政治——以鲍曼为中心的考察》,《人文杂志》2014年第 7 期。

刘永谋:《科学、技术与公共政策研究述评》,《中国人民大学学报》2013 年第3 期。

刘正强:《中国访民的理想类型——立基于韦伯社会行动理论的本土解释》,《学术月刊》2018 年第 2 期。

卢坤建:《回应型政府:理论基础、内涵与特征》,《学术研究》2009 年第 7 期。

陆明远：《利益统合到利益分离——中国社会团体意见表达功能研究》，《长白学刊》2006 年第 4 期。

罗依平：《地方政府公共政策制定中的民意表达问题研究》，《政治学研究》2012 年第 3 期。

孟凯等：《公共行政决策中的公民参与能力》，《新疆师范大学学报》（哲学社会科学版）2014 年第 10 期。

孟锐峰：《论公民政治参与中的德性——基于对亚里士多德政治哲学的探析》，《学术交流》2016 年第 6 期。

苗贵安等：《从群体性突发事件看我国公民有序政治参与的路径选择》，《四川行政学院学报》2009 年第 6 期。

聂静虹等：《公共性视野下的大众传媒与公共政策》，《河南社会科学》2010 年第 1 期。

彭兰：《社会化媒体时代的三种媒介素养及其关系》，《上海师范大学学报》（哲学社会科学版）2013 年第 3 期。

齐艳华：《上海市小区停车难调查报告》，《统计科学与实践》2016 年第 5 期。

秦德君：《公共政策的国家产出：质量与绩效》，《社会科学》2007 年第 3 期。

阙天舒：《在虚拟与现实之间——论网络空间公共风险的消解与控制》，《天津行政学院学报》2014 年第 5 期。

任远：《理性认识网络舆论的现实民意表达》，《探索与争鸣》2006 年第 9 期。

沈晓阳：《网络民意表达的政治学分析》，《求实》2012 年第 2 期。

师曾志等：《新媒介赋权下的情感话语实践与互联网治理——以"马航失联事件"引发的恐惧奇观为例》，《探索与争鸣》2015 年第 1 期。

时立荣等：《米尔斯的公共知识分子问题研究》，《社会科学战线》2011 年第 3 期。

史献芝等：《网络民意双重面相的政治学审视》，《行政论坛》2010 年第 6 期。

宋子千等：《古村镇旅游开发效果评价：居民感知、专家意见及其对比》，《旅游学刊》2010 年第 5 期。

谭伟：《网络舆论概念及特征》,《湖南社会科学》2003 年第 5 期。

汤景泰：《偏向于隐喻：论民粹主义舆论的原型叙事》,《国际新闻界》2015 年第 9 期。

唐克军：《论中国古代民意的表达与实现》,《学术月刊》1999 年第 1 期。

唐任伍等：《公共政策意愿、传递"衰变"和监督体系催生》,《改革》2013 年第 5 期。

万方：《自媒体议程设置的行动特征与政府角色定位——基于整体性视角的分析》,《中国行政管理》2017 年第 10 期。

王芳等：《中国政务微信的功能定位及公众利用情况调查研究》,《电子政务》2014 年第 10 期。

王高贺：《领导干部收集民意的五个着力点》,《中共太原市委党校学报》2013 年第 2 期。

王国华等：《网络传播中的"反沉默螺旋"现象研究》,《北京理工大学学报》(社会科学版) 2010 年第 10 期；《新媒体与政策研究的现状与展望——以 SSCI 数据库为样本》,《情报杂志》2013 年第 10 期。

王虎：《风险社会中的行政约谈制度：因应、反思与完善》,《法商研究》2018 年第 1 期。

王来华：《对舆情、民意和舆论三概念异同的初步辨析》,《新视野》2004 年第 5 期；《论网络舆情与舆论的转化及其影响》,《天津社会科学》2008 年第 4 期。

王绍光：《中国公共政策议程设置的模式》,《中国社会科学》2006 年第 5 期。

王锡锌等：《我国行政决策模式之转型——从管理主义模式到参与式治理模式》,《法商研究》2010 年第 5 期。

王锡锌：《当代行政的"民主赤字"及其克服》,《法商研究》,2009 年第 1 期；《公共决策中的大众、专家与政府——以中国价格决策听证制度为个案的研究视角》,《中外法学》2006 年第 4 期；《我国公共决策专家咨询制度的悖论及其克服——以美国〈联邦咨询委员会法〉为借鉴》,《法商研究》2007 年第 2 期。

王曦：《论公益律师的崛起》,《法治研究》2007年第11期。

王雁红：《公共政策制定中的公民参与——基于杭州开放式政府决策的经验研究》,《公共管理学报》2012年第3期。

王燕京：《打破"围墙政治"的新路径》,《人民论坛》2008年第7期。

王宇明：《网络时代我国民意表达的结构变革》,《传播与版权》2015年第10期。

王蕴峤：《中国公众的政治疏离感及其影响因素》,《陕西行政学院学报》2011年第4期。

魏永征等：《融合媒体时代突发事件的信息传播模式嬗变——以天津港8·12爆炸事故为例》,《新闻界》2015年第18期。

文军等：《公共知识分子的污名化：一个消费社会学的解释视角》,《学术月刊》2014年第4期。

肖建国等：《程序公正研究》,《新华文摘》1999年第10期。

肖胜福等：《当代中国媒体、民意与公共决策互动关系演化过程分析——基于广州番禺垃圾焚烧厂项目选址决策案例的考察》,《行政论坛》2017年第4期。

谢新洲：《"沉默的螺旋"假说在互联网环境下的实证研究》,《现代传播》2003年第6期。

熊光清：《中国网络公共事件的演变逻辑——基于过程分析的视角》,《社会科学》2013年第4期。

徐家良：《危机动员与中国团体的发展》,《中国行政管理》2004年第1期。

徐鑫：《网络公共事件政府回应的现状、问题与策略——基于2007—2014年102个案例的实证分析》,《情报杂志》2016年第7期。

杨佳能等：《基于语义分析的中文微博情感分类方法》,《山东大学学报》（理学版）2014年第11期。

杨嵘均：《论网络空间草根民主与权力监督和政策制定的互逆作用及其治理》,《政治学研究》2015年第3期。

杨阳：《民粹主义情绪热度与价值诉求》,《人民论坛》2014年第4期。

叶国平：《舆情内涵发展演变探析》，《理论与现代化》2013 年第 4 期。

叶长茂：《协商民主：后发国家政治可持续发展的优选路径》，《高校理论战线》2013 年第 3 期。

俞可平：《现代化进程中的民粹主义》，《战略与管理》1997 年第 1 期。

俞少栋等：《复合决策体制下中国经济外交政策的制定——以中美贸易摩擦应对机制为例》，《中国外资》2012 年第 12 期。

俞祖成：《我国公共决策中利益博弈的新动向及其机制完善对策——基于"番禺垃圾焚烧事件"的分析》，《理论与现代化》2010 年第 5 期。

喻国明等：《大数据时代传播研究中语料库分析方法的价值》，《传媒》2014 年第 2 期。

喻国明：《大数据分析下的中国社会舆情：总体态势与结构性特征——基于百度热搜词（2009–2012）的舆情模型构建》，《中国人民大学学报》2013 年第 5 期；《解读当前中国传媒发展关键词》，《新闻与写作》2006 年第 9 期。

曾繁旭等：《网络意见领袖社区的构成、联动及其政策影响：以微博为例》，《开放时代》2012 年第 4 期。

曾莉：《公共政策的根本价值取向：公平》，《理论界》2006 年第 9 期。

曾燕波：《社会行动理论视野下的当代青年价值观研究》，《当代青年研究》2009 年第 8 期。

曾志敏等：《论公共理性决策模型的理论构建》，《公共管理学报》2014 年第 2 期。

詹中原：《公共政策问题建构过程中的公共性研究》，《公共管理学报》2006 年第 4 期。

张爱凤：《微博空间的媒体知识分子与社会公益行动动员》，《南京社会科学》2012 年第 5 期。

张爱军等：《"网络后真相"与后政治冷淡主义及其矫治策略》，《学习与探索》2018 年第 2 期。

张成福等：《公共利益与公共治理》，《中国人民大学学报》2012 年第 2 期。

张果等：《自由的整合，现实的重构——网络空间中的秩序与活力探究》，《自然辩证法研究》2009 年第 11 期。

张红涛等：《态度与行为关系研究现状及发展趋势》，《心理科学进展》2007 年第 1 期。

张平：《民意表达的自由及其控制：网上信访与实名制的政治学逻辑》，《理论月刊》2014 年第 4 期。

张亲培：《公共政策与社会公正：权威与公共性的考察》，《东北师范大学学报》2010 年第 4 期。

张淑华：《网络民意表达对媒介民意表达结构的变革》，《当代传播》2009 年第 9 期。

张曙光：《国家能力与制度变革和社会转型——兼评〈中国国家能力报告〉》，《中国书评》1995 年第 1 期。

张晓娟：《厦门 PX 危机中的新媒体力量》，《国际公关》2007 年第 10 期。

张燕：《Web 2.0 时代的网络民意表达》，《新闻界》2009 年第 4 期。

张宇：《公共政策制定视阈中民意有效聚合探究》，《贵州社会科学》2013 年第 9 期。

张宇：《公共政策制定的民意向度》，《江海学刊》2008 年第 6 期。

张玉等：《论规制性公共政策执行的可接受性——以中国"环境规制政策执行"的历史演进为分析文本》，《人文杂志》2012 年第 2 期。

张玉：《民意调查中真实性"公共民意"获取的方法论路径》，《社会科学》，2011 年第 11 期。

张元龙：《关于"舆情"及相关概念的界定与辨析》，《浙江学刊》2009 年第 3 期。

张则行等：《论法治政府的价值内核渗透与实践机制重建——以公共政策过程为观察领域》，《广东行政学院学报》2016 年第 1 期。

张忠：《专家参与行政决策的功能及其实现》，《理论月刊》2013 年第 2 期。

赵泽洪等：《公共决策中网络民意影响力的生成与发展》，《探索》2010 年第 3 期。

郑雯等:《网络舆情不等于网络民意——基于"中国网络社会心态调(2014)"的思考》,《新闻记者》2014 年第 12 期。

钟裕民等:《地方公共决策的有效参与:基于温州民间智库的经验研究》,《中国行政管理》2015 年第 8 期。

周庆国:《公平:公共政策的核心价值向度》,《郑州大学学报》2009 年第 11 期。

周瑞金:《"新意见阶层"在网上崛起》,《炎黄春秋》2009 年第 3 期。

周图伽:《自媒体时代的"自"传播特质研究》,《魅力中国》2011 年第 7 期。

周晓丽等:《论社会治理中的网络民意表达》,《行政论坛》2014 年第 4 期。

周志家:《环境保护、群体压力还是利益波及》,《社会》2011 年第 1 期。

朱丽峰:《论网络民意兴起的现实价值》,《改革与开放》2010 年第 6 期。

朱旭峰:《中国社会政策变迁中的专家参与模式研究》,《社会学研究》2011 年第 2 期。

朱亚鹏等:《谁在影响中国的媒体议程:基于两份报纸报道立场的分析》,《公共行政评论》2012 年第 4 期。

学位论文类参考文献:

金璐婷:《新媒体视域下我国环境决策中的公民参与研究——以垃圾焚烧发电厂选址决策为例》,博士学位论文,华东师范大学,2015 年。

李政:《新公共服务视角下公民参与模式研究》,博士学位论文,湘潭大学,2009 年。

刘画洁:《我国核安全立法研究》,博士学位论文,复旦大学,2013 年。

钱超:《论民意表达》,博士学位论文,复旦大学,2008 年。

魏长青:《冲突视阈下的网络民意研究》,博士学位论文,中共中央党校,2011 年。

张喜红:《当代中国社会团体政治参与问题研究》,博士学位论文,吉林大学,2004 年。

朱丽峰：《论网络民意与政府回应》，博士学位论文，吉林大学，2010年。

英文参考文献：

Bernard C. Hennessey, Public Opinion, Belmont: WadsworthPublishing Company, 1970.

Dutton, D.（1984）. "The impact of public participation in biomedical policy: Evidence from four case studies", In J. C. Petersen（Ed）, Citizen Participation in science policy（147–181）. Amherst: University of Massachusetts Press.

Finifter, A.W., "Dimensions of Political Alienation", The American Political Science Review, 1970（65）.

James Carey, "A short history of journalism for journalists: a proposal and easy", Harvard International Journal of Press/Politics, 2006, 12（1）.

James Carey, "Historical pragmatism and the internet", New Media & Society, 2005, 7（4）.

James W.Desring, Everett M.Rogers, Agenda–Setting, Sage Pubications, Inc.1996.

Jodan T. Cyberpower, The Culture and Politics of Cyberspace and the Internet, London: Routledge, 1999.

Leonard W. Doob, Public Opinion and Propaganda, New York: Holt Rinehart & Winston, 1948.

Vroom V.H. & Yetton P.（1973）, Leadership and decision making. Pittsburgh: University of Pittsburgh Press.

后　记

　　公共政策因其关系到公共利益的分配而广受关注，几乎每一项公共政策的出台都会成为民意焦点。民意的表达或多或少都会影响公共政策的制定和完善。在传统媒体时代，民意表达的途径和方式都很有限，最为集中的是通过报纸等媒体才能实现。新媒体时代，民意表达的途径和方式得到了极大丰富，因而民意也得到了较为充分的释放，对公共政策的影响也越来越充分。我自2004年以来致力于民意表达与公共政策的互动过程和机制研究，主持并完成了《大众媒介参与公共政策过程的机制研究》《基于新媒体的民意表达与公共政策的互动机制研究》等课题，也出版和发表了一系列相关著作和论文。

　　这本专著是本人主持的国家社科基金课题《基于新媒体的民意表达与公共政策的互动机制研究》的结题成果。该课题获批立项后，课题组成员多次召开研讨会，商议和修订研究方案，书稿也是几易其稿。虽然该成果在结题验收时被评审专家评为良好等级，但我深知，由于水平有限，该成果还存在诸多不足，如对民意表达及其与公共政策互动机制中存在的问题和教训缺乏深入的挖掘，对网络民意的研究也需进一步细化等。对于这些问题和不足，希望得到读者的批评指正，也留待下一步继续研究。

参与本课题研究的成员主要是本人指导的博士生和硕士生，他们分别是吴瑶、方晨、吴丹、马晓亮、吕永峰、陈呈、董红兵、蒋栩根。对他们的付出，本人表示由衷的感谢！

新媒体为民意表达提供了新机遇，各级政府对网络民意的重视也为民意表达与公共政策互动机制的研究提供了空间。这是一个内涵丰富的时代命题，也是值得持续研究的跨学科课题，本人愿意继续对此课题进行深入研究。

何志武于华中科技大学

2020 年 6 月

责任编辑：宰艳红
封面设计：石笑梦
封面制作：姚　菲
版式设计：胡欣欣
责任校对：白　玥

图书在版编目(CIP)数据

在线的民间智库:网络民意与公共政策的互动/何志武 著. —北京：
人民出版社,2020.12
ISBN 978－7－01－022618－7

Ⅰ.①在…　Ⅱ.①何…　Ⅲ.①公民-互联网络-参与管理-研究-中国
Ⅳ.①D621.5

中国版本图书馆 CIP 数据核字(2020)第 213881 号

在线的民间智库:网络民意与公共政策的互动
ZAIXIAN DE MINJIAN ZHIKU WANGLUO MINYI YU GONGGONG ZHENGCE DE HUDONG

何志武　著

人民出版社 出版发行
(100706　北京市东城区隆福寺街 99 号)

北京汇林印务有限公司印刷　新华书店经销

2020 年 12 月第 1 版　2020 年 12 月北京第 1 次印刷
开本:710 毫米×1000 毫米 1/16　印张:24.75
字数:330 千字

ISBN 978－7－01－022618－7　定价:79.00 元

邮购地址 100706　北京市东城区隆福寺街 99 号
人民东方图书销售中心　电话 (010)65250042　65289539